Wie der Tod so spielt

Das Buch

Was würden Sie tun, wenn Sie erfahren, daß Ihre beste Freundin ihren Gatten – natürlich in reiner Notwehr – erschlagen hat? Für Hannah und Irmi ist die Sache klar – sie helfen Ira, seine sterbliche Hülle zu Dackelfutter zu verarbeiten und in der Tiefkühltruhe zu verstauen. Nach diesem fulminanten Debüt im privaten Kreis rutschen Ira, Irmi und Hannah fast zufällig in das bestens florierende Hamburger Auftragsmord-Geschäft hinein. Denn es gibt erstaunlich viele Frauen, die sich selbst nicht trauen, aber gerne die fetten Milliönchen ihrer Ehemänner hätten oder einfach nur auf Rache für ein verkorkstes Eheleben sinnen. Was läge da näher, als ein »trio infernale« zu beauftragen, das äußerste Präzision und Diskretion garantiert? Und wer verdächtigt schon drei Frauen aus der besten Gesellschaft? Alles läuft wie geschmiert – bis Irmi den Auftrag erhält, Dr. Jürgen Kowalski ins Jenseits zu befördern, ihren neuesten Lover …

Die Autorin

Angelika Buscha ist als Journalistin tätig, sie lebt in Hamburg. *Wie der Tod so spielt* ist ihr erster Roman.

ANGELIKA BUSCHA

Wie der Tod

so spielt

ROMAN

List Taschenbuch Verlag

GRANDE

List Taschenbuch Verlag 2000
Der List Taschenbuch Verlag ist ein Unternehmen der
Econ Ullstein List Verlag GmbH & Co. KG, München
Originalausgabe
2. Auflage 2000
© 2000 by Econ Ullstein List Verlag GmbH & Co. KG, München
Dieses Werk wurde vermittelt durch die
Literarische Agentur Thomas Schlück GmbH, Garbsen
Lektorat: Katrin Fieber
Umschlagkonzept: HildenDesign, München – Stefan Hilden
Umschlaggestaltung: DYADEsign, Düsseldorf
Titelabbildung: Mauritius, Mittenwald
Gesetzt aus der Bembo
Satz: Dörlemann Satz, Lemförde
Druck und Bindearbeiten: Ebner Ulm
Printed in Germany
ISBN 3-612-65009-2

Kapitel 1

Okay, ich sitze im Knast, genauer in U-Haft. Mein Anwalt sagt, ich bekäme lebenslänglich. Im Klartext heißt das: fünfundzwanzig Jahre. Bei guter Führung werden's vielleicht nur fünfzehn. Macht 5475 Tage. Ich sitze gerade sieben.

Dabei saß ich noch vor ein paar Wochen im Pasalino, einem heruntergekommenen Szene-Laden, in dem sich alles trifft, was in Hamburg keinen Namen mehr hat oder nie einen hatte, aber es nicht bemerkt. Zumindest ist im Pasalino immer ein Haufen Kohle versammelt, meist gepaart mit einer gewissen Großzügigkeit.

Wir fielen dort jeden Freitag ein. Wir, das sind meine Freundinnen Hannah und Ira – und selbstverständlich ich. Gewöhnlich landeten wir bei der Spezies »begehrter Hamburger Junggeselle«. Mittvierziger, die entweder nie verheiratet waren oder es seit zwanzig Jahren sind und sich aus Gründen, die kein Mensch versteht – außer ihren Steuerberatern –, nicht scheiden lassen wollen.

Ein paar Geschiedene gibt's natürlich auch immer. Aber die kann man getrost abhaken, denn ihre Scheidungen liefen zwar mit den besten Anwälten der Stadt, trotzdem drücken sie jede Menge Unterhalt ab. Für die Wohnungen und Autos der Frauen, die gemeinsamen Gören, meistens zwei, für die Putzfrau, den Klavierunterricht oder den Hockeyclub an der Alster. Ein vornehmes Ambiente für alleinerziehende Mütter, die sich an der Bar gepflegt vollaufen lassen, ohne vorwurfsvolle Blicke zu ernten, weil die Kinder unbeaufsichtigt sind. Und während die Kids auf dem Rasen trainieren, lernt Mama an der Bar, daß Prosecco klasse, Champagner stilvoll, aber Tequila fürs Wohlbefinden besser ist. Von letzterem wird man schneller blau, was den Blick auf den Rest der Welt nicht zwangsweise schärft, aber freundlicher macht.

Also am Freitag, da kann man sowieso nur in bestimmte Kneipen gehen, weil der Rest fest in der Hand von Pinnebergern und anderen Umland-Ratten mit Golf Dieseln oder Peugeots ist. Die fallen bei uns ein und glauben, sie schnupperten zum Einläuten des Wochenendes mal richtig am Großstadtflair. Oder an dem, was sie dafür halten. Und wir, die wir mitten im Herzen der Stadt, also rund um die Außenalster, wohnen, wir müssen uns zurückziehen in Kneipen, die den Vorstadt-Häuslebauern zu teuer oder unbekannt sind.

Hannah, Ira und ich bevorzugen das arschteure Pasalino. Da weiß man immer, wen man trifft und was die haben.

Josh zum Beispiel, fünfundvierzig, geschieden, weil seine Ex die Faxen dicke hatte von ihm und seinem Großenjungengetue, zwei Söhne, Vermögensberater und Makler, verdient mindestens zwei Millionen im Jahr und behält trotz des Unterhalts für die Verflossene und seine Kids genügend über für sich, seinen Benz – und uns.

Josh war kurz nach seiner Scheidung mal mit Hannah liiert. Meiner Hannah.

Hannah ist eine dieser naturblonden Schönheiten, halblange, glatte Haare, knochendürr, lange Beine, schmale Hüften. Sie kam vor sieben Jahren aus der Rauschgoldmetropole München an die Alster. Natürlich wegen eines Kerls, den sie exakt drei Wochen nach ihrer Ankunft wieder verließ. Scheidungsrichter hätten den Grund als »unüberbrückbare charakterliche Differenzen« klassifiziert. Der Mann stank vor Geld und Geiz.

Drei Monate lang knutschten Hannah und Josh, hielten Händchen, tauschten Komplimente aus – und dann an einem windigen Frühjahrsabend schleppte er sie zu seiner Baustelle. Rotklinker-Villa mit Riesengrundstück und Alsterlauf-Anbindung. Hamburgs Nobelgegend für die, aus denen was geworden ist. Von der Villa standen nur noch die Außenmauern. Drinnen lärmten die Handwerker, und Hannah und Josh gingen mit dem Architekten den Grundriß durch.

»Ich war drauf und dran, dem Typen zu sagen, er möge im Wintergarten einen ISDN-Anschluß legen, damit ich da einen Computer, das Fax und das Telefon aufstellen kann.« O-Ton Hannah. »Ich war felsenfest der Meinung, der Kerl plane, mit mir zusammen in sein Traumhaus zu ziehen.«

Tat er aber nicht. Am Sonntag abend setzte er sie nach einem gelungenen Wochenendausflug an die Nordsee vor ihrer Wohnung ab, erinnerte sie noch daran, daß sie am Dienstag zusammen einen Eßtisch für die Küche kaufen wollten, fuhr heim und meldete sich am Dienstag, um die Verabredung zu verschieben. Er müsse dringend für vier Tage nach Wismar und dort ein paar Objekte für potentielle Kunden besichtigen. In dieser Zeit rief er nicht an, und als Hannah auch am Wochenende drauf nichts hörte, rief sie am Montag obergenervt in seiner Firma an, scheiterte aber bereits an der Sekretärin. Herr Johannsen hätte einen dringenden Termin und sei nicht zu sprechen. Herr Johannsen war auch am Dienstag unabkömmlich mit Kunden befaßt und für niemanden erreichbar. Auf seiner Handynummer schaltete sich jedesmal die Mailbox ein, und hinterlassene Nachrichten, gleichgültig, ob flehend oder aggressiv und drohend, blieben ohne Rückmeldung. Das ging die nächsten vierzehn Tage so.

Hannah gab sich optimistisch, redete von Umbau und Nervenkrieg ihres Göttlichen. Der aber meldete sich nicht und blieb selbst am Wochenende in Deckung. Jedenfalls konnten wir ihn in keiner uns bekannten Kneipe ausfindig machen. Gemeinsame Freunde wußten angeblich auch nicht, wo Josh sich rumtrieb.

Bis er schließlich doch wiederauftauchte, woher auch immer. Da aber hatte dann selbst Hannah begriffen, daß etwas faul war.

»Ich konnte mir nicht vorstellen, daß er sich mir nichts, dir nichts aus dem Staub macht. Ohne Erklärung.«

Das spielte sich vor vier Jahren ab, als Hannah noch jede Menge lernen mußte, über sich und die anderen. Vor allem über Heiratskandidaten. Damals war Hannah gerade dreißig geworden und wollte dringend in den Hafen der Ehe einlaufen. Wahrscheinlich hatte sie dem vermeintlichen Scheidungsopfer Josh zu häufig von ihren Plänen und ihrer Wunschliste erzählt. Erst heiraten, dann ein Haus beziehen, den Job schmeißen, was ihr nicht schwerfallen würde, da sie als Visagistin sowieso den halben Monat nicht beschäftigt war und den Rest der Welt mit Anrufen bombardierte. Danach einen Kochkurs – »Die Hohe Kunst des guten Geschmacks« – und dann nichts wie Kinderkriegen. Zwei bis drei im Abstand von zwei Jahren. Josh galt schon nach knapp einer Woche ihrer Liaison als heißer Anwärter auf den Ringaustausch. Aber Josh streikte.

»Zwei Wochen später stand er plötzlich vor mir, Küßchen rechts, Küßchen links. Fragte, wie's mir ginge. Und redete vom Einbau der Fußbodenheizung, als sei nichts passiert.«

Sie hätte Josh am liebsten eine geknallt. Das ging bloß nicht, weil sie inmitten eines Pulks gemeinsamer Freunde standen. Also machte sie gute Miene zu seinem Spiel. Danach haben sie nie wieder über die Ehe, das Haus, schon gar nicht über ISDN-Leitungen geredet.

Seitdem aber besaßen wir bei Josh ein Champagnerabonnement. Den konnte er gar nicht schnell genug bestellen, wenn er uns sah. Das mußte ein Reflex des schlechten männlichen Gewissens sein. Und wer waren wir schon, daß wir ihm die Buße verwehrten?

»Mit einer Frau zusammenzuleben heißt, sich anzupassen und Kompromisse auszuhandeln. Was aber geschieht? Du verstrickst dich mit der Zeit in so viele Kompromisse, daß du schließlich auf der Strecke bleibst. Und dann suchst du das Weite, läßt dich scheiden und wirst dabei ausgenommen. Das will ja wohl keiner.«

Kann sein, daß Josh recht hatte. Aber wer denkt schon an

Kompromisse und zukünftige Scheidungen, wenn er von Liebe und Hochzeitsglocken träumt? Erfahrungsgemäß eben Männer, vor allem die unserer Altersklasse, während Frauen jenseits der Dreißig eher an propere Bankkonten, Immobilien in bester Citylage und Fernurlaube denken, wenn sie über Gefühle und Beziehungsstreß reden.

An diesem Freitag vor einer Woche jedenfalls tranken wir mal wieder auf Joshs Kosten, Hannah und ich. Kurz bevor auch die zweite Champagnerflasche nichts mehr hergab, traf unsere Freundin Ira ein, Witwe mit dreizehnjährigem Sohn, Anfang fünfzig, korpulent, mit prallem Busen und kurzem Hals. Über dem slawischen Gesicht türmten sich dicke weiße Haare zu einem altmodischen Knoten, und an den Ohren klingelte bei der kleinsten Bewegung bizarrer Straß, altehrwürdigen Kronleuchtern nicht unähnlich. Ira schien sich absolut nichts daraus zu machen, daß sie dem Schönheitsstandard des ausgehenden zwanzigsten Jahrhunderts nicht in Gänze entsprach. Sollte sie sich doch was draus gemacht haben, merkte man's ihr jedenfalls nicht an. Exotisch an ihr war auch Dackel Marcy. Hanseaten bevorzugen Bearded Collies, Golden Retriever oder West Highlands, manche entscheiden sich für Huskies. Ganz gewiß aber nicht für Dackel. Die gehören ins Forsthaus Falkenau, in die Provinz eben. Aber was soll's, schließlich konnte sie Marcy nicht einschläfern lassen, auch wenn sie's gern getan hätte. Sohn Max hing an Marcy, einer Hinterlassenschaft von Herb, Max' Papa und Iras Gatte, als er endlich das Zeitliche segnete. Hat ziemlich viel Mühe gekostet und eine körperliche Höchstleistung erfordert.

Ira also gesellte sich zu uns, erwischte den letzten Tropfen Champagner, orderte auf Joshs Rechnung die dritte Flasche und verschwand zwischendurch immer mal wieder kurz auf die Toilette, um sich die Nase zu pudern. Behauptete sie jedenfalls auch noch beim vierten Mal. Auf dem Rückweg aber machte sie einen Zwischenstopp an der Theke. Das war schon Gewohnheit.

Als würde niemand bemerken, daß sie da stand, um auf die Schnelle Hochprozentiges zu kippen. Nur Hannah und ich wußten, weshalb sie sich das in den letzten Monaten angewöhnt hatte. Hannah, Ira und ich waren nämlich seit etwa zwei Jahren ein Team. Das beste, das zu haben war. Wir erledigten Aufträge für solvente Kunden. Wir waren Profis. Wir töteten, ohne Spuren zu hinterlassen. Und bis zu diesem Abend waren wir auch kein einziges Mal verdächtigt worden, mit den ominösen Toten der vergangenen vierundzwanzig Monate auch nur das geringste zu tun zu haben. An diesem Freitag aber brannte bei Ira eine Sicherung durch.

Nachdem wir auch den letzten Champagner niedergemacht hatten und uns gerade einen Grappa genehmigten, fing sie aus heiterem Himmel an, über Mordmethoden zu reden. Das war nicht weiter tragisch, denn die meisten unserer Mordopfer waren bereits gefunden worden. Dicke Schlagzeilen auf den Titelseiten und riesige Artikel über die prominenten oder weniger prominenten Opfer und die Art ihres Endes hatten die Fälle allgemein bekannt und tageweise zum Gespräch gemacht. Nur einen Toten fand man erst zwei Tage später, am Sonntag. Und erst am Montag stand in allen Zeitungen, wie der schwedische Konsul Egerholm aufgefunden worden war. Erdrosselt mit einer Drahtschlinge, die Hände mit Handschellen auf dem Rücken, die Füße an die Stuhlbeine gefesselt. Und genau diese Nummer sollte uns das Genick brechen. Denn im Alkoholeifer palaverte Ira über die Beschwernisse, die potentielle Täter mit möglichen Opfern hätten.

Und sie war nicht aufzuhalten.

»Stellt euch vor, ihr bringt jemanden um. Und damit das möglichst reibungslos geht, zwingt ihr den Kerl mit vorgehaltener Waffe, sich auf einen Stuhl zu setzen, stellt mit Handschellen, die ihr in jedem Sexshop auf der Reeperbahn kaufen oder klauen könnt, seine Arme hinter der Stuhllehne ruhig. Und dann denkt ihr, ihr habt's geschafft. Aber der Kerl fängt an, mit den Beinen zu zappeln, tritt um sich. Das macht einen völlig meschugge. Also bückt ihr euch, um sie an den Stuhlbeinen zu fixieren. Keine angenehme Aufgabe, denn ziemlich viele neigen zu Schweißfüßen.«

Ich stieß Ira an, aber die war schon viel zu beschwipst, um überhaupt noch irgendwas mitzukriegen, geschweige denn, etwas zur Kenntnis zu nehmen, das ihr nicht in den Kram paßte. Also schwätzte sie weiter.

»Für solche Hektiker muß man natürlich immer ein wenig Draht in der Tasche haben. Den hochbiegsamen aus der Gartenabteilung, mit dem Hobbygärtner gerne ihre Zuchtpflanzen an Bambusstreben binden. Der schneidet zwar mehr ein als Stricke, aber der psychologische Effekt ist unschlagbar. Spätestens beim Anblick des Drahtes weiß jeder, daß die Täter es ernst meinen, völlig ernst.«

Das war's. Diese Nummer mit dem Draht. Stand drei Tage später in der Zeitung, und irgend jemand von unserem Tisch erinnerte sich wahrscheinlich an Iras Geschichte und verständigte die Bullen. Damit begann das letzte Kapitel unserer Verbrecherkarriere. Hätte Ira doch ihren Mund gehalten.

Dabei war Ira schuld an unserem Nebenerwerb. Oder ihr Mann Herb. Das kommt ganz auf den Betrachter an.

Ira nämlich stand eines Abends vor meiner Wohnungstür, stürmte, kaum daß ich die Tür geöffnet hatte, in meine Küche, griff nach einer Flasche Weißwein im Kühlschrank, und noch während sie sich nach unten ins Flaschenfach bückte, ihr weißer Haarturm bedrohlich seitlich nach vorn rutschte und ihre dicken Beine mit der Neigung zu blauen Äderchen und Orangenhaut bis zum Strumpfansatz entblößt waren, fing sie an, von sich und Herb zu erzählen. Die ganze romantische Leier. Im Schnelldurchlauf vom ersten flüchtigen Kuß bis hin zum letzten Aufflackern von Herbs Männlichkeit exakt zwanzig Minuten zuvor. So lange hatte sie gebraucht, um von ihrer Wohnung in meine zu gelangen. Ohne Auto, das hatte sie stehenlassen, sie war viel zu fahrig, um sich hinters Steuer zu klemmen. Herb war immerhin vierundsiebzig und hatte es nach reichlich Pasta und Grappa noch mal wissen wollen.

»Du meinst, er wollte Sex?«

»Nein, keinen Sex. Um Sex geht's schon seit Jahren nicht mehr.«

Pause. Merkwürdig, wir hatten nie darüber gesprochen, schoß es mir durch den Kopf, als Ira sich auch schon aufrichtete, die Haare mit einer knappen Bewegung ihrer linken Hand in die richtige Position schob und sich räusperte.

»Es geht um Schläge.«

Ich dachte, ich höre nicht richtig. »Du willst doch nicht im Ernst behaupten, daß Herb dich schlägt.«

Ein knappes »doch«.

»Na klasse. Seit wann geht das?«

»Seit Max' Geburt.«

Das traf mich mitten ins shiseidogepflegte Gesicht. Ich schnappte nach Luft, griff mir mit den makellos manikürten Fingern der linken Hand an die Stirn, fuhr nach unten übers Auge, streifte den Wangenknochen, bis ich mir den Mund zuhielt, der wenig graziös offenstand. Meine Fingerkuppen zierten schwarze Mascaraspuren und rostroter Lippenstift. Auch Shiseido, angeblich wisch- und kußecht. Hat sich was.

»Du willst doch nicht behaupten, daß dein Mann dich seit dreizehn Jahren prügelt?«

Ich stellte mir Herb vor, schmaler als seine Frau, einen halben Kopf kleiner. Stellte mir vor, wie der Exkapitän im teuren Maßanzug zum Schwinger ausholt, mit leicht zusammengekniffenen Augen sein Ziel anvisiert und der Frau vor mir einen wohlplazierten Haken verpaßt.

Ira fummelte währenddessen an der Weißweinflasche, um das Stanniolpapier vom Hals zu entfernen. Zwischendurch fixierte sie mich leicht von unten, ein traurig-ironisches Lächeln um die Lippen.

»Was erschüttert dich eigentlich mehr, daß er mich schlägt oder daß du's dreizehn Jahre nicht mitbekommen hast?«

Das versuchte ich auch gerade rauszubekommen. Ira war eine meiner ältesten Freundinnen. Ich hatte sie kennengelernt, als ich vom Osten in den Westen gekommen war. Das war siebzehn Jahre her. Ich war vierundzwanzig und sie Mitte Dreißig. Schon damals rund und proper-prall mit diesem Hang zu den unförmigsten Ohrringen, die in ganz Hamburg aufzutreiben waren.

»Weshalb hast du's mir nie gesagt? Und weshalb hab' ich's nie bemerkt? Ich meine, es gibt sicherlich feinfühligere Menschen als mich. Aber wieso hat nie jemand was gesehen? Kein blaues Auge, keine Schwellungen?«

Ich war wirklich ratlos.

Ira grinste, während sie mit der Flasche rumhantierte. Inzwischen hatte sie immerhin schon mal den Flaschenöffner da positioniert, wo er hingehörte, und schraubte ihn nun mit unerbittlicher Lust in den Korken.

»Ich dachte, es würde dich nerven, da mit reingezogen zu werden.«

Aha. Die Crux mit den besten und zweitbesten Freundinnen ist, daß man ihnen nichts vormachen kann. Ich jedenfalls nicht. In mir können Hannah und Ira lesen wie in einem Buch. Wahrscheinlich, weil nichts Anspruchsvolles drinsteht. Niveau Claudia Schiffers Memoiren etwa, nur einen Tick brisanter.

»Es hätte mich beim ersten Mal nicht genervt. Auch nicht beim zweiten Mal. Aber mit Sicherheit jedes Mal, das in den letzten dreizehn Jahren zu diesen ersten beiden Malen hinzukam.«

»Sag' ich ja.«

»Aber warum hast du's nicht das erste Mal erzählt?«

»Ich dachte, es wäre ein Ausrutscher. Ich dachte, es würde alles gut werden. So wie früher. Es war ihm peinlich. Mehr als das. Das erste Mal hat er sich zu Tode geschämt. Und ich hab' mich

genauso geschämt und bin für zehn Tage zu meiner Mutter gefahren. Das eine Auge war zugeschwollen, die Oberlippe aufge-
platzt. Ich mochte so einfach niemanden sehen. Was hätten die
alle gedacht?«

»Daß Herb ein Arschloch ist und ihn sich jemand vorknöpfen
sollte. Trotzdem, warum hat keiner was gemerkt?«

»Mensch, weil er mir nur das erste Mal ins Gesicht geschlagen
hat. Danach hat er fein aufgepaßt, daß er seine Schläge weiter
unten plazierte. Lernst du doch in jeder TV-Schnulze, in der es
um Ehestreß und prügelnde Gatten geht.«

»Hättest du's mir erzählt, ich hätte einen Schläger auf ihn gehetzt. Kannst du überall kaufen zu halbwegs zivilen Preisen.«

»Einen Schläger? Wo willst du so was denn auftreiben? Im Pasalino? Ich lach' mich tot.«

Ira grinste mich an. Das war das Tolle an meinen beiden Freundinnen. Mal ganz unten zu sein, das war okay. Auf
Jammerorgien aber reagierten wir drei so allergisch wie auf
billiges Parfüm. Beides hatte mit Stil zu tun, eines unserer Zau-
berworte. Die Abwesenheit von Stil war tödlich. Keine von
uns hätte auch nur drei Sätze mit einer dieser Neureichen geredet, die schon am frühen Nachmittag im kleinen Schwarzen erschienen, mit dicken Goldklunkern an Hals, Händen und
Ohren. Peinlich, peinlich. Gott sei Dank gab's in Hamburg eine
für unsere kommunikativen Bedürfnisse ausreichende Anzahl
stilvoller Frauen und Männer. Die tragen Zweitausend-Mark-
Jacken und Sechshundert-Mark-Schuhe, und keiner sieht's
ihnen an. Es sei denn, man trägt all das selbst und erkennt das
Label.

Klamotten funktionieren so wie früher die Geheimcodes ex-
klusiver Zirkel. Mit Adressen verhält es sich ähnlich. Harvestehude ist in Ordnung, Mühlenkamp akzeptabel und Othmar-
schen, na ja. Gediegen und sehr bürgerlich. Aber auch nicht von
schlechten Eltern. Garantiert makellos ist es, eine Adresse in Eppendorf sein eigen zu nennen. Noch besser allerdings, wenn die

Straße Blumenstraße oder Leinpfad heißt. Da wohnt das ganz dicke Geld, wenn es sich nicht gerade an der Elbchaussee verschanzt hatte. Wir drei wohnten in Eppendorf.

Während Ira endlich den Wein in zwei Gläser kippte, die sie irgendwo unter einem Haufen Töpfe in der Spüle entdeckt hatte, sinnierte sie, darin ganz pragmatische Hausfrau, über die verschiedenen Abschreckmethoden.

»Vielleicht sollte ich einen Karatekurs belegen. Schließlich ist es völlig egal, wie ich mich fit halte. Ob an Geräten oder in diesen Kursen. Natürlich heimlich. Ich glaube, Herb fiele die Kinnlade runter, wenn er mal wieder seine hitzigen fünf Minuten bekäme und ich ihm ein paar Handkantenschläge demonstrierte. Oder ich besorge ein Fläschchen von diesem K.-o.-Spray, das sich Frauen ja sowieso zulegen sollen, wenn sie nachts durch die City tigern. Wie findest du das?«

»Bescheuert. Du meinst doch nicht im Ernst, das würde ihn auf Distanz bringen?«

»Und weshalb nicht, bitte schön? Wenn er sieht, daß er mir körperlich nicht mehr gewachsen ist, läßt er's vielleicht.«

»Und was dann? Dann bist du ihm einmal entkommen. Und 'ne halbe Stunde später überrascht er dich wehrlos im Bad oder im Bett und prügelt dich eben dann.«

»Und was soll ich tun?«

»Weiß ich jetzt auch nicht. Vielleicht einfach abhauen und schnellstens einen Scheidungsanwalt aufsuchen.«

»Du weißt, daß das nicht geht. Ich hab' doch diesen Vertrag unterschrieben. Wie hieß der gleich?«

»Gütertrennung.«

»Ja, genau. Wovon soll ich denn deiner Meinung nach leben, nach einer grandiosen Scheidung? Vom Unterhalt für Max? Das reicht doch gerade für das Notwendigste. Konserven von Aldi, Prosecco von Aldi, Gemüse von Aldi, kein frischer Käse mehr, keine Scampis am Freitag auf dem Isemarkt bei Schacht, und, vor allem, keine Fischsalate mehr von Harry. Wie stellst du dir das vor, Mensch? Ich bin dreiundfünfzig. Soll ich als Zwölf-Mark-Mutti in irgend so einer bescheuerten Boutique mindestens ebenso bescheuerten Frauen Klamotten oder Kosmetik verkaufen? Nie im Leben.«

»Und was willst du dann tun? Stillhalten, mich nachts rausklingeln, zur Mama flüchten?«

»Ich weiß nicht, Irmi, ich weiß es wirklich nicht.«

Womit übrigens schon mal klar ist, daß ich Irmi heiße. Vielleicht nicht der raffinierteste Name, aber leicht zu merken – und für jeden aussprechbar.

An diesem Abend machten wir zwei Flaschen Pinot Grigio nieder und sinnierten über Gott, die Welt und schließlich wieder Herb. Vielleicht hätten wir es lassen sollen, denn das war der Anfang von meinem Ende im Gefängnis. Noch während uns der Wein immer redseliger und nostalgischer machte, so die Nummer »Weißt du noch, wie wir im Silbersack mit der Transe Brüderschaft getrunken haben, die das unbedingt beküssen wollte, und du dich heimlich durch die Hintertür davongemacht hast?«, grübelte ich nebenher über eine Lösung für Iras Problem nach. Na ja, und da kam ich immer nur auf diesen einen Satz, der jede Trauung begleitet. Wollt ihr einander lieben und achten, bis daß der Tod euch scheidet?

»Ira, was passiert, wenn Herb stirbt?«

»Was soll passieren? Die bucklige Verwandtschaft fiele ein und müßte bewirtet werden. Alles andere hat er ja schon geregelt. Sagt er. Angeblich müßte ich mich bei seinem Tod um nichts mehr kümmern, außer um ein anständiges Büfett.«

»Das heißt, das Testament steht?«

»Irmi, wir sind verheiratet. Natürlich gibt es ein Testament. Und die Lebensversicherung schüttet Geld aus, Max und ich sind die beiden Begünstigten. Und natürlich gehört das Haus auch Max und mir.«

»Er hat eine Kapitallebensversicherung? Wie hoch?«

»Weiß ich nicht. Aber er sagt immer, ich müßte mir um Max'

und meine Zukunft keine Sorgen machen, wenn er mal stirbt. Es sei genug Geld da.«

Das wurde ja immer besser. Ein Jahr zuvor hatte Herb einen Herzanfall gehabt. Eigentlich mußte man nur einen zweiten provozieren, um Ira zu befreien. Natürlich wohlüberlegt, irgendwo, wo kein Notarzt zu erreichen ist. Noch besser allerdings gefiele mir ein Unfall beim Reinigen seiner diversen Jagdgewehre. Die hielt er im Keller unter Verschluß, damit Max nichts passierte.

»Was hältst du von einem Herzanfall oder Unfall?«

»Irmi, spinnst du?«

Eines ist meinen Freundinnen jedenfalls nicht vorzuwerfen – Begriffsstutzigkeit.

Ira schaute mich mehr irritiert denn entsetzt an und griff sich in die dicke Haarpracht. Typische Geste, wenn sie mit etwas nicht klarkam. Sie zupfte ein bißchen an ihrem Knoten, um dann den linken Ringfinger wie ein Spastiker abzuspreizen und sich die Kopfhaut zu kratzen. Wir hatten ihr schon tausendmal gesagt, sie solle sich das endlich abgewöhnen, es sehe zu ordinär aus. Und dann der Gedanke, sie hätte tote Hautstücke unter ihren naturfarben, aber deckend lackierten Fingernägeln deponiert. Igitt.

»Ira, hör auf, dich wie eine Idiotin zu kratzen. Entspann dich, kein Mensch hört hier zu. Und denk drüber nach. Kann sein, daß es zu unberechenbar ist und nur im Fernsehen klappt, einen Herzanfall zu improvisieren. Aber beim Putzen seiner Jagdgewehre könnte sich ein Schuß lösen. Das wäre durchaus plausibel in seinem tüteligen Alter und soll ja auch schon vorgekommen sein.«

Ira nahm ihre Hand aus dem Haarturm und legte sie exakt neben die rechte auf den Küchentisch.

»Tickst du noch richtig? Weißt du überhaupt, was das bedeutet? Jede Menge Gehirn und Blut an den Kellerwänden, auf dem Fußboden, auf dem Gewehrschrank. Und wer muß das wegmachen? Ich. Außerdem hat man das doch schon zigtausendmal im Fernsehen gesehen. *Tatort*, *Columbo* oder die ganz alten Schinken. Das funktioniert nicht.«

Wo sie recht hatte, hatte sie recht. Vielleicht war das zu phantasielos. Und schließlich konnten wir auch nicht erwarten, daß Iras Putzfrau die ganze Schweinerei von den Wänden kratzte.

Ira starrte vor sich hin, während ich mich erhob. Ich konnte im Stehen besser denken. Noch besser allerdings, wenn ich mit raumgreifenden Schritten irgend etwas durchmessen konnte. Mein Wohnzimmer zum Beispiel. Aber wir saßen nun mal in der Küche, und die war nur knapp drei Meter lang, drei Meter breit und vollgestopft mit Küchenschränken und jenem Tisch aus Naturholz, an dem wir beide saßen. In einem Anfall von Nostalgie hatte ich mir dieses Riesenteil von zwei mal ein Meter zwanzig zugelegt, in der wohligen Erinnerung daran, wie sich meine ganze Familie, einschließlich kleiner Omi und Bruder Franz, mittags an so einem Monstertisch getroffen hatte und beim Essen die Ereignisse des Tages und die Pläne für die nahe Zukunft durchgegangen war.

Ich stand inzwischen an der Tür zu meinem Balkon, Ira den Rücken zugewandt.

»Und wenn wir einen Doppelgänger besorgen? Irgend so ein armes Schauspielerschwein, das seit Jahren vergeblich auf seinen Durchbruch wartet und froh ist um jede Mark, die es am Arbeitsamt vorbeiverdient? Und dann erschießen wir Herb, und du fährst mit dem Double nach Florida. Da verschwindet er dann. Dort sind ja schon alle möglichen Touristen überfallen worden. Die Everglades sollen voller Leichen sein. Du meldest ihn als vermißt, und nach einer gewissen Schamfrist läßt du ihn für tot erklären.«

Ich drehte mich um, schwer begeistert von meinem Vorschlag. Ira starrte noch immer vor sich hin, unterdrückte ein Gähnen und sah auf die Uhr.

»Zehn vor eins. Meine Güte, Irmi. Ich hab' gar nicht mitbekommen, daß es schon so spät ist. Ich muß nach Hause. Max muß morgen um acht in der Schule sein.«

Es verschlug mir die Sprache. Ich hatte ihr gerade die Lösung des Problems geliefert, und Ira mußte heim ins Bett. Das war ja nicht zu fassen.

»Ira ...«

Weiter kam ich nicht. Mit einer ungeduldigen Handbewegung schnitt sie mir das Wort ab. Ihre leicht heisere Stimme war eine Nuance heller als sonst. Das bedeutete Gefahr, wie ich wußte.

»Paß auf, meine Liebe. Ich bin hierhergekommen, weil ich groggy war. Ich wollte, daß du mich aufbaust, mich tröstest. Aber was tust du? Du bastelst irgendwelche obskuren Mordpläne zusammen. Bist du dir eigentlich im klaren darüber, daß wir trotz allem von meinem Mann sprechen?«

Bevor ich Gelegenheit hatte, irgend etwas zu erwidern, stand Ira schon in meiner Wohnungstür.

»Tschüs, bis morgen abend. Du weißt, daß wir alle bei Klaus und Anna zum Geburtstag eingeladen sind?«

Mit einer graziösen Drehung, die nicht recht zu ihren kurzen Beinen passen wollte, verschwand sie die Treppe runter, kaum, daß ich tschüs sagen konnte. Von einer Umarmung und Küßchen links, Küßchen rechts ganz zu schweigen.

Ira nahm nie den Fahrstuhl. Angeblich schmierte Treppenlaufen ihre Kniegelenke.

Ich ging zurück in die Küche und öffnete die dritte Flasche Wein. Es war aussichtslos, an Schlaf zu denken. Ein letztes Glas Wein konnte keinesfalls schaden.

Nun gut, Ira war empört abgezogen. Am nächsten Tag hätte sie sich wieder beruhigt. Ich war mir sicher. Ein wenig jedenfalls. Nachmittags, bei Tageslicht, sollte ich ihr das Ganze noch einmal auseinandersetzen. Nachts klingt alles viel bedrohlicher und weniger durchführbar als tagsüber.

Gut, ich gebe zu, ich war ziemlich angetrunken in dieser Nacht. Aber irgend etwas riet mir, mit dem Auto einen Ausflug zu machen. Das half mir ebenfalls, wenn ich ratlos, nervös oder durcheinander war.

Also stand ich irgendwann auf, leicht schwankend, was ich kaum zur Kenntnis nahm, kramte meinen Autoschlüssel aus der Handtasche, die an der Türklinke in der Küche hing, und stolperte im Flur schließlich über meine Schuhe. Stunden zuvor hatte ich sie dort ausgezogen und liegengelassen. Immerhin merkte ich so, daß ich keine trug. Mit zusammengebissenen Zähnen bückte ich mich und zog sie mir etwas umständlich an. Kurzzeitig machte mein Gleichgewichtssinn eine Erholungspause, und eine leichte Übelkeit durchzog meinen Magen. Das war nach dem Weinkonsum auch kein Wunder. Bevor mich der Brechreiz jedoch zur Strecke bringen konnte, hatte ich mich wieder aufgerichtet, langsam, bloß keine hektischen Bewegungen, und ging ebenso vorsichtig durch die Tür in den dunklen Korridor.

Glücklicherweise befand sich der Fahrstuhl immer noch da, wo ich ihn am späten Nachmittag verlassen hatte. Direkt vor meinem Eingang. Ich stieg ein, drückte den Abwärtsknopf und lehnte den Kopf an die Wand. Manchmal tut es gut, wenn einen jemand oder etwas hält. Und sei es nur die holzverkleidete Wand eines altertümlichen Fahrstuhls, der sich ruckend nach unten bewegt. Leider bekam mir das überhaupt nicht.

Kaum hatte sich die Fahrstuhltür geöffnet, hetzte ich die Stufen des Hauseingangs runter, schoß durch die Tür und hielt mich an den zwei Pfeilern rechts der Haustür fest. Kopfüber stand ich da und wartete auf das Abflauen der Übelkeit und darauf, daß sich mein Atem beruhigte. Ich fixierte das Auto, das Gott sei Dank direkt vor der Haustür parkte, stieg ein, startete und fuhr aus der Lücke.

Kapitel 2

Ich wachte auf und sah ein Mädchen am Fußende meines Bettes sitzen. Mehr als fünfzig Kilo brachte sie auf keinen Fall auf die Waage. Es sei denn, sie behielt die mit Metallplatten ausgelegten Doc-Martens-Stiefel an. Dann waren durchaus zweiundfünfzig Kilo drin. Das wäre dann aber auch schon die absolute Schallmauer ihrer Gewichtsklasse. Und die konnte sie unmöglich durchbrechen, egal, was sie trug oder aß.

An ihrem spitz zulaufenden Gesicht hing strähniges, mausbraunes Haar herunter, das förmlich nach einer Aufbaupackung schrie. Damals schworen alle auf Origins, eine hochfeine Naturserie aus den Staaten, bei der jedes Produkt politisch korrekt in Recycle-Kartonage, die nie ein Bleichmittel gesehen hatte, verpackt war. Die Firma sollte eine exzellente Kurspülung und hochwirksame Repair-Packungen entwickelt haben. Ich hatte Origins nie ausprobiert. Auch an mein Haar ließ ich nur Wasser und Shiseido. Für das Mädchen wäre es aber genau das richtige gewesen.

Das Auffälligste an ihrem Gesicht war – nein, nicht die Augen, die wirkten eher klein – die Nase. Zwar schmal, aber lang, mit der Tendenz, sich leicht nach unten zur Unterlippe hin zu neigen. Ein Krummsäbel mitten im Gesicht. Meine Güte. Das hätte doch jeder Chirurg mit einem Routineeingriff beheben können. Und ihre Haut erst, großporig, grau und glänzend. Der beste Nährboden für Mitesser und blühendrote Entzündungen. In ihrem Alter wohl ein Fall für Clearasil.

Ihre Beine steckten in ausgefransten Männerhosen undefinierbarer Größe und Farbe. Wahrscheinlich hatte sie die in grauer Vorzeit auf dem Wühltisch von Woolworth ergrabbelt. Darüber schlabberte ein verwaschenes, einst wohl schwarzes No-name-T-Shirt, dessen linke Schulternaht einen vier Zentimeter langen Riß aufwies. So viel gebündeltes Ungepflegtsein war mir schon seit Jahren nicht mehr derart eng auf die Pelle gerückt.

Das Mädchen bemerkte, daß ich wach war. Es lächelte und entblößte überraschend weiße, gepflegte Zähne.

»Hi, auch schon wach?«

»Hi«, sagte ich und stellte fest, daß ich zwar nicht wußte, wo ich war, aber zumindest nicht die himmlischen Weihen empfangen hatte. Mein Körper fühlte sich an wie ein durchnäßter Sack Getreide. Unkontrollierbar und viel zu schwer. Mein Kopf dröhnte, und Erinnerungsfetzen spielten in den Nervenbahnen Versteck. Irgendwas war mit Ira. Und irgendwas mit dem Auto.

Ich versuchte, ein bißchen Ordnung in das Chaos zu bringen, scheiterte aber, weil ich nebenher Konversation mit diesem Alptraum von einem Mädchen machen mußte.

»Wo sind wir?«

»In Barmbek. Ausnüchterungsstation. Übrigens, ich heiße Charlie. Und ich hab' das Bett an der Wand da.«

Meine Augen versuchten das Zimmer zu erfassen. Drei weiße Bettgestelle, ein Bett zerwühlt. Das war wohl Charlies. An der Wand neben der Tür hing ein altertümliches Waschbecken, darüber ein Halter für Wegwerfhandtücher. Gegenüber stand ein weißer Schrank, nicht größer als ein Spind. Das war's.

»Ich bin Irmi.«

»Ich weiß. Es steht auf deiner Karte am Bett.«

Ausnüchterungsstation. Na wunderbar. Wenn das eines der Mädels erfuhr. Oder gar die Runde im Pasalino. Von denen tranken zwar die meisten mehr, als ihnen guttat, aber auf der Ausnüchterungsstation war meines Wissens noch niemand gelandet. Das war glatt die Vorstufe zur Asozialität.

»Weißt du zufällig, wie ich hierhergekommen bin und wie man hier am schnellsten wieder rauskommt?«

»Reingekommen bist du auf einer Bahre. Zwei Bullen hielten deine Arme fest, weil du ständig runterwolltest. Und getobt hast du. Dein Rock war ziemlich hochgerutscht. Deshalb weiß jetzt die ganze Station, daß du halterlose Strümpfe und mit Blumen bedruckte Seidenunterhosen trägst.«

»Seidenshorts.«

Ich fühlte, wie eine innere Hitze in meinen Kopf stieg und ihn in purpurrote Farbe tauchte. Meine Güte.

»Wärst du nüchtern gewesen, könnten sie dich auf alles verklagen, was mit Beleidigung zu tun hat. Beamtenbeleidigung, Staatsbeleidigung, Beleidigung des Kanzlers und der gesamten deutschen Ärzteschaft. So aber haben sie dir nur den Namen ›Madame Grand Malheur‹ verpaßt und sich scheckig gelacht.«

Wenigstens Charlie amüsierte sich, lachte gicksend und sog die Luft zwischen den Zähnen durch Spuckebläschen ein. Für sie war das eine Mordsgaudi.

Für mich eine Mordsblamage, wenn das jemand rausbekäme.

»Weißt du auch, wo sie mich aufgelesen haben?«

»Du sollst oben am Dammtor die Rechtsabbiegerspur blokkiert haben, weil du mit deinem Auto an der Ampel einfach stehengeblieben bist. Egal, ob du Rot oder Grün hattest. Die Bullen haben dich schnarchend aus dem Auto gezogen. Davon bist du wach geworden und sollst nur noch rumgekreischt haben. Die Bullen seien Arschlöcher, der Kanzler ein Irrer und die Ärzte pervers. Aber das sagte ich ja schon.«

Ich schwieg, und Charlie stand auf.

»Ich geh' jetzt nach unten frühstücken. Das solltest du auch tun. Danach bin ich in der Raucherecke zu finden. Komm doch nach.«

Ich versprach ihr, darüber nachzudenken. Charlie verschwand aus der Tür, ich setzte mich auf. Und sah an mir herunter. Das bekam mir nicht. Es hämmerte sofort ein unerträglicher Schmerz hinter meiner linken Schläfe, und außerdem entdeckte ich, daß ich in einem jener unerträglichen graublauen Kittel steckte, die OP-Anwärter in fast jeder deutschen Ärzteserie tragen. In den ausländischen, vor allem bei den Amis, sind sie moosgrün, was sie um eine Nuance erträglicher macht. *Emergency Room*, Pro 7, kennen Sie sicherlich auch noch. Die Serie, die George Clooney mitten ins Herz deutscher Durchschnittsfrauen und amerikanischer Produzenten katapultierte und ihm schließlich eine Kinorolle neben Michelle Pfeiffer in *Tage wie dieser* einbrachte. Noch im selben Jahr durfte er dann als Batman über die Leinwand flimmern. Neben Großverdienern wie Schwarzenegger und Frauen, die mindestens fünfzehn Jahre jünger waren als er. Alicia Silverstone und Uma Thurman. Ein Altersunterschied fast wie im richtigen Leben.

Während ich darüber nachsann, daß ich bereits zu alt für fünfunddreißigjährige Männer auf Erfolgskurs sein sollte, richtete ich mich mühsam auf und ging rüber zum Schrank. Verschlossen.

Na gut, also keine Klamotten. Auch wie in jedem TV-Film. Der Adept wird ins Krankenhaus eingeliefert, beschließt, sich davonzumachen, und kommt nicht an seine Sachen. Meistens klaut er oder sie dann irgendwelche Hosen und T-Shirts aus den Umkleideräumen des Personals. Als Krönung wirft er sich einen Ärztekittel über und hängt sich ein Stethoskop um den Hals.

Nein, das ging nicht. Ich brauchte meine Sachen, und ich brauchte eine Schwester.

Ich wollte raus. Schnellstens.

Vor allem aber mußte ich diesen Geschmack nach fauligem Brackwasser loswerden. Vielleicht gab es auf solchen Stationen inzwischen Wegwerfzahnbürsten.

Bevor ich mich auf den Weg in die Aufnahme machte, um nach einer zu fragen, ging ich ans Waschbecken und trank drei Gläser Wasser. Sofort rebellierte mein Magen, und ich gab alles wieder von mir. Wenigstens traf ich das Becken. Selbstverständlich wurde der Geschmack in meinem Mund dadurch um keinen Deut besser.

Ich drehte den Wasserhahn auf und spülte alles weg, während es in mir wieder zu würgen begann. Es kam aber nichts mehr. Ich wischte mir den Mund mit einem Papierhandtuch ab und drehte mich um.

In der Tür stand ein Mann oder etwas, das einmal einer werden wollte. Höchstens zwanzig, blonder Flaum auf der Oberlippe, Ziegenbart am Kinn, rosiges Gesicht mit milchigblauen Augen. Vielleicht eins achtzig, kaum größer und rasseldürr. Er trug einen graublauen Kittel, der bedeutend länger als meiner und vorn zum Knöpfen war. Welch Luxus. Er mußte zum Personal gehören, war aber nie im Leben einer der Ärzte. Vielleicht ein Pfleger. Erschrocken hielt ich meinen Kittel auf dem Rücken zusammen.

»Gut geschlafen? Oder haben Sie Kopfschmerzen? Ich bin Paul. Der Pfleger hier.«

»Hallo.«

Mein Bedarf an Konversation war bereits von Charlie gedeckt worden.

»Hätten Sie ein Aspirin für mich?«

Paul griff in seine Kitteltasche und beförderte eine Packung zutage.

Er spendierte mir zwei und riet mir, vorher etwas zu essen. Als wäre ich nach diesem Desaster nicht selbst darauf gekommen.

»Auf Ihrem Nachttisch steht übrigens eine Tablettenschale. Hätten Sie die Pillen gleich nach dem Aufwachen geschluckt, hätten Sie sich nicht übergeben.«

Verwundert drehte ich mich um. Tatsächlich stand da ein Schälchen mit mehreren bunten Pillen.

»Wofür sind die alle?«

»Die blaue ist Lithium gegen postalkoholische Depressionen, die orangefarbene ein krampflösendes Präparat, verhindert Erbrechen, die zwei grauen sind Multivitamintabletten mit Kalzium.«

Eines war klar. Die hätte ich gleich nach dem Aufwachen nie und nimmer runterbekommen. Schon bei ihrem Anblick bekam ich weiche Knie, und sofort glaubte ich zu spüren, wie sich meine Speiseröhre zusammenzog. Als Kind war mir mal eine Kohletablette darin hängengeblieben, ich würgte minutenlang und hustete mir die Seele aus dem Leib. Und noch einiges mehr. Seitdem packt mich bei Tabletten das kalte Grausen.

»Dr. Kowalski läßt Ihnen ausrichten, Sie sollen in einer halben Stunde zu ihm kommen. Das ist der Stationsarzt hier.«

»In dem Aufzug?«

Paul zog die Schultern hoch und lachte.

»Sie bekommen Ihre Sachen frühestens nach dem Termin bei Kowalski zurück, das ist jetzt so üblich. Früher sind ein paar Alkis vorher abgehauen. Das will er so verhindern. Kowalski will jedem vor seiner Entlassung noch mal die Vorzüge einer Entziehungskur klarmachen. Außerdem muß er Sie untersuchen. Blutdruck, Leberwerte, Alkoholspiegel, die ganze Palette eben.«

»Entschuldigung, aber ich bin nicht alkoholabhängig. Ich hab' lediglich gestern zuviel getrunken.«

»Das sagen alle.«

Paul musterte mich mit zusammengekniffenen Brauen. Er war eindeutig kurzsichtig. Vielleicht hatte er seine Kontaktlinsen vergessen. Oder sie waren zu schwach, und er sollte sich dringend neue anfertigen lassen.

»Hören Sie, ich sehe ja wohl kaum aus wie eine Trinkerin.«

»Entschuldigen Sie, aber ich muß jetzt ins Nachbarzimmer. Ach ja, und wenn Sie einen Bademantel wollen, klingeln Sie nach der Schwester. Der Knopf ist gleich über dem Kopfende Ihres Bettes.«

Sprach's und verschwand. Ich war viel zu verdattert, um ihn aufzuhalten. Dieses Miststück. Das hätte er mir auch gleich sagen können.

Ich klingelte schleunigst nach der Schwester, zumal mir langsam kalt wurde. Und wie mir ein Blick aus dem Fenster bestätigte, nicht zu Unrecht. Über der Stadt hingen schwere Regenwolken, und auf dem Vorplatz schüttelte ein stürmischer Wind den einzigen Baum. Er leuchtete zwar in sattem Frühlingsgrün, verlor jedoch gerade ein paar Blätter.

Die Schwester kam rein, den Bademantel unterm Arm. In der

Hand hielt sie eine Zahnbürste, keimfrei in Folie eingeschweißt, und eine Tube Zahnpasta im Miniformat. Als hätte sie's geahnt.

»Sie also sind Irma. Die Nachtschicht hatte ganz schön zu tun mit Ihnen.«

Na, vielen Dank, das war genau die Begrüßung, die mir noch gefehlt hatte.

Sie gab mir das Zahnpflegeset und den immerhin blütenweißen Bademantel, rang sich ein Lächeln ab, das wohl Vertrauen erwecken sollte, mir aber schon im Ansatz auf die Nerven ging.

»Sie sollten sich übrigens beeilen. Dr. Kowalski erwartet Sie um halb elf zur Routineuntersuchung.«

»Ich weiß.«

»Paul war schon hier?«

»Ja.«

»Gut, dann kann ja nichts mehr passieren.«

Während sie das sagte, drehte sie sich um und verschwand.

Ich ging zum Waschbecken und putzte mir die Zähne. Erfrischend.

Dennoch schien dieser Tag ganz und gar nicht mein Tag zu werden. Ich war schon von den ersten paar Minuten erschöpft. Also legte ich mich mit pfefferminzreinem Atem zurück aufs Bett.

Langsam dämmerte mir, was sich am Abend zuvor abgespielt hatte. Ira war wütend auf mich. Wegen Herb oder dem, was ich mit ihm vorhatte. Aber auch an diesem Morgen fiel mir für ihre Ehe- und Finanzprobleme keine bessere Lösung ein, als sich den Kerl vom Hals zu schaffen.

Mitten in meine Gedankengänge platzte Charlie, bepackt mit einem Tablett, das sie mir wortlos lächelnd auf den Bauch stellte, bevor sie schnellstens das Zimmer wieder verließ. So kam ich doch noch zu einem Frühstück, wenn auch einem mageren, bestehend aus Toast, Marmelade und plörrigem Kaffee. Immerhin hatte ich endlich etwas im Magen und konnte mich mit Mühe, aber ohne mich erneut zu übergeben, der Tabletten annehmen.

Das dauerte eine Weile, denn ich mußte mich bei jeder neu überwinden. Die blaue gegen Depressionen ließ ich aus.

Herb also mußte weg, und die einzigen Fragen, die sein Tod aufwarf, waren: Wie verklickerte ich es Ira so überzeugend, daß sie gar nicht anders konnte, als meinen Vorschlägen zuzustimmen? Und wie schaffte man diesen Mann beiseite, ohne daß der Verdacht auf uns fiel?

Das roch nach Arbeit, schwerster gedanklicher und praktischer. Ein Ehegattenmord will auf das sorgfältigste geplant und vorbereitet sein.

Im Planen war ich ganz gut. Ich hatte mal Betriebswirtschaft und Marketing studiert und leitete seither die Marketingabteilung der ziemlich bekannten Frauenzeitschrift *Alexa.*

Eigentlich hätte ich zu dem Zeitpunkt schon längst meine Sekretärin angerufen haben müssen, um ihr beizubringen, daß ich keinesfalls vor dem Essen in die Redaktion käme. Eher danach.

Sie würde ein bißchen übellaunig sein und schimpfen, denn sie müßte meine Termine verlegen oder absagen. Wenn ich's recht überlegte, war's aber doch schon zu spät für diese Aktion. Meine Uhr hatten sie mir gelassen, und die verriet, daß es kurz vor halb elf war.

Ich mußte mich sputen, um zu diesem Kowalski zu kommen.

Ich sprang aus dem Bett und rannte aus dem Zimmer Richtung Aufnahme, die nicht zu übersehen war. Nicht zu übersehen war auch das Schild an der Tür gegenüber. Dr. Jürgen Kowalski. Stationsarzt. Also nichts wie rein ins Verderben.

Ich klopfte, öffnete die Tür und zuckte kurz zusammen. Ich weiß nicht, weshalb, aber ich hatte einen Mittsechziger mit grauen Schläfen erwartet.

Der Typ hinter dem Schreibtisch jedoch war etwa so alt wie ich und sah einfach unverschämt gut aus. Braunes Haar, blaue Augen, Typ Alec Baldwin, nur hagerer. Kannte mit Sicherheit das Pasalino, auch wenn wir uns dort nie über den Weg gelaufen waren. Während er mich begrüßte, erhob er sich und kam auf mich zu.

»Ich hoffe, es geht Ihnen heute morgen besser.«

Ich bejahte knapp und mit belegter Stimme.

»Wenn es Ihnen nichts ausmacht, möchte ich Sie kurz untersuchen. Die Schwester wird danach Ihren Blutdruck messen und Blut für die Bestimmung des Restalkoholspiegels und der Leberwerte abnehmen. Reine Routine. Den Restalkohol müssen wir bestimmen, weil Sie heute nacht mit 2,3 Promille eingeliefert worden sind. Danach können Sie gehen. Wir werden uns morgen früh telefonisch bei Ihnen melden, um Ihnen Ihre Leberwerte durchzugeben.«

Die Untersuchung verlief, bis auf knappe Anweisungen, was ich zu tun hatte, schweigend. Die von Paul angekündigte Predigt über Entziehungskuren ersparte sich der Doktor. Vermutlich weil er sah, mit wem er es zu tun hatte und daß es nichts zu referieren gab. Ich war froh, denn ich hatte keine Lust auf einen verbalen Schlagabtausch.

Als ich nach zwanzig Minuten wieder draußen stand, machte ich drei Kreuze und begab mich ins Schwesternzimmer, das ein paar Zimmer hinter dem des Arztes lag.

Paul lümmelte auf einem altersschwachen Stuhl herum, der bei der kleinsten Körperdrehung verdächtig knarzte, hielt in der einen Hand eine Zigarette, in der anderen eine Tasse Kaffee und bediente damit auch das letzte Klischee von Pflegern und Krankenschwestern.

An einem der Schränke hing eine riesige Plastiktüte mit meinem Namen.

»Ihre Sachen hängen da drüben. Sie können sie jetzt mitnehmen.«

Ich bedankte mich bei Paul, während ich die Tüte vom Schrank nahm, verabschiedete mich knapp und ging, bevor der Junge auch nur reagieren konnte, schnurstracks in mein Zimmer. Dort lag Charlie im Bett und weinte. Das fehlte mir gerade noch.

»Was ist los?« schoß es gereizt aus mir heraus, bevor ich überhaupt registriert hatte, daß meine Nerven blank lagen und ich diese Station bis unter die Stirnkante satt hatte. Das war ungerecht. Das Mädchen war höchstens sechzehn. Da durfte Heulen schon mal sein, auch wenn es sie nicht eben attraktiver machte. Ich setzte mich zu ihr.

»Alle dürfen gehen. Die zwei Penner aus dem Nebenzimmer sind schon seit 'ner halben Stunde weg. Und die Alte von gegenüber packt auch gerade ihren Rucksack. Und du kannst auch raus. Nur ich muß warten, bis mein Alter mich abholt. Und wie ich den kenne, wird das nichts vor heute abend.«

Irgendwas paßte da nicht zusammen. Rotz und Wasser heulen und dann der Ton. Ich sah sie an und wartete, daß sie sich beruhigte. Statt dessen aber flennte sie erst richtig los. Kaum zu glauben, daß dieser Einmeterundsechzig-Zwerg mit Tränendrüsen ausgestattet sein sollte, die derart viel Flüssigkeit produzieren konnten. Und dann auch noch auf Befehl.

Jemandem beim Weinen zuzusehen, den man nicht kennt, ist in etwa so, als sei man unter Wasser mit einem Terminator in einen engen Käfig gesperrt. Man kann nicht atmen, sich nicht bewegen, geschweige denn fliehen, und wartet lediglich darauf, daß die Kampfmaschine einem auch noch den Restsauerstoff aus den Lungenflügeln drischt. Zwangsläufig stellt man das Atmen ein, erstarrt zur Bewegungslosigkeit und schließt gottergeben die Augen in Erwartung des ersten Treffers.

Den landete Charlie auch gleich.

»Kannst du mich nicht mitnehmen? Nur diesen einen Nachmittag?«

Ich schloß leicht verspätet die Augen, langsam. Und atmete tief durch. Immerhin war der Zweck dieser Szene geklärt.

Ihre Unverschämtheit verschlug mir die Sprache. Dabei bin ich eine Menge gewöhnt. Im Pasalino fanden sich auch immer ein paar Gestalten, die trotz prall gefüllter Brieftaschen nicht müde wurden, spät nachts nach einer Mitfahrgelegenheit zu suchen. Klaus etwa läßt keinen Monat vergehen, ohne sich mindestens zweimal von mir oder Hannah vom Pasalino nach Hause kutschieren zu lassen.

»Dieser kleine Umweg macht euch doch nichts aus, ich seh's euch an.« Von wegen.

Sein Zuhause liegt an der Elbchaussee. Ein Landsitz, wie er im Buche für zukünftige Erben steht. In seinem ganzen Leben habe Klaus noch nicht einen Tag gearbeitet, steckte mir mal sein alter Schulfreund Björn. Seitdem wir ihn kannten, das mochten damals drei Jahre sein, verwaltete er das gemeinsam mit dem Grundstück ererbte Vermögen. Seine Familie hatte seit vier Generationen mit Tee zu tun. Irgend etwas mit Ex- und Import. Es hieß, seine Tage seien mit der Verwaltung des Erbes, besser mit dem Unter-die-Leute-Bringen desselben ausgefüllt. Erste Anzeichen einer Dauererschöpfung zeigten sich schon lange. Klaus war knapp über Dreißig, und dennoch lichtete sich bei ihm die Haarpracht. Seine Geheimratsecken wurden nicht müde, eiligst auf ein Treffen hinzuarbeiten. Das führte zunächst zu einer hohen Stirn, die Intelligenz und angeblich Vitalität versprach. Das Versprechen trog. Ich hatte da meine Erfahrungen.

Klaus gefiel sich am Ende eines Abends meistens darin, dreist nach einer Mitfahrgelegenheit zu suchen. Zu seinem Personal daheim gehörte sehr wohl ein Chauffeur, beziehungsweise ein Gärtner, der gleichermaßen chauffierte. Irgend so was. Aber das war mit Aufwand und Warten verbunden. Und ein Taxi? Ums Verrecken stieg Klaus in kein Taxi.

»Ein Taxi. Um Gottes willen. Da weiß doch keiner, wer da vorher dringesessen hat. Vielleicht irgendein Penner, bei dem die Läuse Klassentreffen haben. Und dann diese Typen, die nachts fahren. Verkrachte Studenten, professionelle 68er, die nicht mitbekommen haben, daß die Revolte vorbei ist, und deren Haare immer noch zottelnd und fettig bis zu den Schulterblättern hängen, oder Muttis, die ihr Taschengeld aufbessern. Und was die einem an den Kopf labern, der zu solcher Stunde eh seine beste Zeit hinter sich hat. Nein, auf keinen Fall ein Taxi.«

Deshalb versuchte er's auf der Solidaritätsschiene.

»Kinder, ihr wollt schon gehen? Ihr könnt mich doch hier nicht allein lassen. Der Laden ist so zugequalmt, daß mir die Augen tränen. Kann mich nicht einer mitnehmen?«

Allein lassen? Hannah, Ira und ich verließen das Pasalino meistens zwischen zwölf und eins. Da liefen die Hinterbliebenen erst zur Hochform auf.

Hannah ging, weil sie ihren Schönheitsschlaf brauchte, mindestens acht Stunden die Nacht, besser waren allerdings neun. Ira, weil Max morgens seine Mutter sehen sollte, und ich, weil ich morgens um zehn in der Redaktion sein mußte, weshalb ich spätestens um halb acht aufstand.

Ich mußte fit sein. Also ging ich relativ früh. Und hatte mitunter Klaus an der Backe.

Und an diesem beschissenen Vormittag Charlie.

»Dich mitnehmen. Wie stellst du dir das vor?«

Charlie kaute am Fingernagel ihres linken Zeigefingers. Das hätte mir gleich auffallen können. Sämtliche Nägel waren bis zu den Fingerkuppen runtergekaut, an den meisten blühten Reißnägel, und der eine oder andere Finger wies grindige Schorfmale auf.

Wahrscheinlich war ich noch viel zu weit weg gewesen, um diese Marotte zu registrieren, als ich sie das erste Mal auf meinem Bett sitzen sah.

»Du könntest meinen Alten anrufen. Der hängt sowieso den ganzen Vormittag vor seinem PC und schreibt.«

Irgend etwas war mir entgangen.

»Entschuldige, Charlie. Was macht dein Vater?«

»Er schreibt. Findest du das blöd?«

»Nein, nein.« Ich konnte ihr kaum erklären, daß ich baff war.

Wie sich herausstellte, begriff Charlie für ihr Alter jedoch ziemlich schnell.

»Du hast gedacht, ich käme irgendwie aus Wilhelmsburg oder die Richtung?«

»He, Charlie.«

»Ach, halt doch die Klappe.«

In ihren Augen sammelten sich wieder Tränen, diesmal echte. Zornige. Sie drückte den Rücken durch, machte sich steif, verschlang die Finger ineinander und preßte sie derart zusammen, daß die Reste ihrer Fingernägel zu den Kuppen hin weiß anliefen.

»Ich kenne Frauen wie dich. Ihr steht in euren dämlichen Bars, aufgerüscht bis zum Gehtnichtmehr, mustert gemeinsam mit euren idiotischen Kerlen die Umgebung und lästert ab über Gestalten wie mich. Ihr trinkt ab und an einen zuviel, aber die Asozialen, das sind Typen wie ich. Wir sind die Scheißtrinker, denn wir sehen so aus.«

»Charlie, verdammt noch mal, hör auf damit.«

Sie richtete sich auf, beugte sich nach vorne und nagelte meine Augen mit den ihren fest.

»Mein Alter ist freier Journalist. Und meine Mutter Kostümbildnerin. Er wohnt am Klosterstern, bestes Eppendorf. Ich auch, wenn ich nicht gerade unterwegs bin. Nur meine Mutter wohnt woanders.«

Ich staunte nicht schlecht. Diese pubertierende Grazie wohnte quasi bei mir um die Ecke. Ich verkniff mir, nach der Mutter zu fragen, eine kaum merkliche Gereiztheit in ihrer Stimme hatte mich bei dem letzten Satz gewarnt.

»Okay, Charlie, und was soll ich deinem Vater sagen, falls ich ihn anrufe?«

»Daß er seinen beschissenen Schreibfluß meinetwegen keineswegs unterbrechen muß und du mich mit zu dir nimmst.«

»Das reicht?«

Sie lächelte süffisant.

»Das schockt dich, stimmt's? Weil du zuwenig fernsiehst. In der Glotze laufen manchmal Krimis, in denen Kids hochfeiner Idioten auf die sogenannte schiefe Bahn geraten, weil ihre Alten vor lauter Karrieregeilheit nicht mehr raffen, was mit den Kindern los ist. Offensichtlich dürfen nicht alle Kriminellen oder Neonazis aus verlotterten Familienverhältnissen stammen. Das riecht nach Diskriminierung. Ein paar müssen auch aus gutem Hause sein. Vielleicht hat das Fernsehen auch dafür längst Quoten eingeführt. Wie diese Frauenquoten in den Parteien.«

Wo war ich hier eigentlich gelandet? Exakt darüber hatten sich Josh und Irmi vor ein paar Tagen im Pasalino mächtig in die Haare gekriegt. Josh hatte genau diese These von den egozentrischen Eltern und den vernachlässigten Kindern vertreten, und Ira fühlte sich wegen ihres Max mächtig angepißt. Dabei war Iras Aufregung so überflüssig wie ein Kropf. Max war derart wohlerzogen, daß ihm nie auch nur ein »Scheiße« entfuhr und er freiwillig beim geringsten Anlaß im blauweiß gestreiften Hemd mit nettem, vorzugsweise gelben Pullunder erschien. Sehr hanseatisch, und das mit dreizehn. Jedesmal, wenn wir ihn trafen, fragten sich Hannah und ich, woher er das eigentlich hatte. Von Ira? Das war kaum vorstellbar. Ira hatte auf dem Hamburger Dom als Kartenabreißerin begonnen. Das wollte sie zwar nicht mehr wahrhaben, aber ihren Hang zum Vulgären bekam sie auch nach dreißig Jahren nicht in den Griff. Vielleicht hatte Max das von Herb. Der war – bis auf die Prügeleien – alte Schule.

»Charlie, wieso bist du eigentlich hier?«

»Ist das wichtig?«

»Vielleicht.«

»Ich stand gestern ziemlich neben mir. Sie haben mich auf der Mönckebergstraße aufgesammelt, als ich gerade von Pascal kam. Der wohnt da in der Nähe und hatte gerade Schluß mit mir gemacht. Ich hatte eine Rotweinflasche im Arm und krakeelte rum, weil mir die so 'n Penner abschwatzen wollte. Ich hab' den ziemlich vollgepöbelt. Jedenfalls erschienen die Bullen und sackten mich ein. Na ja, und weil ich meinen Lappen zu Hause hatte und nicht sagen wollte, wo ich wohnte, lieferten sie mich erst mal hier ab. Kowalski erzählte mir heute morgen, er hätte gestern nacht noch aus mir rausgekriegt, wie ich heiße, und bei meinem Alten angerufen. Aber der wollte mich so spät nicht abholen. Das war's.«

Für mich war's das auch. Charlie hatte gewonnen. Lover, Hunde und Kinder durfte niemand so vernachlässigen wie Ehegatten, die einem im Verlauf eines ermüdenden Ehealltags schließlich egal geworden waren. Allen Ratgebern, wie man die Liebe jung und frisch hält, zum Trotz.

Ich bin mir heute nicht mehr sicher, ob es gut war, mich von Charlie einwickeln zu lassen. Ich sprach mit ihrem Vater, sehr sonore Stimme, mit Kowalski und durfte sie nach einigem Hin und Her mitnehmen.

Kapitel 3

Ich bin nicht unattraktiv. Habe ein einigermaßen ebenmäßiges Gesicht mit klassischem Profil. Das mittelbraune Haar fällt mir glatt auf die Schultern. Seit fünfundzwanzig Jahren, denn für Experimente, seien es Dauerwellen oder ein raspelkurzer Bubikopf, ist es zu dick und widerspenstig. Ich bin eins einundsiebzig wie Hannah. Weniger dürr jedoch, meine Konfektionsgröße schwankt zwischen 36 und 38. Je nach Streßanfall, persönlichem oder beruflichem, nehme ich drei Kilo ab, um sie in Zeiten des seelischen Gleichgewichts postwendend wieder draufzukriegen.

Als ich Charlie das erste Mal mit zu mir nach Hause nahm, hatte ich gerade Größe 38. Meine letzte Affäre war Monate her, der Streß im Job hielt sich in Grenzen.

Ich zog mich aus und mein neuestes Jil-Sander-Kostüm an.

Charlie brauchte dagegen eine optische Generalüberholung. Mit ein bißchen Glück müßte sie in eine meiner Girbaud-Hosen passen, die ich nur trug, wenn die drei Kilo gerade das Weite gesucht hatten. Hannah meinte zwar, ich sei verrückt, sie nicht

35

auch bei normalem Gewicht zu tragen. Wenn ich aber die üblichen neunundfünfzig Kilo wog, fühlte ich mich in diesen engen Stretchdingern wie ein altertümliches Streitroß mit ausufernden Oberschenkeln und dickleibigem Hinterteil.

Doch zunächst mußte ich diesem Mädchen beibringen, daß sie ihre abgewrackten Klamotten ausziehen sollte, um ein Bad zu nehmen.

»Sag mal, Charlie, meinst du nicht, du könntest vielleicht mal was für dein Äußeres tun und duschen?«

Charlie lümmelte auf meiner Couch im Wohnzimmer herum, die sie, kaum daß wir die Wohnung betreten hatten, in Beschlag genommen hatte.

»Wie meinst du das?«

Noch so eine Nervensäge. Wie oft hatte mich mein Exmann gefragt: »Wie meinst du das, Hasi?«, wenn ich versucht hatte, ihm klarzumachen, daß es so auf keinen Fall weiterginge. Immer zu Hause hocken, keine Gäste empfangen, keine Essenseinladungen annehmen. Daheim kochen, klassische Musik hören und ein Buch lesen, das war seine Art von Lifestyle. Öde. Ich mußte ihn verlassen, sonst wäre ich in dieser Tristesse vor die Hunde gegangen.

Eines Nachts packte ich zwei Koffer und setzte mich ab. Ich wechselte einfach den Stadtteil, was in Hamburg bedeutet, daß man Leute nie wieder zu Gesicht bekommt. Ich nahm mir ein Taxi und zog kurzerhand von Winterhude nach Eppendorf zu Hannah, bei der ich die ersten vier Monate unterkam, bis ich endlich eine eigene Wohnung fand.

»Charlie, ich meine, du solltest deine Haare waschen, du solltest dir andere Sachen anziehen, und du solltest dringend aufhören, an deinen Fingernägeln rumzukauen. Das ist ja nicht zum Aushalten.«

Charlie ging beleidigt in Habachtstellung. Das kannte ich ja schon. Sie setzte sich mit steifem Rücken auf und fixierte mich.

»Was paßt dir nicht an meinen Haaren und Klamotten?«

»Daß sie ungepflegt sind, daß du aussiehst, als kämst du geradewegs aus der Gosse.«

Das saß. Scheiße. Es kam vor, daß ich schneller redete als dachte. Charlie sprang auf und stürzte wortlos auf den Flur. Ich hörte, wie sie eine Tür nach der anderen aufriß und wieder zuknallen ließ. Beim vierten Mal schien sie das Badezimmer gefunden zu haben. Immerhin hatte sie meine Wohnung so im Schnelldurchlauf kennengelernt. Schlafzimmer, Arbeitszimmer, Gästetoilette.

Ich setzte mich ein wenig abgespannt in meinen Lieblingssessel am Fenster, starrte in den immer noch wolkenverhangenen Hamburger Nachmittagshimmel und dachte über Charlie nach, die offensichtlich viel empfindlicher war, als ich ihr wegen ihrer großen Klappe zugetraut hätte. Die Kinder heute waren anders als wir, und manchmal fiel es mir schwer, mich in sie hineinzuversetzen. Nun gut, ich hatte keine, aber ich kannte genügend in meinem Bekanntenkreis. Selbstverständlich waren wir vor zwanzig, fünfundzwanzig Jahren vorlaut gewesen und frech. Aber unsere Coolness, die war uns nicht schon mit sechzehn oder siebzehn in die Seele gemeißelt worden. Das Abgebrühte kam erst viel später und bedurfte einer Reihe von Verletzungen. In meinen Zeugnissen fand sich zwar in beschaulicher Regelmäßigkeit der Satz: »Irmi achtet die Autorität der Lehrer nicht.« Das stimmte auch, denn so manche Anordnung galt vielleicht für alle anderen, jedoch nicht für mich. So konnte ich absolut nicht einsehen, weshalb ich jede große Pause auf dem Schulhof zu verbringen hatte. Ich fand es viel schicker, mich im Schrank zu verstecken, um die Lehrer auszutricksen und nicht wie die Masse auf dem Hof meine Runden drehen zu müssen. Und ich war sehr geschickt im Abschreiben. Aber im Vergleich zu Charlie war ich lammfromm, geradezu ein Beispiel für Disziplin und Autoritätsgläubigkeit gewesen. Ich konnte mich partout nicht erinnern, auch nur einen Tag unentschuldigt in der Schule gefehlt zu haben. Charlie hatte wahrscheinlich, vermutete ich – und später sollte sich das als richtig erweisen – schon seit Wochen kein Klassenzimmer mehr von innen gesehen.

Ich hing diesen Gedanken nach, als neben mir das Handy klingelte.

»Du mußt sofort herkommen. Ich hab' Herb umgebracht. Oder es versucht. Aber er lebt noch.«

Bevor ich auch nur eine Silbe von mir geben konnte, hatte Ira aufgelegt.

Ich sprang auf, hastete aus dem Wohnzimmer, klaubte meine Schlüssel vom Vertiko im Flur und rannte aus der Tür, bis mir einfiel, daß ja Charlie da war. Ich schoß zurück und rief ihr durch die Badezimmertür zu, ich müßte dringend weg, weil eine meiner Freundinnen einen Unfall gehabt hätte. Bevor Charlie etwas entgegnen konnte, hastete ich schon wieder fort, jedoch nicht, ohne ihr noch zuzurufen, der Kühlschrank sei gefüllt, Modezeitschriften lägen links vom Fernseher in einer Schale und sie solle sich frische Wäsche aus meinem Kleiderschrank nehmen. Gegen Abend sei ich wieder da.

War ich natürlich nicht.

Als ich bei Ira ankam, öffnete sie mir mit verquollenen Augen die Tür. Marcy schoß heraus, raste hysterisch kläffend an mir vorbei in den Vorgarten, wo er unter dem Rhododendron anfing, wie ein Verrückter zu graben.

»Ira, mein Gott, fang den Hund ein«, war das erste, was ich herausbrachte.

Woraufhin Ira sich umdrehte, ins Haus zurücktrat, sich zitternd auf die Treppe zum oberen Stockwerk setzte und zu schluchzen begann.

»Das kann ich nicht. Der hört doch nur auf Herb und Max. Herb ist im Keller, und Max ist heute nachmittag bei Omi Lisa.«

Bloß gut, daß der Junge nicht da war. Aber wir mußten den Hund wieder einfangen. Der kläffte ja die ganze Nachbarschaft zusammen.

»Marcy, komm her«, rief ich. Vergeblich. Marcy kläffte nur um so wütender.

»Marcy, wirst du wohl herkommen?«

Ich ging die Eingangstreppe hinunter und auf den Hund zu. Der hatte sich inzwischen zu mir gedreht und fletschte drohend die Zähne. Typischer Macho-Dackel. Nur nutzte das bei mir nichts. Ich griff ihn mir im Nacken, schüttelte ihn hin und her, wie Hundemütter das mit ihren Jungen tun, schimpfte und zog ihn hinter mir her ins Haus. Er stemmte seine Vorderpfoten immer wieder in den Rasen. Das half ihm aber auch nicht weiter. Er kläffte noch immer wie verrückt, als wir endlich die Haustür hinter ihm schließen konnten.

»Irmi, hilf mir, bitte, hilf mir«, schluchzte Ira, während ich Marcy in der Gästetoilette einschloß.

Als ich mich umdrehte, nahm ich zum erstenmal wahr, in welch bizarrem Aufzug Ira mir die Tür geöffnet hatte. Sie trug Herbs giftgrüne Gartenlatzhose, die ihr mindestens zwei Nummern zu klein war. Zwei dicke Speckrollen zeichneten sich da ab, wo andere eine Taille haben, und teilten die Latzhose wie ein Gebirgsmassiv in Hochebenen und tiefe Taleinschnitte. Da Ira normalerweise exzellent geschnittene Blazer oder weite Kaschmirpullover trug, hatte ich nicht wahrgenommen, daß sie inzwischen birnenförmig auseinanderlief, je weiter man von ihrem Gesicht in Richtung Oberschenkel an ihr hinuntersah.

Sie sollte endlich auf Hannah und mich hören und eine Diät machen, schoß es mir durch den Kopf, während ich Hintern und Oberschenkel betrachtete. Die wollten schier aus der Hose springen, die nur knapp über Herbs Gummistiefel reichte. Und die waren ihr mindestens drei Nummern zu groß. An den Händen trug sie quittengelbe Gummihandschuhe und auf dem Kopf eine dicke blauweiß gestreifte Wollmütze, die sie sich weit in die Stirn gezogen hatte und unter der sich ihr Haarknoten wie ein überdimensionaler Hirntumor abzeichnete. Anscheinend hatte sie sich die Mütze in größter Hektik übergestreift, denn sonst wären ihr die Haare nie so weit nach vorne gerutscht. Das ziepte sicher mächtig. Ira mußte ganz schön durch den Wind sein, wenn sie den Schmerz nicht bemerkte.

Vervollständigt wurde dieser Aufzug durch jede Menge Blut. Sie hatte es an den Handschuhen, im Gesicht, an der Mütze und – gleichmäßig verteilt – auf der ganzen Latzhose. Dort, wo sie langging, blieben rotbraune Fußabdrücke zurück.

Das Ganze sah nach einem Schlachtfest aus.

Ira stand auf, und ich nahm sie in die Arme, widerwillig, aber schließlich war sie, blutgetränkt oder nicht, meine Freundin. Ich begann beruhigend auf sie einzureden. Es werde alles gut. Ich sei ja jetzt da, und wir würden einen Weg finden, den Schlamassel zu beenden. Sie müßte sich nur zusammenreißen und mit mir noch mal in den Keller gehen. Ich zog die übliche Trostnummer ab.

»Das kann ich nicht, Irmi«, schluchzte sie und klammerte sich an meinem Hals fest. »Ich kann nicht noch mal in den Keller.«

Ihre blutbefleckte Wange schabte an meiner. Großartig. Wahrscheinlich hatte ich hinreißende Blutflecke auf meinem Jil-Sander-Kostüm. Das durfte ich wegwerfen. Schließlich konnte ich kaum zu Frau Schlothmann in der Reinigung sagen, ich hätte Nasenbluten gehabt. Frau Schlothmann würde drei Nächte nicht schlafen, um darüber nachzugrübeln, welche Hausmittel gegen einen solchen Blutsturz feiten, und mir alsdann eine säuberliche Liste der besten Tees und Mittelchen überreichen. Und sich natürlich noch Jahre später an diesen Blutrausch erinnern, in den meine Nase verfallen war. Das wäre unverantwortlich.

Ich stieß die Luft zwischen den Zähnen aus, um nicht laut und ordinär zu werden. Ich hatte dieses Kostüm noch nicht einmal im Pasalino getragen.

Zu allem Übel nahm ich einen widerlichen Geruch wahr. Die Frau, die meine Freundin war und tagein, tagaus auf Issey Miyakes elegant-frischen Duft schwor, verströmte einen Geruchmix aus Blut, Schweiß und Verzweiflung. Ich hätte mir nie

träumen lassen, daß Verzweiflung ein solch widerliches Sinnes-
spektakel provozieren konnte.

Ich griff nach ihren Handgelenken an meinem Hals, zog ihre
Hände auseinander und schob Ira von mir weg.

Sie zitterte noch immer und hatte Mühe, ihre Fassung wie-
derzugewinnen. Ihre Augen verhakten sich an meinen Schuh-
spitzen.

»Ira, sieh mich an. Wir müssen da jetzt runter und nach Herb
sehen.«

Ira hob langsam den Kopf, drehte ihre Handgelenke aus meinen Händen und steuerte auf die Kellertür zu. Gott sei Dank
kam sie wieder zu sich.

Als sie die Tür öffnete, drang dumpfes Stöhnen zu uns nach
oben. Ira blieb wie angewurzelt stehen. Ich stieß sie unsanft vor-
wärts, und folgsam setzte sie schließlich einen Gummistiefel vor
den anderen, um nach unten zu gehen.

Wir durchquerten den kleinen Vorraum, von dem mehrere
Kellerräume abgingen, und betraten Herbs Jagdzimmer.

Na ja, Jagdzimmer ist etwas übertrieben. Herb ging nie zur
Jagd. Er fuhr nur jeden Samstag nachmittag zum Schießstand
seines Vereins »Hamburger Jagd 1860«. Das betrieb er seit seiner Studentenzeit vor knapp fünfzig Jahren. Doch wie mir Ira
versicherte, hatte er in seinem ganzen Leben nicht einmal auf
Wild geschossen. »Das kann er nicht. Alle Geweihe, die an den
Wänden hängen, hat er gekauft. Jedesmal wenn er früher nach
Österreich zum Skilaufen fuhr, brachte er eines dieser idiotischen Geweihungetüme mit. Bescheuert. Aber immer wenn er
und seine Freunde hier unten trinken, tut er so, als hätten er und
sein Vater die früher geschossen. Bekloppt, oder?«

Tja, und nun lag Herb unter einem dieser Geweihe an der
Wand.

Ich brauchte eine Zigarette. Dringend.

Das, was ich da vor mir sah, hatte ich nicht erwartet. Herb saß
inmitten einer sich stetig ausbreitenden Blutlache und sah aus

wie eine zu weich gekochte Pellkartoffel, die überall auseinandergeplatzt war. Er stierte mich aus rotgeäderten Augen an. Sein linkes Ohr hing nur noch an einem Hautfetzen an seinem Hals, der aussah, als sei jemand bei dem Versuch, ihn zu durchtrennen, immer wieder abgerutscht. Seine rechte Hand versuchte offensichtlich die Halsschlagader abzupressen. Trotzdem waberte hellrotes Blut unter den verkrampften Fingern hervor.

Sein Oberhemd wies lange Risse auf, aus denen ebenfalls rötlich geäderte Hautfetzen heraushingen. Seine Beine waren kurz über den Knöcheln mit Draht zusammengebunden, der rechte Fuß fehlte. In kurzen Intervallen schoß das Blut aus dem Stumpf.

Angewidert starrte ich ihn an, während ich meine Kostümtaschen nervös nach Zigaretten und meinem silbernen Dupont-Feuerzeug abtastete. Ich wußte, ich sollte nicht rauchen. Ich rauchte damals schon seit fünf Wochen nicht mehr, trug meine Raucherausrüstung allerdings stets bei mir, um sicherzugehen, daß ich mir jederzeit eine anzünden könnte, sofern ich wollte. Mir half das. Seitdem ich nicht mehr rauchte, war meine Haut kleinporiger und besser durchblutet. Wirklich wahr. Das ging unheimlich schnell. Und jedesmal, wenn ich im Pasalino stand und dachte, ich könnte ja vielleicht zum Drink eine Zigarette rauchen, stellte ich mir vor, wie grau und schlecht durchblutet meine Haut wieder aussehen würde – und ließ es.

In dem Moment aber, als wir vor Herb standen, war ich wahrscheinlich genauso grau und fahl im Gesicht wie Ira.

»O Gott, was ist das denn?« war das einzige, was ich zustande brachte, nachdem ich mir endlich eine Zigarette angezündet hatte.

Ira schwieg und starrte nach unten auf Herb.

Der sagte auch nichts. Wahrscheinlich stand er unter Schock. Erwartet ein Ehemann ja schließlich auch nicht, von seiner Frau wie ein Hausschwein abgeschlachtet zu werden. Vor allem nicht, nachdem sie sich dreizehn Jahre lang klaglos hat prügeln lassen. Deutsche Ehemänner kannten Gattenmord höchstens aus amerikanischen Kriminalfilmen, in denen ausgeschlafene Drehbuchschreiber der Emanzipation endlich zum Durchbruch verhalfen und – natürlich – rassige Eheweiber in bösartige Killerinnen verzauberten. Linda Fiorentino in *Letzte Verführung* zum Beispiel. Die durfte mit einem Koffer voller Geld und schließlich unter Zurücklassung zweier Leichen davonkommen. Grandios.

Ira mußte auch davonkommen. Fragte sich nur, wie das zu bewerkstelligen war.

»Ira, wir müssen Herb erschießen. Eine Art Gnadenschuß, sonst dauert das noch Stunden. Und stell dir vor, Max kommt nach Hause. Nicht auszudenken.«

»Das mußt du machen. Ich kann einfach nicht mehr.«

Das glaubte ich zwar gerne, aber schließlich war es ihr Mann und nicht meiner.

»Ira, jetzt stell dich nicht so an. Nimm ein Gewehr aus dem Schrank und verpaß ihm einen Schuß. Am besten in den Kopf. Das machen die im Fernsehen auch immer so. Und es kommt nicht mehr drauf an, so, wie das hier aussieht.«

Ira schüttelte sich leicht und sah sich um.

»Ich hab' Herb um die Scheidung gebeten.«

»Das glaub' ich nicht«, entfuhr es mir.

»Doch, sicher. Gestern abend noch, als ich von dir nach Hause kam. Er hat mich ausgelacht und gesagt, ich solle lieber noch mal drüber nachdenken. Denn schließlich wäre es dann Essig mit schicken Urlauben, netten Nachmittagsdrinks und den vielen Klamotten. Als ob ich permanent im Kaufrausch wäre und nichts anderes im Kopf hätte, als mich zu amüsieren. Ich bin dann schließlich ins Bett gegangen, und er hat hier unten noch die halbe Nacht rumrumort. Keine Ahnung, was er gemacht hat. Und heute früh hab' ich ihn beim Frühstück noch mal gefragt. Und da hat er schließlich mit der Butterglocke nach mir geworfen. Hat aber nur den Küchenschrank getroffen.«

Herbs Lippen entfuhr ein leises Pfeifen. Ich bückte mich zu

ihm runter, er griff gleich mit der freien Hand nach meinen Haaren und zog meinen Kopf zu sich.

»Lügt.«

Ich schlug auf seine Hand, die er erschrocken öffnete und schließlich kraftlos fallenließ.

»Halt den Mund, Herb. Ira lügt nicht.«

Mein Blick streifte kurz meine Schuhe. Als er mich zu sich gezogen hatte, mußte ich mit der linken Fußspitze in der Blutlache gelandet sein. Das weiche hellgraue Leder wies einen rotbraunen Rand auf. Meine Prada-Errungenschaft, drei Wochen alt, zweimal getragen. Und nun im Eimer. Nach der Testamentseröffnung würde Ira mir einen Einkaufssamstag finanzieren müssen.

»Lügt«, kam es nochmals rasselnd zwischen Herbs Lippen hervor. In den Mundwinkeln türmten sich inzwischen weißrosa Bläschen.

Ich drehte mich zu Ira, die gebannt zusah, wie sich die blutigen Blasen langsam einen Weg am Kinn entlang zum Hals suchten.

»Weißt du, was das bedeutet?«

»Was? Paß auf deine Asche auf, sonst fällt die runter.« Ira sah mich an, die Augen angestrengt zusammengekniffen. Zwischen den Brauen verlief eine Falte steil nach oben. Sie brauchte eine Brille, war aber zu eitel, eine zu tragen, und Kontaktlinsen kamen nicht in Frage. »Weißt du überhaupt, wie debil es aussieht, wenn die Dinger nicht genau auf der Iris sitzen? Die Leute haben einen völlig irren Blick, wenn sie ihre Kontaktlinsen nicht exakt einsetzen.« So hatte sie mal ihren Widerwillen erklärt. Das war allerdings sechs oder sieben Jahre her. Vielleicht sollte ich noch einmal mit ihr reden, wenn wir die Sache mit Herb erledigt hatten.

»Ich meine diese hellroten Bläschen. Die treten aus, weil seine Lunge Risse hat. Dasselbe hab' ich mal in meiner Kindheit erlebt, als meine Großmutter auf unseren Wellensittich getreten ist, der sich mit Vorliebe auf dem Fußboden aufhielt. Sie hatte ihn nicht auf der Rechnung und rannte einfach über ihn drüber. Er war hin. Und ich mußte mit ihm in unser Provinzkrankenhaus und ihn einschläfern. Ich war elf, und Tierärzte waren damals auf dem Dorf nur für Kühe, Pferde oder Schweine da. Die einzige Krankenschwester weit und breit gab mir zwar Chloroform, aber helfen wollte sie mir nicht.«

»Ich soll seine Lunge verletzt haben? Ich weiß nicht mehr, Irmi. Keine Ahnung, wirklich nicht. Ich war zwischendurch stocksauer, ich hab' die Contenance verloren. Ich hab' ihn mit dem Besenstiel vermöbelt. Mit dem da, der da hinten in der Ecke steht.«

Ich drehte mich in die Richtung, in die ihre Hand wies. Neben dem abgebrochenen Besenstiel stand Herbs Stichsäge.

»Du bist doch nicht etwa mit der Stichsäge auf ihn losgegangen?«

Unsere pummelige Ira, bewaffnet mit Besenstiel und Stichsäge, die sie in ihren Mann zu bohren versucht?

»Doch, klar. Was sollte ich tun? Er wollte sich partout nicht scheiden lassen. Und ich hatte einfach keine Lust mehr, mich mit ihm auseinanderzusetzen.«

»Ira ...« Ich kicherte. Das ist vielleicht nicht gerade ein Zeichen von Pietät angesichts eines durch und durch verstümmelten und sterbenden Mannes, den ich dreizehn Jahre zu meinem engeren Freundeskreis gezählt hatte. Aber er hätte meine älteste Freundin auch nicht schlagen müssen. Oder in die Scheidung einwilligen können. Herb war selbst schuld, befand ich, und damit basta.

»Mensch, Ira, guck dir die Hand an.«

Herbs Hand war von seinem Hals gerutscht, aus dem nun das Blut quoll. Seine Augen waren starr.

»Sag mal, ist der tot? Einfach so? Das geht doch nicht. In Filmen zucken Sterbende immer noch rum oder bäumen sich zumindest kurz auf.«

Ich war völlig verdattert. Herb hatte das Zeitliche gesegnet. Ohne Vorwarnung. Das war schon merkwürdig. Fragend sah ich zu Ira.

Sie beugte sich zu dem, was kurz zuvor zwar kein ganzer Kerl, aber immerhin ihr Mann gewesen war, nahm sein Handgelenk und suchte den Puls.

»Ich kann den Puls nicht finden«, stellte sie mit einem Gleichmut fest, der so gar nicht zu der Hysterie passen wollte, die sie noch Minuten zuvor beherrscht hatte.

»Dann ist er tot. Sonst hätte er ja einen.«

»Und was jetzt?«

»Hol mal einen Spiegel und halt ihm den vor den Mund. Ich glaube, das macht man so. Wenn der nicht beschlägt, ist es vorbei. Wir beseitigen die Leiche und danach die Schweinerei hier. Und dann melden wir ihn als vermißt.«

Während Ira kurz verschwand, um eine halbe Minute später mit einem kleinen Kosmetikspiegel wiederzukommen und ihn Herb vor den Mund zu halten, überlegte ich, wie das mit uns und Herb weitergehen sollte. In Filmen war immer alles ganz einfach. Das klingt wie ein Allgemeinplatz und ist auch einer. Dennoch dachte ich das und ärgerte mich zugleich, weil mir trotz intensivster Grübelei keine Filmszene, geschweige denn ein Plan einfallen wollte.

Auf dem Spiegel tat sich nichts, und Ira drehte sich zu mir und musterte mich kurz. Ihre Stimme klang nach Ärger.

»Irmi, wenn du dir nicht sofort einen Aschenbecher besorgst oder die Kippe auf den Fußboden schmeißt, dann werde ich wirklich stinkig. Nimm den von der Fensterbank. Im übrigen ist dein Kostüm im Eimer.«

Während ich im großen Bogen um Herb herum zum Fenster marschierte, immer darauf bedacht, nicht noch einmal mit den Schuhen in einer Blutlache zu landen, sprach Ira weiter.

»Mit den vielen Flecken kannst du unmöglich auf die Straße. Ich werde jetzt erst mal Omi Lisa anrufen, damit Max bei ihr schlafen kann. Ich sage ihr, mein Kreislauf spiele mal wieder verrückt, mein Blutdruck sei im Keller, und ich hätte entsetzliche Schwindelanfälle. Das zog schon immer, weil ihr Blutdruck auch zu niedrig ist und sie ab und zu sogar umkippt.«

Sie machte kehrt, und ich folgte ihr aus dem Zimmer hoch in den Wintergarten, wo wir uns erst mal in die Sessel fallen ließen. Die Schuhe hatten wir an der Kellertreppe abgestellt.

Ira kramte zwischen den Sitzkissen. »Ständig rutscht dieses verdammte Handy zwischen die Kissen. Weißt du, er hat gesagt, ich sei verrückt. Ich sei eine verdammte Irre. Na gut, ich bin irre, aber er, er ist jetzt tot. Und ich fange ein neues Leben an. Ohne ihn, aber in seinem Haus und mit seinem Geld. Hat er sich sicherlich nie träumen lassen, der gute alte Herb.«

Endlich hatte sie das Handy gefunden und informierte Omi Lisa darüber, daß Max die Nacht bei ihr verbringen sollte. Ira würde ihn am nächsten Morgen abholen und ihn in die Schule fahren.

Damit hatten wir eine Nacht, um uns Herb vom Hals zu schaffen.

Kapitel 4

»Irmi, ich glaube, wir sollten Hannah anrufen. Sie muß uns helfen und auf dem Weg hierher kurz bei dir vorbeifahren und ein paar Sachen mitbringen.«

Siedendheiß fiel mir Charlie ein, die wahrscheinlich auf der Couch lag und Zeitschriften durchblätterte. Für welche Klamotten aus meinem Schrank sie sich wohl entschieden hatte?

»Das geht nicht, da sitzt Charlie und wartet auf mich«, sagte ich.

»Welche Charlie?« Ira zog erstaunt ihre schmal gezupften und gefärbten Augenbrauen in die Höhe.

»Das kann ich dir jetzt nicht erklären. Eine Sechzehnjährige, die heute nachmittag zu Besuch bei mir ist.«

Ungeduld machte sich in meiner Stimme breit. Sie klang dann leicht gepreßt. Nur interessierte Ira das nicht. Sie war eine Weltmeisterin im Ignorieren von Stimmungsbarometern.

»Du kennst eine Sechzehnjährige, die jetzt in deiner Wohnung ist? Seit wann läßt du jemanden allein in deinem Heiligtum?«

Hätte ich Zeit zum Überlegen gehabt, wäre mir das sicherlich auch nicht passiert.

Meine drei Zimmer, laut Mietvertrag waren es vier, aber zwei gingen, mit einer Schiebetür verbunden, ineinander über, waren vollgestopft mit dem, was allgemein als Nippes gilt. Teuer und nur mühselig zusammenzusammeln. Limoges-Döschen hier, Puppengeschirr da, unersetzbare Parfümflakons im Bad, alte Gartenzwerge auf der Toilette und eine Sammlung winziger und besonders schwer zu findender Gallé-Vasen im Arbeitszimmer.

»Ira, das ist im Moment völlig nebensächlich. Wir müssen Herb loswerden. Wir müssen duschen und uns umziehen. Und wir müssen zusehen, daß wir da unten klar Schiff machen.«

Ira sah an sich runter und schien zum erstenmal wahrzunehmen, daß sie wie ein Hilfsarbeiter aussah, der gerade auf dem Schlachthof gerade eine Achtstundenschicht mit dem Zerlegen von Rindern oder Schweinen zugebracht hatte. Sie sprang aus ihrem weißen Rattansessel auf und unterzog den grünweiß gestreiften Bezug einer eingehenden Prüfung. Der war porentief rein, vermutlich weil das Blut an ihr inzwischen zu braunroten Flecken getrocknet war.

»Sag mal, weshalb bist du eigentlich nicht in der Redaktion?«

Während sie das fragte, strich sie gedankenverloren über das angetrocknete Blut auf ihrem Bauch, drehte sich um, rannte aus dem Wintergarten durch das Wohnzimmer raus auf den Korridor, während ich mitten in der Erklärung festsaß, daß ich meine Sekretärin, Frau Ulm, gegen Mittag informiert hätte, ich läge mit einer Magen-Darm-Grippe zu Hause.

Ich hörte, wie sie sich übergab. Hoffentlich auf dem Klo, das genau gegenüberlag. Noch mehr Ekelkram kam nicht in Frage. Und dann hörte ich sie schluchzen. Marcy schoß hochbeglückt über die wiedergewonnene Freiheit herein. Da wir ihn im Klo eingesperrt hatten, mußte sie es bis dorthin geschafft haben.

»Hau ab, Marcy, du nervst«, blaffte ich ihn an.

Der Dackel verzog sich unter den Wohnzimmertisch und winselte kurz auf, was er immer tat, wenn er schwer beleidigt worden war.

Verdammt. Ein beleidigter Dackel, eine Hausfrau, der entweder übel oder zum Heulen war, im Keller eine Leiche und zu Hause ein pubertierendes Gör, das da einfach nicht hingehörte. Wie sagte Bruce Willis immer so schön in *Die Hard?* »Have a very bad day.« Dieser Tag war mit Sicherheit ein Scheißtag.

Noch während ich dem Geschluchze hinterhersann, durchzuckte mich ein Gedanke, der die Lösung unseres Problems versprach.

Ich folgte Ira auf die Toilette. Sie saß auf der flammendroten Klobrille, selbst gekauft und die einzige Geschmacksverirrung in diesem ansonsten von einem Architekten durchgestylten Haushalt, und versuchte, ihrer Tränenflut mit Toilettenpapier beizukommen.

»Irmi, ich hab' den Vater meines Sohnes ja richtiggehend abgeschlachtet.«

Nein, in diese Arie wollte ich keinesfalls noch einmal einstimmen. Wir hatten ein Problem, ein erhebliches. Wir mußten eine Leiche beseitigen. Sentimentalitäten konnten wir uns später leisten, in aller Ruhe bei einer Flasche Champagner oder einem ausgiebigen Abendessen.

»Ira, ich hab's. Ich hab' die Lösung. Du hast doch noch den Quelle-Katalog, aus dem Max seinen Nintendo 64 bestellt hat. Erinnerst du dich? Die bieten einen 24-Stunden-Lieferservice. Wir bestellen dir eine neue Tiefkühltruhe, schleppen die alte schon mal nach unten in Herbs Jagdzimmer, zerlegen ihn portionsgerecht und frieren ihn ein. Erinner dich an den Serienmörder Jeffrey Dahmers. Der hat's doch auch so gemacht, mit ein paar Leichenteilen. Den Rest lagerte er, glaub' ich, im normalen Kühlschrank.«

Schlagartig erhielten Iras Tränen Fließverbot.

»Portionsgerecht? Was heißt das?«

Ich wand mich ein wenig, denn mein Vorschlag war etwas ungewöhnlich und derb.

»Das heißt ... also, das bedeutet, daß wir ihn in möglichst kleinen Stücken einfrieren. Du brauchst nie wieder Hundefutter zu kaufen. Das Fleisch käme frisch auf den Tisch. Du könntest es kochen und Marcy mit Brühe, Haferflocken und Mohrrüben servieren. Der Hund hätte ein paar Knochen abzunagen, die nicht splittern wie diese dämlichen Geflügelknochen. Und die Reste würdest du wie jedes normale Hundefutter in der Mülltonne entsorgen. Das einzige Problem wäre Herbs Kopf. Aber da fiele uns früher oder später auch noch was ein.«

Unbeholfen erhob sich Ira von dieser roten Mißgeburt einer Badezimmereinrichtung.

»Herbs Kopf war schon immer das Problem. Seit ich ihn kenne. Der wollte immer durch die Wand. Immer recht haben. Immer schlauer sein als andere Köpfe.«

Sie machte eine Pause und ging zum Waschbecken, um sich Gesicht und Hände zu waschen. »Meinst du, das klappt?«

»Warum sollte es nicht klappen? Hannah müßte helfen. Zu zweit kriegen wir die Kühltruhe nie aus deiner Abseite in den Keller. Wir müßten dann nur noch in die Metro fahren und ein professionelles Entbeinmesser in der Küchenabteilung kaufen. Oder ein elektrisches Küchenmesser.«

»Zwei, für jeden eins. Am besten drei, falls eines kaputtgeht oder Hannah mitmacht. Du hilfst mir doch, oder?«

Fragend sah sie mich an. Ich nickte. Freundinnen sind nun einmal nicht nur dazu da, einander in unerfreulichen Situationen beizustehen und Trost zu spenden, wie es in Durchschnitts-ehen gerade noch so üblich ist, sondern auch dazu, sich tatkräf-tig zu unterstützen.

»Alleine schaffe ich das nie im Leben. Zumal nachts. Da grusle ich mich sowieso schon genug. Und dann soll ich auch noch Herb entbeinen. Und ausweiden.« Ira schüttelte den Kopf. »Scheiße, Irmi. Das ist echt übel. Ihr müßt mir wirklich helfen.«

Also rief ich Hannah an, während Ira sich umzog.

Hannah langweilte sich an diesem verregneten Tag mal wie-der zu Tode. Es kämen keine Aufträge, keine Anrufe, bis auf un-seren. Dennoch bedurfte es einiger Überredungskünste, bis ich sie soweit hatte, daß sie bei dem Wetter das Haus verließ, um zu Ira zu kommen und auf dem Weg bei mir vorbeizufahren und ein Paar Jeans und ein Sweatshirt einzupacken. Hannah war die einzige, die jederzeit in meine Wohnung konnte. Sie verwahrte meinen Notschlüssel, für den Fall, daß ich mich ausschloß, was schon des öfteren vorgekommen war.

Ich vergaß, Charlie zu erwähnen.

Und so standen sie eine knappe halbe Stunde zu zweit in der Tür.

Ira flippte aus. Erst schrie sie mich an, dann Hannah, schließ-lich Charlie.

»Ihr gottverdammten Idioten, wer hat dieses Kind mitge-bracht. Ihr seid ja wohl total bescheuert! Unten im Keller liegt Herb, und ihr bringt ein Mädchen her, das keine Sau kennt.«

Das war die Ira vom Dom, die nur wenige in Eppendorf kannten. Herb war mitunter in den Genuß dieser schlummern-den Furie gekommen, wenn er mal wieder etwas so Wesent-liches wie Waschpulver oder Tempotaschentücher beim Einkauf vergessen hatte. Eine Ira, die auf Hundertachtzig war, mutierte schlichtweg zur Kalaschnikow. Ordinäre Satzkaskaden schossen ihr aus dem Mund, und sie verteilte sie ohne Punkt und Komma über alle, deren sie habhaft werden konnte.

Hannah und Charlie schauten völlig verdattert.

Ich registrierte, daß Charlie tatsächlich meine granitfarbene Girbaud-Hose trug. Wahrscheinlich hatte ihr nichts anderes gepaßt, sonst hätte sie sich sicherlich für Jogging-Hosen entschieden. Über die Hose fiel ein schwarzes Sweatshirt der Sportswear-Kollektion von Joop! bis auf ihre Oberschenkel. Außerdem hatte sie ihre Haare gewaschen. Alles in allem sah sie um Klassen besser aus als noch ein paar Stunden zuvor. Kleider machen eben Leute. Eine Binsenweisheit, um die niemand herumkommt. Deshalb verdienen sich Paparazzis ja unter anderem eine goldene Nase. Kim Basinger privat in überdimensionaler Latzhose mit Baseballkäppi statt im sexy Stretchkleid. So einen Schnappschuß druckt garantiert jedes Boulevard-Magazin im Vertrauen darauf, daß das Geschäft mit Bosheit und Neid funktioniert. Schließlich geht's uns Frauen runter wie Öl, das Sexsymbol aus *9½ Wochen* als graue Maus zu sehen. Ohne die Künste einer professionellen Visagistin verpaßt sie Männern, zumal unseren Kandidaten, sabber, sabber, wohl kaum einen unruhigen Schlaf.

Ich versuchte Ira zu beruhigen, was irgendwann gelang. Aber da wußten Hannah und vor allem Charlie schon, weshalb und vor allem wie Herb im Keller lag.

Ira gab sich schließlich geschlagen, und wir führten die beiden ins Jagdzimmer.

Während Hannah wie ich zuvor bei Herbs Anblick nur ein »O Gott, Ira« herausbrachte und sichtbar mit nagender Übelkeit kämpfte, ließ Charlie sich nur zu einem Satz hinreißen. »Könnten wir das mit meinem Alten auch machen?«

Coolness hin oder her, ich schloß Charlie langsam in mein Herz oder das, was eine Ehe, eine große Jugendliebe und ein knappes Dutzend Lover von meinem Gefühlszentrum übriggelassen hatten.

Schließlich zog ich mich um, Ira bestellte bei Quelle die Tiefkühltruhe, unter der Bedingung, daß sie zwischen neun und zehn am nächsten Tag geliefert würde.

Als erstes räumten wir Iras alte Truhe leer, in der sich nur ein paar Fertiggerichte, etwas Brot und ein paar Gemüsereste befanden. Wir wuchteten sie unter lautstarkem Geächze die enge Kellertreppe runter und dann in das Jagdzimmer, wobei Charlie fast das Gleichgewicht verlor und wir nur mühsam die Kontrolle über das bedrohlich wackelnde Ungetüm behielten. Danach waren wir reif für eine Dusche. Überraschenderweise entpuppten wir uns alle vier als diszipliniert, so daß wir nach einer halben Stunde, frisch und fruchtig riechend, die Körperpflege hinter uns hatten.

Und dann fuhren wir los, um alles Notwendige einzukaufen. Tranchiermesser, Elektromesser, Ersatzblätter, einen Vorratskarton an Tiefkühlbeuteln, Abdeckfolie, Fleckensalz, Clorix, Handschuhe und Gummischürzen, Gummistiefel, OP-Hauben und OP-Gesichtsmasken. Eben alles, was Fleischer und Chirurgen so brauchen, einschließlich einer elektrischen Kreissäge von Bosch, die die Stiftung Warentest mit »Sehr gut« bewertet hatte.

Der Verkäufer versuchte zwar in gutem Glauben, seiner beratenden Pflicht nachzukommen und uns für unsere Zwecke – als ob er die kannte – eine günstigere und handlichere, aber auch empfindlichere von einem thailändischen Hersteller aufzuschwatzen. Wir aber blieben hartnäckig dem getesteten Markenprodukt ergeben.

Um Herb tiefzufrieren und das Blut von den Möbeln zu waschen, benötigten wir die Nacht, den folgenden Tag und noch eine Nacht, etliche Flaschen von Iras Prosecco, jede Menge Pizza und außerdem den Erste-Hilfe-Kasten. Ich glaube, es gab damals einen Punkt, von dem an keine von uns mehr richtig nüchtern war. Wahrscheinlich hätten wir diese Schweinerei anders auch gar nicht ertragen.

Ich konnte danach monatelang keine Pizza mehr sehen, ohne an Herb zu denken, daran, wie er in seinem Blut gelegen hatte, umgeben von vier Weibern, die versuchten herauszufinden, wie das mit der Kreissäge nun funktionierte. Mit so einem Ding, da waren wir uns einig, ging das Zerteilen am schnellsten. Nur hatte keine von uns zuvor eine Kreissäge in der Hand gehabt. Und jetzt standen wir unvorbereitet diesem Monster gegenüber, wohlverpackt im Karton, ausgestattet mit sechs Sägeblättern.

»Ira, gib mir mal die Bedienungsanleitung rüber. Da muß doch irgendwo drinstehen, wie man das Sägeblatt befestigt.«

Ich hätte mir nie träumen lassen, daß man so ein Ding zu Hause erst mal zusammenbauen muß. Im Baumarkt sah es so einsatzbereit aus. Jedenfalls gab Ira mir die Bedienungsanleitung, und ich versuchte als erstes die Zeichnungen den jeweiligen Texten zuzuordnen. Das gelang irgendwie, und so setzte ich das Sägeblatt in die entsprechende Halterung und zog die Schrauben mit dem beiliegenden Werkzeug fest.

Das liest sich jetzt schneller, als es damals getan war. Ehrlicherweise muß ich zugeben, daß ich zigmal ansetzte, bevor das Blatt wirklich festsaß. Oder ich es zumindest annahm.

»Fertig. Wer macht's?«

Hannah und ich sahen Ira an, aber die verdrehte nur die Augen, kratzte mal wieder auf ihrer Kopfhaut herum, wobei ihr OP-Käppi Richtung Augenbrauen rutschte. Genervt schob sie es zurück, verhedderte sich dabei in ihrem eigenen Haaraufbau, versuchte, Käppi, Hände und Knoten zu sortieren – und wies das Ansinnen weit von sich.

»Ihr meint doch nicht im Ernst, ich fasse dieses Teil an. Das könnt ihr nicht verlangen. Und außerdem kann ich dieses Monstrum unmöglich halten. Es ist viel zu schwer für mich.«

Angeblich machte sie neben ihrem wöchentlichen Aerobic-Kurs im Lady Club täglich fünfundzwanzig Situps. Ich hatte da schon immer meine Zweifel – bei ihrer Figur. Aber sie hatte recht. Gymnastische Übungen und Situps sind so oder so nicht für den Aufbau einer kräftigen Armmuskulatur geeignet, und die bescheidene Gartenarbeit hatte auch nicht gerade für einen durchtrainierten Bizeps gesorgt. Wir schauten Charlie an. Na ja, die brauchte die Hände gar nicht erst abwehrend zu heben. Der Zwerg-Spargel schied gleich aus. Blieben Hannah und ich. Hannah hielt sich mit der einen Hand die Augen zu, während die andere vor ihr hin und her winkte, als würde sie ihren Lover von Hamburgs Hafenmole aus zu einer monatelangen Schifffahrt verabschieden. Gut, also blieb ich.

»Okay, Kinder, ich mach's. Aber ihr müßt Herb festhalten, und einer muß hinten an der Säge anfassen und sie stützen, damit ich mich auf das Schneiden konzentrieren kann.«

Hören Sie das Geräusch? Ich krieg's bis heute nicht aus den Ohren.

Herb war inzwischen etwas steif geworden, und wir hatten Mühe, ihn so auf zwei Stühle zu legen, daß Beine und Oberkörper prächtig abgestützt waren und sein Kopf über der Stuhlkante nach unten hing.

Hannah hielt die Säge mit fest, und ich fing einfach an.

Was du heute kannst besorgen, das verschiebe nicht auf morgen, hatte meine Mutter mir beigebracht. Vor allem bei unangenehmen Entscheidungen wie dem Verlassen so mancher mittelmäßiger Liebhaber half mir die Erinnerung an die Kernsätze meiner Mama. Denn aller kopflastigen Seziererein ihrer jeweiligen Schwächen und Mängel zum Trotz hängt man irgendwann ja doch an ihnen. Und da Männer weit entfernt von Hannahs Phlegma und Opferbereitschaft waren, ging die eine oder andere Trennung meiner Erfahrung nach nur mit höchst unangenehmen Szenen vor sich. Das bedeutete Streß und schreckte mich ab. Doch früher oder später trafen dann die Sätze meiner Mama in meiner Erinnerung ein, und so manches Mal verhalfen sie mir dazu, mich unangenehmen Szenen schneller zu stellen, um auch schneller von ihnen befreit zu sein.

Blut und Hautfetzen flogen herum, nachdem ich die Säge an Herbs Hals angesetzt hatte. Dennoch bahnte sich das Sägeblatt geschwind seinen Weg. Gott sei Dank waren wir alle mit Hauben und Mundschutz, Kitteln, Gummistiefeln und Handschuhen vermummt und geschützt.

Und dann machte es Rums, mir flog die Säge aus der Hand auf den Fußboden, wo sie auf Charlie zuwanderte, die kreischend zur Tür zurückwich. Ira kreischte nicht weniger, während Hannah und ich versuchten, dieses Unding wieder einzufangen. Nach ein paar vergeblichen Versuchen – Hannah rutschte in Herbs Blut aus und landete ziemlich unsanft auf ihrem linken Knöchel und dem Allerwertesten – gelang es uns schließlich, weil Hannah auf die glorreiche Idee kam, zur Steckdose zu humpeln und den Stecker rauszuziehen. Auf einmal war Ruhe. Die Säge schwieg, Charlie schwieg und Ira auch.

Das Blatt hatte sich aus der Verankerung gelöst und steckte nun friedlich zwischen Herbs erstem und zweitem Halswirbel fest. Ich holte einen Hammer aus Herbs Kellerwerkstatt nebenan und schlug es mühsam raus. Ein paarmal rutschte ich ab und klopfte statt dessen auf Herbs Kopf rum. Das Sägeblatt war durch die Hämmerei im Eimer. Blieben noch fünf. Oder vier. Eins war laut Beipackzettel für Metall gedacht und für Herbs Knochen ungeeignet.

Aus Herbs Halsschlagader tropfte gleichmäßig hellrotes Blut in den Eimer, den wir vorsorglich neben den vorderen Stuhl gestellt hatten und der sich nun als große Hilfe erwies.

Ich schraubte ein neues Blatt fest und machte mich wieder an die Arbeit.

Diesmal kam ich durch.

Ira verpackte Herbs Kopf sorgfältig in Folie und legte ihn in die Truhe. Seinen Rumpf lagerten wir schräg, Halsstumpf über dem Eimer, den Stuhl mit den Beinen schoben wir an die Wand. Er sollte nicht wegen des Gewichts von Herbs Überresten davonrutschen.

Anschließend legten wir eine Pause ein. Wir duschten, machten es uns in Iras Wohnzimmer vor dem Fernseher bequem, ließen ein paar Pizzen kommen, tranken Prosecco und sahen uns *Columbo* an.

Es dauerte nämlich ganz schön lange, bis es aus dem ehemaligen Papa und Ehemann nicht mehr blutig rieselte.

Die Kreissäge benutzten wir für alle größeren Knochenteile. Aber das will ich hier nicht vertiefen. Es war Schwerstarbeit. Das können Sie mir glauben.

Charlie verletzte sich in der zweiten Nacht mit dem elektrischen Küchenmesser. Wir hatten ihr Herbs Hände überlassen. Und was tat sie? Fing an zu flattern und verletzte sich am Daumen. Sie blutete wie wild.

Hannah legte einen Druckverband an, und wir trugen Charlie auf, telefonisch ein paar halbe Hähnchen zu bestellen. Das war während dieser ganzen Zeit ihre entscheidende Aufgabe: für unser leibliches Wohl zu sorgen. Sie erledigte das, ohne zu nörgeln. Mittags schob sie ein Tiefkühlgericht aus Iras neuer Truhe in die Mikrowelle, abends bestellte sie Pizza und morgens kochte sie Kaffee, vier Eier im elektrischen Kocher, toastete ein paar Scheiben Weißbrot und deckte den Frühstückstisch. Wir staunten nicht schlecht. In ihr schlummerte die perfekte Hauswirtschafterin. Gesagt haben wir's natürlich nicht. Dieses Kompliment hätte sie beleidigt.

Am nächsten Morgen schickten wir sie in die Notaufnahme. Die Wunde mußte genäht werden. Charlie trottete gottergeben dorthin und erzählte, sie hätte sich mit dem elektrischen Küchenmesser verletzt, als sie versuchte, Parmesankäse für die Spaghetti kleinzuraspeln. War ja nur beinahe gelogen. Der Assistenzarzt bedauerte sie, »quatschte mir eine Kante an den Kopf«, nähte aber dabei die Wunde und schickte sie heim.

Und dann waren wir endlich fertig mit dem, was mal Herb gewesen war.

Praktisch, wie Frauen nun mal sind, hatten wir die Wände und Möbel des Jagdzimmers mit Folien abgedeckt. Und selbst da, wo sie im Eifer des Gefechts rissen, passierte nicht allzuviel.

Couch und Sessel waren mit dunkelbraunem Leder bezogen, das im Verlauf der Jahre oder Jahrzehnte reichlich Patina angesetzt hatte. Die beiden Schränke, der große Bücherschrank und die kleine Vitrine waren noch von Herbs Vater, alte Handarbeit und auf Hochglanz lackiert, so daß die wenigen Blutflecke oder ein paar herumgespritzte Knochenreste leicht zu entfernen waren. Allerdings machte uns der gefliese Fußboden ziemlich zu schaffen. Den hatten wir zwar ebenfalls abgedeckt, aber zum einen hatte ihn Ira schon bei ihrem Massaker mit Herbs Blut versaut und zum anderen riß durch das ständige Hin und Her unserer Füße selbst die dickste Malerfolie irgendwann.

Zum Reinigen verbrauchten wir eine Unmenge frischen Wassers. Es war eine ziemliche Schweinerei, alle paar Minuten in die Waschküche zu rennen, um einen neuen Eimer zu holen. Wir benötigten die ganze Flasche Clorix und Iras Kalkentferner, um auch den letzten Rest aus den Fugen zu scheuern.

Allein die Übergardinen waren völlig ruiniert und mußten weg. Wir rieten Ira, sie mit Fleckentferner zu waschen, kleinzuschneiden und als ausrangierte Putzlappen zu beseitigen. Die Folie spülten wir in der Waschküche, so gut es eben ging, und Charlie bekam den Auftrag, nach Harburg zu fahren, um sie dort in einer der grünen Plastik-Sammeltonnen zu entsorgen, die zwar nützlich, aber für die Anwohner eine ästhetische Zumutung sind. Ständig quellen sie über, und so mancher Schlendrian schmeißt den Müll einfach daneben. Irgend jemand sollte sich mal bei der Stadtverwaltung erkundigen, um das Wievielfache die Rattenpopulation selbst in besten Wohnlagen angewachsen ist, seitdem es diese Containersammelstellen gibt, und was die Stadt dagegen zu tun gedenkt.

In diesen sechsunddreißig Stunden schliefen wir nur wenig. Charlie nickte schon mal auf der mit Folie überzogenen Couch ein. Selbst das widerliche Geräusch der Stich- oder Kreissäge störte sie nicht, und der penetrant süßliche Blutgeruch ging an ihr ebenso spurlos vorbei – während wir immer mal wieder an die frische Luft mußten, um uns davon zu erholen. Darm und Blase froren wir im Ganzen ein, um sie später ohne Geruchsbelästigung oder böse Überraschungen portionieren zu können.

Während unserer Aufräumaktion hielt meine Magen-Darm-Grippe für die Redaktion offiziell an, Ira bekam für ihre Mutter auch gleich eine, so daß Max noch eine weitere Nacht bei Omi Lisa verbringen konnte, und Hannah und Charlie hatten weder was zu tun, noch wurden sie von irgend jemandem vermißt. Allerdings fehlten wir drei bei Klaus und Anna zur Geburtstagsfeier – unentschuldigt, denn keine von uns dachte daran, dort anzurufen.

Als am Morgen des übernächsten Tages auch Herbs letzter Überrest in der Kühltruhe zu gefrieren begann, das Jagdzimmer soweit wieder blutleer war und wir auch sonst sämtliche Spuren unserer Aktion in Iras Eigenheim beseitigt hatten, fuhr Hannah nach Hause, Charlie zu ihrem Vater, ich ging in die Redaktion, wo mir jeder riet, sofort wieder nach Hause zu gehen, weil ich von der Darmgrippe völlig erschöpft wirkte und nichts anlag, was meine Anwesenheit dringend erforderte. Ich ließ mich nicht lange bitten. Ira holte Max von Omi Lisa, fuhr ihn in die Schule, gewährte dem Dackel einen extra langen Spaziergang rund um die Außenalster und kochte mittags einen Blumenkohlauflauf für sich und Max. Der Hund fraß Herz.

Kapitel 5

Ich hörte an diesem Morgen, ich glaube, es war ein Donnerstag, meinen Anrufbeantworter ab. Josh fragte, ob ich nicht mal mit ihm essen wollte. Wollte ich nicht. Anna meldete schwerbeleidigt, ich wäre nicht zu ihrem Geburtstag gekommen »und Ira und Hannah auch nicht. Ich habe für 15 Leute einen Catering Service bestellt, natürlich den von der Pastoria. Und jetzt sitze ich euretwegen auf den Resten. Ich weiß nicht, was ich davon zu halten habe.« War auch besser so.

Als letztes kam die Nachricht von Kowalski. Meine Leberwerte seien leicht erhöht, und er müsse dringend mit mir reden. Ich rief ihn an und vereinbarte einen Termin am nächsten Vormittag.

Anschließend versuchte ich verzweifelt, mein Jil-Sander-Kostüm von den Blutflecken zu befreien. Das mißlang gründlich.

Der Fleckentferner half ebensowenig wie das Einweichen der Stellen in kaltem Wasser mit anschließender Naturschwamm-Massage. Zu allem Überfluß blieben helle Ränder um die behandelten Flecken zurück. Sowohl vom Wasser als auch von dem Entferner. Stoffe oberteurer Designer waren mitunter derart hochveredelt, daß selbst Wasser sie ruinierte. Ich mußte mal einen oberteuren Rock wegwerfen, weil ich in den Regen gekommen war. Und wegen Herb konnte ich diesmal gleich zweitausend Mark in den Wind schreiben.

Frustriert legte ich mich hin.

Am frühen Nachmittag riß mich das Telefon aus dem Tiefschlaf. Ira war dran.

»Marcy scheint Herbs Reste zu mögen. Nicht daß er sich daran gewöhnt und wir ein Versorgungsproblem haben, wenn die Truhe leer ist.«

Manchmal ging mir ihr Humor ziemlich auf die Nerven.

»Ira, laß mich schlafen. Ich bin hundemüde.«

»Ich ruf' auch nur an, weil ich dir sagen wollte, daß ich morgen mittag einen Termin bei Gerulf habe. Bei ihm persönlich. Ist zwar teurer, aber die Haare müssen ab.«

Ich dachte, ich spinne. Schlagartig war ich putzmunter.

»Ira, bist du total durchgeknallt. Du kannst doch morgen nicht zu Gerulf gehen. Jeder Idiot weiß, daß Herb ausrasten würde, wenn du dir die Haare abschneiden läßt. Darüber streitet ihr seit Jahr und Tag. Das letzte Mal auf Ebbas Wohnungseinweihungsfeier. Wie lange ist das her? Sechs Wochen? Erinner dich. Meine Güte, Ira.«

60

Und dann auch noch zu Gerulf. Innerhalb eines Tages wüßte ganz Hamburg, daß Ira kurze Haare hätte. Der Mann hatte die stille Post praktisch erfunden.

»Irmi, ganz im Vertrauen«, nuschelte er einem zwischen Haarewaschen und Trockenfrottieren ins freigelegte Ohr, »weißt du schon, daß Berts Tussi, diese Rothaarige, die wir alle nicht abkonnten, jetzt in Wien sitzt? Man weiß ja, was das bedeutet.« Egal, um wen oder was es ging, Gerulf wußte es, und Gerulf plauschte es weiter. »Dir kann ich es doch erzählen, du redest doch nicht drüber, oder?« Klar redete niemand drüber. Höchstens mit der besten Freundin oder der zweitbesten. Und die mit ihrem Mann oder Freund. Und so kam es, daß im Pasalino Neuigkeiten mitunter schon von gestern waren, kaum daß sie sich ereignet hatten. »Habt ihr schon gehört, daß Berts Freundin …« Alle winkten ab, einer kommentierte vielleicht noch, daß er das vorausgesehen hätte, bei dem furiosen Altersunterschied, und die Runde wechselte das Thema.

Stille drang durch die Leitung.

»Ira, bist du noch da?«

»Das ist echt bescheuert, Irmi. Ich hab' mich so drauf gefreut, die Mähne loszuwerden. Ständig morgens diese Arie mit dem Hochstecken. Und diese elendige Wäscherei. Aber ich glaub', du hast recht, und ich sollte noch warten. Blöd ist es trotzdem. Aber hin muß ich jetzt. Ich kann ja das Übliche machen lassen, Spitzen schneiden, Kurpackung, Augenbrauen und Wimpern färben.«

Das klang vernünftig. Es war nicht der richtige Zeitpunkt, sein Äußeres zu verändern. Wurde doch jeder mißtrauisch, zumal wenn sich Herbs Verschwinden herumsprach.

Im Laufe des Telefonats verabredeten Ira und ich uns vor dem Revier in der Bundesstraße, um eine Anzeige aufzugeben. Max hatte schon mittags gefragt, wo sein Papa sei, und Ira hatte sich mühselig aus der Affäre gezogen und erklärt, daß Herb und sie sich gestritten hätten und sie auch nicht wüßte, wohin er gegangen sei. »Ohne Marcy?« hatte Max gefragt. Das klang bedrohlich genug, und wir mußten endlich offiziell zur Kenntnis geben, daß Herb verschwunden war.

Eine Stunde später betraten wir das Polizeirevier. Eine altersschwache Schwingtür entließ uns in einen etwa dreißig Quadratmeter großen, gelblichgrün gestrichenen Raum, den eine halbhohe Wand mit einem Glasaufsatz teilte. Abgewetzte Besucherstühle und ein verkratzter Resopaltisch paßten ebenso zum Ambiente wie die vor Rauch und Schmutz starrenden, gelblichbraunen Übergardinen, die von großen Rhombenmustern überzogen waren und seitlich zweier Fenster hingen, denen es egal war, ob es regnete oder die Sonne schien. Sie waren völlig verdreckt und ließen kaum Licht in den Raum. Es war immer dasselbe mit den Hamburger Behörden. Irgend jemand mußte das Motto ausgegeben haben »Büromöbel der Sechziger erleben das Jahr 2000«. Die Behörden der Hansestadt ließen prinzipiell jedes Innenarchitektenherz höher schlagen. Ich versuchte damals schon seit zwei Jahren, unseren gemeinsamen Freund Jochen zu aktivieren, er möge doch mal beim Senat vorstellig werden und ein kostengünstiges Projekt zur Neugestaltung sämtlicher Dienststellen vorschlagen. Dabei müßte ein lukrativer Großauftrag herausspringen, denn sämtliche Behörden waren meiner Kenntnis nach in diesen ästhetischen Tiefschlaf verfallen.

Die beiden diensthabenden Beamten saßen vor altertümlichen, braunroten Rollschränken an zwei riesigen Schreibtischen und hatten ebenso wie das Revier ihre besten Jahre lange hinter sich. Beide waren um die Fünfzig, klein und mopsrund mit wohligrosigen Schweinebäckchen und knolligrunden Nasenflügeln, zu denen so manch Übergewichtiger neigt. Gräulichbraune Haarreste gaben durchscheinend rosige, vor allem aber überproportional große und weit abstehende Ohren frei. Bei stürmischem Wetter mußten beide aufpassen, daß sie nicht wie kugelrunde Ballons am Firmament verschwanden. Und beide steckten in den bekannten, unvorteilhaften grün-gelben Standarduniformen deutscher Polizisten. Ich stieß Ira an.

»Sag mal, die sehen ja aus wie Zwillinge«, raunte ich ihr zu, während wir uns auf die beiden zubewegten. Ira warf mir aus den Augenwinkeln ein schelmisches Zwinkern zu, das übergangslos einem verstörten Blick wich.

»Guten Tag, meine Herren. Wir möchten eine Vermißtenanzeige aufgeben.«

Allen gängigen Vorurteilen über harsche Polizisten und übellaunige Beamte zum Trotz zeigte sich das Zwillingspaar überraschend verständnisvoll und liebenswürdig, nachdem wir berichtet hatten, um wen und was es ging.

Sie hätten da ihre Statistiken über verschwundene Ehegatten, erzählte der eine, während der zweite artig nickte. Wir sollten uns keine Gedanken machen, es sei völlig normal, daß der eine oder andere Ehepartner nach Streitereien für kurze Zeit verschwand.

»Herb ist aber noch nie einfach so aus dem Haus gegangen«, warf Ira ein. Und ich bestätigte: »Das stimmt. Das tut er einfach nicht. Selbst wenn er mächtig schlecht drauf ist, hinterläßt er einen Zettel.«

»Meine Damen. Glauben Sie mir, Männer rennen manchmal weg. Einen halben Tag, einen Tag, mitunter zwei Tage. Meistens betrinken sie sich und kommen heim an Mamas Herd, wenn das Geld alle oder gestohlen worden ist.«

Ira schniefte. Ob wir uns vorstellen könnten, daß er in irgendeiner Kneipe stünde. Unisono widersprachen wir: »Nein, niemals.« Herb hasse es, tagsüber zu trinken, und er trinke niemals bei Kummer oder Streß. Er sei ein Lusttrinker, der seine Grenzen kenne. Sich vollaufen zu lassen, das sei einfach nicht sein Stil.

Ira steigerte ihr Schniefen zwischendurch zu einem Tränensturz.

Schließlich nahmen die beiden Beamten eine Vermißtenmeldung auf, erklärten uns aber gleichzeitig, sie könnten nicht aktiv werden, nur weil der Herr Papa nicht zum Mittagessen erschienen sei und den Hund, seinen treuen Freund und Begleiter, daheim gelassen hätte.

Als wir wieder draußen standen und aufatmeten, weil wir diesen ersten offiziellen Akt so relaxt über die Bühne gebracht hatten, beschlossen wir, auf einen Cappuccino ins Pasalino zu fahren.

Unterwegs riefen wir Hannah und Charlie über das Handy an und fragten, ob sie Lust hätten, sich mit uns bei Michele zu treffen. Sie hatten, und so kam es, daß wir uns dort alle versammelten.

Charlie kam als letzte. Uns dreien wurde ganz schlecht bei ihrem Anblick. Sie trug dieselben Klamotten wie im Barmbeker Krankenhaus. Noch ehe wir wußten, wie uns in diesem piekfeinen Laden geschah, war sie auf uns zugehüpft und umarmte freudestrahlend eine nach der anderen. Ira umarmte sie als letzte, dennoch kriegte Ira sich als erste wieder ein.

»Sag mal, spinnst du, in dem Aufzug hierherzukommen?«

Charlie überhörte das ausnahmsweise, nur um uns mit einem Schwall aufgeregt hervorgestoßener Satzfetzen zu überschütten.

»Seid mal still, seid mal still. Ich hab' mit Pete gesprochen. Mit Pete. Also Pete ist ein Freund. Also nicht, daß ihr denkt, ich schwatze rum. Aber Pete. Den kenn ich schon ganz lange. Der hat mich mal gesucht. Ich war abgehauen, weil ich Streß mit meinem Alten hatte. Und Pete, Pete sucht dann Kinder und Jugendliche. Und da hab' ich ihn kennengelernt. In Berlin. Prenzlauer Berg. Da war ich hin. Und Pete hat mich da gefunden. Echt irre, der Typ. Geht los mit nichts als einem Foto und findet Menschen.«

Mir reichte es.

»Charlie, kannst du uns mal verraten, was du eigentlich sagen willst?«

Da war es wieder. Sie straffte sich, blitzschnell, Kinn hoch, Rücken durchgedrückt. Die »Ich bin beleidigt«-Nummer. Hannah, die Streß drei Meilen gegen den Wind roch, legte ihre Hand instinktiv auf Charlies Unterarm und flötete mit ihrer windig-weichen Einkratzstimme:

»Charlie, Irmi will doch nur wissen, was mit diesem Pete ist?«

»Er will euch kennenlernen.«

Sie stieß den Satz von sich, zusammen mit der Luft aus ihren Lungenflügeln. Der Satz zischte in unsere Ohren, wand sich durch die Gehörgänge und erreichte die linke Gehirnhälfte. Die soll für den Verstand zuständig sein. Der aber war kurzzeitig aushäusig.

Schweigen. Hannahs Cappuccinotasse klapperte unheilkündend auf dem Unterteller, als sie sie abstellte. Ira griff sich mit der linken Hand mal wieder in die Haarpracht und kratzte sich so ungeniert und heftig wie ein Marktweib. Mitten im Pasalino. Manchmal hatte sie so überhaupt keine Manieren, und man schämte sich, neben ihr zu sitzen.

»Weshalb will der uns kennenlernen?«

Mein Verstand hatte seinen Ausflug beendet. Meine Stimme kam gepreßt. Mir schwante Ungeheuerliches.

»Ja, also, ich hab' ihm von Herb erzählt.«

Ich hätte ihr fast eine gescheuert, hielt mich aber statt dessen an mir selbst fest. Meine Arme umschlangen meinen Oberkörper. Hannah umkrallte ihre Tasse und hob sie derart ruckartig hoch, daß der Kaffee auf ihrem Iris-von-Arnim-Pullover landete, den sie ein halbes Jahr zuvor glückselig zu einem Schnäppchenpreis ergattert hatte. Ira hielt unterdessen im Haarturm mit der Kratzerei inne.

»Du hast was?«

Eine von uns fragte das. Ich weiß bis heute nicht mehr, wer. Wir waren viel zu verblüfft über so viel Naivität oder Debilität oder Gedankenlosigkeit. Keine mochte glauben, was der Verstand uns da mehr oder minder verzögert signalisierte. Hannah rieb mit ihrer flachen Hand wie aufgezogen an dem Kaffeefleck.

»Hannah, hör auf damit. Das bringt doch nichts. Laß dir lieber einen feuchten Lappen von Michele bringen«, brachte ich mühsam heraus, während Charlie von einer zur anderen sah und fortfuhr.

»Ich hab's ihm erzählt. Ihr müßt euch keine Gedanken machen. Er ist Privatdetektiv. Echt, und er ist mein Freund. Er hat gelacht und will euch unbedingt kennenlernen. Und er meinte, wir sollten aufpassen.«

Großartig. Einfach großartig.

Da schufteten wir uns fast zu Tode, um auch noch den letzten Beweis zu vernichten, und Charlie plauderte darüber, als empfehle sie den ultimativen Kinohit des Frühjahrs.

Sie starrte uns an, und wir starrten zurück.

»Michele, bring uns mal vier Grappa und ein feuchtes Tuch. Hannah hat sich Kaffee auf den Pullover geschüttet.«

Das war Ira. Sie drehte sich leicht zu Charlie und zischte sie an.

»Charlie, das ist das Letzte. Du kannst doch nicht einfach durch die Gegend laufen und über Herb reden. Willst du uns alle hinter Gitter bringen?«

»Ira, beruhige dich. Dieser Pete, der kennt uns doch gar nicht.« Hannah versuchte zu schlichten.

Ich fragte Charlie, ob sie dem Typ erzählt hätte, wer wir seien und wo wir wohnten. Sie verneinte. Er habe zwischendurch einen Anruf bekommen, sich entschuldigt, er müsse dringend weg, und sei davongehetzt. Sie würde ihn erst nächste Woche wieder treffen.

Na, immerhin etwas.

Michele servierte die Grappa und nonchalant das gewünschte Tuch für Hannahs Fleck. Ich half ihr beim Säubern. In die Reinigung mußte das gute Stück dennoch. Wir tranken unsere Grappa. Und dann noch eine. Eine sich wohlig ausbreitende Wärme vertrieb den Schock, den Charlies Eröffnung heraufbeschworen hatte. Die Muskeln und Nerven entspannten und beruhigten sich. Wir alberten noch ein wenig herum und verließen das Pasalino bester Dinge.

Wie sich noch am selben Abend herausstellte, hatten wir bei Krimis zuwenig aufgepaßt. Vor allem bei solchen, in denen good guys von düsteren Hintermännern erpreßt werden, eine üble Tat zu begehen.

Noch aber bummelten wir gutgelaunt und ahnungslos über die Eppendorfer Landstraße nach Hause. Hannah schwenkte bei Douglas ab, weil ihre Nachtcreme zur Neige ging, und ich schloß mich ihr an, da es nichts Entspannenderes für mich gibt, als in Parfümerien in aller Ruhe nach Neuigkeiten zu stöbern. Und wann hatte ich dazu schon mal Zeit? Die Woche über verbrachte ich die Tage zumeist bis halb sieben in der Redaktion, und da ich einfach nicht auf die Reihe bekam, welche Läden sich den neuen Öffnungszeiten bis zwanzig Uhr angeschlossen hatten und welche nicht, ersparte ich mir einen frustrierenden Innenstadtbesuch in der weisen Voraussicht, daß exakt meine Läden es nicht nötig hätten, länger als bis halb sieben geöffnet zu haben.

Hannah kaufte ihre Nachtcreme, die mit dem Algenextrakt und der Hyaluronsäure gegen erste Alterserscheinungen, ich kaufte den neuen Duft von Calvin Klein, CK be, der einem damals aus jeder Modezeitschrift entgegenströmte. In einer konzertierten Aktion waren alle gleichermaßen mit aufklappbaren Parfümproben ausgestattet worden, deren Geruch schon das ganze Heft durchdrang, bevor man den Streifen von der Seite gelöst hatte. Eigentlich eine ziemlich penetrante Angelegenheit, die eher gegen einen Kauf sprach, aber dieser Duft gefiel mir, und ich mußte mal wieder einen neuen haben.

Als wir Douglas verließen, nieselte es. Seit Tagen versuchte der April nahtlos in den November überzugehen. Das Wetter machte depressiv und müde.

Normalerweise hätten Hannah und ich noch einen Abstecher in irgendein Eppendorfer Café gemacht, wo seit dem späten Nachmittag die ersten Gäste Tee oder Champagner tranken. So aber ging ich heim, aß einen Salat, den ich unterwegs noch schnell aus dem Steakhaus geholt hatte, legte mich im Schlafzimmer aufs Bett und schaltete den Fernseher ein.

Kurz vor zehn klingelte es an der Tür.

Verärgert über die späte Störung erhob ich mich und ging zur Gegensprechanlage.

»Wer ist da?«

»Ich bin's, Charlie. Bitte, laß mich hoch.« Ihre Stimme klang drängend, und das gefiel mir gar nicht.

Ich drückte den Summer, lauschte dem Öffnen der Haustür, auf das Tapsen flüchtiger Schritte im nachtruhigen Korridor die Eingangstreppe hoch zum Fahrstuhl. Die Fahrstuhltür fiel zu, und das Vehikel polterte durchs dunkle Treppenhaus nach oben, die Tür öffnete sich.

Heraus trat Charlie. Zappelnd und verlegen tänzelte sie auf mich zu, einen Zettel von einer Hand in die andere knüllend. Sie starrte mich angespannt an, während sie mir sagte, ich solle Pete anrufen. Dringend. Noch heute abend. Die Nummer stünde auf dem Zettel.

Ich zog sie in die Wohnung und schloß die Tür. »Weshalb, Charlie? Weshalb soll ich deinen Pete anrufen?«

»Ich weiß nicht. Er rief mich zu Hause an und sagte nur, ich solle sofort zu dir gehen, und du sollst ihn anrufen.«

Das klang ja wie aus einem schlechten TV-Film.

»Charlie, wenn das was mit Herb zu tun hat, schmeiß' ich dich raus und rede nie wieder ein Wort mit dir.«

Drohenderes fiel mir nicht ein. Sollte Charlie uns länger erhalten bleiben, müßte ich mir dringend einen kompetenten Ratgeber über den Umgang mit pubertierenden Mädchen zulegen.

Charlie setzte sich auf die Sofakante, das schlechte Gewissen sprang ihr förmlich aus dem Gesicht, und reichte mir das Handy, das auf dem Couchtisch lag.

»Bitte, ruf ihn an. Ich glaube, er meinte es ernst.«

Sie zog die Lippen zwischen die Zähne, die Unterlippe weiter als die obere, biß augenscheinlich auf ihnen rum und sah aus, als würde sie jeden Moment ihr Kinn verschlucken.

Ich wählte die Nummer.

»Bronski«, meldete sich eine angenehme Stimme.

»Spreche ich mit Pete? Ich sollte Sie anrufen.«

»Ist Charlie bei Ihnen?«

»Ja. Was hat das zu bedeuten?«

»Es wäre mir ein Vergnügen, Sie und Ihre Freundinnen kennenzulernen.«

Mir klappte die Kinnlade runter.

»Sie wollen was?«

»Ich möchte Sie kennenlernen. Sie haben ganz richtig gehört. Am besten paßt es mir morgen gegen fünf.«

»Und wenn es uns nicht paßt?«

»Ich bitte Sie, gnädige Frau. Ich brauche Sie nicht alle drei. Es reicht zunächst, wenn wir zwei uns kennenlernen. Ich vermute, Sie können es einrichten. Wie ich hörte, haben Sie etwas beseitigt, für das jeder normalerweise drei Dinge braucht: einen amtlich beglaubigten Totenschein, die Dienste eines Bestattungsunternehmers und eine Grabstelle. Sie haben also eine Menge Lauferen und Geld gespart. Allerdings stehen Sie gerade vor einem Lebenslänglich. Denken Sie drüber nach. Wir telefonieren morgen mittag noch mal.«

Er legte auf. Entsetzen legte sich über mein Gesicht. Ich spürte, wie es vom Kinn über Wangen und Nase zur Stirn hochkroch. Die Zähne aufeinandergepreßt, erstarrte meine Kiefermuskulatur.

Mein Puls näherte sich der kritischen Frequenz. Das lief eindeutig auf eine Erpressung hinaus. Fragte sich nur, wieviel Kohle der Typ von uns wollte.

Ich wandte mich Charlie zu, die in sich zusammenschrumpfte.

»Charlie, es ist besser, wenn du jetzt gehst.«

Ich mußte nachdenken, und dabei konnte ich Charlie nicht gebrauchen. Also zog ich sie von der Couch und schob sie aus der Wohnung, was nicht so einfach war, da sie sich ständig zu mir drehte, um sich ein dutzendmal für ihr loses Mundwerk zu entschuldigen. Es täte ihr leid, und sie habe nie damit gerechnet, daß ausgerechnet Pete so ein Arschloch sein könnte.

»Charlie, das Thema ist durch. Du konntest deinen vorlauten

Mund nicht halten, und jetzt haben wir Ärger. Es bringt nichts, zu sagen, es tut mir leid. Ich muß jetzt nachdenken.«

Kapitel 6

Ich war weniger optimistisch, als es schien, und wie sich herausstellte, viel zu durcheinander und aufgedreht für irgendwelche klaren Gedanken. Ich ging frustriert ins Bett und schlief höllisch schlecht in jener Nacht. Eigentlich fast gar nicht. Ständig schreckte ich hoch, geplagt von Träumen, in denen mich riesige Doggen durch ganz Hamburg jagten oder sich Sand gleichmäßig rieselnd auf mein Gesicht legte und mir den Atem zu nehmen drohte.

Gegen fünf Uhr morgens beschloß ich aufzustehen, mir einen Kaffee zu kochen und ein Buch zu lesen. Ich griff mir einen alten Sammelband mit Kriminalerzählungen, die ich zwar alle kannte, aber von Zeit zu Zeit gerne wieder zur Hand nahm. Krimis waren Märchen für Erwachsene, und sie entspannten mich seit meiner Jugend in diesem tristen Nest nahe der westdeutschen Grenze, wo ich aufgewachsen war.

Während andere ihre Zeit vor dem Fernseher verplemperten, las ich die Krimis von Raymond Chandler, Dashiell Hammett oder Rex Stout. Aufmerksame Westverwandtschaft schmuggelte sie bei den seltenen, doch regelmäßigen Feiertagsbesuchen am Körper durch den Zoll.

Noch heute, ja selbst hier in meiner Gefängniszelle, greife ich lieber zu dieser Art handfester Ablenkung als zu typischen Frauenbüchern mit der gängigen Portion Herzschmerz, einem Sahnehäubchen Witz obendrauf und dem puderzuckrigen Happy-End für eine männergebeutelte Heldin, die fast widerwillig entdeckt, daß der nette Nachbar oder hilfsbereite Uraltfreund zwar kein Adonis, aber doch der Mann fürs verbleibende Leben ist. Klassische Krimis scheinen mir da ehrlicher zu sein. Der Antiheld, zumeist ein von Alkohol, Frauen und allen möglichen widrigen Umständen gebeutelter Detektiv, verliebt sich, bekommt vom Leben aber doch nur wieder eine Ohrfeige und garantiert nicht die begehrte Femme fatale. Dafür klärt er ein paar Morde auf, begeht auch seinerseits einige wider Willen und verläßt am Ende tapfer, wenn auch ein wenig gebrochener, die Romanhandlung, bereit und einsam genug für das nächste Abenteuer in seiner kleinen, überschaubaren Welt, in der das Gute über das Böse denn doch wieder siegen darf.

Ich blätterte in dem Sammelband, konnte mich aber für keine Story begeistern, denn ständig schweiften meine Gedanken ab zu Ira und Pete, der Vermißtenanzeige und Charlie. Schließlich schnappte ich mir eine der Modezeitschriften und blätterte wahllos durch die quietschbunten Seiten voller abenteuerlicher Outfits und Accessoires, die eh kein Mensch tragen kann.

Ich hatte meistens zuwenig Zeit. An diesem Morgen aber hatte der liebe Gott das Stundenglas angehalten und schien sich dabei köstlich zu amüsieren. Ich tigerte durch die Wohnung, vom Wohnzimmer in die Küche, ins Arbeitszimmer, ins Bad. Ich duschte, wusch mir die Haare, obwohl ich das erst den Mittag zuvor getan hatte, schminkte mich lange und ausdauernd und zog mich mindestens dreimal um. Ich schaltete den Fernseher ein und sah irgendeine dämliche Gewinnsendung, erstaunt darüber, daß derart früh Leute über Gewinne nachdenken mochten.

Ich kochte mir die zweite Kanne Kaffee, beschränkte das Frühstück auf eine Zigarette, mehr waren es wirklich nicht, und rief gegen acht Uhr Frau Ulm zu Hause an. Ich käme nicht ins Büro, sondern würde im Verlauf des Vormittags einen Arzt aufsuchen, da es mir immer noch sehr schlecht ginge. Ihre Stimme signalisierte wie ihre Worte tiefstes Mitleiden. Meine liebe, gute Frau Ulm. Jenseits von aller Schlechtigkeit der Welt kam ihr so gar nicht in den dauergewellten Kopf, jemand könnte sie anlügen, gar den Arbeitstag bummelnd und schwänzend mit anderen Dingen oder Aktivitäten verbringen als mit denen, für die der Verlag zahlte. Bestens zahlte. Sie legte nicht auf, ohne mir ein paar Ratschläge zu erteilen. Am bekömmlichsten seien bei einer Magen-Darm-Grippe schwarzer Tee und Zwieback, auf keinen Fall dürfe ich Kaffee trinken – wenn sie sehen könnte, daß ich schon die sechste oder siebte Tasse beim Wickel hatte, oh, oh – und ich solle die Hände um Gottes willen auch von Schokolade lassen. Die stopfe mitnichten, sondern belaste den Magen durch ihren hohen Fettanteil. Mich vielmals bedankend, verabschiedete ich mich, griff zu meiner Sporttasche, die stets gepackt auf dem Korridor stand, und verbrachte den Rest des Vormittags im Fitneßstudio, bis es an der Zeit war, zu Kowalski zu fahren.

Um halb elf stand ich im Barmbeker Krankenhaus vor ihm. Trotz aller Nervosität hatte ich Mühe zu negieren, was mir schon drei Tage zuvor geschwant hatte. Der Mann war genau mein Typ, und vielleicht gehörte er ja doch einer Spezies Mann an, die nicht nur auf erheblich jüngere Begleiterinnen stand.

Er bot mir einen Stuhl an, fragte, wie es mir ginge, wartete kaum ein »recht gut« ab und knallte mir seine Botschaft rücksichtslos ins übernächtigte Seelenleben.

»Sie haben ein Alkoholproblem.«

Ich glaube, ich schoß aus dem Stuhl wie eine Cruise Missile durch die watteweiche Wolkenschicht hinauf in eine lichtdurchflutete Stratosphäre.

»Wollen Sie mich auf den Arm nehmen? Was soll das?« sprudelte es aus mir heraus. Meine Selbstbeherrschung hatte sich davongemacht. Statt dessen umfing mich hysterisch-helles Entsetzen. Der Mann war zweifellos ein potentieller Bettgenosse und wagte es, mich als Alkoholikerin zu bezeichnen. Das war ja wohl das letzte.

»Setzen Sie sich hin, versuchen Sie, sich zu entspannen, und hören Sie mir zu, Frau Block.«

Block, das ist mein Nachname. Einziges Überbleibsel meiner

Ehe mit Gerd. Nach der Scheidung hatte ich darauf verzichtet, meinen Mädchennamen wieder anzunehmen, da es viel zu aufwendig war, Bekannten, Geschäftspartnern oder Versicherungen den Namenswechsel kundzutun. Außer dem Namen hatten mein Anwalt und ich nicht viel aus der Ehe retten können. Einzig die ADAC-Mitgliedschaft, deren Beitrag jährlich von Gerds Konto abgebucht wurde. Doch auch die hatte ich nicht dem Anwalt, sondern eher Gerds Phlegma zu verdanken.

Folgsam nahm ich wieder Platz.

»Ihre Leberwerte sind erhöht. Nicht sehr, aber es reicht, um sich Gedanken zu machen. Eine meßbare Erhöhung der Leberwerte kommt nämlich nicht von heute auf morgen. Wie einer meiner Professoren immer zu sagen pflegte: Bevor sich die Leberwerte verändern, hat sich der Patient schon um den Verstand gesoffen.«

Ich sah ihn verblüfft an, und er fuhr fort.

»Ihre Werte sagen aus, daß Sie seit mindestens zwei, eher seit drei oder vier Jahren regelmäßig zuviel Alkohol trinken. Ich vermute mal, mindestens eine Flasche Wein pro Tag. Das mag Ihnen nicht allzuviel erscheinen. Es bedeutet aber, daß Sie auf der Skala von eins bis fünf, mit der wir den Status von Alkoholikern beschreiben, etwa bei zwei liegen. Und das bedeutet: Sie brauchen Ihren Alkohol. Sie bilden sich zwar ein, ihn zum Entspannen, aus Geselligkeit oder vielleicht auch aus Frustration zu trinken. Sie öffnen aber die Weinflasche, weil Sie gar nicht anders können. Sie greifen zum Wein, weil Sie schlicht Ihren Alkoholpegel in Ordnung bringen müssen.«

»Aber ich trinke doch tagsüber gar nicht. Höchstens abends, und auch dann nicht regelmäßig. Sie irren sich. Ganz bestimmt. Vielleicht eine Verwechslung.«

Das passiert mir nur selten. Ich rechtfertigte mich für etwas, von dem ich nicht annahm, es getan zu haben. Ich mußte erschöpft sein, denn die Vorstellung, den Mann zu einem Flirt zu verleiten, entglitt fürs erste unter eine dicke Schicht Benommenheit, durch die gerade noch stakkatohaft »Versehen, das muß ein Versehen sein« in mein Bewußtsein kläffte.

Ich riß mich mühsam zusammen, faltete die Hände und preßte die Finger derart aufeinander, daß die Knöchel weiß hervortraten.

Was las man in den Zeitungen nicht alles von vertauschten Schwangerschaftstests, Aids-Tests oder falsch gelaufenen Operationen, weil übernächtigte Schwestern die Patientenkarteien verwechselten. Die Geschichte von dem Blinddarm, der drinblieb, aber dafür war das Bein ab. Die Großstadtlegende kannte doch jeder.

Ich und Alkoholikerin. Das war ja wohl der Witz der Woche. Ich richtete mich auf, sah angespannt in Richtung Schreibtisch, der uns beide trennte, und schlug die Beine möglichst elegant übereinander. Ich war im besten Alter, oder nur knapp drüber. Ich war erfolgreich, selbstbewußt und männererprobt. Meine Beine zählten zu dem Besten an mir. Wäre doch gelacht, wenn er die nicht bemerkte.

Kowalski lehnte sich in seinem Ledersessel zurück, Arme auf den Lehnen, Beine unter dem Schreibtisch ausgestreckt, wie mir die Füße bewiesen, die auf meiner Seite, in schwarzes feingenopptes Leder gekleidet, wieder hervorkamen. Meine Beine gerieten aus seinem Blickfeld. Mist.

»Hören Sie, ich denke, Sie irren sich. Das können nicht meine Werte sein.«

Kowalski sah mir in die Augen. Meine Güte, konnte der einen ansehen. Da verging einem doch glatt das letzte Quentchen Müdigkeit. Ich lächelte und hoffte, das Lächeln legte nicht allzu viele Krähenfüße frei.

»Frau Block, Ihre Reaktion kenne ich. Alkoholiker meinen zuerst immer, wir hätten die Testergebnisse vertauscht. Haben wir aber nicht. Ich versichere Ihnen, es geht um Sie, nur um Sie.«

Mein Lächeln gefror, kurz bevor die Mundwinkel die Ohrläppchen trafen. Irgendwas lief hier verdammt schief. Ich widerstand dem Drang aufzustehen und wegzugehen, so zu tun, als sei nichts gewesen.

»Und es ist auch völlig normal, wenn Sie gleich behaupten, Sie würden nur ab und an ein Glas, höchstens zwei trinken. Das wollten Sie doch, oder? Denken Sie darüber nach«, fuhr Kowalski fort.

Er hatte mich ertappt. Ich hatte gerade über die Menge meines Alkoholkonsums nachgedacht und war auf etwa zwei, drei Gläser gekommen. Höchstens, auf keinen Fall mehr. Meine Finger zupften nervös am Rocksaum.

Mir dämmerte langsam, daß Kowalski völlig egal war, wie ich aussah, und daß er mich durchschaute. Er hatte mich von Anfang an durchschaut. Deshalb hatte er mir auch an jenem Morgen nicht den von Paul angekündigten Vortrag gehalten. Er hatte abgewartet, bis er die Untersuchungsergebnisse in der Hand hielt. Ich sah ihn an, und er schenkte mir ein Lächeln, das prachtvolle Zähne freilegte. Wenn die echt waren, war ich Daisy Duck.

Ich starrte auf dieses gnadenlos ebenmäßige Gebiß vor mir und gab fürs erste auf. »Was raten Sie mir?«

»Ich könnte Sie zu einer Entziehungskur in eine Klinik einweisen. Das aber halte ich für überflüssig. Sie haben genügend Energie und Verstand, um es auch ohne permanente ärztliche Aufsicht zu schaffen. Deshalb schlage ich Ihnen vor, sich einer Gruppe Anonymer Alkoholiker anzuschließen. Ich betreue eine hier ganz in der Nähe. Wenn Sie darüber nachgedacht haben, kommen Sie zu uns. Voraussetzung aber ist, daß Sie endlich ehrlich zu sich selbst sind. Sonst können Sie es lassen.«

Er erhob sich, streckte mir die Hand entgegen und wollte sich verabschieden, als mir einfiel, daß ich für die letzten drei Tage dringend einen Krankenschein benötigte.

Wenn er mich schon für eine Trinkerin hielt, konnte er mir zumindestens ein Attest ausstellen.

»Dr. Kowalski, verzeihen sie, aber ich brauche einen Krankenschein. Es ging mir die letzten drei Tage ziemlich schlecht, und ich bin zu Hause geblieben. Magen-Darm-Infektion wäre genau das richtige, das hab' ich jedenfalls meiner Sekretärin erzählt.«

Frechheit siegt, war auch so ein Lieblingsspruch meiner Mutter, und manchmal siegten sie auch tatsächlich, die Frechheit und meine Mutter. Das Nachsehen hatte meistens mein Vater.

Kowalski ließ sich in seinen Sessel fallen, griff aber immerhin zu einem der Vordrucke, legte ihn in den Drucker, der ordentlich auf einem kleinen Tischchen neben dem Schreibtisch thronte, tippte ein wenig auf der Tastatur seines Computers herum, und schon spuckte der Drucker meine Krankmeldung aus.

Er überreichte sie mir zusammen mit einer Visitenkarte und grinste ein weiteres Mal unter Freilegung dieser göttlichen Zähne.

»Okay, Frau Block. Ich habe Sie die ganze Woche krankgeschrieben. Aber als Gegenleistung erscheinen Sie nächsten Mittwoch, halb acht, als neues Mitglied in unserem Verein. Die Adresse finden Sie auf der Karte. Sollten Sie es sich anders überlegen, hole ich Sie persönlich ab.«

Was war denn das auf einmal? Der Mitleidsflirt für angeschlagene Vierzigerinnen, deren Beinen man nicht mal einen Blick gönnte?

»Sie meinen es ernst, oder?«

»Kann man so sagen.« Er grinste noch immer.

Ich wurde aus diesem Typen nicht schlau.

Wir verabschiedeten uns voneinander, und ich fuhr heim. Unterwegs besorgte ich einen Briefumschlag und Marken, warf die Krankmeldung in den Briefkasten, hatte damit immerhin eine Verschnaufpause ergattert und fuhr nach Hause.

Gut, ich war hochgradig nervös wegen Pete. Aber daß dieser Kowalski mich so konsequent ignoriert hatte, das war eine Frechheit. Ich brauchte einen Bodycheck. Also zog ich mein Kostüm aus und stellte mich vor den mannshohen Spiegel im

Korridor. Die Beine waren okay. Frischgewachst und regelmäßig mit Feuchtigkeit und Bürstenmassage versorgt, gaben sie keinen Anlaß zum Nörgeln. Lang, schlank, elegant. Keine Ahnung, weshalb Kowalski sie nicht zur Kenntnis nehmen wollte. Der Bauch war fast nicht zu sehen, Busen, na ja, er hatte auch schon straffere Zeiten gesehen. Aber wenn ich ein wenig Yoga zur Stärkung der Brustmuskulatur machte, müßte ich das leichte Abwärtsgleiten noch mal in den Griff kriegen. Oder in den Wonderbra. Das wäre die Alternative. Die Haare allerdings brauchten dringend einen neuen Schnitt. Ich mußte zu Gerulf. Und vielleicht sollte ich dabei gleich mal eine Typberatung machen lassen. Schaden konnte es nicht.

Während ich darüber nachsann, wie mein Alterungsprozeß weniger sichtbar gemacht werden konnte, rief Pete an. Dieser Möchtegern-Mafioso hatte einen sechsten Sinn für perfektes Timing. Er erklärte mir, er könnte um fünf nicht und wir müßten uns früher treffen. In einer knappen Stunde an der Alster. Ich konnte kaum ablehnen.

»Und woran erkenne ich Sie?«

»Ich werde am Bootsanleger Fährhaus auf Sie warten. Und ich werde einen blauen DIN-A4-Umschlag in der Hand haben.«

Okay, ich mußte da hin. Aber vielleicht konnte man dem Kerl den Unsinn ja ausreden. Wirklich zuversichtlich war ich allerdings nicht. Allerdings auch längst nicht mehr so aufgeregt-depressiv wie in der Nacht zuvor.

Das Wetter war noch immer trübe und wenig frühlingshaft. Die Stadt war zwar grün, aber man hatte den Eindruck, der Maler hätte seinen Pinsel zuvor in einem schmutzigen Grau gehabt und vergessen, ihn auszuspülen. Böiger Wind schob graue Wolkenmassive vor sich her, und es war nur eine Frage der Zeit, wann es das nächste Mal zu regnen begann.

Ich zog mir meine blaugraue Wetterjacke an, ein paar ausgewaschene Jeans und Schuhe mit sanften Plateausohlen, die garantiert jeder Pfütze ein Schnippchen schlugen.

Als ich vom Harvestehuder Weg quer durch die patschnasse Grünanlage zum Bootsanleger rüberging, erkannte ich Pete schon von weitem an dem leuchtendblauen Umschlag, den er auf dem Rücken hielt. Ich hatte den ganzen Weg über versucht, mir den Mann vorzustellen und dachte an eine Mischung aus Tom Selleck und Peter Falk. Durchtrainierter Körper, ein Gesicht, in das ein mittelmäßiges Leben ein mittelprächtiges Faltengebirge geritzt hatte, und ein Hang zu luschigen Klamotten, die man nicht einmal dem Roten Kreuz andrehen mochte.

Der, dem ich mich da näherte, hing zwar wie ein Schluck Wasser über die Reling des Bootsanlegers gebeugt, war aber in eine dunkelgraue Designerjacke gekleidet, trug dazu schwarze Jeans und schwarze, maßgefertigte Stiefel. Erpressung – und darauf lief dieses Treffen ja wohl hinaus – schien ein einträgliches Geschäft zu sein.

Ich ging zu ihm hin und tippte ihm auf den Rücken. Er richtete sich auf, drehte sich um, und ich sah in ein überraschend feminines Gesicht. Eher oval denn männlich kantig, mit hohen Wangenknochen, die Nase schmal und klassisch gerade, breiter Mund und blaugraue Augen. Halblange glatte Haare hingen über dem Jackenkragen. Nur der Rest schien nicht so recht dazuzupassen. Der Kopf saß annähernd übergangslos auf einem viel zu kurzen, dafür weinfaßrunden Rumpf. Und der stand auf zwei ebenfalls zu kurzen, säulenförmigen Beinen. Dickie Dick maß mit viel Wohlwollen eins siebzig und wog mindestens neunzig Kilo.

»Sie sind Pete?« Ich staunte nicht schlecht.

»Hallo, Irmi. Ich darf Sie doch so nennen, oder?« Seine Stimme klang heller und weicher als am Telefon.

»Eigentlich nicht, oder haben wir zusammen Schweine gehütet?«

»Sie nennen mich doch auch Pete.«

Dagegen konnte ich kaum was sagen. Also schwieg ich und starrte ihn an, wobei mir auffiel, daß der Typ eine Haut hatte, die man auch nicht mit Shiseidos exklusivstem Anti-Age-Serum herbeicremen konnte. Vor allem aber hatte er nicht die Spur eines Bartwuchses im Gesicht.

»Sagen Sie mal …«

»Was?«

»Ich, äh, es ist vielleicht der falsche Moment, aber ich habe noch nie einen Mann mit Ihrer Haut getroffen. Gibt's da ein Geheimrezept?«

»Hormone, High-Tech und klassische Chirurgie.«

»Wie bitte?«

»Chirurgie. Laserpeeling. Und Hormone. Ich habe mich vor einem Jahr operieren lassen, und seither schlucke ich Hormone.«

»Was haben Sie operieren lassen?«

»Also zunächst das Gesicht. Nasen- und Kinnkorrektur, Silikonimplantate an den Wangen, Lippen aufgespritzt und ganz normales Facelifting. Das Laserpeeling ist für das Abtragen der alten Hautschicht. Danach habe ich mich umoperieren lassen. Nur für Charlie und ein paar alte Freunde bin ich noch Pete. Für alle anderen Petra. Sie können es sich aussuchen.«

Er grinste mir ins erstaunte Gesicht, öffnete seine Jacke und zeigte mir zwei kleine, doch schwungvoll wippende Brüste unter einem engen, grauen Twinset. In dem steckte er wie eine Leberwurst im Naturdarm.

Der Unglaube pappte mir mitten auf der Stirn. »Aha«, war so ziemlich die intelligenteste Bemerkung, die mir dazu einfiel.

»Ja ja, ich weiß schon. Das mit der Diät, das hab' ich nicht so im Griff. Vielleicht sind's auch die Hormone. Ich habe ständig Heißhunger. Mal auf ein Kasslerkotelett, mal auf Erdbeeren mit Sahne. Und dann muß ich dringend ins nächste Restaurant. Aber ich arbeite dran.«

»Wie wäre es mit Sport?«

»Nein, nie im Leben. Sie wissen doch, Sport ist Mord. Womit wir beim Thema sind. Vielleicht ein bißchen abrupt, aber wenn Sie wollen, kann ich Ihnen ein paar Prospekte des Instituts zuschicken lassen, in dem ich mich behandeln lasse. Tut mir leid, ehrlich, aber wir müssen übers Geschäft reden.«

Ich registrierte nicht, worüber er da wirklich mit mir sprach. Ich war nur geplättet, weil es ihm leid tat. Ein Erpresser mit Gewissen. Ich zögerte mit einer Erwiderung, gleichzeitig griff ich mit der rechten Hand in meine Tasche nach den Tempotaschentüchern. Seine Hand griff hinterher.

»Nehmen Sie Ihre Hand da raus. Das geht jetzt aber wirklich zu weit. Sie glauben doch nicht im Ernst, ich hätte einen Schlagring dabei?«

Verlegen nahm er seine Hand aus meiner Jackentasche, während er langsam rot wurde. Ich dachte, ich spinne. Machte auf Erpressung und wurde rot. Unwillkürlich lachte ich los.

Mittendrin setzte er zu einer Erklärung an.

»Sehen Sie, Irmi, ich habe ein kleines Detektivbüro in Schnelsen. Von Zeit zu Zeit ermittle ich selbst, vor allem aber vermittle ich Zeitarbeiter, wenn Sie so wollen. Leider ist einer gerade unabkömmlich, und der andere hat eine Grippe, liegt im Bett, und ich brauche Ersatz. Da nun kommen Sie ins Spiel. Das müssen Sie verstehen. Sie werden morgen abend gegen zweiundzwanzig Uhr für eine meiner Klientinnen deren Mann beseitigen.«

»Wir werden was?«

Dickie Dick redete über Mord wie andere über den Ankauf eines Zweitwagens.

»Sie werden einen Mann erschießen. Das können Sie ja wohl.«

»Sie sind geisteskrank, absolut irre.« Ich lehnte mich an das Geländer und starrte ins Wasser. »Das können Sie nicht verlangen. Das ist Mord. Ich dachte die ganze Zeit, es geht um Geld. Und den ganzen Morgen hab' ich mir Gedanken gemacht, wieviel es sein wird oder woher wir es bekommen.«

Ich hörte neben mir ein gutturales Lachen, das tief und vibrierend unter den Fettschichten seines Bauches begann und dann langsam nach oben stieg.

»Um Geld geht es auch, allerdings anders, als Sie denken. Wie nennen Sie eigentlich die Sache mit Herb?«

»Das war ein Unfall, vielleicht Notwehr. Herb schlug Ira. Und irgendwann ist sie ausgerastet. Aber sie hat mit Sicherheit keinen vorsätzlichen Mord begangen.«

»Wissen Sie was«, Pete oder Petra hatte meine Schulter ergriffen und drehte mich zu sich, »eigentlich interessiert mich nicht, was es für Sie ist. Mich interessiert nicht mal, ob Sie ihn in Öl gesiedet, mit einem Messer perforiert oder geköpft haben. Mich interessiert lediglich, daß Sie morgen diese Geschichte erledigen. Sie bekommen eine zweiundzwanziger Malakow und zwanzigtausend Mark in bar, ohne Quittung.« Er oder sie lachte. »Sie werden den Typen morgen abend angetrunken auf dem Eppendorfer Gourmetfest antreffen. Er wird in einem Pulk von etwa zehn Leuten stehen, und Sie werden sich mit Ihren Freundinnen am Nebentisch plazieren. Sie werden mit dem Rücken zu ihm stehen, ihn erschießen, das Ding wegwerfen und in dem Moment so laut und hysterisch wie möglich schreien, in dem seine Frau anfängt zu schreien. Kein Mensch wird darauf kommen, daß Sie außer mit diesem hysterischen Anfall in die Sache verwickelt sind.«

Jede Spur weiblich-weicher Regungen war aus ihm gewichen. Gefühlsmäßig hatte er gerade einen Platten. Selbst die Stimme klang geschliffen klar und hart.

»Aber ich kann doch gar nicht schießen.«

»Irmi, hören Sie auf zu lügen. Ihre Frau Mama erzählte ...«

»Sie haben meine Mutter da mit reingezogen ...«

Wir unterbrachen uns gegenseitig, aber er hatte die bessere Verhandlungsposition.

»Jetzt halten Sie endlich den Mund.« Pete stand leicht breitbeinig vor mir und strahlte eine Energie aus, die mir klarmachte, daß es besser war, sich nicht mit ihm anzulegen. »Ihre Mutter erzählte mir gestern nachmittag am Telefon, Sie hätten sich früher immer bei den Jungs am Schießstand rumgedrückt.

Sehr zu ihrem Leidwesen, wie sie nicht müde wurde zu betonen. Und sie erzählte auch, die Jungs hätten Ihnen irgendwann aus Jux und Tollerei das Schießen beigebracht. Ihre Mutter sagte, sie wären kaum zwölf gewesen und eine Naturbegabung. Und – bevor Sie mich wieder unterbrechen – Sie sagte auch, Sie seien schon immer eher wie ein Junge gewesen. Und Sie hätten eine exzellente Judoausbildung und einen schwarzen Gürtel. Den hätten Sie mit sechzehn gemacht. Das Ganze nennt man übrigens Recherche, meine Liebe. Und Recherche ist in diesem Geschäft die halbe Miete. Es gibt da genug Mittel und Kanäle.«

Ich hätte diesem verhinderten Mädchen ins Gesicht springen können, riß mich aber zusammen. Er mochte Komplexe haben und rot werden, aber er war absolut kaltschnäuzig, wenn er seinen Willen durchsetzen wollte.

Wir hatten keine Wahl. Wir konnten in den Knast gehen oder diesen Mord begehen. Und Sie dürfen mir glauben, die Vorstellung, einen wildfremden Menschen ins Jenseits zu befördern, behagte mir bei weitem mehr als der Gedanke, den Rest meiner besten Jahre unter lauter verkorksten Kriminellen zu verbringen. Heute weiß ich, wie recht ich damals hatte. Auch wenn ich erst ein paar Tage in dieser mistigen Zelle zugebracht habe.

»Nur mal rein theoretisch. Woher weiß ich, daß die Waffe nirgends registriert ist?«

»Sehe ich aus wie ein Idiot? Ich bin seit Jahren im Geschäft. Ich weiß, was und wie ich es tue.« Seine Stimme wurde wieder einen Tick heller, als er fortfuhr. »Und Sie sollten mir glauben, daß mir nichts daran liegt, Sie hinter Gitter zu bringen. Das ist lästig, viel zu aufwendig und gefährlich. Sie würden plaudern. Und das müßte ich verhindern. Verstehen Sie mich, Irmi?«

Pete-Petra sprach von Mord. Von einem Mord an uns. Mir wurde mal wieder speiübel. Scheißtag, Scheißtag. Scheißtag. Schon der zweite innerhalb einer Woche.

Ich gab mich geschlagen, willigte ein, war aber fraus genug, ein besseres Honorar rauszuschlagen. Immerhin 21 000 Mark, das ließ sich besser durch drei teilen.

Pete erklärte mir, er würde Charlie morgen mittag mit der Waffe vorbeischicken, ich solle mir inzwischen hübsche OP-Handschuhe besorgen und das Teil niemals ohne die Dinger anrühren. Mit wem, glaubte er, hatte er es zu tun? Ich hatte genug schlechte und weniger schlechte Krimis gesehen. Er drückte mir ein Foto in die Hand und erklärte, der Typ stünde vor dem Salimo, einem stadtbekannten Inder, der auf solchen Stadtteilfesten regelmäßig einen Delikateßstand mit wunderbarsten kleinen Vorspeisen und leichten Hauptgerichten – vor allem aber mit einem hervorragenden Weinangebot betrieb.

Ich fuhr nach Hause und verbrachte den Nachmittag auf der Couch. Es ging mir hundsmiserabel. Ich hatte an einem einzigen Tag reichlich eingesteckt. Und Hannah und Ira standen mir erst noch bevor.

Die Stunden trödelten dahin. Und meine Gedanken tröpfelten wie ein lecker Wasserhahn, phlegmatisch und ohne jeden Zusammenhang.

Am Abend rief ich zuerst Hannah und danach Ira an. Hannah war ziemlich kurz angebunden und verstummte schließlich ganz. Ich diagnostizierte einen schweren Schockzustand. Ira war mal wieder bester Laune, bekam aber umgehend einen Tobsuchtsanfall. Während ich Hannah quasi wiederbeleben mußte, bis sie begriff, was da von ihr verlangt wurde, tobte Ira wie ein Hurrikan durchs Telefon. Es bedurfte einigen Zuredens und schließlich energischen Gegenanschreiens. Das Gespräch mit Ira zog sich hin und trieb meine Telefonrechnung in schwindelerregende Höhen. Trotz Mondscheintarif.

Ira hörte schlagartig auf zu pöbeln, als ich soweit zu ihr durchdrang, daß ich ihr mitteilen konnte, jeder bekäme 7000 Mark bar auf die Hand. »Ach so. Wir zahlen kein Geld, sondern bekommen welches. Das ist doch super.«

»Ira, wir nehmen hier nicht an der Gewinnausschüttung der Glücksspirale teil. Wir sollen dafür einen Mann umbringen.«

»Ja, gut. Und? Wenn ich es mir recht überlege, kennen wir ihn nicht. Und wahrscheinlich ist er auch so eine kleine miese Ratte und schlägt seine Frau. Oder er geht fremd. Sonst würde ja keine Frau der Welt ihren Mann umbringen lassen. Ist doch so, oder? Und der Gipfel ist, daß solche verkorksten Kerle von allen mit einer beschissenen Kindheit entschuldigt werden. Als wäre unsere besser gewesen. Ich finde, diese Typen gehören nicht auf die Couch eines Therapeuten, sondern an die Wand. Hab' ich doch schon immer gesagt, oder?«

»Ira, hör mir zu. Wir werden erpreßt, wir müssen diesen Auftrag erledigen. Und vielleicht klappt's ja sogar, und wir kommen noch mal davon. Aber sicher ist das nicht. Und kein Mensch weiß, was Pete noch alles von uns will.«

»Irmi, seit wann interessierst du dich für Sicherheit?«

»Seitdem ich jemanden auf offener Straße erschießen soll.«

»Mein Gott, Irmi. Für 7 000 Mark haben andere Leute schon ganze Familien ausgelöscht. Früher zumindest, als das Geld noch das Papier wert war, auf dem es gedruckt wurde.«

Wir hatten die Rollen getauscht.

»Aber Frauen waren nicht darunter, Ira. Frauen haben mit kalkuliertem Mord nachweisbar ein Problem. Sonst gäbe es ja weibliche Profikiller. Nur hört man von denen nie was. Und es gibt auch nur wenige Filme, zum Beispiel *Nikita*. Mehr fallen mir jetzt nicht ein. Und das Mädel war ein Junkie und wurde erpreßt.«

»Siehst du, da sind wir doch in bester Gesellschaft.«

Manchmal war Iras Fixierung aufs liebe Geld einfach unerträglich. Wahrscheinlich tanzten gerade lauter Dollarzeichen durch ihre Gehirnwindungen.

»Ira, es geht um Mord, Auftragsmord. Wenn sie uns erwischen, sind wir für den Rest unseres Lebens weg vom Fenster. Josh wird nie wieder Champagner für uns bestellen, alle unsere Klamotten werden zu irgend so einem gemeinnützigen Verein geschleppt, und wir sehen sie nie wieder. Max käme ins Heim. Und du meinst, ich solle mir um unsere Sicherheit keine Sorgen machen? Entschuldige, aber das ist doch bescheuert.«

»Weißt du was, wir haben's mit Herb fast geschafft. Weshalb sollten wir's nicht noch einmal schaffen? Ach übrigens, ich habe heute früh die beiden Ballonfiguren besucht. Sie nehmen's jetzt ernster und haben die Vermißtenmeldung rausgegeben. Mit Foto. Sie sagten, ich solle mir dennoch keine Gedanken machen. Er käme sicher unversehrt zurück. Ich will mal hoffen, das tut er nicht. Portionsweise gefällt er mir einfach besser.«

Wider Willen mußte ich lachen.

Schließlich verabredeten wir uns für den folgenden Abend, sechs Uhr bei mir zu Hause. Wir wollten einen Probelauf machen. Das mußte sein.

Kapitel 7

Ich verbrachte den halben Tag im Bett, wenngleich der Himmel ausnahmsweise mal ab und an ein Stück Blau freilegte, durch das sich eine tapfere Sonne mühte, Hamburg ein bißchen zu wärmen.

Ich stand auf, als Charlie klingelte und mir eine kleine altertümliche Handtasche überreichte. Krokoleder undefinierbarer Farbe mit einem schmalen Hornbügel. Wahrscheinlich war das eine aus dem Fundus dieses kleinen dicken Transvestiten. Dabei waren Vierziger-Jahre-Taschen längst passé. Damit hätte man vielleicht Ende der Achtziger einen stilvollen Partyauftritt hinlegen können. Heute waren diese antiken Stücke indiskutabel und Sechziger- oder Siebziger-Jahre-Klamotten der Renner unter den Twens und denen, die ewig jung bleiben wollten wie Josh, der sich nicht entblödete, das Pasalino auch in einem schreiend grünen Samtsakko mit rosa Satinhemd und weinroter Polyesterkrawatte heimzusuchen. Das führte zu einem Auf-

schrei an unserem Tisch, und Josh verbannte die Teile beleidigt
in die Tiefen seiner begehbaren Kleiderschränke, aus denen
er sie nur reaktivierte, wenn ihn einer seiner samstäglichen
Streifzüge voraussichtlich ins Dogs oder Maxx verschlug, wo er
glaubte, damit zwanzig Jahre jüngere Mädels aufreißen zu können. Mitunter klappte das wohl. Wobei ich mir nicht sicher war,
ob es nicht vielleicht doch eher an seinem nachtblauen Benz
oder den Champagnerflaschen lag, die er dort rundenweise bestellte. Er schwor, es sei seine Jugendlichkeit, gepaart mit dem
Outfit. Na gut, das war seine Sache.

Nachmittags fuhr ich ins Fitneßcenter und war kurz vor sechs
wieder zu Hause. Ich hatte mich im Club geduscht und mußte
mich nur noch in eine wetterfeste Ausgehkluft werfen. Abends
würde es sicherlich wieder bannig kalt. Ich entschied mich für
eine graue Hose, einen dünnen grauen Wollpullover und meine
Wetterjacke mit den großen Taschen.

Als Ira und Hannah fast zeitgleich gegen sechs aufkreuzten,
trug ich statt der von Pete empfohlenen OP-Handschuhe dünne
Autohandschuhe und hatte die Waffe in der aufgenähten Jakkentasche stecken.

Die russischen Malakows sind klein, fast zierlich und absolut
zielgenau. Sie nehmen es mit jeder amerikanischen Waffe auf.
Normalerweise. Ich hoffte, Dickie Dick hatte uns keinen
Schrott angedreht. Diese Art Waffen kamen über dunkle Kanäle
aus dem Ostblock, zumeist fabrikneu und ohne Registriernum-
mer. Ich hatte darüber mal einen Bericht im Fernsehen gesehen.
Damals hatte ich noch gedacht, daß es wohl übertrieben sei zu
behaupten, in deutschen Großstädten könne man inzwischen
Waffen jeder Couleur zu einem absoluten Dumpingpreis kaufen. Ich schien mich geirrt zu haben.

Hannah hatte sich gerade an meinen Küchentisch gesetzt, als
Ira klingelte. Ich öffnete die Tür, und sie begrüßte mich mit einem Wortschwall, während sie mich gleichzeitig zur Seite schob
und Richtung Küche davonmarschierte.

»Ich brauche einen Prosecco, du hast doch einen, oder? Ich komme mir vor, als hätte mir jemand einen Pulsbeschleuniger eingebaut. Ich bin völlig überdreht. Zeig mir mal das Foto von dem Typen. Hallo, Hannah.«

Während ihres Redeflusses eilte sie an meinen Kühlschrank, entnahm ihm eine Flasche Prosecco und öffnete sie mit dem Korkenzieher, der immer griffbereit in der Eiablage lag. Es ging bedeutend schneller als das letzte Mal. Sie mußte in der Zwischenzeit geübt haben. Die Abwesenheit von Männern hatte mitunter ihr Gutes. Sie zwingt Frauen zum Vorstoß in so unbekannte Galaxien wie das Auswechseln von Sicherungen, das Flicken von Reifen und das Öffnen von Flaschen.

Ich holte das Foto aus dem Wohnzimmer. Iras Weinglas war halbleer, als ich zurückkam. Manchmal hatte sie einen Zug am Leib, der jedem Bauarbeiter zur Ehre gereicht hätte.

Sie warf einen Blick auf das Bild, starrte erst Hannah, dann mich an und fiel auf einen der Küchenstühle. Wein schwappte über ihre Jacke, was sie nicht zur Kenntnis nahm.

»Das geht nicht. Den kenn' ich.«

Hannah entriß ihr das Foto und sah ebenfalls überrascht aus.

»Irmi, das stimmt. Den kennen wir.«

»Wieso kennen wir den? Ich nicht.«

Ira spielte mit dem Weinglas auf dem Tisch und sah mich dabei an.

»Das ist der Mann von Claudia Burmeester. Ihr Sohn geht mit Max in eine Klasse.«

Ungläubig sah ich auf das Bild in meiner Hand. Gut, ich meine, der Mann war mir bekannt vorgekommen. Aber das bedeutete in Eppendorf gar nichts. Die meisten Kerle waren groß, blond und blauäugig. Die Sorte belangloser Gestalten mit gutgehendem Anwalts- oder Maklerbüro, die allsamstäglich in die Tennisclubs einfiel und die man sah und sofort wieder vergaß, um sie ein nächstes Mal garantiert zu verwechseln. Schuld daran waren nicht zuletzt die edlen Einheitshaarschnitte und die Anzüge, entweder dunkelblau oder dunkelgrau. Niemand konnte je sagen, ob sie tagein, tagaus denselben trugen oder zwanzig Stück desselben Herstellers im Schrank hängen hatten.

Michael Burmeester war einer der drei prominenten Hamburger Medien-Anwälte. Fotogen, erfolgreich, nett und nichtssagend.

»Ich wußte gar nicht, daß die Eheprobleme haben.« Das war Hannah.

»Es wußte ja auch keiner, daß Ira ein Problem hatte. Nicht einmal wir.« Das war ich.

Ira drehte immer noch am Weinglas. Ausnahmsweise mal schweigend. Auf ihrer Stirn perlten zwei Schweißtropfen, die sie unwillig mit der Hand wegwischte. Ich gab ihr ein Tempotaschentuch und ging ins Bad, um meine Puderdose zu holen. So konnte Ira nicht auf die Straße. Auch wenn es schon längst dämmrig war und wahrscheinlich die meisten nicht mehr nüchtern durch die vielen Gourmetstände drängten. Ich kam mit der Dose wieder und tupfte ihr den Puder über die Stirn. Mit einer unwirschen Bewegung stieß sie meine Hand weg.

Ich setzte mich schließlich und sah beide abwechselnd an.

»Paßt mal auf, wir haben keine Wahl. Wir müssen das erledigen. Dieser Pete hat uns in der Hand.«

Ausnahmsweise war es Hannah, die zuerst was sagte. »Nichts hat er in der Hand. Gar nichts. Er kennt lediglich das Geschwätz einer asozialen Sechzehnjährigen. Und natürlich dich, Irami. Aber was heißt das schon.«

Hannah war stinksauer und musterte mich mit einem überheblichen Grinsen. Weiß der Geier, welche Laus ihr wieder über die Leber gelaufen war.

»Hannah, es ist für ihn ein leichtes, die Bullen zu verständigen. Und die würden mit Sicherheit nachprüfen, was er ihnen erzählt. Und ich weiß im Moment nicht, wo wir diese vielen Tiefkühltütchen unterbringen sollten.«

»Irmi, das gefällt mir nicht. Ich meine, es ist okay, wenn wir den Typen nicht kennen. Aber den kenne ich, zumindestens flüchtig von den Elternabenden. Und da ist er immer sehr engagiert. Es ist blöd, wirklich. Letztes Mal hat er eine Unterschriftenaktion initiiert, damit die Schule endlich ein Pausencafé bekäme. Das ist schon so lange im Gespräch, aber niemand kümmert sich darum.«

Hilfesuchend sah ich zu Hannah, die mit den Beinen nervös auf und ab wippte.

Hannah legte ihre Stirn in Falten und zuckte mit den Schultern. Also mußte ich mal wieder Überzeugungsarbeit leisten.

»Wißt ihr was? Unsere aparte Claudia Burmeester hat beschlossen, daß es für sie besser ist, ihr Leben ohne den Gatten zu verbringen. Sie zahlt dafür einen Haufen Geld. Und wenn wir es nicht machen, macht es eben ein anderer. Das haben wir doch gestern abend alles schon mal durchgekaut.«

Ich erhob mich und beugte mich über die Tischplatte. Schließlich sollte ich schießen, die zwei waren lediglich Staffage. Sie sollten gefälligst aufhören, mir Schwierigkeiten zu machen.

»Hört jetzt auf, mit mir zu diskutieren, und kommt her. Stellt euch so, daß die rechte Tasche nicht zu sehen ist. Ira, du links, Hannah rechts. Macht euch möglichst breit.«

Immerhin taten sie, was ich verlangte. Wir probten das Ganze ein paarmal durch, wobei Hannah zugleich das Opfer spielte. Wir rückten dicht zusammen, plauderten, gestikulierten. Ich zog die Waffe, zielte, deutete das Fallenlassen an. Es lief wie am Schnürchen, ohne Patzer oder dergleichen.

Was Hänschen nicht lernt, lernt Hans nimmermehr. Den Spruch meiner Mama konnte man genausogut umdrehen. Was Hänschen lernt, wird Hans nie vergessen. Die Pistole jedenfalls lag in meiner Hand, als hätten nicht über zwanzig Jahre zwischen diesem Abend und meiner letzten Begegnung mit einer Pistole gelegen. Allerdings war das damals eine 38er. Aber das war nur ein gradueller Unterschied, da ging es eher um Gewicht, Durchschlagskraft und Rückschlag und nicht um die Zielgenauigkeit.

Gegen neun verließen wir die Wohnung, etwas gelöster durch den Prosecco und die Trockenübungen, und begaben uns in das Getümmel auf dem Eppendorfer Baum. Eine dichte Menschenmenge waberte uns entgegen, eine neue schloß sich sofort hinter uns. Musik hämmerte aus den Gourmetständen, Angetrunkene wühlten sich durch die Menge. Wir kämpften uns mühsam bis zum Salimo durch, denn die Leute schoben und drängten von allen Seiten. An so manchem Engpaß ging gar nichts mehr. Umzingelt von Menschen, die wir nicht kannten, standen wir still und warteten gottergeben, daß es weiterginge. Eppendorf war mal wieder fest in der Hand von Ortsfremden. Wie immer bei diesen Gelegenheiten.

Ich sah Burmeester erst, als wir dicht vor dem Salimo waren. Er stand mit seiner Frau und einigen Leuten an einem Tisch, der vor lauter Pappschälchen mit Essensresten, Flaschen und Gläsern überquoll. Scheinbar nicht mehr ganz nüchtern, den Kopf auf die Hand gestützt, versuchte er dem Gespräch zu folgen.

Wir bahnten uns mühsam einen Weg zum Ausschank, um uns einen Wein zu holen.

Burmeesters Nebentisch war besetzt, doch Ira drängelte sich mit einem gewinnenden Lächeln zwischen zwei angejahrte Herren und fragte, ob sie ihr Glas abstellen dürfe. Wer sagte da schon nein? Hannah und ich stellten uns vor sie, mit dem Rücken zu Burmeester. Das war zwar nicht das, was wir geprobt hatten, aber anders ging es nicht. Hannah deckte meine rechte Tasche ab, die füllige Ira stand immerhin so, daß mich niemand vom Tisch aus oder von vorne sehen konnte. Es war ein ständiges Kommen und Gehen. Leute mit Gläsern und Flaschen schoben sich aneinander vorbei, um jeden Zentimeter Platz kämpfend.

Ich weiß nicht mehr, worüber wir redeten, ich weiß nur noch, daß ich mich wunderte, weshalb ich nicht nervös war. Wir standen herum, tranken ein Glas, dann noch eins. Und dann drehte ich mich leicht zur Seite, setzte die Waffe in etwa zwischen seine vierte und fünfte Rippe und schoß dem Medienstar und Medienanwalt Burmeester, knapp eins neunzig, etwa achtzig Kilo schwer und zirka sechsundvierzig Jahre alt, zwei Kugeln schräg von unten ins Herz. Hoffte ich jedenfalls und drehte mich zurück zu Ira.

Ira starrte mich an, und bevor irgend jemand reagierte, schrie sie. Nicht seine Frau. Ich dachte, mich tritt ein Pferd.

Und dann fiel seine Frau mit einer Sekunde Verzögerung ein. Ihr Mann hing über dem Tisch, das Gesicht in Essensresten, umgekippten Gläsern und Alkoholpfützen, und rutschte langsam nach unten. Ich hatte mich wieder zu ihm gedreht, und er rutschte mir, Po voraus, glatt in die Arme. Was sollte ich tun? Überrascht fing ich ihn auf. Wir fielen zusammen um. Burmeester roch nach CK One. Darüber hatte sich der unangenehm säuerliche Geruch von Alkohol gelegt. Reste von Curryhuhn und Gemüsefäden hingen ihm im Gesicht und in den Haaren. Dieser Gerüchemix war nichts für mich. Angewidert hielt ich den Atem an. Niemand registrierte in der ausbrechenden Panik am Tisch, wie ich ihm die Waffe unter den Hintern schob.

Wirklich, allen Gerüchten zum Trotz kriegen die meisten Leute weniger mit, als man glaubt. Sie sind so mit ihrem eigenen Entsetzen beschäftigt, daß sie nicht registrieren, was um sie herum geschieht. Eine angejahrte Frau hielt sich krampfhaft an ihrem Weinglas fest und schluchzte, ein älterer Mann, augenscheinlich der Gatte, versuchte vergeblich, ihr das Glas zu entringen und sie zum Gehen zu bewegen. Eine andere Frau bemühte sich, das Chaos auf dem Tisch zu ordnen, die umgekippten Gläser und Flaschen aufzurichten und die Speisereste mit einer Serviette zusammenzuschieben. Das zumindest erzählte mir Hannah am nächsten Tag.

Ein Wall von Köpfen beugte sich zu mir herunter und übergoß mich mit Satzfetzen, während ich unter der Tischplatte recht unbequem auf meinem Allerwertesten saß. Der stattliche Burmeester hing in meinen Armen, Kopf auf meiner Schulter, Beine seltsam lasch auf meinen, sein Gewicht drückte mich nieder. Es schmerzte.

Zig Arme fuchtelten an mir herum, um mich hochzuziehen. Vergeblich, da ich Burmeester nicht losließ. Fragen Sie mich besser nicht, warum. Irgendwann beugte sich ein Mann zu mir, nahm mir Burmeester aus den Armen, was sich als schwierig erwies, da er ein ziemliches Gewicht hatte und immer wieder auf mich zurückfiel. Burmeester trug ein Tweedsakko, und trotz all dem Wirrwarr bemerkte ich, daß ich weder ausgefranste Einschußlöcher noch austretendes Blut sehen konnte. Wahrscheinlich verarschte uns das Fernsehen ebenso wie das Kino, wenn aus Erschossenen kannenweise Blut floß. Schließlich gelang es, ihn längs auf den Asphalt zu legen, sorgsam auf ein ausgebreitetes Jackett, das irgendeiner gespendet haben mußte. Jemand hielt seinen Kopf. Und alle redeten durcheinander. Jemand anderes zog mich hoch. Mir tat der Po weh. Ich umklammerte meinen Hintern mit beiden Händen und stellte fest, daß er feucht war. Entweder hatte ich in einer Regenpfütze oder in einer Weinpfütze gesessen. Oder meine Nerven hatten versagt und ich mir in die Hose gemacht. Keine Ahnung. Darüber wollte ich lieber nicht nachdenken. Das wäre zu peinlich.

Ich weinte. Auch das noch. Ich bemerkte es erst, als mir der Typ, der mich aufgelesen hatte, ein Taschentuch gab und sagte, ich solle mir die Nase putzen. Ich hätte zu gerne eine Tarnkappe dabeigehabt. Oder mich verflüchtigt wie der Held in *Jagd auf einen Unsichtbaren*. Ich stand aber mit nasser Hose und laufender Nase mitten auf einem Gourmetfest, und alle quatschten gnadenlos auf mich ein.

Claudia Burmeester zog die Show ihres Lebens ab. Sie wimmerte in den Armen eines Mannes, der beunruhigend gut aussah und ihr beruhigend über das Haar strich. Ira hing gleichfalls in den Armen eines – dicken – Mannes, den sie eben noch zur Seite gedrängelt hatte. Kratzen konnte sie sich nicht, weil sie einen ihrer scheußlichen Drei-Wetter-Hüte trug. Der Dicke war bemüht, ihr Gesicht von Burmeester weg in seine Richtung zu drehen. Das hatte er wohl im Fernsehen gesehen. Sie schrie nicht mehr, schluchzte aber verwirrt vor sich hin. Nur Hannah zuckte nicht mit der Wimper. Sie hielt ein Glas in der Hand und starrte mich emotionslos an. Irgendwas wurmte sie.

»Ich glaube, du hast dir in die Hose gemacht. Deine Hosenbeine sind feucht.«

Ich schoß einen wütenden Blick zu ihr rüber. Sie stellte ihr Glas ab, drehte sich um und schob sich durch die Umstehenden davon. Einfach so. Blöde Zicke.

Als das Martinshorn Ambulanz und Polizei ankündigte, zerstreuten sich ein paar der Leute um uns herum, allerdings nur, um anderen Schaulustigen Platz zu machen. Ein dichter Kreis wabernder Köpfe und Körper umgab uns.

Scheiße. Eigentlich wollten wir in dem Getümmel alle drei möglichst unauffällig verschwinden. Jetzt galten Ira und ich als Zeugen und mußten eine Aussage machen.

Einer der herumstehenden Männer brachte eine Runde Grappa, die wir auf einen Zug kippten, einschließlich Frau Burmeester. Und dann gab es noch eine Grappa, und noch eine.

Und dann kamen die Ärzte und Sanitäter mit der Bahre und einer Sauerstoffmaske. Und die Bullen. Sie sperrten rund ums Salimo alles ab. Für die Betreiber war das Geschäft an dem Abend gelaufen. Die Polizisten baten uns um die Personalien und befragten uns zu den Geschehnissen. Ira schluchzte nur, und ich weinte meine besten Tränen. Die kamen wieder ganz von selbst. Gesehen hätten wir nichts. Nur was gehört, weshalb ich mich ja auch umgedreht hätte. Aber da hatte ich Burmeester auch schon in den Armen und ging mit ihm zusammen zu Boden.

Was wir gehört hätten, fragten die Bullen. Ich erklärte ihnen, daß es ein Geräusch gewesen sei, als hätte jemand Knallfrösche gezündet. Ansonsten würde ich mich nicht erinnern.

Nein, auf keinen Fall hätten wir jemanden mit einer Waffe bemerkt oder jemanden weglaufen sehen.

Wir durften unter der Voraussetzung gehen, am nächsten Tag

eine Aussage auf dem Revier zu machen. Wir versprachen es und gingen heim. Jede für sich. Ich etwas taumelnd und beschwipst von der Grappa.

Schließlich war es unser erster Mord. Da durfte ich schon mal schwanken wie ein Halm im Wind.

Kapitel 8

Als ich am nächsten Tag aufwachte, registrierte ich als erstes einen im wahrsten Sinne des Wortes mörderischen Kater. Ich schluckte zwei Aspirin, trank einen Liter Milch, und dann wurde mir schlecht. Meine Mutter meinte zwar immer, eine steife Bloody Mary wäre das beste gegen Katzenjammer, aber meine Mutter gehörte auch einer anderen Generation an. Ich dagegen war allen Diagnoseversuchen Kowalskis zum Trotz ein postalkoholisches Weichei. Der Gedanke an Wodka und Tomatensaft ließ mir die Haare zu Berge stehen. Wenigstens ein paar. Pech für Kowalski. Denn derart allergisch reagierte keine verkaterte Trinkerin auf den Gedanken an Alkohol.

Ich beschloß, daß ich krank war, und Kranke gehörten ins Bett. Also legte ich mich wieder hin und bemühte mich, ganz still zu liegen, bis das Aspirin wirken würde. Als das Handy klingelte, zuckte ich jedoch hoch, mit dem Ergebnis, daß mich ein Schwindelanfall sofort wieder umhaute. Immerhin hatte ich mir unterwegs das Handy gegriffen, das ausnahmsweise ordentlich neben mir am Bett lag. Handy am Ohr, Schwindelgefühl im Kopf, lauschte ich Iras ekelhaft munterer Stimme.

»Irmi, kauf dir sofort ein paar Zeitungen. Irre, es ist absolut irre. Alles voll von Burmeester. Und der Polizei fehlt jeder Hinweis. Hahaha.«

»Ira, mir geht's beschissen.«

»Das macht nichts. Trink eine Bloody Mary.«

Ich hätte Ira erwürgen können. Aber kleine Morde unter

Freunden waren keine gute Idee. Bei dem Gedanken fiel mir Hannah ein.

»Sag mal, hast du schon mit Hannah gesprochen?«

»Ja. Gerade eben. Sie ist ziemlich schlecht drauf.«

»Wird das jetzt ein Dauerzustand? Das war sie doch schon gestern.«

»Sei nicht so boshaft, Irmi. Ich möchte dich mal sehen, wenn du gerade versetzt worden bist. Und das beim ersten Treffen.«

»Was denn für ein Treffen?«

»Irmi, das hat sie dir alles erzählt. Hat sie jedenfalls gesagt. Und sie hat auch gesagt, du hättest mal wieder nicht zugehört.«

»Und was, bitte, will sie mir wann und wo erzählt haben?«

»Als ihr bei Douglas wart. Da hat sie dir von dem Typen erzählt, den sie zwei Tage zuvor kennengelernt hatte, als sie abends aus dem Kino kam. Er sprach sie an, während sie zusammen vor dem Ufa an der Ampel standen. Und dann hat sie sich breitschlagen lassen, mit ihm noch einen Absacker in der Mühle zu trinken. Du kennst sie ja. Sie hat sich ein bißchen verknallt. Tja, und gestern mittag war sie mit ihm zum Essen verabredet. Der Kerl kam nur nicht.«

Meine Güte. Schon wieder so eine typische Hannah-Geschichte.

Ständig verknallte sie sich und ständig in die falschen. Hannah gehörte eindeutig in eine Analyse. Die gab's ja inzwischen an jeder Ecke, und unsere gemeinsame Bekannte Pia schwor drauf. Pia hatte mit Hilfe eines Therapeuten und der finanziellen Großzügigkeit ihrer Eltern ein Jahr lang nach den düsteren Geheimnissen ihrer Kindheit geforscht, nur um festzustellen, daß es keine gab, sie die Ehe ihrer Eltern aber derart idealisierte, daß sie trotz ihrer 38 Jahre nicht fähig war, sich zu binden. Und deshalb zog sie ständig Kerle an, die sie ums Verrecken nicht länger als zwei Monate ertrug oder halten konnte. Es kam immer darauf an, ob Pia oder der Ex vom Scheitern der Geschichte erzählte. Tja, und seit Pia nun dank der Therapie wußte, was mit ihr los war, machte sie um jeden Mann einen großen Bogen und verliebte sich statt dessen in Frauen. Die Affären hielten zwar auch nicht länger, aber »Kinder, ihr wißt ja, in puncto Frauen bin ich eine absolute Anfängerin, und da ist das mit dem richtigen Blick für die richtige Frau eben noch etwas unterentwikkelt«. Ihr Therapeut riet ihr, sich Zeit zu lassen. Würde wohl jeder angesichts des Honorars, das da Sitzung für Sitzung die Seiten wechselte.

Ira und ich jedenfalls hatten mit Hannah schon so manchen Abend verbracht, an dem wir nichts anderes taten, als einen Prosecco nach dem anderen zu trinken und ihr zu erklären, weshalb sie die Hände von diesen Windhunden lassen sollte. Unsere Ratschläge waren kostenlos und nicht weniger erfolgreich als die jedes Seelenklempners. Sie hörte uns aufmerksam zu, nickte einsichtig mit dem Kopf, las sogar sämtliche Ratgeber für Frauen, die zu sehr liebten, um bei der nächsten Gelegenheit wieder auf dieselbe Sorte Mann reinzufallen. So kam es, daß Männer ihrem seelischen Gleichgewicht ebenso regelmäßig zum Verhängnis wurden wie ihrer Figur Kirscheis mit Schokoladensoße. Das stopfte sie literweise in sich rein, wenn der planmäßig einsetzende Liebeskummer sie wieder erwischt hatte. Erfahrungsgemäß dauerten diese Freßanfälle eine knappe Woche, um sich dann innerhalb einer halben Stunde in eine Radikaldiät zu verwandeln. Schlagartig ernährte sie sich nur noch nach Nährwerttabellen, die außer ihr und ein paar Eingeweihten kein Mensch begriff, oder von Fertigdrinks, die garantiert alles enthielten, was der Körper braucht. Die rochen auch schon so. Geradezu widerwärtig. Bei dem Geruch würde jeder vernünftige Mensch sofort zur Nulldiät schreiten.

Wahrscheinlich hing sie in dieser prädiätischen Phase wieder über dem Tiefkühler und stopfte schmieriges Eis in sich rein. Und das seit dem Aufwachen.

Wohl oder übel mußte ich sie anrufen, sie trösten und mich entschuldigen, auch wenn ich mich wirklich nicht daran erinnern konnte, ob sie mir die Geschichte erzählt hatte oder nicht. Immerhin aber erklärte das verunglückte Treffen, warum sie am Tag zuvor so zickig gewesen war.

Ich verabredete mich noch mit Ira auf dem Revier, hängte sie ab und rief Hannah an. Es dauerte ein bißchen, bis sie bereit war, mir Absolution zu erteilen.

Nach dieser Aktion war ich putzmunter, wenn auch nicht fit. Ich ging runter zu meinem Zeitungshändler und kaufte alle Tageszeitungen, die ich finden konnte. Selbst solche, die ich normalerweise nicht eines Blickes würdigte. Alle überschlugen sich mit reißerischen Headlines. »Angesehener Anwalt auf offener Straße erschossen.« »Staranwalt auf Straßenfest kaltblütig ermordet.« »Rache an Anwalt.« Na, na, da sollte mal keiner übertreiben.

Der Mord an Burmeester war geradezu beängstigend einfach gewesen. Trotz der folgenden Tränen und der Nässe an Beinen und Po. Aber so erging es mir schon seit meiner Kindheit. In extremen Situationen war ich kalt wie ein Eiszapfen, um danach schluchzend zusammenzubrechen. Das verhinderte immerhin, daß ich im Laufe der Pubertät mehr als einmal klaute. Ich war ganz cool in einen Laden marschiert, hatte mir ein Poster gegriffen, stapfte mindestens ebenso cool mit dem Ding unterm Arm an der Kassiererin vorbei, nur um draußen in den nächsten Hauseingang zu flüchten, wo ich mich zitternd hinkauerte und heulte. Jahrelang hing das Teil über meinem Bett. Und obwohl alle es bewunderten und ich stolz war, es zu besitzen, konnte ich das Poster doch nie ansehen, ohne mich an dieses unkontrollierte Zittern meines Körpers zu erinnern.

So ähnlich war es mir mit Burmeester ergangen. Ich hatte ihn erschossen, und anschließend hatten meine Nerven versagt. Fürs erste schwor ich mir, nie wieder einen Mord zu begehen.

Als ich jedoch die Titelseite mit den dicken Aufmachern sah, erfüllte mich Stolz. So als hätte ich für *Alexa* einen besonders dicken Coup gelandet. Ich gebe zu, wir hatten keinen originellen, nichtsdestotrotz aber einen perfekten Mord begangen. Das sollte uns erst mal einer nachmachen. Und so saß ich an einem der folgenden Abende da und dachte darüber nach, weshalb eigentlich alle so ein Getöse um Mord machten. Ich fragte mich das, weil ich bis dahin wie die Mehrheit vernunftbegabter Menschen angenommen hatte, man dürfe einem anderen nicht grundlos, vor allem nicht straffrei das Leben nehmen. So etwas sei kriminell, anmaßend und stillos. Und außerdem gegen das fünfte Gebot. Allerdings hielt sich an das siebte auch keiner, in dem es hieß »Du sollst nicht stehlen«. Jeder stahl irgendwann irgend etwas. Ich das Poster, heutige Kids Mercedessterne, kleine Angestellte die Stifte aus dem Büro, Abteilungsleiter das Faxpapier, und die eine oder andere Führungspersönlichkeit schleuste gleich tausende Mark an der Steuer vorbei. Und vielleicht hatte Ira ja recht. Zu viele Männer ehrten ihre Frauen nicht, wie es das sechste Gebot verlangt, sondern nutzten sie aus, demütigten oder schlugen sie gar. Und allem Selbstverständnis der neuen Frauengeneration zum Trotz ehrten Gattinnen ihre Angetrauten auch nicht zwingend, sondern gaben deren Kohle aus, schrien nach mehr und kreischten, wenn der Gatte mal nicht so wollte wie sie. Natürlich schlugen Frauen nicht auf Männer ein. Das ging ja kaum. Aber verbal waren die meisten Frauen unbezwingbar und nicht minder aggressiv als ihre Männer. Mitunter also war da ein Patt in den Ehen. Und so befand ich nach reiflichem Abwägen, daß Mord eine optimale Waffe im Kampf der Geschlechter war. Ein Ende mit Schrecken ist besser als ein Schrecken ohne Ende. Auch ein Kernsatz meiner Mama. Stil hin, Stil her.

Ira und ich trafen uns an diesem ersten Tag nach unserem ersten Mord wie verabredet nachmittags auf dem Revier und gaben unsere Aussagen zu Protokoll. Damit war die Sache für uns erledigt. Die dümmsten Bauern ernten die dicksten Kartoffeln. Noch so ein Spruch meiner Frau Mutter, der mal wieder ins Schwarze traf.

In den nächsten Tagen wurde Burmeester erst auf Seite drei

verbannt, landete dann als Minimalmeldung auf der letzten Seite und verschwand schließlich ganz aus den Tageszeitungen. Die Polizei fand weder ein Motiv noch einen Verdächtigen. Claudia Burmeester schied von vornherein aus, da alle Freunde, Bekannten und Arbeitskollegen von dem idealen Paar schwärmten. Die Bullen waren ratlos. Schlecht für die Statistik zur Verbrechensaufklärung und schlecht fürs Image. Das litt sowieso schon darunter, daß die Hamburger Polizei zwar zur Kräftigung des schwindsüchtigen hanseatischen Haushalts eifrig Straftickets für falsches Parken verteilte, aber leider keine Zeit fand, um Diebstahl, Einbrüche oder Überfälle wenn schon nicht zu verhindern, so zumindest aufzuklären.

Ich ging am Montag wieder in die Redaktion, Hannah kaute an ihrem Liebeskummer, und Ira kochte für Max und den Hund. Im Verlauf der Woche erhielt sie wegen Herbs Verschwinden zwar Besuch von der Polizei, aber auch in diesem Fall standen Hamburgs Ordnungswächter vor einem Rätsel. Charlie überbrachte uns das Geld von Pete, und wir teilten es durch drei.

An dem vereinbarten Mittwoch lief ich abends pünktlich um halb acht in einem superengen Kostüm von einer US-Designerin, deren Namen ich mir nicht merken konnte, die aber absolut in war, bei den Anonymen Alkoholikern auf, konnte Kowalski aber nirgends entdecken. Deshalb stand ich nach dem ersten »Hallo, ich bin Trixi. Ich bin Alkoholikerin und habe seit dreiundzwanzig Tagen nichts getrunken« auf und verließ so geräuschlos wie möglich den Gemeindesaal der nordelbischen Kirche, in dem sich etwa vierzig Personen versammelt hatten. Ich gehörte da einfach nicht hin. Das sah man schon am Outfit der versammelten Klientel. Fast ausschließlich Kaufhausklamotten. Irgendwo blinkte zwar ein Missoni-Pullunder, aber der riß es auch nicht raus.

Auf dem Korridor hörte ich Schritte, die sich mir eilig näherten. Mir schwante Fürchterliches, Blamables, Peinliches.

Eine Hand legte sich auf meine Schulter. Ich zwang mich, ganz ruhig und entspannt durch die Nase einzuatmen. Das Geräusch paßte nicht zu meinem Kostüm. Ich drehte mich um und war versucht, hysterisch kreischend aus den geweihten Hallen dieser Kirchengemeinde zu verschwinden. Vor mir stand Kowalski.

»Hallo, Herr Doktor.« Mein Gott, ich fühlte mich wie eine Sechsjährige, die man gerade beim Klauen ihrer Lieblingsschokolade erwischt hatte.

»Hallo, Frau Block. Das war ja bei Gott nur eine Stippvisite.«

»Ich hab' Sie nicht gesehen. Und deshalb dachte ich ... ich dachte, Sie seien nicht da. Ich, also ich ...«

Ich stotterte und verhaspelte mich.

Kowalski lachte.

»Kommen Sie wieder mit rein. Glauben Sie mir, jeder versucht zunächst wegzulaufen.«

Ich war zu verwirrt, um mich schlagfertig aus der Affäre zu ziehen, und folgte ihm deshalb zurück in den Saal, wo ich das ganze Programm über mich ergehen ließ. Es war nicht meine Welt, und es war absolut öde. All diese Geschichten um verlorene Jobs, große und kleine Lieben, die Ungerechtigkeit der Welt, Mutter Alkohol, die Segensreiche, die zum Fluch wurde. Diese Trinkerkarrieren hielt ja kein Mensch aus.

Immerhin saß ich zwei Stunden neben einem Traummann, in unbeobachteten Momenten immer mal einen Blick auf sein Profil riskierend, sehr schön, auf seine Nackenpartie oder seine Schultern. Und er roch so gut. Überhaupt nicht nach Krankenhaus.

Ich hoffte, er würde mich danach auf einen Wein einladen.

Statt dessen standen wir uns gegenüber, Leute kamen, verabschiedeten sich, gingen. Beliebt war er auch noch.

Und dann sagte er, es täte ihm leid, aber er müsse jetzt nach Hause. Seine Frau erwarte ihn.

Ich wurde knallrot und wäre am liebsten im Erdboden versunken. Am zweitliebsten wäre mir eine Handgranate für mich und mein Kostüm, ihn und diesen dämlichen Gemeindesaal gewesen. Er sah mich mit diesem dämlichen Lächeln an, das wieder mal sein Oscar-reifes Gebiß freilegte, und fragte mich, ob er mich mitnehmen könne.

»Nein«, ich konnte nicht mal »danke« sagen, drehte mich nur abrupt um und verließ den Ort meiner Blamage mit hastigen Schritten. Ich fühlte mich zu beschissen, um auf einen rundum verführerischen Gang zu achten. Der Rock war für die Flucht zu eng, die Absätze waren zu hoch. Ich stakste eilig und unbeholfen davon.

Ich kam erst wieder in meinem Auto zur Besinnung, wo ich wie eine Idiotin auf dem Lenkrad rumhämmerte und »Scheiße, Scheiße, Scheiße« stöhnte.

Zu Hause angekommen, rief ich erst mal Hannah an. Die kannte sich schließlich mit falschen Kerlen am besten aus.

»Irmi, was ist so schlimm daran«, fragte sie mit ihrer butterweichen Stimme, die Verständnis und Mitleid signalisierte.

»Meine Güte, der Mann ist verheiratet. Er ist jünger als ich. Und wahrscheinlich lacht er sich gerade zusammen mit seinem fünfundzwanzigjährigen Traumweib tot über die blöde Kuh mit der freigelegten Zellulitis an den Beinen und den Alkoholproblemen.«

»Jetzt komm mal runter, Irmi. Männer sind eitel und ein bißchen blöd. Was in solchen Fällen ganz okay ist. Du wirst wie ein Aphrodisiakum auf ihn wirken. Glaub's einfach.« Wenn Hannah nicht selbst betroffen war und ihren Verstand beisammen hatte, konnte sie die Sache mit den Kerlen ganz gut auf den Punkt bringen. Aber wollte ich das?

»Was soll denn das für ein Trost sein? Ich turne ihn an, aber im Bett liegt er mit seiner Frau. Klasse Vorstellung. Absolut beruhigend.«

»Was willst du? Daß er dir postwendend zu Füßen liegt?«

»Nein, natürlich nicht. Oder vielleicht doch. Na ja, wär' doch gar nicht so schlecht. Und außerdem ärgert es mich. Da finde ich nach Jahr und Tag mal wieder jemanden toll. Und ausgerechnet der ist verheiratet.«

»Hak ihn ab. Ist doch eh nichts passiert.«

»Ich will ihn aber nicht abhaken. Weshalb will mich keiner? Ich renne ins Fitneßcenter, ich pflege mich nur vom Feinsten, und ich sehe doch sogar jünger aus – oder?«

»Mensch, Irmi. Hör auf, die Dinge zu verkomplizieren. Und sei nicht so eitel. Es kann doch nicht jeder auf dich abfahren. Du bist klug, du siehst toll aus, du bist erfolgreich im Job. Hör also auf, dich kleinzumachen, nur weil der verheiratet ist.«

Ich wollte Mitleid, alles Mitleid dieser Welt. Oder zumindest so was wie weibliche Leidenssolidarität. Und Hannah wusch mir den Kopf. Das war ja nicht zu fassen.

»Hörst du dir eigentlich selber mal zu? Weshalb stopfst du immer Eis in dich rein, wenn man doch einfach nur einen Schalter umzulegen braucht? Klappe zu, Affe tot?«

Hannah kicherte, und schließlich kicherte ich mit. Gut, ich hatte mich blamiert. Zu ändern war das nicht mehr.

Wir palaverten noch ein wenig vor uns hin, legten schließlich auf, und ich ging ins Bett. Ich beschloß, mich Kowalski gegenüber totzustellen.

Kapitel 9

Ira fuhr in den Pfingstferien mit Max und Marcy nach Mallorca und kehrte bestens gelaunt und erholt zurück. Marcy hatte zwar jedesmal übellaunig geknurrt, wenn er vor seinem Freßnapf mit dem Trockenfutter gestanden hatte, aber ansonsten waren die Ferien absolut genial gewesen. Schickes Ambiente, erstklassiges Frühstücksbüffet und ein himmlisches Menü am Abend. Max hatte sich mit dem Sohn eines Innenarchitekten angefreundet und Herbs Verschwinden einigermaßen verkraftet.

Von Herb fehlte jede Spur, teilten die Bullen der besorgten Gattin bei ihren regelmäßigen Anfragen mit. Hannah erledigte ihren Liebeskummer wieder mit einer Radikaldiät, und ich begab mich tagein, tagaus in diese Tretmühle, die sich Job nennt. Der Frühling ging in den Sommer über, und die Hitze legte sich über die Stadt. Die wettergeprüften Hanseaten trafen sich in den Straßencafés und an der Alster, tranken Cappuccino, Champagner oder ihr Alsterwasser unter freiem Himmel und versuchten dem *Summer in the City* möglichst angenehme Seiten abzugewinnen.

Und dann, mitten an einem dieser unerträglich heißen Julitage, an denen die Luft stillzustehen schien, rief mich Pete übers Handy in der Redaktion an.

»Geht's Ihnen gut?«

»Bis eben ja. Woher haben Sie die Nummer?«

Ich war ehrlich verblüfft.

»Irmi, von der Auskunft natürlich. Nun kommen Sie schon, so schlimm bin ich ja nun auch nicht.«

Er schickte ein gackerndes Lachen durch die Leitung, und ich ertappte mich bei dem Gedanken, daß diese Transe doch ein netter Kerl sei. Ich wollte gerade etwas erwidern, als er fortfuhr:

»Ich rufe übrigens an, weil ich Sie brauche.«

Als hätte ich's geahnt. Übersinnliche Fähigkeiten waren dazu nicht erforderlich.

»O nein, Pete, bitte nicht.«

›Nicht noch mal, nicht noch mal‹ klopfte mein Gehirn, als sei es auf Repeat gestellt.

»Sie wissen doch gar nicht, wofür.«

»Was können Sie schon wollen? Sicherlich keinen Partyservice. Hören Sie, Pete, was immer Sie sich ausgedacht haben. Ich will nicht. Ich kann das nicht. Ich hab' mir das letzte Mal schon in die Hose gemacht. Ich habe nicht die Nerven.«

»Ich bin zu alt für diesen Scheiß.«

»Wie bitte?« Seit wann war Pete so ordinär wie ich?

»Das sagt Danny Glover immer in *Lethal Weapon*.«

»Ich wußte gar nicht, daß Sie ein Filmfan sind.«

»Irmi, Sie neigen dazu, die Leute zu unterschätzen. Hab' ich recht? Ich brauche Sie übrigens für den Mann einer netten Zahnärztin. Insofern haben Sie ins Schwarze getroffen. Und Irmi, machen Sie sich nichts vor. Sie können so was ziemlich gut. Geradezu perfekt. Und die Sache mit Burmeester ist Ihnen doch schließlich runtergegangen wie Öl, weil Sie alle übers Ohr gehauen haben und Ihnen keiner draufgekommen ist. Geben Sie es doch einfach zu.«

Woher wußte er das? Darüber hatte ich weder mit Ira noch mit Hannah je gesprochen. Wir redeten nie über die Geschichte. Selbst Ira nicht. Und das will wirklich was heißen.

»Und wenn nicht?«

»Irmi, ich kenne Sie. Sie gehören zu dieser Sorte Frauen, die zwar immer behaupten, mit Karriere nichts am Hut zu haben. Aber Sie machen Karriere. Einfach weil Sie alles, was Sie tun, möglichst perfekt machen möchten. Und das heißt auch, daß Sie bei der Durchsetzung Ihres Willens reichlich skrupellos sind. Frauen wie Sie interessiert das Ergebnis und ein möglichst optimaler Weg dahin. Sie haben bei *Alexa* angefangen und als erstes Ihre gesamte Abteilung rausgeschmissen. Nach einer gewissen Schamfrist, wie man mir mitteilte. Ich vermute, um beim Betriebsrat gute Gründe für Ihre Massenentlassung parat zu haben. Ist doch so, oder? Ich hörte übrigens, daß einer der Entlassenen inzwischen wegen Depressionen klinisch behandelt wird. Der Mann ist sechsundfünfzig.«

»Ich habe nicht alle entlassen.«

»Hören Sie auf, Irmi. Ihr kleiner schwuler Assi und Frau Ulm zählen nicht. Sekretärinnen sind schon mal von Haus aus allen zu Diensten und anpassungsfähig. Sonst wären sie ja keine. Und Ihr Assistent soll Ihnen aus der Hand fressen, seitdem Sie ihn mit einem Ihrer schwulen Freunde bekanntgemacht haben.«

»Ich mußte es tun. Ich mußte die Leute entlassen.«

Wieso schaffte dieser Kerl es immer, mich in die Defensive zu drängen?

Ich war wütend, mehr auf mich als auf ihn. Aber das nutzte nichts.

»Irmi, sehen Sie es als Sport. Ich bin kleiner als Sie und dicker. Aber ich schlage Sie. Noch jedenfalls. Ich habe meine Quellen und präpariere mich besser.«

Eins stand jedenfalls fest. Blöd war er nicht. Und er wußte, wie er bekam, was er wollte.

»Okay. Sie haben gewonnen. Ich werde mit den anderen beiden sprechen. Alleine kann ich das nicht entscheiden.«

»Sehen Sie. Sie sind viel zu pragmatisch, um sich mehr Schwierigkeiten einzuhandeln, als unbedingt notwendig sind.«

Wir verabredeten uns für den Abend wieder unten an der Alster.

Ich rief Ira an und erzählte ihr von Petes Anruf.

»Du hast doch nicht etwa zugesagt, Irmi? Wenn diese Alte ihren Kerl unter der Erde haben will, dann soll sie es gefälligst selbst erledigen.«

»Darum geht's doch gar nicht mehr, Ira. Sie hat Pete angeheuert, damit der das für sie erledigt. Und der heuert nun uns an.«

»Von wegen anheuern. Diese Transe erpreßt uns. Gnadenlos. Und wenn uns nicht bald was einfällt, offensichtlich lebenslang. Wieviel gibt es übrigens diesmal?«

»Weiß ich nicht.«

Ich konnte geradezu sehen, wie sie langsam ihre Backen aufblies. Gleich würde sie durchs Telefon blasen. Kein laues Lüftchen, eher Windstärke sechs oder sieben.

»Du bist doch wohl bescheuert, Irmi. Läßt dich bequatschen und klärst nicht mal das Wesentliche. Ich werde nachher mitkommen. Der soll mich kennenlernen.«

Ihre Stimme war kurz vorm Überschnappen. Wenn man schon die schlechteren Karten hatte, sollte man sich zumindest wie eine Lady benehmen. Oder so ähnlich. Hatte mich jedenfalls immer meine Frau Mama ermahnt. Und ich hatte es Ira empfohlen. Konnte ja keiner ahnen, daß gerade dieser Spruch aus ihrer Lebensweisheitskiste als Perle vor der Sau landen würde.

Ich mußte mich zusammenreißen, um sie nicht anzublaffen.

»Verdammt, Ira. Du willst doch nicht etwa Ärger machen? In der Scheiße sitzen wir, weil du ausgerastet bist. Nicht Hannah, nicht ich. Du!«

»Krieg dich wieder ein. Ich will ja lediglich wissen, was für uns rüberkommt. Und außerdem: Seit wann hast du Angst vor Ärger?«

»Ich mochte Ärger noch nie.«

»Jetzt hör mal auf zu spinnen, Irmi. Die Sache ist doch ganz einfach. Dein Pete hat uns in der Hand, und du alleine bist ihm nicht gewachsen. Du bist zwar intelligent, aber trotzdem eine Frau, manchmal. Du fällst auf seinen Charme rein und suchst nach kleinen Sympathieködern wie alle Weiber bei Männern. Aber du hast es mit einem Killer zu tun, Schätzchen. Verstehst du das Wort?«

»Mach mich nicht an, Ira. Das weiß ich alles.«

»Na, dann ist ja gut. Wann triffst du dich mit ihm?«

»Kurz vor sechs.«

»Gut, Hannah und ich holen dich um halb sechs ab. Und untersteh dich, nicht zu Hause zu sein.«

»Wieso denn jetzt auch noch Hannah?«

»Damit er weiß, was Frauenpower wirklich bedeutet.«

»Und wenn sie nicht will?«

»Das laß mal meine Sorge sein.«

Ich gab mich geschlagen, und so trafen wir uns zu viert. Eigentlich zu fünft. Ira brachte Marcy mit.

Diesmal saß Pete auf einer Bank neben dem Anleger. Und er grinste übers ganze Gesicht, als er sah, was sich da in geschlossener Formation näherte. Wir drei trugen lange weit schwingende Kleider, alle aus der letzten Kollektion von Jil Sander. Es war Zufall, wir hatten das nicht verabredet, und bei genauerem

Hinsehen waren die Kleider auch unterschiedlich. Anderer Ausschnitt, andere Knöpfe, zwei mit, eins ohne aufgenähte Taschen. Von weitem mußten wir jedoch wie eine Abordnung der Heilsarmee wirken, zumal die Erdfarben wunderbar miteinander harmonierten.

»Was für eine nette Überraschung.«

Pete lag auf der Bank mehr, als daß er saß. Die Beine weit von sich gestreckt, die Hände in den Hosentaschen und den Kopf in den Nacken gelegt, berührte er mit seinen Füßen kaum den Boden. Seine Rechte spielte mit einer Sonnenbrille, während er zu uns hochblinzelte.

»Hallo, Pete. Das sind Hannah und Ira. Das da unten ist Marcy.«

»Sieh mal an. Hab' ich doch gar nicht so falsch gelegen. Ich vermute, Sie beide wollten mich unbedingt kennenlernen. Okay, hier bin ich.«

Pete sprang auf, drehte sich einmal um sich selbst und wirbelte dabei eine Menge Staub auf. Sein smartiebuntes Hawaiihemd flatterte über dem spitz hervorstehenden Bauch und versteckte die kleinen Ansätze einer Frauenbrust perfekt. Das Hemd stand ihm ganz hervorragend, wie ich fast widerwillig feststellte, während Marcy kläffend um ihn herumsprang und Ira offensichtlich Staub in die Lunge bekam. Sie fing zu husten an. Hannah klopfte ihr ein wenig auf dem Rücken herum.

Pete verbeugte sich vor ihr und begann sich wortreich zu entschuldigen.

»Hören Sie auf, mich vollzusülzen. Ich will nicht wissen, bei welcher Lektion Sie in Ihrem Kursus für gutes Benehmen angekommen sind. Ich will wissen ...«

Pete packte ihr Handgelenk, schnell und offenbar schmerzhaft. »Hören Sie ...«

Ira verzog das Gesicht und haute ihm mit der freien Hand eine runter, bevor er auch nur wußte, wie er seinen Satz beenden wollte. Es klatschte unangenehm hell und laut. Ira zertrümmerte gerade meine Theorie über physisch defensive Frauen und aggressive Männer. Allerdings war Pete letztlich ja auch mehr Frau als Mann, und somit galt die Theorie bei den beiden eigentlich gar nicht. Frauen unter sich ist wieder ein ganz anderes Kapitel. Weiter kam ich mit meinen Gedanken nicht.

Marcy sprang kläffend auf Pete zu.

»Ira, bist du verrückt geworden.« Hannah wollte schlichten, war blitzschnell zwischen Ira, Marcy und Pete gesprungen und fing sich nun ihrerseits einen Haken ein, der wohl ursprünglich für Iras rundes Kinn gedacht war, Hannah aber, die mindestens einen Kopf größer als Pete und Ira war, mitten auf dem Solarplexus traf. Sie fiel einfach um. Der Sandboden vibrierte unter meinen Füßen kaum merklich nach, und Hannah lag im Dreck mit ihrem hinreißenden, olivgrünen Trägerkleid und ihren frischlackierten Fingernägeln. Sie krümmte sich zusammen, ihre Hände verkrampft übereinandergelegt an der Stelle, wo er sie getroffen hatte, röchelte atemlos, und Tränen schossen ihr aus den Augen. Das Make-up war im Eimer. Staub umtanzte sie. Neben ihr lag Petes Sonnenbrille, deren Besitzer auf einem Bein schwankte. Marcy hatte sich in sein linkes Hosenbein verbissen und ließ sich nicht abschütteln.

Ira war zur Salzsäule erstarrt, und mir entgleisten die Gesichtszüge. Ich hatte ja mit einigem gerechnet, nicht aber mit einer Schlägerei. Schon gar nicht mit einer im Stil der Marx Brothers.

»Seid ihr völlig verrückt geworden? Das darf ja wohl nicht wahr sein. Wollt ihr morgen alle in der Zeitung stehen? Damentrio und Hund prügeln sich mit Transe? Resultat: eine Paralysierte, ein Kieferbruch, zwei Tote?«

»Wer sollen denn die Toten sein?« fragte mich Pete, während er sich auf einem Bein zu Marcy herunterbeugte und versuchte, den Hund vom anderen Bein zu lösen. Er bekam ihn am Schwanz zu packen. Das hätte er nicht tun sollen. Marcy drehte sich um, schnappte nach der Hand und biß zu. Petes Stimme überschlug

sich, er brüllte, eine solle gefälligst den verdammten Köter weg-
nehmen, während er mit rudernden Armen und erstaunt geöff-
netem Mund nun seinerseits zu Boden ging. Marcy hatte ihn k.o.
gesetzt.

Ira erwachte schließlich aus ihrer Erstarrung, schnappte sich
Marcy am Halsband, zog ihn weg und redete beruhigend auf ihn
ein. Ich bückte mich zu Hannah runter und half ihr auf.

»Tut mir leid, tut mir leid«, leierte Pete im Dreck des Alster-
weges zu Hannah gewandt, während er sich aufsetzte und die
Bißstelle an seiner Hand rieb.

Hannah begann, an sich rumzuklopfen, was furchtbar staubte.
Ich klopfte ihren Rücken ab. Staubte genauso. Sie brauchte
dringend ein Bad.

»Die Leichen werden Hannah und Sie sein«, erklärte ich.
»Hannah, weil sie eingriff und ihr ein Hieb den Schädel spaltete,
und Sie, weil Ira Ihnen schließlich die Luft abdrehte. Was dachten Sie denn?«

Pete erhob sich mühsam. Das quietschbunte Kerlchen erinnerte eher an eine sandsturmgeplagte Vogelscheuche als an einen Auftragskiller. In seinem Gesicht klebte Schmutz, der sich
mit Schweißtröpfchen gepaart hatte. Es mußte kurzzeitig Bo-
denkontakt gehabt haben. Ich gab ihm eins meiner Tempotaschentücher und einen kleinen Kosmetikspiegel. Er begann
sein Gesicht zu säubern. Hartnäckige Stellen wurden mit Spei-
chel bearbeitet. Ich konnte gar nicht hinsehen, als er immer
wieder krampfhaft auf das Taschentuch spuckte, um sich Stirn
und Nase mit hektischen Bewegungen abzureiben.

Ira grinste, und selbst Hannah lächelte. Unsere kleine dicke
Ira bückte sich kopfüber nach der Sonnenbrille und reichte sie
Pete, der offensichtlich nicht registriert hatte, daß sie herunter-
gefallen war. Haarsträhnen hatten sich aus Iras Knoten gelöst
und hingen im feuchtglänzenden Gesicht.

»Danke Ihnen. Hier, nehmen Sie das Taschentuch, und wischen Sie sich das Gesicht ab.« Ira erschauerte sichtlich, be-

dankte sich aber zumindest, zog ihrerseits ein Taschentuch aus der Tasche und wischte sich einmal quer über das Gesicht. Dunkle Make-up-Spuren verrieten, daß ihre Bräune nicht echt war. Sie benutzte Ägyptische Erde, die sie in diesem Moment auch hervorkramte, um sich ungeniert das beschädigte Gesicht zu richten.

Pete staunte nicht schlecht.

»Das sieht aber echt aus. Wo haben Sie denn das gefunden?«

Nichts verbindet Frauen mehr als ein Schwätzchen über kosmetische Geheimnisse.

»Gibt es in jeder Kaufhaus-Kosmetikabteilung. Allerdings bei den Billigständen. Müssen Sie mal suchen. Ist wirklich empfehlenswert.«

Pete ließ sich Iras Dose geben und wischte probeweise mit dem Finger drin rum.

»Klasse Konsistenz. Muß ich mir merken.« Und fuhr dann quasi übergangslos fort: »Okay, meine Damen. Unsere erste Begegnung war vielleicht nicht das, was man sich unter einem gepflegten Kennenlernen vorstellt. Aber nun ja. Es tut mir aufrichtig leid. Ira, Hannah, Irmi. Erfreut, Sie kennenzulernen.« Er drehte sich uns einzeln zu und deutete eine Verbeugung an. Marcy ignorierte er.

Hannah knickste zurück.

»Vielleicht sollten wir jetzt endlich mal über den Grund unseres Treffens reden«, sagte ich.

»Kommen Sie mit auf den Rasen da drüben. Wir setzen uns in die Sessel. Das ist bequemer.«

Wir folgten Pete auf die andere Seite der parkähnlichen Anlage, wo weiße Plastiksessel verstreut auf einer baumbeschatteten Wiese standen. Wir trugen vier zusammen und ließen uns nieder. Erleichtert, daß zumindest das ohne weitere Zwischenfälle abgegangen war.

»Also, meine Damen. Wie Irmi Ihnen sicherlich erzählt hat, haben wir eine sympathische Zahnärztin, die ihren Mann loswerden will. Die Dame wird demnächst verreisen, und ihr Gatte wird allein zu Hause sein. Er wird in dieser Zeit Selbstmord begehen, und Sie werden ihn dabei unterstützen.«

Ira pfiff durch die Zähne, sagte aber vorsichtshalber nichts mehr.

»Wie soll das denn gehen?« fragte Hannah.

»Das Paar wohnt etwas außerhalb in Duvenstedt in einem für unsere Zwecke optimal gelegenen Einfamilienhaus. Eine von Ihnen wird nachts bei ihm klingeln. Jeder guterzogene Mann öffnet die Tür, wenn davor eine Frau steht. Sie werden sich also auf diese Weise Zugang verschaffen und ihn dann erschießen.«

»Meine Güte, ist das aus einem Francis-Durbridge-Krimi, oder wie sind Sie auf dieses wirklich originelle Szenario gekommen?« Ira kratzte sich wieder mal auf dem Kopf, nahm ihre Hände aus dem Haarturm und betrachtete ihre Fingernägel. Der mittlere mußte bei dem Gerangel eingerissen sein. Sie fing an, ihn abzureißen. Ich konnte gar nicht hinsehen.

»Es geht nicht um Originalität. In diesem Geschäft geht es nur um Effizienz und Wahrscheinlichkeit. Es ist der einfachste Weg, sich spurlos einen Zugang zu verschaffen. Und für Bekannte und Freunde ist es wahrscheinlich, daß der Gatte sich umbringt. Die Ehefrau und ich arbeiten seit einem Dreivierteljahr daran. Alle glauben, sie hätten Streß miteinander, was stimmt. Und sie glauben auch, er sei deshalb von Zeit zu Zeit depressiv. Stimmt auch. Jedenfalls hat sie genügend über ihn und seine depressiven Stimmungen verlauten lassen. Sie brauchen nichts anderes zu tun, als ihn zu zwingen, einen Abschiedsbrief zu schreiben. Das reicht völlig aus.«

»Sagen Sie mal, Pete. Weshalb müssen wir das machen? Wieso nehmen Sie keine Profis?« Hannah schüttelte ungläubig den Kopf.

»Und weshalb läßt die Frau sich nicht einfach scheiden?« Das warf wieder mal Ira ein.

»Ira, denk nach. Du konntest dich doch auch nicht scheiden lassen«, sagte ich.

»Hm. Sind denn alle Frauen so blöd und unterschreiben solche bekloppten Eheverträge?« Sie zuckte mit den Achseln und pulte weiter an ihrem Nagel.

Pete lachte auf. »Das kann ich Ihnen nicht sagen. Aber die Frau wird ihre Gründe haben. Die interessieren uns nur eigentlich nicht. Aber um auf Ihre Frage zurückzukommen, Hannah. Ich verhandle lieber mit Frauen. Ich komme besser mit ihnen aus. Das verstehen Sie doch, oder?« Er wischte sich kokett eine Strähne aus dem Gesicht. »Und außerdem sind Frauen zuverlässiger und weniger anstrengend, wenn sie nicht gerade einen Hund dabeihaben. Und wer sagt Ihnen überhaupt, daß Sie drei keine Profis sind?«

»Ausgerechnet wir? Wir sind doch eher das Chaotentrio. Und außerdem verstehen doch Frauen gar nichts vom Töten«, sagte Ira.

»Glauben Sie? Verbrechensstatistiken belegen inzwischen, daß Frauen nicht weniger kriminell veranlagt sind als Männer. Sie holen ziemlich auf. Vor allem was Überfälle, bewaffneten Raub und Mord betrifft. Sie drei sind doch das beste Beispiel.«

»Hängt wohl mit der Emanzipation zusammen.« Das konnte ich mir nicht verkneifen.

Hannah warf mir einen bösen Blick zu. Sie war eine begeisterte Anhängerin jedweder Frauenquote und weiblicher Selbstverwirklichung.

»Und was springt dabei raus?« Ira konnte mal wieder nicht abwarten.

Pete lächelte in sich rein. »Zehntausend für jede.«

»Was, so viel?« Das war Ira, die clevere Geschäftsfrau mit der vorlauten Klappe, die mitgekommen war, um eiskalt zu verhandeln.

»Wollen Sie weniger? Das läßt sich machen.« Pete sah sie an

und schüttelte den Kopf. »Ira, ich will Sie nicht übervorteilen. Das ist der Preis. Ich habe ihn für Sie ausgehandelt. Und wie Sie vielleicht wissen, besteht eine erfolgreiche Unternehmensstrategie vor allem darin, die Angestellten zu motivieren. Geld ist eine Form der Motivation.«

Ira biß sich auf die Lippen. »Weiß die etwa, daß wir das erledigen sollen?«

»Natürlich nicht. Meine Kunden wissen nie, mit wem ich arbeite. Mitunter kennen sie nicht einmal mich. Je weniger sie wissen, desto glaubwürdiger sind sie bei den Gesprächen mit der Polizei. Das leuchtet Ihnen doch ein, oder?«

»Und wann soll das nun genau stattfinden?«

»Nächste Woche, am besten am Mittwoch abend gegen zehn. Da ist es schon dunkel genug, aber nicht finster. Bis dahin haben Sie Zeit, sich die Lage des Grundstücks anzusehen und nach einer unauffälligen Parkgelegenheit zu suchen. Außerdem sollten Sie Ihr Äußeres ein bißchen verändern, falls Sie doch jemand beim Betreten des Hauses beobachtet. Vorsicht heißt die Mutter der Porzellankiste.«

»Es ist also doch gefährlich«, warf ich ein.

»Nein, ist es nicht. Aber ein Restrisiko bleibt immer. Nur sollten Sie das minimieren.«

Pete erhob sich. »Sie werden verzeihen, aber ich muß jetzt gehen. Charlie wird Ihnen die Waffe vorbeibringen. Eine unregistrierte aus dem Besitz des Paares. Zufällig nämlich, ich half natürlich ein bißchen nach, wie Sie sich denken können, wurde bei den beiden vor sechs Monaten eingebrochen. Seither besitzt der Hausherr auf Wunsch seiner Gattin eine 38er. Die habe ich besorgt. Und Frau Hinrichsen hat sie ihren Bekannten mal auf einer Party gezeigt. Die Frau ist wirklich clever.«

Er überreichte uns eine Visitenkarte mit ihrer Adresse und ging davon. Wir ließen uns in die Stühle zurückfallen.

»Ich brauche eine Ablenkung und was zu trinken. Wie wäre es mit einem Ausflug ins Pasalino?«

Hannah und ich nickten, und so machten wir uns in Iras Auto auf den Weg.

»Sag mal, du warst doch in Barmbek auf dieser Ausnüchterungsstation. Wieso haben sie dir eigentlich nicht den Führerschein abgenommen?«

Ira sah mich fragend an.

»Weiß ich nicht. Will ich auch nicht wissen. Hat sich nie einer mit mir drüber unterhalten.«

»Das ist aber komisch. Wo man doch seinen Führerschein schon los wird, kaum daß die Polizei einen mit drei Gläsern Wein intus angehalten hat.«

Ich gab zu, daß ich mich das auch schon des öfteren gefragt hatte. »Aber wahrscheinlich hab' ich den Beamten einfach nur leid getan. Mehr weiß ich auch nicht. Denn ich hab' nicht mal ein Straftticket bekommen.«

»Nicht mal ein Ticket?«

Hannah und Ira wechselten einen Blick.

»Oder hat dein Kowalski, oder wie der heißt, da seine Finger drin?«

Ich spürte, wie ich rot anlief, während die zwei wissend vor sich hingrinsten.

»Hört auf mit der Scheiße. Mit dem läuft nichts, gar nichts. Und wie sollte der seine Finger da drin haben?«

»Frag ihn doch einfach, wenn du ihn das nächste Mal triffst. Du triffst ihn doch, oder?«

Manchmal gehen mir die zwei viehisch auf die Nerven. Denn das war es, was sie eigentlich wissen wollten. Ob Kowalski mein neuer Liebhaber war. Ich sah Hannah strafend an, aber die grinste nur.

Ira grinste nicht weniger. Ich beschloß, mich nicht aus der Ruhe bringen zu lassen, und die Fahrt ins Pasalino verging ohne weitere Fragen.

Der Abend war lau, wir tranken mal wieder ein bißchen zuviel auf Joshs Kosten, der wie immer im Pasalino stand und sich

freute, uns zu sehen. Klaus war auch da, jedoch mit einer platin-
blonden Schönheit beschäftigt, der man schon von weitem ansah, daß sie nicht zu uns gehörte, ihm aber sicherlich ein angenehmes Betterlebnis verschaffen würde.

Sie trug ein hautenges schwarzes Stretchkleid mit Spaghetti-
trägern und einem Ausschnitt, der nichts zu ahnen übrig ließ. Ihr
Busen war ziemlich freigelegt und knackig, wie der Neid ihr lassen mußte. Dasselbe traf auf ihren Po zu. Provozierend und rein
zufällig streckte sie ihn immer wieder in seine Richtung. Motto:
Anmache leicht gemacht. Blöde Kuh.

Jedenfalls war schon mal klar, daß Klaus an dem Abend keine
Mitfahrgelegenheit suchte.

Wir fuhren ziemlich angeschickert nach Hause und verbrachten die nächsten Tage mit unserem üblichen Alltagskram und
der Recherche.

Okay, Recherche ist etwas übertrieben. Wir fuhren nur einmal nach Duvenstedt, denn der Weg war weit. Immerhin aber
hatten wir uns das Haus und eine Parkgelegenheit angesehen.
Die Parkgelegenheit war in Ordnung, das Haus wunderschön in
einem gepflegten Garten gelegen, und der Mann sah einfach
nett aus. Um die Sechzig, gepflegte weiße Haare, Goldrand-
brille und dunkelgraue Strickjacke zu einer dunklen Hose. Weshalb die Dame des Hauses den loswerden wollte, war uns ein
Rätsel. Aber schließlich ging uns das wirklich nichts an. Da hatte
Pete ausnahmsweise recht.

Kapitel 10

Charlie brachte mir die Waffe am Montag vorbei, verpackt in
drei alte Handtücher und eine Aldi-Tüte.

»Charlie, wenn du hier noch einmal mit einer solchen Tüte
aufkreuzt, bring' ich dich um. Das geht nicht. Stell dir vor, jemand
sieht dich hier mit der Tüte reinspazieren. Was soll der denken?«

»Daß ich dir was vorbeibringe.«

»Aber doch nicht von Aldi.«

»Irmi, lebst du hinterm Mond? Die sind doch längst der letzte Schrei. Selbst mein Alter kauft da. Und das will was heißen.«

Pubertierende Gören schienen uns Alten eins voraus zu haben. Ihre verdammte Schlagfertigkeit, gegen die bei Gott niemand, wirklich niemand, ankam. So sagte ich nur »okay, okay« und entging damit einer Auseinandersetzung, bei der ich sowieso nur den kürzeren gezogen hätte. Das will ja wohl keiner. Charlie wechselte das Thema. Bei dem allerdings sah ich nun wirklich alt aus.

»Sag mal, Irmi. Was springt eigentlich für mich dabei raus?«

»Wobei?«

»Bei diesen Aktionen. Ich meine, vielleicht haltet ihr mich für unterbelichtet. Aber ihr denkt doch nicht im Ernst, ich wüßte nicht, was ich hierherschleppe.«

»Was schleppst du denn?«

»Eine Waffe. Und das letzte Mal war es auch eine.«

Ich brauchte was zu trinken. Es war kein Prosecco im Kühlschrank. Ich ging zur Bar rüber und goß mir einen Whisky ein. Einen doppelten.

»Kann ich auch einen haben?«

»Nein, Charlie. Mit Sicherheit nicht.«

Ich hob das Glas in Augenhöhe, musterte leicht besorgt, aber na ja, was soll's, den Inhalt, hielt den Atem an und schüttete das Zeug in mich rein. Es brannte, als es mir die Kehle langlief, breitete sich im Magen aus und hinterließ zuviel Wärme. Jeder Cop oder Detektiv oder Mafiabonze kippte in amerikanischen Filmen Whisky oder Cognac, wenn er von irgend etwas überrumpelt wurde. Nur brach denen anschließend nicht der Schweiß aus. Mir füllte er jede Pore meines Körpers, und mir wurde schwindelig.

Emanzipation ist ja gut und schön. Und in Sachen Alkohol ist die Gleichberechtigung Männern sicherlich gar kampflos abzuringen – aber Mädels, wir sollten darauf verzichten. Harte Sachen taugen nur für harte Männer. Und so hart wie harte Männer können selbst die härtesten Frauen nicht sein. Liegt, glaube ich, am Gewicht.

Mein gedanklicher Höhenflug und der Schwindel hauten mich einfach um. Ich fiel in meinen Sessel am Fenster.

»Charlie, bring mir ein nasses Handtuch aus dem Bad, bitte. Ich glaub', mir geht's nicht gut.«

»Du solltest nicht soviel trinken. Seit wann trinkst du überhaupt Whisky?«

»Charlie, misch dich nicht ein. Hol mir nur was Kaltes.«

Ich stöhnte, als der Schwindel meinen Magen erreichte.

Charlie verschwand im Bad und kam mit einem feuchten Gästehandtuch sowie einem Zahnputzbecher voller Wasser wieder.

»Hier, trink das.«

Sie reichte mir beides.

»Ich glaube, es ist besser, wenn ich was esse.« Ich erhob mich, um in die Küche zu gehen. Charlie folgte mir.

»Irmi, ich hab' dich gefragt, was für mich drin ist.«

»Ich weiß nicht. Sprich mit Pete«, knurrte ich, während ich aus dem Kühlschrank ein Baguette und Käse klaubte.

»Der sagt aber, ich soll mit euch reden.«

»Du hast mit Pete gesprochen?« Ich drehte mich zu ihr um. Ein bißchen zu abrupt, so daß mir wieder schwindlig wurde.

»Klar.« Sie tänzelte um mich rum und griff sich einen Apfel aus der Schale auf dem Küchentisch, während ich mir das feuchte Handtuch an die Stirn drückte und langsam ein- und ausatmete. Der Apfel knackte zwischen ihren Zähnen, als sie hineinbiß. Das Geräusch nervte.

»Was hältst du von einem Hunderter?«

»Irmi, spinnst du? Geht's? Setz dich besser hin. Ich mach' das schon.«

Sie schob mir einen Stuhl unter den Hintern und begann pfeifend, das Baguette zu schmieren.

»Hier.« Sie drückte es mir in die Hand, ließ sich mir gegenüber auf einen Stuhl fallen und wartete schweigend, bis ich den ersten Bissen runtergeschluckt hatte.

»Tausend.«

»Was? Wieviel willst du? Bist du übergeschnappt?«

»Tausend.«

»O Gott, Charlie, willst du mich umbringen?«

Dumm war sie nicht. Ich fühlte mich beschissen und hätte sie lieber ahnungslos gewußt. Aber was sollte ich tun? Sie steckte schon seit Herb mit drin, und sie wußte viel zuviel. Weshalb also sollte sie nicht ebenso bezahlt werden wie wir? Sollte man uns jemals auf die Schliche kommen, war Charlie wegen »Beihilfe zum Mord« dran. Gab's ja auch noch in diesem Paragraphenwirrwarr des Bürgerlichen Gesetzbuches.

»Weshalb sollte ich dich umbringen wollen? Und wenn ich es gewollt hätte, hätte ich ›tausend‹ gesagt, als du noch gekaut hast. Du hättest dich verschluckt, wärst erstickt – und Ende der Brücke.« Sie kicherte und sog wieder die Luft zwischen den Zähnen ein. Klang nach zuviel Speichelfluß.

»Gewöhn dir das ab. Das klingt ja eklig.«

»Krieg' ich's jetzt oder nicht?«

Was sollte ich in diesem angeschlagenen Zustand tun? Und außerdem war es nur gerecht, daß sie ihren Teil bekam.

»Okay, aber wir richten dir ein Sperrkonto ein. Du wirst nicht mit dem ganzen Geld durch die Gegend laufen, so daß sich jeder wundert, woher du auf einmal soviel Kohle hast.«

»Aber ein bißchen für Klamotten krieg' ich schon.«

»Charlie …«

»Bitte.«

»Charlie, du kaufst doch immer nur diesen Schrott.«

Sie zog einen Flunsch, kniff die Augen zusammen und sah mal wieder so aus, als würde sie gleich losheulen.

»Das ist aber cool. Und viel bequemer als deine Klamotten.«

Ich musterte sie von oben bis unten. Bevorzugt kaufte Charlie ihre Kleidung auf Flohmärkten, wie sie mir mal erzählt hatte. Das war günstig, man konnte prima handeln, und außerdem war es eben angesagt. Na ja, jedesmal, wenn ich Charlie ansah, hatte ich das Gefühl, im nächsten Moment starte ein Mottenkommando in meine Richtung.

Charlie verzog noch immer das Gesicht.

»Gut, Charlie, ist ja gut.« Ich legte ihr einen Arm um die Schultern. Vorsichtshalber, falls der Sturzbach in Aktion trat.

Charlies Reaktionen waren nie vorauszusehen. Einerseits war sie so abgebrüht wie eine vierzigjährige Vorstadtschlampe, und andererseits konnte sie sofort losheulen wie ein enttäuschtes Kleinkind.

Wir gingen schließlich wieder rüber ins Wohnzimmer und sahen uns *Thelma und Louise* an. Am Schluß war sie echt geknickt. Ich mochte sie nicht nach Hause schicken, und so übernachtete sie bei mir.

Hätte ich gewußt, was das für ein Theater geben würde, hätte ich sie aus der Wohnung geprügelt.

Am nächsten Morgen weckte mich Telefongeklingel. Verschlafen meldete ich mich und hatte einen fuchsteufelswilden Mann am Ohr.

»Sie Schlampe. Was glauben Sie eigentlich, wer Sie sind? Meinen Sie, Sie können sich ein sechzehnjähriges Mädel greifen, und ich würde das einfach so hinnehmen? Glauben Sie …«

Ich nahm das Handy vom Ohr und guckte es entsetzt an. Das fehlte mir gerade noch. Ein eifersüchtiger Vater, der sich zwar nie um seine Tochter kümmerte, aber offenbar zur Hochform auflief, wenn er den Verdacht hatte, es gäbe da jemanden, für den sich Charlie interessierte. Dachte ich. Bis ich das Handy wieder ans Ohr hielt, um mir auch den Rest anzuhören.

»… meinen Sie, Sie können einfach eine Lesbe aus ihr machen und ich würde nichts dagegen unternehmen? Sie dumme Pute, Sie?«

Ich stöhnte auf und wollte zu einer besänftigenden Erklärung ansetzen. Ich hatte nur keine Chance. Ein Schwall unflätiger Wörter erreichte mich.

»Herr Wonnegut, jetzt hören Sie mir mal zu ...«

Ich kam nicht durch, dafür stapfte Charlie in mein Schlafzimmer.

»Mein Alter?«

Ich nickte. Wortlos nahm sie mir das Telefon ab, hörte sich seine Beschimpfungen an und sagte in eine Pause hinein: »Hi, Paps. Ich bin's.«

Ich konnte an Charlies triumphierenden Augen sehen, wie ihr Vater am anderen Ende der Leitung zu einem Eiszapfen gefror.

»Warum regst du dich auf? Erstens ist sie keine Lesbe, und zweitens stehe ich auf Jungs. Das weißt du doch. Du hast doch Robert rausgeschmissen, als du uns knutschend auf dem Bett gefunden hast.« Sie gickste und sah mich beifallheischend an.

»Du kommst sofort nach Hause.« Das Gebrüll sollte wohl unheilvoll klingen, klang aber durchs Telefon nur wie ein Winseln.

»Erst, wenn du dich abgeregt hast.«

»Ich sagte, sofort.«

»Gib mal her.« Ich nahm ihr das Handy aus der Hand. Charlie registrierte es verärgert und mit zusammengekniffenen Lippen. Ich untergrub mal wieder ihr sowieso nur wackliges Selbstbewußtsein. Damit mußte sie klarkommen. Ich hatte keinen Bock auf kreischende Väter und Probleme, die keine waren.

»Herr Wonnegut, hier noch mal Block. Ihre Tochter hat recht. Sie hat hier nur geschlafen, weil es gestern etwas spät geworden ist und mir nicht bewußt war, daß Sie sie erwarten. Sonst hätte sie angerufen und Bescheid gesagt. Glauben Sie mir. Wir wollten Sie nicht beunruhigen.«

Hörbar schnaufend versuchte er, sich zu sortieren.

»Tut mir leid, Frau Block. Ich hab' mir nur Sorgen gemacht. Sonst wußte ich zumindest immer, daß sie garantiert nicht nach Hause kommt. Aber gestern wollte sie gleich wieder dasein. Tut mir leid. Ist wohl nicht mein Tag.«

Wir verabschiedeten uns höflich voneinander, und ich bat Charlie, ihren Hintern möglichst schnell nach Hause zu tragen.

»Du glaubst ihm doch das Theater nicht etwa? Der ist doch nur angepißt, weil sie seinen Artikel gestern unkommentiert zurückgeschickt haben. Der hat Frust hoch sechs. Weiter nichts.«

»Oh, das tut mir leid?«

»Weshalb tut dir das leid?« Sie schüttelte den Kopf mit den ungewaschenen, zottligen Haaren und grinste mich an.

»Ich meine, für dich. Ist schließlich nicht leicht für dich, wenn dein Vater Frust hat.«

»Irmi, mich interessiert der Scheiß meines Alten nicht. Es ist mir echt scheißegal, was der macht. Hauptsache, er läßt mich in Ruhe und schnüffelt mir nicht hinterher. Das ist nämlich das Allerletzte.«

»Sag nicht immer Scheiße.«

»Tust du doch auch.«

Ich gab auf, sie hatte recht.

»Nimm dir eine von den eingeschweißten Zahnbürsten und geh duschen. Und dann verschwindest du fürs erste. Ich muß nämlich zur Arbeit. Wie spät ist es überhaupt?« Es war kurz vor halb acht.

Kurz nach acht fiel hinter Charlie die Tür ins Schloß. Sie hatte ihre Ramschklamotten bei mir gelassen. Einzig ihre Doc-Martens-Stiefel hatte ich ihr zugestanden. Ansonsten stapfte Charlie in einem schwarzen, knöchellangen Baumwollrock und einem meiner Joop!-T-Shirts aus der Wohnung. Sehr süß. Ihre Zottelhaare hatte sie zu einem Pferdeschwanz gebunden. Zumindest konnte ihr Vater mir nicht nachsagen, ich würde mich nicht für diesen verlotterten Teenie verantwortlich fühlen.

Ich hatte noch genügend Zeit, in aller Ruhe ein paar Tassen Kaffee zu trinken und mich zurechtzumachen.

Im Job passierte mal wieder nichts Weltbewegendes. Alles ging seinen gewohnten Gang.

Um halb sieben verließ ich die Redaktion und beschloß, mit dem Rad in den Stadtpark zu fahren. Irgendwann mußte selbst ich etwas für meine Kondition tun. Das Fitneßcenter hatte mich schon seit Wochen nicht mehr gesehen.

Wenn ich einmal aus meinem gewohnten Rhythmus raus war, fiel es mir stets schwer, ihn erneut zu finden. Und der normale Rhythmus besagte, ich solle mich alle zwei Tage an die Geräte setzen oder einen Kursus besuchen. Zur Stärkung von Bauch- und Rückenmuskulatur, vor allem jedoch für die Kondition. Und die war ziemlich im Eimer gewesen, als ich mich vor drei Jahren entschlossen hatte, Mitglied in dem vornehmen Verein zu werden, in dem sich abends alles traf, was sich für schick, jung und dynamisch hielt. Werber und Journalisten, TV-Leute und Hörfunkfredys fielen gegen sieben in den Club ein, was die Umkleideräume fast zum Explodieren brachte. Die Kurse um diese Zeit waren nicht minder überfüllt. Eigentlich bescheuert. Aber zu anderen Zeiten konnte keiner – und wollte auch niemand. Vorher jobbte das Volk, und danach genoß man frischgestählt und in dem Bewußtsein, den inneren Schweinehund überwunden zu haben, den Abend bei einem Wein oder Bier – oder mehreren –, sah um sich herum prassendes, träges Volk und fühlte sich himmelhoch überlegen. Willensstark, gestählt, unschlagbar.

Fitneßcenter hatten mit der Zeit die Funktion kleiner Tante-Emma-Läden übernommen, in denen sich die Frauen einst getroffen hatten, um neben dem Einkauf auch gleich noch den neuesten Klatsch zu erledigen. Wir, Männer und Frauen gleichermaßen, klatschten beim Sport nicht weniger. Nur daß wir dabei statt grobmaschiger Einkaufsnetze hochprozentige Vitamindrinks in der Hand hielten und der Schweiß uns aus jeder Pore kroch. Da alle gleichermaßen stanken, kam's nicht drauf an. Einen jeden umgab der Geruch harter Arbeit, den sich ansonsten keiner der professionellen Schreibtischtäter gönnte. Im Gegenteil, Körpergeruch galt als asozial, was den Umsatz der marktführenden Kosmetikfirmen im letzten Jahrzehnt in ungeahnte Sphären explodieren ließ. Besonders, seit nicht nur den Herren der Zunft, sondern bereits deren Söhnen von fürsorglichen Gattinnen und eifrigen Müttern der moschusartige Eigengeruch ausgetrieben wurde zugunsten kostspieliger Eau de toilettes, Duschgels und Cremes.

Aber zurück zur Bar. Die Bar war die Tauschbörse für kleine, böse Gerüchte, die dem Leben und dem Job erst den richtigen Kick gaben und die uns die Schwitz- und Schnaufarie an Geräten oder in Kursen versüßten. Man erfuhr, wer wo und warum rausgeflogen war, gerade pleite ging, welche Projekte auf Eis gelegt worden waren, wer mit wem schlief oder die Stadt verlassen hatte.

Dennoch hatte dieses Wissen nicht verhindern können, daß ich schon seit Wochen schwänzte. Irgendwie ging mir das Getue damals schon eine Weile auf die Nerven.

Ich fuhr also nach Hause, das Wetter war klasse, und so suchte ich im Keller nach meinem Rad. Es stand dort, wie ich es ein knappes Jahr zuvor verlassen hatte. Nur etwas verstaubter und mit reichlich wenig Luft in den Reifen. Da ich es eilig hatte, wischte ich es nur flüchtig mit einem alten Lappen ab, pumpte unter Ächzen die Luft auf und verfluchte mal wieder diesen mannlosen Zustand, wo man alles, aber auch wirklich alles allein machen mußte. Natürlich schreien Altemanzen an dieser Stelle auf. Sollen sie doch. Aber was wahr ist, muß wahr bleiben. Sagte meine Mutter auch immer. Ich leugne nicht die erheblichen Fehler von Männern wie Unsensibilität, Kommunikationslosigkeit und den Mangel an Aufmerksamkeit. Doch es gibt neben dem Alkoholkonsum ein paar Dinge, bei denen uns Männer nach wie vor und in aller Regel überlegen sind: Gemeinhin ist ihr technischer Verstand besser entwickelt als der unsere, handwerklich sind sie meistens begabter, und außerdem verfügen sie von Natur aus über mehr Muskelmasse, also über mehr Körperkraft und Ausdauer. Und so gibt es im Leben selbst halbwegs patenter Frauen, zu denen ich mich durchaus zähle, den Moment, wo sie fluchen und nichts sehnlicher ihr eigen nennen wollen als eben einen Kerl. Und das Aufpumpen meiner Fahrradreifen war ein solcher Moment, zumal die Dinger sogenannte Schnellventile hatten. Das mochte bei allen schnell gehen, bei mir – und wie ich wußte auch bei Hannah und Ira – dauerte es immer unendlich lange, denn jedesmal, wenn ich das Schnellventil zuschrauben wollte, entwich ein Großteil der Luft. Vielleicht gab es ja auch einen Trick. Nur hatte uns den noch keiner verraten.

Irgendwann aber war dann doch genug Luft drin.

Ich fuhr hoch in die Wohnung, zog meine alte, blauschwarz gestreifte Radlerhose an, warf ein schwarzes T-Shirt über, das seine besten Zeiten lange hinter sich hatte, und gönnte mir als einziges Zugeständnis an den guten Geschmack meine neuen Nikes, knöchelhoch und schwarz. Das Haar bändigte ich mit einem meiner Haarreifen.

Eine Augenweide war ich nicht, jedoch war auch nicht abzusehen, daß ich im Stadtpark auf irgendeinen Bekannten treffen würde. Um diese Uhrzeit nicht.

Als ich den Park eine Dreiviertelstunde später auf einem der Fahrradwege verlassen wollte, traf ich ausgerechnet Kowalski. Ich stand an der Ampel und wartete auf Grün, als ich hinter mir eine vertraute Stimme vernahm.

»Na, Frau Block, wie geht's denn so?«

Ich wurde stocksteif, umkrampfte den Lenker und betete, es solle Grün werden.

Er hielt neben mir, sprang vom Rad, grinste übers ganze Gesicht und streckte mir eine Hand entgegen.

Ich rang mir ein »Hallo« ab, ignorierte seine Hand und fixierte die gegenüberliegende Ampel. Scheißmist.

Der Mann trug schwarze Jeans und ein blütenweißes T-Shirt, wie ich aus den Augenwinkeln feststellte. Alec Baldwin im Freizeitlook. Jedenfalls war klar, warum Kim Basinger ihn sich an Land gezogen hatte.

»Haben Sie Lust, mit mir im Kuddel ein Bier zu trinken? Ich war gerade auf dem Weg dahin.«

Er hatte mich überrumpelt, verdutzt sagte ich ja, und so fuhren wir schließlich rüber ins Kuddel, das gleich auf der gegenüberliegenden Seite lag. Der Teil vom Kuddel, der als Gartenrestaurant diente, war immer proppenvoll, während das Innere kaum Zuspruch fand, obwohl das Lokal direkt an Hamburgs größtem Park gelegen war. Die schummrige Gaststätte hatte einen schlechten Ruf. In ihr trafen sich die Trinker, hammerharte Burschen, die normalerweise in den abgelegenen Parkecken sommers wie winters übernachteten und besonders schnell mit dem Messer waren. Der Hamburger Senat hatte schon dreimal eine zeitweilige Schließung verordnet, weil Messerstechereien für Schlagzeilen gesorgt hatten. Und das war schlecht für die Stadt, die viel Geld mit dem Tourismus machte. Der Stadtpark mit seinem Observatorium war eine touristische Anlaufstelle. Da mochte man in unmittelbarer Nachbarschaft keine Schlägereien oder Übleres dulden. Dennoch war das Kuddel unverwüstlich und wurde nach ein paar Tagen regelmäßig wieder geöffnet. Das war auch gut so. Irgendwo gehörten auch die Obdachlosen hin.

Im Sommer sorgten draußen Familien mit Kindern, Jugendliche auf Rollerblades sowie Radfahrer für Umsatz.

So auch an diesem Abend. Der Garten war brechend voll und Kowalski mit seinem guten Benehmen und seinem schlicht-eleganten Aussehen eindeutig fehl am Platz. Dennoch führte er mich ungerührt an einen kleinen Zweiertisch an der Backsteinwand, dem einzigen noch freien, rückte einen Stuhl für mich zurecht und wartete, bis ich mich gesetzt hatte. Ich kam mir ziemlich bescheuert vor in meinen Radlerhosen und mit dem Typen an meiner Seite.

»Darf ich Ihnen etwas zu trinken bestellen, Frau Block?«

»Nennen Sie mich Irmi.«

»Gut, Irmi. Möchten Sie etwas trinken?«

»Eine Alsterschorle, bitte.«

Er bestellte zwei und musterte mich.

»Wissen Sie eigentlich, daß ich Sie fast angerufen hätte, nachdem Sie es vorgezogen haben, nicht mehr bei den Anonymen Alkoholikern zu erscheinen?«

»Herr Kowalski …«

»Ich heiße Jürgen.«

»Gut, Jürgen, ich gehöre nicht in diesen Verein. Ich trinke nicht mehr als jeder andere. Und ich trinke tagsüber keinen Tropfen, es sei denn, ein Geschäftsessen zwingt mich dazu.«

»Dennoch sollten Sie aufpassen. Ihre Leberwerte nämlich erzählen nichts Gutes. Und außerdem sieht man es Ihnen an.«

»Wie bitte?«

Der Arzt in dem Kerl spann. Oder er dachte, die Ziege köder' ich mit ihrem Äußeren. Bitte schön, die Nummer konnte er fahren, mit wem er wollte. Mit mir nicht.

»Ich meine, ich sehe, daß Sie trinken. Ich gebe zu, ein Laie sieht das nicht. Aber Sie haben die typische Trinkerhaut unter all Ihrem Make-up. Etwas grau, etwas talgig und kaum wahrnehmbar ein wenig aufgedunsen. Sie bemerken es nicht, und Ihre Freunde auch nicht.«

»Aber Sie, der Profi unter lauter Ahnungslosen.«

Ich war sauer, und ich war auch geplättet angesichts dieser Unverschämtheit.

Wir hatten in der Zwischenzeit unsere Getränke bekommen, und ich drehte mein Glas mechanisch um sich selbst.

Kowalski nahm es mir aus der Hand, griff mit beiden Händen nach meinen und sah mir ins Gesicht.

»Lassen Sie sich helfen, Irmi. Und bevor Sie wieder dagegenreden. Ich würde Sie gerne wiedersehen.«

Batsch machte es und traf mich mitten ins Gesicht. Das war zwar genau das, was ich von Anfang an gehofft, aber das letzte, was ich erwartet hatte.

»Ich denke, Ihrer Frau würde das nicht sonderlich gefallen.«

Hilfe, ich brauchte dringend Hilfe. Aber mein Schutzengel pennte mal wieder auf der achteinhalbten Wolke und konnte nicht einspringen. Ich versuchte halbherzig, meine Hände den seinen zu entwinden. Gelang natürlich nicht.

»Wir werden uns trennen. Wir leben zwar noch in einem Haus, aber nicht zusammen. Das haben wir schon vor acht Wochen geklärt. Es hat keinen Zweck mehr.«

Fieberhaft überlegte ich, wie ich mich verhalten sollte. Ich war schon seit Monaten mit keinem Mann mehr zusammengewesen. Zwischen all diesen Typen mit Mutter- oder Ehe- oder Peter-Pan-Komplex brauchte ich immer eine Schonzeit. Und wenn ich es recht bedachte, zählte der letzte Lover gar nicht als Mann. Er war achtundzwanzig, ich traf ihn auf einer dieser langweiligen Stehpartys anläßlich einer Filmpremiere. Ich war damals ziemlich schlecht auf Männer zu sprechen. Also beschloß ich, ihm stellvertretend für alle Männer dieser Welt eins auszuwischen. Er war das perfekte Opfer. Ich machte ihn an, was wirklich eine Freude war, weil der Typ unverschämt gut aussah. Und nach einer Anstandsfrist, also nach dem zweiten gemeinsamen Essen, schlief ich mit ihm, um danach nie wieder ein Wort mit ihm zu sprechen. Er rief mich noch tagelang an und hinterließ flehende Nachrichten auf Band, die ich zwar gerne hörte, aber ansonsten komplett ignorierte.

Kowalski konnte man so nicht behandeln. Das war schon mal klar. Und obwohl ich mir nichts sehnlicher gewünscht hatte als seine ungeteilte Aufmerksamkeit, wurde mir etwas flau in der Magengegend.

Die Lebensweisheit meiner Mutter in einer solchen Situation würde natürlich lauten: Überlege dir genau, was du dir wünschst. Es könnte nämlich sein, daß dein Wunsch in Erfüllung geht, und dann sitzt du mitten in der Scheiße.

»Ich weiß nicht, ob das gut ist«, hauchte ich mehr als ich sprach. Meine Stimme zelebrierte vor lauter Konfusion ihren Abgang.

Es war eindeutig die falsche Zeit, um sich zu verlieben. Das fehlte in dem ganzen Dilemma mit Pete noch.

»Lassen Sie es uns einfach ausprobieren. Was halten Sie von einem Essen? Mittwoch oder Donnerstag? Ich werde Sie morgen anrufen.«

»Ich kann Mittwoch nicht.« Ich legte meine Stirn in unelegante Falten. »Aber vielleicht Donnerstag oder Freitag. Lassen Sie uns Donnerstag früh telefonieren. Dann kann ich es absehen.«

Er ließ meine Hand los, lehnte sich zurück und sah mich an.

»Wehe, Sie machen einen Rückzieher.«

»Nein, mach' ich nicht.«

Wir sprachen noch ein bißchen über unsere Jobs, und er erzählte mir, wie er dazu gekommen war, seine gutgehende Praxis aufzugeben, um in Barmbek die Obdachlosen zu betreuen. Irgendwann sei er mal wachgeworden, hätte festgestellt, daß er alles besäße, dickes Haus, fettes Auto, schöne Frau (hab' ich's nicht vor Wochen zu Hannah gesagt?), eine Eigentumswohnung in Berlin als Abschreibungsobjekt und ein gutgefülltes Bankkonto. Und dann hätte er beschlossen, was fürs Gemeinwohl zu tun.

Ich glaubte es ja kaum. Mir saß doch tatsächlich der heilige Franz von Assisi gegenüber.

Jedenfalls habe er die Praxis verkauft und sich von der Stadt anstellen lassen. Die Arbeit befriedige ihn sehr.

Nur seine Frau käme damit nicht klar. Und deshalb hätte sie ihm eines Tages mitgeteilt, sie hätte einen anderen und würde sich scheiden lassen. Klang nach klassischem Fall. Frau fühlt sich unverstanden und versucht es mit dem nächsten. Na ja, meinen Segen hatte sie.

»Und das haben Sie einfach geschluckt?«

»Was sollte ich tun? Reisende soll man nicht aufhalten.«

Der Spruch könnte glatt von meiner Mutter sein.

»Aber Sie hätten doch kämpfen können.«

»Irmi, verzeihen Sie, aber man kann nicht um etwas kämpfen, das längst verloren ist. Ob man es nun wahrhaben will oder nicht.«

»Wieso sind Männer immer so cool bei solchen Sachen?«

»Ich bin nicht cool. Man muß nur wissen, wann es vorbei ist.«

Das nun wiederum hätte auch von mir sein können. Trotzdem erstaunte mich, daß der Mann derart emotionslos vom Scheitern seiner immerhin vierzehnjährigen Ehe reden konnte.

Es führte kein Weg dran vorbei. Frauen sind einfach anders. Nicht besser, aber komplett anders gestrickt. Weshalb ich es ja auch für ein Gerücht halte, daß Eva ursprünglich aus Adams Rippe geformt wurde. Wäre dem so, hätte es mehr Gemeinsamkeiten geben müssen. Aber das einzig Gemeinsame zwischen Männern und Frauen war die Art der Nahrungsaufnahme. Alle anderen Gemeinsamkeiten oder Annäherungen in den sogenannten Befindlichkeiten erfanden nur irgendwelche Schreiberlinge. Und durch die stete Wiederholung in Gazetten und Büchern wurde das Ding nicht wahrhaftiger.

»Sagen Sie mal, weshalb hatte ich eigentlich kein Strafticket in der Nacht, als ich bei Ihnen eingeliefert wurde?«

Kowalski grinste übers ganze Gesicht. »Vielleicht, weil der Beamte mir etwas schuldete. Was meinen Sie? Theoretisch wären Sie fürs nächste Jahr unmotorisiert. Mal abgesehen davon, daß Sie diese Geschichte richtig Geld gekostet hätte.«

»Und die Bullen haben einfach so darauf verzichtet?«

»Hören Sie, der Sohn des einen war mal Gast bei mir. Er lief nicht durch die Bücher. Ich hab' das sehr diskret behandelt. Ich bat ihn nur um dieselbe Diskretion. Das war alles.«

»So einfach war das?«

»Ja«, war alles, was er antwortete. Und mehr bekam ich auch nicht aus ihm raus.

Es war inzwischen reichlich spät geworden, und so zahlte Kowalski, ganz Gentleman, und wir fuhren zusammen nach Hause. Jeder zu sich natürlich.

Kowalski wohnte in Harvestehude, und wir hatten dieselbe Richtung.

Er brachte mich vor meine Haustür und radelte davon.

Ich war ein wenig durcheinander, zugleich aber hochbeglückt. Kowalski hatte doch angebissen. Nur hatte ich das in meiner Panik nicht bemerkt.

Mit einem debilen Lächeln auf den Lippen schlief ich ein.

Kapitel 11

Das war also Montag. Dienstag passierte rein gar nichts, und Mittwoch abend trafen Ira, Hannah und ich uns gegen acht bei mir, tranken wieder mal ein wenig zur Ermunterung und Entspannung und fuhren kurz nach neun los, um pünktlich in Duvenstedt zu sein. Wir trugen alle drei Hüte, die wir seit Jahren nur noch im Sommerurlaub am Strand benutzt hatten. Strohhüte mit wallenden Rändern, die das Gesicht halb verbargen. Ira und Hannah hatten sich außerdem zwei Latzhosen besorgt, und ich hatte ein kurzes enges Jerseykleid an, das längst aus der Mode war, von dem ich mich jedoch nicht trennen mochte, da es so bequem war. Und wir trugen Turnschuhe. Ich hatte als einzige eine Umhängetasche dabei, in der der Revolver, drei Paar Gummihandschuhe und drei Paar Filzlatschen steckten, wie es sie in jedem Museum gibt. Ich hatte die größte Nummer gekauft. Größe 43/44. Nur zur Vorsicht. Man weiß ja nie.

Wir parkten in einer Seitenstraße unweit von Hinrichsens Haus. Mächtige Kastanienbäume säumten die schmale Straße, die aus dem Dorf heraus zum Nachbarort und zu den umliegenden Feldern führte. Es war abzusehen, daß uns zu dieser Stunde niemand mehr über den Weg laufen würde. Deshalb stellten wir das Auto bedenkenlos zwischen den Bäumen ab, stiegen aus und vertraten uns ein bißchen die Beine. Wir warteten, bis es noch etwas schummeriger wurde, und gingen kurz nach zehn los. Die Straße war wie leergefegt. Wir bogen um die Ecke und schlenderten auf Hinrichsens Haus zu, das dunkel dalag. Das gab es ja wohl nicht.

»Was machen wir denn jetzt?« zischte Ira.

»Weiß ich nicht. Laß mich nachdenken«, erwiderte ich.

»Vielleicht sitzt er hinten auf der Terrasse«, flüsterte Hannah, und das schien mir einleuchtend.

»Wir brauchen nicht zu flüstern«, sagte ich, während wir durch den gepflegten Vorgarten auf den Hauseingang zugingen. Hannah und Ira postierten sich links und rechts der Tür, damit sie nicht gleich zu sehen waren, wenn Hinrichsen an die Tür kam.

Ich drückte auf den Klingelknopf. Nichts tat sich.

Ich hörte Ira und Hannah neben mir vernehmlich atmen. Ich sah zu Ira, die im Schatten ihres Hutes mit den Augen rollte.

Ich drückte noch mal, diesmal etwas länger.

Drinnen ging das Licht an. Gott sei Dank. Uns fiel ein Stein vom Herzen.

Schritte näherten sich der Eingangstür, und dann war da noch ein kaum wahrnehmbares, platschendes Geräusch, das wir nicht identifizieren konnten. Hannah erstarrte, während Ira angestrengt lauschte. Doch da öffnete sich auch schon die Tür. Drin stand Paul Hinrichsen in einer grauen Strickjacke, dunkelblauen Hosen, einem blauweiß gestreiften Hemd und dunkelblauer Krawatte mit feinen schwarzen Streifen. Das registrierte ich zuerst, wie sich denken läßt. Nun gut, der Mann war nicht nach der neuesten Mode gekleidet, aber immerhin mit viel Gefühl für Understatement, guten Geschmack und, wie's auf den ersten flüchtigen Blick schien, für erstklassige Qualität.

Tja, und dann sah ich mir den Herrn des Hauses etwas genauer an. Und zu meinem großen Entsetzen mußte ich erkennen, daß er aussah wie der liebenswerteste Großvater aller Zeiten. Weißes, feines Puderzuckerhaar rahmte ein schmales, leicht gebräuntes Gesicht, aus dem blaue Augen hinter einer dezenten, schwarzgefaßten Brille derart freundlich in die meinen lächelten, daß sich mir für einen Augenschlag der Magen zusammenzog. Paul Hinrichsen war etwa eins fünfundachtzig groß, schmal und mit langgliedrigen Fingern gesegnet, denen man ansah, daß sie es nicht gewohnt waren, grobe Arbeiten zu verrichten. Mir drängte sich die Vorstellung auf, der Typ säße am Klavier und seine Hände wieselten über die Tastatur.

Dachte ich so vor mich hin. Nachweisbar verstehe ich nichts von Musik und schon gar nichts von Musikern. Immerhin war ich als Zehnjährige wegen besonderer Unmusikalität aus dem Schulchor geflogen. Das dürfte sonst kaum jemand geschafft haben, und insofern war es etwas sehr Individuelles, das ich auch gern zum besten gab. Hob es mich doch von der Masse der sorgsam Halbgebildeten ab, die oftmals sehr viel Wert darauf legten, in ihrer Kindheit irgendein Instrument gespielt zu haben. Und sei es nur Blockflöte oder Triangel bei Schulaufführungen.

Damit hatte ich eine Bildungslücke, auf die ich stolz war.

Jedenfalls stellte sich mir die Frage, weshalb man ein solches Mannsbild aus seinem Leben entfernen wollte. Aber nun ja, das wiederum war nicht mein Thema, wenngleich die Neugierde wie ein heißer Lockenstab in mir wirbelte und wühlte.

Auf Hinrichsens Gesicht breitete sich Erstaunen aus, zuerst in den Augen, dann von der Stirn, die sich zu einem sanftmütigen Faltengebirge aufwarf, über die hochgezogenen Brauen hin zu einem Straffen der Kiefermuskulatur, bis es schließlich das ganze Gesicht erfaßte und sich als gestotterte Frage zu artikulieren versuchte. Was ich denn wünsche?

Ebenfalls Erstaunen im Gesicht, fing ich an zu stottern, ich hätte mich verfahren und ob er mir sagen könne, welche Straße die direkteste nach Hamburg sei.

Weshalb hatte uns Pete nicht gesagt, daß Paul Hinrichsen zum einen stotterte, echt stotterte und nicht wie ich vor Überraschung, und daß er sich zum anderen eine gutgenährte Gans als Haustier hielt? Die lahmte während meiner Stotterei seelenruhig aus dem Haus, wobei ihr das rechte Bein ungeschickt wegknickte. Sie blieb kurz hinter mir stehen, schlug ein paarmal mit den Flügeln, drehte sich um und lahmte friedlich, doch hocherhobenen Hauptes zurück in den Hausflur, wo sie sich wieder zu uns drehte und uns aufmerksam zu beobachten schien. Adrenalin strömte aus allen meinen Poren. Gänse können ziemlich sauer werden, zischen und sich aufplustern, um den Fremdling zu warnen – oder so. Sie zischte aber nicht, schwoll auch nicht an, sondern stopfte den Hals samt Kopf nach hinten ins Gefieder. Die Gans fand uns zum Einschlafen langweilig.

Währenddessen war Ira an der Wand zu Boden gerutscht. Ein schabendes Geräusch, das Hinrichsen veranlaßte, seine Nase um die Ecke zu stecken. Erst sah er Ira an und dann Hannah, die sich eng an die Hauswand gepreßt hatte. Wahrscheinlich sah er nur zwei riesige Strohhüte mit blauen Beinen dran. Sollte unser Aufzug ihn verwundert oder verwirrt haben, merkte man es ihm nicht an.

»Oh, S-Sie sind zu dr-dritt, mei-meine Da-Damen. Ma-machen Sie sich kei-keine Sorgen, Mi-Minchen tut Ih-Ihnen nichts.«

»Verzeihen Sie, aber …« Ich zog den Revolver.

»Ist da-das ein Ü-Über-fall?« Hinrichsen sah mich ungläubig an. Seine Augenlider blinzelten hinter seiner Brille ein paarmal auf und ab, und Hunderte kleiner Fältchen, die seine Augen umrahmten, breiteten sich jetzt zum Ohransatz hin aus. Der Mann sah einem Lachanfall entgegen. Sein Mund verzog sich.

»Äh, ja. So ähnlich. Wir müssen jetzt rein. Also gehen Sie, und nehmen Sie die Gans mit.«

Er lachte. Ohne zu stottern. Erst leise, dann schwoll es an. In seinen Augenwinkeln sammelten sich zwei winzige Tränen. Lachtränen. Ich dachte, ich träume.

»Ich de-denke nicht, da-daß ich d-d-die mitnehme«, erklärte er uns, während er sich umdrehte, immer noch prustend, und ins Haus trat.

»Ich denke doch, Herr Hinrichsen. Ich stolper' nicht gern über Gänse. Ich esse sie nur gerne.« Wir folgten ihm ins Haus, und Hannah schloß die Tür.

»S-Sie kommen z-zu spät. Vor sechs Mo-Monaten hat uns schon je-jemand ausgeraubt. Und das, was an Wertvollem blieb, liegt jetzt in einem Bankfach.«

»Wir kommen nicht, um Sie auszurauben«, sagte ich, während ich ihm die 38er in den Rücken schob.

Ruckartig blieb er stehen, drehte sich um. Er lachte nicht mehr.

»U-Und was wo-wollen Sie da-dann?« Er fixierte mich von oben bis unten. Seine Augen blieben an dem Revolver hängen.

»Man hat uns zwar nicht aufgetragen, Sie von Ihrer Frau zu grüßen. Aber wahrscheinlich läuft es auf so etwas hinaus.« Sah ich da Mitleid in Hannahs Gesicht, als sie das sagte?

Bevor ich das rausfinden konnte, fing dieser Typ schon wieder an zu lachen. Tief aus dem Bauch. Er warf den Kopf zurück und schüttelte sich. Etwas atemlos rief er nach seiner Gans.

»Mi-Minchen, komm h-her. Ko-Komm schon. Lu-Luzie will uns ins Je-Jenseits befördern la-lassen. Grand-di-dios. Die Fr-Frau ist einfach grandios.«

»Haben Sie denn keine Angst?« fragte Ira völlig verblüfft. Hannah stieß sie in die Seite. »Ich meine, Sie werden gleich sterben.«

»Ich wer-werde mit oder oh-ohne Lu-Luzie sterben. Viel-Vielleicht nicht so schn-schnell. Das ist al-allerdings ei-eine Überraschung. Aber Ster-Sterben werde ich so oder s-so, meine Da-Damen.« Während er das sagte, watschelte die Gans auf ihr Herrchen zu und machte ihm zu Füßen halt.

»Haben Sie die dressiert«, fragte Ira, Madame Oberneugierig.

»Nei-nein, wir fa-fanden sie v-vor drei Jahren auf dem Ra-Rasen vor dem Haus. Sie hatte ein ge-gebrochenes B-Bein. Wir haben es schi-schienen lassen. Da-das Lahmen blieb. S-Sie mußte sch-schon eine ga-ganze Weile da-damit durch die Ge-Gegend gelaufen sein.«

»Und seither wohnt die Gans bei Ihnen?« Ira kriegte sich nicht ein. Typischer Fall von Eppendorf-Tante, die als Haustiere gerade Hunde oder Katzen kannte und vielleicht noch so eben aus dem Fernsehen wußte, daß Lila-Pausen-Kühe Milch geben und auf einer Weide stehen.

»S-Sie wollte nicht i-in das Fr-Frei-Ge-Gehege unserer Fr-Freunde. S-Sie kam im-immer hinter uns hergerannt. W-Wir wurden sie einfach ni-nicht l-los.«

»Wie süß«, sagte Hannah und lächelte Hinrichsen verständnisvoll an. Unterdessen näherte ich mich einem mittelprächtigen Herzanfall. Wir sollten mit Hinrichsen keine Konversationsrunde gründen, wir sollten ihn umbringen. Wußte denn das niemand mehr außer mir? Ich rammte Hannah meinen Ellbogen in den Bauch und schoß ihr einen meiner Obernerv-Blicke zu. Erschrocken sah sie zurück. Und wurde ganz blaß. Die Augen schreckgeweitet. Da lief was ganz verdammt schief. Schreckgeweitete Augen durfte bei Gott nur einer haben, das Opfer.

Ira sah uns an und fragte mich, ob sie mich mal unter vier Augen sprechen könne. Ich sah zu Hannah und drückte ihr den Revolver in die Hand, den sie ungerührt fallenließ.

»Wo ist Ihr Bad, Herr Hinrichsen«, fragte ich, während ich mich bückte und den Revolver Hannah wieder in die Hand drückte: »Halt ihm den auf den Bauch, und rühr dich nicht. Und Sie rühren sich besser auch nicht, Herr Hinrichsen. Machen Sie keine Dummheiten. Ich werd' da echt sauer.«

Wirklich drohend klang das nicht, aber Hinrichsen nickte und versprach nach ein paar gestotterten Anläufen, er werde sich auf die Flurtreppe setzen und sich nicht wegbewegen.

Hoffentlich verarschte er uns nicht. Aber dazu sah er zu ehrlich aus.

Ich schob Ira in die angegebene Richtung durch den Flur ins Bad, das direkt am Ende lag.

»Seid ihr völlig bescheuert? Hast du nie einen Krimi gesehen? Man soll mit dem Opfer nicht quatschen und eine Beziehung aufbauen. Verstehst du das?« platzte es aus mir raus, kaum daß ich die Tür hinter uns geschlossen hatte. Eins zu null für mich, denn eigentlich wollte ja Ira mit mir reden. Worüber, ahnte ich. Und es war bei weitem besser, der Angreifer in verbalen Duellen zu sein, denn derjenige, der sich zu verteidigen hatte. Also fuhr ich schnellstens fort: »Wir haben einen Auftrag zu erledigen. Nicht mehr und nicht weniger. Wir sollen ihm nicht die Beichte abnehmen, ihm nicht das Stottern abgewöhnen. Nicht mit seiner Gans ein Wettrennen um seine Gunst veranstalten. Wir sollen ihn einen Abschiedsbrief schreiben lassen und ihn erschießen. Wir werden dafür bezahlt. Erstklassig bezahlt. Und wenn es schiefgeht, kann Pete uns jederzeit hochgehen lassen. Geht das nicht in eure verdammten Hochglanz-Köpfe?«

»Aber er ist doch so nett und charmant.« Ich hatte Ira da, wo ich sie hinhaben wollte. Sie war durcheinander. Sie schob ihren Hut ein wenig zurück und grapschte mit ihren schweinchenrosanen Marzipanfingern unter die Hutkrempe, um sich mal wieder die Kopfhaut zu kratzen. Das Geräusch nervte wie immer.

»Ira, jetzt reicht es. Herb war auch nett und charming. Zu jedem, nur nicht zu dir. Hast du das vergessen? Das darf doch alles nicht wahr sein. Weiber, da kann ich nur sagen, Weiber.«

»Irmi, ich kann den Mann nicht umbringen. Der hat uns doch nichts getan. Bitte, und er ist doch so süß.« Gedankenlos nahm sie die Hand mit dem angewinkelten Mittelfinger vors Gesicht und betrachtete eingehend ihren Fingernagel. Mit dem kleinen Finger ihrer linken Hand entfernte sie die aufgelesenen Hautschuppen.

»Ich platze gleich. Geht das ganze Theater wieder von vorne los? Ich glaube, ich kriege einen Schreikrampf. Mensch, ruf Pete an, sag ihm, du kannst nicht. Sag ihm, die Gans hat dir das Herz gebrochen, und der Mann wüßte Bescheid. Viel Glück, meine Liebe. Und reservier dir schon mal 'ne Grabstelle.«

»Irmi, es tut mir leid, wirklich. Aber es ist so schrecklich. Dieser Typ, der wahrscheinlich keiner Fliege etwas zuleide tun kann. Und dann auch noch die Gans. Was passiert eigentlich mit der? Kannst du das nicht allein, und Hannah und ich warten im Auto?«

Sie wischte den kleinen Finger am Anzug ab. Ich war nahe dran, ihr eine zu knallen. Statt dessen fauchte ich mit unterdrückter Wut: »Und was ist daran besser?«

»Weiß ich auch nicht. Aber wir sehen es nicht.«

»Paß auf. Wir gehen da rein, wir bitten ihn um den Abschiedsbrief, ihr geht dann raus, aber erst, wenn ich es sage, und ich mache es allein. Aber wehe, ihr vermasselt es wieder. Oder redet mir danach ein schlechtes Gewissen ein. Dann könnt ihr zusehen, wie ihr ohne mich fertig werdet. Ich seil' mich dann nämlich ab. Ist das klar?«

Ich stieß es wütend heraus.

Ira blickte verblüfft, nickte und öffnete die Tür, um zu gehen. Vorher aber drehte sie sich zu mir.

»Daß du kalt sein kannst, wenn du etwas willst, das wußte ich, aber daß du so arschkalt bist, das ist mir neu.«

»Mach mich nicht an, Ira. Und werd einfach ein bißchen professioneller.«

Wir tauschten ein paar wütende Blicke, und Ira ging zurück zu Hannah und Hinrichsen.

Ich brauchte noch einen Augenblick, um mich zu beruhigen. Ich hatte meine eigenen Probleme mit dem Auftrag, aber wichtig war allein, daß wir diesen Job durchzogen. Und nichts haßte ich so sehr wie Unprofessionalität. Da bekam ich schon in der Redaktion grüne Pickel. Menschen, die ständig sabbelten, großartige Projekte im Kopf hatten und im entscheidenden Moment kniffen, weil ihnen der Arsch auf Grundeis ging. Kannte ich aus erster Hand. Unser Anzeigenleiter war so ein Weichei, und jeder fragte sich, wie er in eine solche Position gerutscht war. Seit Jahr und Tag hielten sich Gerüchte, seine holde Angetraute hielt den armen Kerl derart unter Kuratel, daß ihm gar nichts anderes übrigblieb, als eine Karrierestufe nach der anderen zu nehmen. Ausbaden mußten wir das Desaster. Denn die Diskussionen, die vor wichtigen Geschäftsabschlüssen notwendig waren, gingen auf keine Kuhhaut. Mitunter kam ich mir vor wie sein Kindermädchen. Hanebüchen. Dabei strahlte der Mann ein Selbstbewußtsein aus, das Menschen, die ihn nicht kannten, zunächst ehrfurchtsvoll erstarren ließ, wenn er in seinen dunkelblauen Maßanzügen durch die Tür trat. Groß, ist ja wohl klar, dunkelblond, auf jeden Fall, und graublaue Augen. Nur denen sah man an, wie unbehaglich sich der Mann mitunter fühlte. Die wanderten nämlich in solchen Situationen ständig hin und her und konnten nur in Ausnahmefällen auf einem Menschen verharren.

Nun gut, ich ging zu dem Trio zurück, das sich angeregt über Minchen unterhielt, als träfe es sich gerade zum Kaffee und nicht zu einer Exekution. Bei Hannah und Ira waren Hopfen und Malz verloren.

Als ich auf sie zukam, verstummten sie. Hannah sah mich waidwund an – ist ja gut – und gab mir die 38er, Ira drehte sich wortlos um und ging aus dem Haus. Hinrichsen starrte ihr erstaunt nach.

»Kann es sein, daß Sie ein Pro-Problem haben?« wandte er sich an mich, während ich wieder die Waffe auf ihn richtete.

»Herr Hinrichsen, Sie haben den Nagel auf den Kopf getroffen. Ich habe ein Problem. Mein Problem. Machen Sie sich darüber keine Gedanken. Und glauben Sie mir, das Ihre ist größer. Und vor allem nicht zu lösen. Also lassen Sie uns ins Arbeitszimmer gehen.«

Ich stupste ihn in die Richtung, und er rief seine Gans, die uns willig folgte. Ich bat ihn, sich hinter den überproportional großen Schreibtisch zu setzen und einen Brief aufzusetzen, in dem er schreiben sollte, es tue ihm leid und er sei lebensmüde. Er nahm einen Briefbogen aus der Schublade, feinstes handgeschöpftes Bütten, und begann zu schreiben. Die Gans saß regungslos neben ihm.

Ich betrachtete das Zimmer und dachte, daß sich hier jemand sehr liebevoll ein Refugium geschaffen hatte. Ein alter Lehnstuhl stand unter einer modernen Leselampe, ein weitausladendes Sofa lud zur Schlummerpause, und die Wände wurden von raumhohen Regalen bedeckt, in denen sich Hunderte von Büchern stapelten. Ich ging an eines der Regale und betrachtete die Buchrücken. Dicke Wälzer über Friedrich den Zweiten, Barbarossa, Bismarck und den Ersten Weltkrieg füllten eine ganze Regalreihe.

»Interessieren Sie sich auch für Geschichte«, hörte ich hinter mir Hinrichsens Stimme.

»Nein, eigentlich nicht. Ich bin nur verwundert, daß Sie es tun.«

»Und weshalb?«

Ich drehte mich zu ihm. Er hatte seine Brille abgenommen und sah mich fragend an. In der Hand hielt er einen wunderschönen Pelikan-Füller aus den fünfziger Jahren. Grauweißer Schildpatt mit goldenen Rändern und goldener Feder. Sammlermodell. Sehr kostbar.

»Das weiß ich auch nicht.«

»Aber Sie-Sie den-denken darüber nach?«

Sah ich da ein Grinsen in den Augenwinkeln? Scheiße, verwickelte mich der Typ doch einfach in ein Gespräch, das ich auf keinen Fall führen wollte. Wie ich schon zu Ira sagte, Profikiller führen solche Gespräche nicht mit ihren Opfern. Nicht mal in den schlechtesten Thrillern. Es sei denn wie in diesem einen Hollywood-Film, an dessen Titel ich mich nicht erinnere. Aber da verlieben sich Opfer und Killer ineinander und versuchen gemeinsam, dem Dilemma, vor allem aber den aufgebrachten Auftraggebern zu entkommen. Und das war im normalen Leben ja wohl hochgradig schwachsinnig. Da verlieben sich höchstens noch Entführungsopfer in ihre Kidnapper, und das auch nur, wenn sie genügend Zeit miteinander verbringen. Unwirsch verbat ich ihm das Wort.

»Hören Sie auf, mich vollzuquatschen, und schreiben Sie Ihren Brief zu Ende. Wir haben nicht alle Zeit der Welt.«

»Ich bi-bin fertig.«

Mit einer Geste forderte ich ihn auf, mir den Brief zu geben, was er schweigend tat. Ich stellte meine Tasche ab und las.

»Liebe Luzie, ich bin unendlich müde. Mein Tod wird Dich von einer großen Last befreien. Ich bin mir sicher, Gott wird uns verzeihen. In Liebe, Dein Paul.«

Hannah hatte sich in der Zwischenzeit in den Lehnstuhl gesetzt, und ich hatte völlig vergessen, daß sie da war. Jetzt meldete sie sich.

»Warum lassen Sie sich das einfach so gefallen?« fragte sie in die Stille.

»Was sollte ich denn Ih-Ihrer Meinung nach t-tun? Mich gegegen Sie zur Wehr setzen? Sie verzeihen, aber da hä-hätte ich kaum eine Chance. Es gäbe le-lediglich ein unerfreuliches Handge-gemenge. Sie würden in der Folge grob zu mir sein. Un-und ändern würde da-das nichts.«

»Aber wie kann man denn so ruhig bleiben?«

»Wissen Sie, ich ha-hatte vor zwei Jahren ei-einen Herzinfarkt. Seither gehe ich s-sorgsamer mit dem Leben um, z-zugleich aber bin ich mir im-immer bewußt, daß ich am ko-kommenden Tag nicht mehr aufwachen könnte. Und so ist mir der Gedanke an den Tod we-weder be-besonders fremd noch besonders grausig.«

»Aber irritiert es Sie nicht, daß Ihre Frau Sie weghaben will?«

»Ach, se-sehen Sie. Meine Frau ist dreißig Ja-Jahre jünger als ich. Sie ist Anfang Vi-Vierzig. Sie will le-leben, sich amüsieren. Ich a-aber habe das alles schon la-lan-lange hinter mir. Ich kann ihr keinen Vorwurf da-daraus machen. Und ich muß zugeben, ich hätte wi-wissen müssen, daß sie mich vor allem wegen meines Ver-Vermögens liebt. Ich wollte es nicht w-wa-wahrhaben.«

Er hatte seine Brille wieder aufgesetzt, beschriftete einen Umschlag und sah zu mir auf.

»Jeder zahlt zu ge-gegebener Zeit die Re-Rechnung. Ich zahle jetzt, Sie etwas später. Nur zahlen werden wir alle.«

Unsere Augen trafen sich.

»Sind Sie bereit?« Ich klang etwas zu forsch, wie ich gerne zugebe.

»Ja. We-wenn Sie einen Mo-Moment warten, bringe i-ich nur noch die Gans ins Bad. Dort kann sie bleiben. Morgen kommt die Pu-Putzfrau.«

Mir sollte es recht sein. Ich war nicht scharf darauf, eine hysterisch gewordene Gans um mich zu haben. Das war nicht vorgesehen.

Hinrichsen erhob sich, rief nach dem Federvieh und verließ das Zimmer mit der Gans im Schlepptau.

Hannah sah aus dem Fenster. Ihre Beine hingen über der Stuhllehne.

»Wir sind Schweine, Irmi. Er ist ein so vornehmer, alter Mann, und wir bringen ihn um wie eine lästige Schmeißfliege.« Sie sah mich nicht an.

Ich konnte nichts erwidern, denn Hinrichsen betrat das Zimmer, ging wieder zu seinem Arbeitstisch und winkte mich zu sich.

»Na los schon, junge Frau. Bringen wir es hinter uns.« Er sah mir in die Augen, während ich um den Tisch herum auf ihn zuging. Ich sah zurück, während ich meinen Hut abnahm, ihn zu Hannah warf, ihm die 38er an seine Schläfe setzte und abdrückte, den Kopf schließlich doch noch abgewandt. Der Rückstoß ließ mich zusammenzucken.

Hannah war aufgesprungen. Meinen Hut hatte sie achtlos auf den Boden gefeuert. Keuchend und vornübergebeugt hielt sie sich den Magen. Ihr Hut war durch die ruckartige Bewegung zu Boden gegangen, während ihr Tränen aus den Augen schossen. Sie stürzte aus dem Zimmer, und ich hörte sie über den Flur ins Bad laufen, wo sie sich übergab.

Ich sah mir Hinrichsen an. Er war zur Seite gekippt und hing schief über der Lehne seines Arbeitsstuhles. Die linke Hand krallte sich um den Füller, den er nicht aus der Hand gelegt hatte, während die rechte von der Tischplatte gerutscht war und lahm neben dem Stuhl hing. Die Brille hatte sich durch den Aufprall des Geschosses von seinem linken Ohr gelöst und baumelte nun seitlich an ihm herab. Blut floß aus dem Austrittsloch, das die Größe eines Kirschkerns hatte. Weißliche Gehirnpartikel und Blut vermischten sich auf dem Teppich, an der Wand, am Stuhl. Grauenhaft.

Ich griff seine rechte Hand, drückte ihm die Pistole hinein, drehte sie ein bißchen drin rum und ließ die 38er dann fallen. Auf dem Ding mußten seine Fingerabdrücke nur so wuchern.

Ich schnappte mir meinen Hut und die Tasche und verließ das Zimmer, ohne die Szenerie auch nur eines weiteren Blickes zu würdigen. Ich schloß die Tür. Es gab nichts mehr zu tun.

Dachte ich. Auf dem Flur sah ich eine aufgelöste Hannah hinter der Gans hertappern, die eilfertig aus dem Bad entwichen war, als Hannah es betreten hatte. Die Gans näherte sich dem Arbeitszimmer. Oder korrekter: Sie kam direkt auf mich zu. Sie lahmte wie zuvor, das aber ziemlich schnell, und sie zischte. Ich traute meinen Augen nicht. Oder ich dachte, ich stünde im Wald oder mich trete ein Pferd. Irgend etwas Derartiges schoß mir durch den Kopf. Panik stieg in mir auf. Oder Hysterie. Ich glaubte schreien zu müssen, rennen zu müssen. Statt dessen blieb ich in diesem auf einmal klaustrophobisch anmutenden Korridor wie angewurzelt stehen. Ich hörte kurzzeitig auf zu atmen. Ich wünschte, ich hätte eine Tarnkappe. Ich wollte mich auflösen. Ich hatte Angst. Und tat wohl das einzig Richtige: Ich bewegte mich nicht und versuchte, mich zu sammeln. Oder das, was von mir übrig war. Viel war es wohl nicht.

Ich mochte Gänse noch nie. Ich fand sie schon immer zu groß, zu gewaltig, zu fett, zu schnell, zu aggressiv. Gänse hatten meines Erachtens nur eine einzige Daseinsberechtigung: die Aussicht, im Bratentopf zu landen beziehungsweise als Gänseschmalz auf dunklem Bauernbrot meine Gier nach Herzhaft-Bodenständigem zu befriedigen.

»Wir müssen sie einfangen«, rief mir Hannah zu, während die Gans weiter auf mich zukam. Ich sprang zur Seite, gerade noch rechtzeitig, um dem aufgeregt gackernden Federvieh auszuweichen. Die Gans blieb an der Tür zum Arbeitszimmer stehen. Als ahnte sie, was passiert war.

Ich griff nach Hannahs Arm, als auch sie an mir vorbeischießen wollte. Das Gesicht verzerrt, kam sie abrupt zum Stehen.

»Hör auf, Hannah. Es ist vorbei, wir können verschwinden. Du kannst jetzt die Handschuhe ausziehen.«

»Aber …«

Weiter kam Hannah nicht.

»Komm jetzt. Der Gans passiert nichts. Die Putzfrau kommt morgen.«

Während sie sich die Handschuhe fast panisch von den Händen fummelte, ließ sie sich widerwillig aus dem Haus ziehen. In dem Moment hörte ich hinter mir die Gans. Ich ließ Hannah los und drehte mich um. Während ich aus den Augenwinkeln registrierte, wie meine Freundin in großen Schritten aus dem Haus eilte, nahm die Gans zischend Anlauf. Aufgeregt flatternd und hinkend, stürzte sie auf mich zu. Erneut ergriff mich Panik, und ich wußte nicht, was zu tun war. Instinktiv ging ich auf sie zu. Fragen Sie mich nicht, weshalb. Jedenfalls beugte ich mich nieder, bewegte die Arme auf und ab und schoß nunmehr meinerseits zielstrebig flatternd auf dieses Ungetüm zu. Schlagartig blieb sie stehen. Wahrscheinlich glaubte sie ebensowenig wie ich, was ich da gerade veranstaltete. Sie fauchte noch etwas nach, während ich gar nicht mehr aufhören konnte zu zischen und zu gackern und mit den Armen zu flattern. Ich zischte immer noch, als ich mich bis an die Haustür zurückgezogen hatte. Strömender Regen empfing mich. Ich kroch in mich zusammen. Es war kalt geworden.

Hannah stand im Garten, naß bis auf die Haut, Reste ihres Mageninhalts um die Mundwinkel, mit verschmiertem Make-up und aufgelöstem, patschnassem Haar. Der liebe Gott hatte die Schleusen geöffnet.

»Wo ist dein Hut?«

»Drinnen.«

»Dann gehst du da jetzt wieder rein und holst ihn«, sagte ich, während ich endgültig aus der Haustür trat und in den Garten hinabging.

»Aber ...«

Ich unterbrach sie unwirsch.

»Nein, Hannah, kein Aber. Du gehst. Und zwar sofort.«

Ich drehte mich von ihr weg, während sie an mir vorbei auf das Haus zuging.

Als ich die Haustür hinter mir zuschlagen hörte, drehte ich mich nicht zu ihr um. Ich war viel zu sauer auf dieses Duo und ignorierte Hannah auch, als sie mit dem Hut in der Hand zurückkam. Zumal mir ein Blick auf die Uhr sagte, daß es kurz vor eins war und höchste Zeit zu verschwinden. Immerhin mußten wir noch eine halbe Stunde nach Hamburg reinfahren.

Ich rannte durch den Sturzregen die Straße entlang zum Auto, drehte mich zwischendurch um und schrie durch den Regen, Hannah möge mir etwas schneller folgen. Während ich rannte, riß ich mir die Gummihandschuhe von den Händen. Zwischen den Fingern bildeten sich kleine Bällchen aus nassem Talkumpuder. Ein wenig zitternd, klatschte ich die Hände zusammen. Es half nichts. Die Klümpchen saßen zwischen den Fingern fest.

Ira hatte die Autotür geöffnet, als sie uns kommen sah. Ich ließ mich auf den Fahrersitz fallen und pulte immer noch an meinen Händen herum, als Hannah das Auto erreichte, sich hinter mir neben Ira auf den Sitz fallen ließ und wieder mit einer dieser irrsinnigen, weil höchst überflüssigen Grundsatzdiskussionen begann.

»Irmi, ich weiß, daß du das nicht aus Jux und Tollerei tust. Aber laß uns endlich mit Pete reden. Bitte. Ich halte das nicht mehr aus. Diese Männer, die uns nie etwas getan haben.«

»Hannah, reiß dich zusammen. Da gibt es nichts zu diskutieren. Charlie hat uns reingeritten, und Ira. Wir müssen es ausbaden. Es führt kein Weg dran vorbei. Hier, nimm.« Ich gab ihr das Handtuch aus der Handschuhablage, das ich für solche Fälle immer bei mir hatte. Sie rubbelte sich die Haare trocken, während sie weiterlaberte. Ira sah gelangweilt von einem zum anderen. Der durchweichte Strohhut hing schief auf ihrem Kopf. Aufgelöste Haarsträhnen krochen unter den breiten Rändern hervor und baumelten ihr im Gesicht. Sie war nicht angeschnallt.

»Ira, schnall dich um Gottes willen bei dem Wetter an. Die Straße ist patschnaß, und wenn ich ins Schleudern gerate, gehst du durch die Scheibe.«

»Laß mich in Ruhe. Du weißt doch ganz genau, daß ich es hasse, weil die Gurte immer so fest ins Fleisch schneiden. Und außerdem brauchst du gar nicht abzulenken.«

»Ja«, schaltete Hannah sich ein, »jetzt sind es schon zwei. Kann es nicht wieder aufhören?«

»Ich glaube nicht. Ich glaube, Pete mag uns, und er findet, daß wir es gut machen. Komm, Hannah, nimm es nicht so schwer. Bitte.«

Sie begann zu schluchzen. Ich fuhr los und bog um die Ecke auf die Hauptstraße nach Hamburg ein. Hannah weinte immer noch.

Ira nahm Hannah in die Arme, wie ich im Rückspiegel erkennen konnte. Sie sahen aus wie zwei groteske Clownsfiguren. Die eine genauso schlimm wie die andere. Hätten sie ihren Verstand beisammen gehabt, wären sie wohl mit der Restaurierung ihres Äußeren beschäftigt gewesen. Ihr Gehirn aber, sonst mindestens ebenso gehätschelt und gepflegt wie ihr Äußeres, mußte während der ganzen Aktion auf die Größe und Konsistenz von Trockenpflaumen geschrumpft sein und beherbergte in den ausgedörrten Gängen nichts anderes als das offenbar unstillbare Verlangen, mir Schuld und Verantwortung für unsere Situation zuzuweisen.

»Mir reicht's. Wirklich. Guck dir Hannah an. Die kommt damit auch nicht klar. Das kann nicht so weitergehen«, schnauzte
Ira los.

Zwei hysterische Weiber sind eines zuviel. Na ja, Hannah war
inzwischen eher paralysiert, aber schließlich ist das auch eine
Form von Hysterie.

Während Ira vor sich hinpalaverte und offensichtlich eine Art
verbaler Selbsttherapie betrieb, kroch Erschöpfung durch meinen Körper. Mir wurden die Arme schwer, und ich konnte nur
noch mit Mühe die Augen offenhalten.

Ich war kaputt, ich wollte meine Ruhe. Ich registrierte die
Sätze, aber sie perlten von mir ab wie Regentropfen auf dem
handgewachsten Lack nobler Luxuskarossen.

Irgendwann hörte Ira auf. Fortan sprach während der Heimfahrt keine auch nur noch ein Wort mit mir, dafür schluchzte
mal Hannah, mal schneuzte sich Ira. Ich schaltete das Radio ein.
Irgendwann verklangen die schneuzenden Geräusche hinter
mir. Der Regen prasselte auf das Autodach, die Scheibenwischer
machten ein monotones Geräusch. Mich beschlich das elende
Gefühl, daß beide mich anstarrten. Ein Blick in den Rückspiegel
zeigte, daß ich recht hatte. Schlagartig wurde mir bewußt, daß
meine beiden besten Freundinnen sich gegen mich verschworen
hatten. Ich glaube, an jenem Abend haßten sie mich.

Ich verbat mir jeden Gedanken daran und versuchte krampfhaft, dem wenig erhebenden Musikprogramm eines sich jugend-
lich gebärdenden Moderators zu lauschen, der sich darin gefiel,
House und Dancefloor über den Äther zu jagen. Natürlich bin
ich nicht in der Lage, das eine vom anderen zu unterscheiden,
aber da der Typ jeden Titel mit einem Vers versah, blieb mir gar
nichts anderes übrig, als die unterschiedlichen Stilrichtungen zur
Kenntnis zu nehmen. Mehr war nicht drin. Unterscheiden
konnte ich den Mist auch dann nicht. Ich wurde langsam, aber
unaufhaltsam zu alt für diesen Scheiß, um mal wieder Danny
Glover aus *Lethal Weapon* zu Wort kommen zu lassen.

Als ich schließlich vor Hannahs Haustür hielt, bestand Hannah darauf, bei Ira zu übernachten. Hätte ich mir ja denken können. Also kutschierte ich die beiden zu Ira und setzte sie vor dem Haus ab. Sie verließen das Auto hastig und schweigend, und ich wartete gar nicht erst ab, ob sie sich noch einmal umdrehen würden, um mir zuzuwinken. Stur sah ich zu, daß ich wegkam.

Der Regen erwischte mich noch einmal, als ich das Auto verließ. Gebückt rannte ich ins Haus und nahm den Fahrstuhl, der unten stand, als hätte er mich erwartet. In meiner Wohnung angekommen, ließ ich mir als erstes ein Bad ein, öffnete dann eine Flasche Wein und versuchte, mich zu entspannen. Auf dem Anrufbeantworter waren zwei Nachrichten. Eine von Pete, der fragte, wie es gelaufen sei, und eine von Kowalski, der vorschlug, am nächsten Tag gemeinsam um die Alster zu radeln. Ich solle auf jeden Fall zurückrufen. Egal, wie spät. Unwillkürlich mußte ich grinsen. Ursprünglich wollten wir doch erst morgen telefonieren und uns zum Essen verabreden. Der mußte mehr als nur angebissen haben. Ging mir runter wie Öl. Dennoch rief ich ihn nicht zurück.

Kapitel 12

Der nächste Morgen begrüßte mich viel zu früh, mal wieder. Ich wurde gegen fünf Uhr wach, einen pochenden Schmerz in den Schläfen, einen üblen Geschmack im Mund und mit Augen, auf deren Hornhaut jeder Lidschlag Schleifspuren aus feinstem Sand zu hinterlassen schien. Knochentrocken. Dabei trank ich garantiert genug. Offensichtlich allerdings das falsche Zeug. Ich warf zwei Aspirin ein, die zusammen mit einer Flasche Wasser stets vorsorglich neben meinem Bett auf einem kleinen runden Nachttisch standen. Das Wasser hielt sich immer ziemlich lange. Das Aspirin nicht.

Draußen dämmerte die Nacht dem Tag entgegen, und drinnen dämmerte ich den Erinnerungen vom Vorabend hinterher.

Ich fühlte mich ziemlich mies. Gut, ich kannte Paul Hinrichsen nicht, aber einen solch heimtückischen Abgang hatte er keinesfalls verdient. Ich mußte meine Einstellung revidieren. Seine Frau mußte eine ziemlich abgewichste Schnepfe sein. Wahrscheinlich hatte Hinrichsen recht und Frau Hinrichsen ihn wegen des gutgefüllten Bankkontos geehelicht.

Auch wenn das wie ein bescheuertes Klischee klingt. Diese Frauen gibt es zuhauf. Und sie sind nicht durch skandalöse Eheverträge an ihre Gatten gebunden, wie Ira es gewesen war.

Lucie zum Beispiel. Achtunddreißig Jahre, dreimal geschieden, und jede Scheidung hat ihr Bankguthaben um einige Millionen ansehnlicher werden lassen. Sie meinen, ich sollte nicht so übertreiben? Lassen Sie sich gesagt sein, Sie kennen Lucie nicht. Aber ich.

Ihren ersten göttlichen Gatten – jedenfalls hieß der während der ersten sechs Monate dieser nur drei Jahre währenden Ehe so – heiratete sie natürlich keineswegs aus materiellem Interesse. Ehrliche, aufrichtige und große Gefühle drängten sie, den ursprünglich nur als Freizeitlover gedachten Helmut von seiner ersten Frau loszueisen, ihn allwöchentlich einmal nachmittags zu empfangen und ihn um den Verstand zu vögeln. Anders ist der Vorgang nicht zu beschreiben.

Wie allseits bekannt, denkt der eine oder andere Vertreter des männlichen Geschlechts zu oft mit seinem Schwanz, wenn es um Frauen geht. Geht's dem Kleinen gut, freut sich des Jägers Großhirn an jeder Menge glückselig machendem Serotonin und registriert nicht, daß das Kleinhirn ständig Signale aussendet, die auf Gefahren hindeuten. »Verarschung!« sollte das Kleinhirn schreien, statt dessen aber labert es höchstens von ungutem Gefühl, von »Irgend etwas ist nicht geheuer«. Es ist nicht darauf trainiert, das Großhirn von seinem rauschhaften Höhenflug wieder ins nichtssagende Alltagsgefühl zu lotsen.

»Liebling, du meinst doch nicht etwa, ich würde dir jemals etwas Böses wollen, dir Kummer machen, dich in eine Zwangslage bringen. Liebling, ich liebe dich. Ich will, daß es dir gutgeht. Ich will um Gottes willen niemals, daß du deine Frau verläßt, dein Heim, deine Kinder.« Haha. Klar wollen sie. Allerdings erst zu einem günstigen Zeitpunkt. Etwa, wenn die Ehefrau dem Treulosen auf seinen Seitensprung gekommen ist, Gespräche sucht und nervt. In diesen Zeiten geht dem Objekt der Begierde die Hutschnur sowieso schon hoch, kaum daß er das eheliche Heim betritt. Denn da lauert der Feind, der einem die wohlverdiente abendliche Ruhe raubt.

Frauen wie Lucie geben sich niemals mit der Rolle der Geliebten zufrieden. Das ist nur das Vorspiel. Sie umkreisen die Kerle so lange mit anspruchslosem »Genießen wir die Zeit, die wir haben«, bis die völlig meschugge sind. Und dann tröpfeln sie dem Weichgekochten ihr hinterhältiges »Liebling, ich will ohne dich nicht mehr sein« ins Ohr. Kennt man ja.

Mitunter verlieren sie. Zu oft aber gewinnen diese Weibchen, deren Augenaufschlag immer etwas zu devot, deren Taille immer etwas zu betont, deren Dekolleté immer etwas zu tief ist und deren High Heels gerade noch die Grenze der Schicklichkeit einhalten, um nicht völlig nuttig daherzukommen. Und die ansonsten mit raffinierten Dessous aufwarten, von deren Nutzlosigkeit nur treue Ehefrauen überzeugt sind. Statistiken besagen, daß deutsche Frauen pro Jahr lediglich 1,3 Unterhosen erwerben. In Anbetracht der reichlich vorhandenen Liaisons mir bekannter Großstadtfrauen und ihrer Sucht nach teuren Dessous müssen Durchschnittsfrauen sich allerdings sagen lassen, daß sie sich und den Augen ihres Angetrauten wohl nur alle fünf Jahre eine neue gönnen. Das ist debil und gibt Frauen wie Lucie jede Menge Spielraum.

Lucie jedenfalls investierte knapp zweitausend Mark bei »Joseph und Josey« in sündhaft teure Unterwäsche, schmiß in dieser Zeit mindestens noch mal soviel für Champagner und Feinkost raus und baggerte sechs Monate. Dann litt sie sechs Monate. Das muß man ihr zugestehen. Aber dieses Leiden ließ sie sich schließlich bei der Scheidung mit einem Stundenhonorar vergüten, vor dem selbst hochbezahlte Architekten nur ehrfurchtsvoll den Hut ziehen.

Zuvor aber wurde ihr Helmut tatsächlich der Ihre. Zunächst war er natürlich nicht geschieden, aber immerhin schon mal aus dem Eigenheim ausgezogen. Es dauerte zwar noch ein wenig, bis die Rentenansprüche geklärt waren. Aber dann war der Weg bereitet. Hin zum Traualtar in teuerster Couture vom Edelschneider an der Alster. Der Weg war bereitet hin zu einem mindestens ebenso ansehnlichen Heim, inklusive diverser Haushaltshilfen fürs Putzen, das Kochen und den Garten, hin zu einem Wagen voller Extras und einer Apanage, die man entweder zum Kotzen findet oder zum Schlemmen und Genießen schön. Lucie genoß. Etwa zwei Jahre, dann wurde es ihr zu langweilig mit ihrem Helmut, der als Lover an Reiz verlor. Kennt man ja auch alles.

Also sah sie sich nach einem neuen Opfer um.

»Kinder, ihr versteht das nicht. Männer muß man weichkochen, sich nehmen, dann nehmen, was man kriegen kann. Und bevor der Hase den Braten riecht, sollte man schleunigst das Weite suchen. Und da Männer gemeinhin größer sind als Frauen, ist ihre Leitung schon mal von Natur aus länger. Also benötigen sie immer ein Quentchen mehr an Zeit, bis sie bemerken, daß sie gerade aufs Kreuz gelegt werden. Ich gestehe, daß es nicht besonders fein ist, aber ausgleichende Gerechtigkeit ist es allemal. Seht euch doch nur um. Die fettesten Jobs schieben sich die Männer doch gegenseitig zu. Und wehe, eine Frau beansprucht, in die Chefetage aufzusteigen. Emanzipation hin oder her. Männer lieben das nicht wirklich. Von ein paar Ausnahmen mal abgesehen.«

Also sah Lucie sich siegesgewiß im Pasalino nach einem neuen Gatten um. Das klappte nicht. Sie buchte einen Club-Med-Aufenthalt, lernte auch prompt einen Therapeuten mit gutgehender Praxis im Sauerland kennen, schleimte um ihn herum, ließ sich von ihrem Helmut scheiden, sackte eine Abfindung im siebenstelligen Bereich ein, da sie ja so litt unter der zunehmenden Kälte des Gatten, bis der froh war, der Enttäuschten ohne schlechtes Gewissen den Weg in ein neues, glückgeweihtes Leben freizugeben. Lucie heiratete und begann das ganze Spiel von vorn.

Ihren dritten Mann nun traf sie in Hamburgs Spielkasino bei einem ihrer Ausflüge in die glänzende Metropole an der Alster. Ihm gehört zusammen mit seinen zwei Brüdern die Schorlinger Bank, feinstes altes hanseatisches Kapital. Da allerdings blokkiert ein Ehevertrag Lucies Aufbruch zu neuen Ufern. Und so ist sie seit nunmehr acht Jahren Frau Bankier Schorlinger. Allerdings mit einem Geliebten. Zwölf Jahre jünger als sie. Sonst würde sie den Ehealltag nicht ertragen, noch weniger meistern, wie sie immer sagt.

Tja, Hinrichsen mußte eine Frau ähnlichen Kalibers an die Potenz und den Verstand gegangen sein. Ihn allerdings kostete es das Leben.

Scheiße.

Mir gefiel ganz und gar nicht, was ich da dachte. Wir brachten Männer um. Okay. Pete zwang uns dazu. Wir brauchten kein schlechtes Gewissen zu haben. Würden wir nicht die Dreckarbeit machen, wäre es jemand anderes. Und Männer waren zu oft Riesenarschlöcher. Alles okay. Mein Gewissen war im grünen Bereich. Aber Frauen konnten so gottverdammt abgewichst sein.

Ich rief Pete an, der mir seine Nummer auf dem Anrufbeantworter hinterlassen hatte, als er mich das letzte Mal nicht erreichte. Ich brauchte eine moralische Aufrüstung. Ich brauchte eine Greencard fürs Töten.

Ich ließ das Telefon endlos klingeln. Niemand nahm ab. Sein Anrufbeantworter schaltete sich schließlich ein, und mir blieb nichts anderes übrig, als ihm auf diesem bescheuerten Band eine reichlich verquaste Nachricht zu hinterlassen. Er solle mich zurückrufen. Dringend. Sobald er wach sei. Ich hätte einen Moralischen. Er solle das besser ernst nehmen.

Er nahm es ernst. Pete rief mich kurz vor elf in der Redaktion an, bedauerte, daß er ausgerechnet an jenem Tag so lange geschlafen habe, aber er habe tags zuvor nach einer unendlich langen Durststrecke endlich mal einen Kerl eingesackt, dem sein Gewicht egal war und der ganz hingerissen von seiner oder ihrer Weiblichkeit war. Das mußte er ausnutzen. Deshalb sei die Nacht etwas länger geworden, als er geplant hätte. Er lud mich zum Mittagessen ein. Wir trafen uns im Verona.

Mike, der Wirt, stand am Tresen und arrangierte frische Blumen in einer Vase, die ihre besten Jahre lange hinter sich hatte. Er winkte mir kurz zu, als ich den Laden betrat, und widmete sich dann wieder den langstieligen, blaßrosa Lilien und tiefvioletten Tulpen, die er kunstvoll anordnete. Dafür hatte er ein Händchen. Beim Personal weniger, vor allem verstand er sich nicht auf Köche, was vor Jahr und Tag schließlich trotz aller Liebe zu ihm dazu geführt hatte, daß die ganze Clique ins Pasalino wechselte. Das Essen im Verona war nicht mehr als durchschnittlich. Dafür war der Espresso perfekt. Aber auf Dauer entschädigte der auch nicht für die stete Enttäuschung, mal wieder zuviel Weichgekochtes auf dem Teller zu haben. Wo wir doch irgendwann alle nur noch auf frischeste Zutaten standen. Und die mochte Mike zwar haben, wie er immer beteuerte. Nur merkte man das den Gerichten nicht an.

Die Einrichtung des Verona war kaum glanzvoll zu nennen. Dafür aber hatte es all jene In-Lokale, die in den letzten Jahren rund um die Alster ebenso schnell auf- wie wieder dichtgemacht hatten, überlebt. Das Restaurant verströmte den Geruch angejahrten Mobiliars, ein wenig zerschlissen, ein wenig durchgesessen, dafür aber nach wie vor urgemütlich, wie ich mit schnellem Blick registrierte. Es protzte weder mit Halogenlampen noch Glas oder Marmor. Lediglich zwei riesige Spiegel an der rechten Wand reflektierten das Wetter draußen und das schummrige Deckenlicht drinnen. Am anderen Ende des Raumes langweilte sich nur noch ein Typ einsam an einem Sechspersonentisch, und ein superjunges Pärchen brütete über irgendwelchen Papieren. Ansonsten war das Verona leer.

»Na, meine Schöne. Kummer am Morgen?«

Pete grinste übers ganze Gesicht, als ich auf ihn zuging. Er saß in einer Nische, die sich links des Eingangs dem Blick neugieriger Besucher entzog. Es sei denn, ein Neuankömmling drehte sich um. Doch das tat in Eppendorf fast niemand. Ich schon, sonst hätte ich ihn wohl kaum entdeckt.

Ich setzte mich ihm gegenüber an den blütenweiß eingedeckten Tisch, kramte in meiner Tasche nach Zigaretten, die ich ausnahmsweise mal wieder als dringend notwendig empfand, und zündete mir eine an. Ich inhalierte tief, lehnte mich zurück, den Kopf ein wenig in den Nacken gelegt, und schloß für einen kurzen Moment die Augen.

»Hey, was ist los?« Petes Stimme säuselte mich an.

»Hinrichsen war in Ordnung.«

Ich öffnete die Augen und musterte ihn. Pete wälzte ein Kaugummi von einer Backe in die andere.

Er ertrug meinen Blick nicht. Spitze. Er sah auf den Tisch, fingerte an dem vor ihm stehenden Glas Prosecco, drehte es zwischen den Fingern, kippte es am Stiel hin und her. Der Mund mahlte monoton die Gummimasse.

»Hören Sie auf damit, Irmi. Es hat keinen Sinn. Es war ein Auftrag. Sie hatten keine Wahl. Sie drei sind nicht in der Lage, eine Entscheidung gegen oder für einen Auftrag zu treffen. Hören Sie auf, sich unnötig zu zerfleischen.«

Ich hörte Mikes klappernde Schritte hinter mir. Der Mann kaufte sich ständig neue Schuhe, um sie als erstes mit Metallabsätzen beschlagen zu lassen. Das war mal eine verdammt heiße Masche zu Beginn der Siebziger. Jetzt schrieben wir das Jahr 1999. Das Metall machte auf dem Holz das typisch klackende Geräusch, als Mike sich uns näherte.

153

»Na, Irmi. Wie geht's denn so? Lange nicht gesehen, was? Was darf's sein? Roulade, Lammkotelett oder ein Omelett mit Pilzen?«

Ich sah zu ihm hoch.

»Gut geht's. Nur irgendwie liegst du einfach nicht mehr auf der Flaniermeile.«

»Ja ja, ich weiß ja, daß ihr alle ins Pasalino geht. Macht auch nichts. Steh' da ja selbst manchmal rum. Dafür kommen im Moment die ganz Jungen. Allerdings erst abends. Nach dem Job.«

Er lachte übers ganze Gesicht. Ich lachte zurück. Ich mochte Mike. Ich kannte ihn noch aus der Zeit, als ich kaum Geld hatte und mich abends ab und an bei ihm durchschnorrte. Mike war bekannt für seinen quicklebendigen Charme und sein großes Herz. Er konnte keinem was abschlagen. Eine Zeitlang war er einfach hip mit seinem etwas angemoderten Nostalgie-Getue. Zumal er immer blütenreine Wäsche auf den Tischen hatte und stets frische Blumen, egal, zu welcher Jahreszeit.

Ich bestellte einen Pinot Grigio, ein Wasser, ein Omelette, und Pete nahm das Lamm.

»Pete, ich meine es ernst. Sie können doch nicht einfach jeden Auftrag annehmen. Gucken Sie sich die Frauen doch mal richtig an«, begann ich meine Tirade, als Mike sich wieder verzogen hatte.

»Keine Namen«, unterbrach er mich. »Und außerdem ist es unwichtig, ob wir es erledigen oder ein anderer. Wenn die Frauen diese Entscheidung einmal getroffen haben, ziehen sie es durch, Irmi. Ich richte mich bei den Aufträgen nach dem Umsatz und dem Risikofaktor. Nichts anderes spielt eine Rolle. Es ist ein Geschäft, ein Deal. Das hab ich Ihnen doch nun schon zigmal erklärt.« Das Kaugummi blieb in der linken oberen Backe hängen. »Wie wär's eigentlich, wenn wir uns duzen. Gute Geschäftspartner tun das gelegentlich.«

Er blinzelte mich an, sollte wohl schelmisch sein. Unwillkürlich mußte ich auflachen. Der Typ war mitunter unberechenbar.

Sein linkes Auge blinzelte mir zu, während seine Kiefermuskulatur wieder zu mahlen begann.

»Das wird aber weder am Gespräch noch an meiner Einstellung was ändern.«

»Nur zu. Gib es mir.«

»Okay, Pete. Es ist mir völlig wurscht, was du jedesmal sagst. Aber Hannah hatte gestern einen gepflegten Nervenzusammenbruch, als es vorbei war. Und Ira machte mir während der ganzen Scheiße im Badezimmer eine Szene, um dann das Weite zu suchen. Und ich, Pete, ich fand das Ganze genauso zum Kotzen wie die beiden.«

»Du sollst nicht fluchen. Das ist unfein.«

»Laß die Mätzchen, Pete. Wir steigen aus. Ein für allemal. Endgültig. Wir wollen nicht mehr. Wir können nicht mehr. Wir haben für alles mehr als genug bezahlt.«

»Das geht nicht.« Pete hatte die Stimme gesenkt, fummelte in seinem Mund, nahm das grauweiße Gummiteil zwischen seine Finger, drehte es zusammen und ließ es in seiner Jackentasche verschwinden.

»Das wird dir das Jackett versauen.«

»Was?«

»Das Kaugummi.«

»Ach so. Hm, macht nichts. Mach' ich immer so.«

Er neigte den Kopf zu mir herüber.

»Unmöglich, Irmi. Ihr könnt nicht raus. Im Gegenteil, ich muß ein paar Tage von der Bildfläche verschwinden. Ich brauche jemanden, der die Detektei besetzt, ans Telefon geht, die üblichen Anfragen und Aufträge annimmt. Ich habe heute vormittag schon mit Hannah telefoniert. Sie hat eh nichts zu tun, und ob sie sich in ihrer Wohnung langweilt oder in meinem Büro ein paar Mark dazuverdient, ist relativ gleichgültig. Sie wird die Aufträge annehmen und an meine zwei Neuzugänge weitergeben. Beschattung treuloser Ehemänner, Suche vermißter Hunde. Wenn's toll wird, kriegt sie eine Kindesentführung als Auftrag rein. Vater Ausländer, Mutter Deutsche. Das übliche eben. Nichts Großes, nichts Kriminelles.«

»Du hast Hannah engagiert? Und sie hat ja gesagt? Das glaube ich nicht.«

»Hannah ist klamm. Das weißt du ebenso wie ich.«

»Meine Güte, Hannah ist klamm, seit ich sie kenne.«

»Es ist ein ruhiger Job. Sie sitzt am Telefon, dreht Däumchen, entwirft ein paar Masken, kann ihre Depressionen pflegen und geht ab und an mal ans Telefon. Nichts Weltbewegendes.«

»Ist sie schon wieder schlecht drauf?«

»Sie hat wohl Probleme.«

»Hat sie Männer erwähnt oder abgebrochene Fingernägel, oder hat sie über ihr Alter geredet?«

»Sie sagte, es sei zu ernst, um es am Telefon mit einem Mann zu besprechen, den sie kaum kennt.«

»Dann geht es um Männer. Zweimal im Monat ruft sie an und erzählt, daß sie einen sofort sehen muß und es unter keinen Umständen am Telefon geht. In der Regel stellt sich heraus, daß sie entweder einen Typen nicht bekommen hat oder ihre Lieblingsstrumpfhose gerade das Zeitliche gesegnet hat. Einmal hat sie Iras Putzfrau morgens beim Trinken erwischt, als sie mal das Haus hütete, weil Ira mit Kind und Kegel im Urlaub war. Das mußte sie allen ihren Lieblingsfreundinnen erzählen. Schlagartig werden das dann glatt ein Dutzend. Na ja, trotzdem finde ich es merkwürdig, daß sie einfach so zugesagt haben soll. Aber okay.«

»Ich hab' versprochen, ihr eine Thalassotherapie zu spendieren, wenn ich wieder da bin.«

Jetzt mußte ich doch lachen.

»Dann waren es doch nicht die Männer. Dann war es das Alter, das ihr gerade Sorgen machte. Und weshalb mußt du nun weg?«

»Sie haben einen unserer Spitzenmänner umgebracht. Ich habe sein linkes Ohr und seinen Ausweis zugeschickt bekommen. Das reicht mir.«

»Wie ... Du hast was? ... Wer hat ...«

»Die Konkurrenz schläft nicht, meine Liebe. Wir sind da ein paar Leuten in die Quere gekommen. Ich habe nicht damit gerechnet. Ich habe außer bei Hinrichsen stets dafür gesorgt, daß die Aufträge nicht bis zu mir zurückverfolgt werden können. Weiß der Geier, wie sie das rausgekriegt haben.«

»Vielleicht hat dein Wunderknabe geplaudert.«

»Nein, Irmi, hat er nicht. Das hätte er nie getan. Er war mein Bruder.«

»Oh. Tut mir leid«, stammelte ich.

»Tja, so ist das Leben.«

Mike unterbrach uns. Er brachte uns die Getränke, plauderte ein wenig über alte Zeiten, die neue Klientel und verschwand wieder Richtung Küche, um uns kurz darauf das Essen zu servieren.

Wir begannen zu essen, Mike verdrückte sich in die Küche. Das Omelett war zu matschig, aber nun ja. Im Moment mußte ich etwas anderes verdauen.

»Ich wußte gar nicht, daß du einen Bruder hattest.«

»Du weißt vieles nicht, Irmi. Und das ist normalerweise auch besser so«, antwortete Pete, legte das Besteck beiseite und griff nach meiner freien Hand. Er sah mir beschwörend in die Augen. Vielleicht auch beschwichtigend. Keine Ahnung.

»Ich habe euch belogen, als ich euch erzählt habe, meine zwei Partner könnten nicht. Erinnerst du dich?«

Ich nickte.

»Mein Bruder war damals schon von der Bildfläche verschwunden. Ich wußte nicht, wo er war. Er meldete sich nicht. Und der andere, na ja, der ging damals auf Tauchstation. Das blöde aber ist, daß nicht ich die Aufträge an Land ziehe. Das macht jemand anderes. Wenn du so willst, ist er mein Boß.«

»Was für ein Boß?« Ich war ehrlich verblüfft. Ich hatte gedacht, Pete wäre der Chef.

»Irmi, was ich dir erzähle, ist streng vertraulich. Sollte jemals rauskommen, daß du etwas weißt, wird es mir und dir das Genick brechen.«

Ich glaube, ich guckte wie ein Schwein ins Uhrwerk. Ich war zu überrascht von dem, was Pete mir da eröffnete. Ich sagte nichts, nickte höchstens mal. In dem Moment auch.

»Mein Auftraggeber sitzt hier in Hamburg. Er residiert an der Außenalster in einer noblen Kanzlei, befaßt sich tagsüber mit Scheidungsrecht, ist einer der erfolgreichsten Rechtsverdreher der Stadt und verdient sich ein mehr als nettes Zubrot als Kopf eines internationalen Rings von Auftragskillern.«

»Pete, sitze ich im Kino? Sehe ich gerade *Der Pate*, Teil drei oder vier – oder beim wievielten Teil die auch immer sind?«

»Hör auf zu blödeln, Irmi. Die Sache ist ernst. Der Typ ist knallhart und eiskalt. Er ist einer der Drahtzieher im internationalen Gewerbe. Er verfügt über eine ganze Armada tödlicher Callgirls, Pseudostricher und Privatdetektive. Die aber werden nur für die wirklich entscheidenden Aufträge losgeschickt. Er hat zigtausend Verbindungen. Und diesen Killerring fürs kleine private oder geschäftliche Dilemma, den haben wir beide vor Jahren aufgebaut. Da waren wir noch Freunde. Sind wir auch heute noch. Nur, mir war das irgendwann schlicht und ergreifend zu anstrengend. Das Geschäft weitete sich aus. Auftragsmorde an Ehemännern war irgendwann nur noch ein Bruchteil. Peanuts für den Kanzlisten. Für mich reichte es. Ich wollte nur noch gut leben. Hör auf zu grinsen. Das Ganze ist nicht komisch.«

Ich biß mir auf die Lippen. Die Geschichte war so irreal, daß ich mir wirklich vorkam wie in einem Film. Einem Mafiafilm natürlich. Mir dämmerte, daß es allerdings kaum einer von der anspruchsvollen Sorte war. Eher B-Movie-Qualität, in denen sonnenbebrillte Obermacker die Fäden aus irgendwelchen schicken Büros heraus zogen, irgendwann in eine intakte Familie einbrachen, weil der Ehegatte in seiner bewegten Vergangenheit mal einen Fehler gemacht hatte und deshalb »für einen letzten Auftrag« erpreßbar war. Manchmal starb der Gute den einsamen Heldentod in irgendeiner gottverlassenen Gegend. Mitunter aber schlug er allen, der Mafiagang, ihren Rivalen und den dienstbeflissenen Cops, ein Schnippchen und kehrte mit ein paar Blessuren, ansonsten aber unversehrt, in die erwartungsvollen Arme seiner Frau zurück, womit die Variationen einer solchen Konstellation auch schon erschöpft waren. Der Gedanke sollte mir Mut machen. Er hinterließ nichts als Leere.

Mir fiel kein Ausweg ein. Mafiafilme hin oder her. Der Typ oder das Weib mit diesem plastisch und hormonell getunten Body machte mich einfach fertig. Ich konnte nur zuhören. Mein Gehirn entleerte sich zu einem Vakuum. Sämtliche lebenserhaltenden Abwehrmechanismen waren in einem der vielen Schwarzen Löcher verschwunden, die laut mathematischer Berechnungen und Spekulationen Materie fressen wie ein Formel-1-Wagen Benzin.

Petes Sätze trafen in meinem Ohr ein, schwangen durch den Gehörgang hindurch. Der Inhalt aber erschloß sich mir einfach nicht. Er redete, und ich starrte ihn an.

»Ich hab' all meine Anteile an ihn übergeben. Ich hab' mich aufs Altenteil zurückgezogen, wenn du so willst, und erledige nur noch den Kleinscheiß. Ich bin nicht der nette Typ. Ich weiß, was ich will. Ich weiß auch, wie ich mich schütze. Trotzdem, Irmi, ich war und bin ein Berufskiller.«

»Berufskiller reden aber anders. Und die sehen auch anders aus. Schlank, durchtrainiert, sportlich. Und außerdem tragen die Ray-Ban-Brillen. Glaub' ich.«

»Und ich glaube, du siehst zu viele Krimis.«

»Thriller. Das heißt heute Thriller. Kein Mensch sagt mehr Krimis.«

»Und warum nicht?«

»Weiß nicht. Krimis – das sind Francis Durbridge und Agatha Christie. 60er Jahre eben. Mehr Fernsehen. Aber Thriller, das sind die hammerharten Teile aus Amerika. Wie ja *thrill* auch schon sagt. Krimis sind heute nur noch Bücher.

Aber irgendwann heißen die auch Thriller. Wieso lenkst du immer ab?«

»Weil du mich verarschst.«

»Und warum hast du uns da nun reingezogen?« Langsam drang mal wieder ein Inhaltsfetzen dessen zu mir vor, was wir da eigentlich verhandelten.

»Irmi, weil ich in der Klemme saß. Weil wir ein paar dieser Aufträge hatten, die unbedingt erledigt werden mußten. Weil ihr gerade da wart.« Pete machte eine Pause, lutschte die Gabel sauber, legte sie ordentlich auf seinen halb leergegessenen Teller neben das Messer, wischte sich den Mund ab und monologisierte weiter.

»Ich habe euch akquiriert, weil ich wußte, daß das mit euch klappt. Weil gerade du, Irmi, weil du genau diesen Killerinstinkt hast, den man zum Überleben in dieser Branche braucht. Weil du pragmatisch bist.«

Ich unterbrach ihn. »Bist du dir sicher, daß du nicht psychopathisch meinst? So komm' ich mir nämlich langsam vor.«

»Willst du mir jetzt zuhören, oder willst du jetzt ablenken?«

»Ist ja schon gut. Also, warum habt ihr nun uns ausgesucht – oder du?«

»Weil nie jemand auf die Idee käme, wir schickten drei Frauen los. Weil euch nie jemand verdächtigen oder suchen würde. Die Vorstellung, wir hätten drei neurotische Weibsbilder auf der Lohnliste, würde jedem Profi einen Lachkrampf entlocken. Ihr wart eine perfekte Tarnung. Und verlaß dich drauf, ihr bleibt sie.«

Ich hatte aufgehört zu essen. Ich starrte ihn einfach nur an.

»Mußt du noch irgend etwas beichten? Irgend etwas, das wir vielleicht wissen sollten?«

»Irmi, versuch doch mal das Ganze aus meiner Sicht zu sehen.«

Ich wurde stocksauer. Meine lebenserhaltenden Funktionen begannen dann doch mal ihre Arbeit. Die wichtigste war Abwehr statt Ablenkung. Der Typ hatte uns mitten ins finsterste Mafia-Gebiet geschleust. Nicht genug damit, daß wir mordeten, uns war auch noch eine Meute hungriger Killerkonkurrenten auf den Fersen. Mein Gehirn arbeitete sich nach dem ersten Schock in Spitzengeschwindigkeit zum Kern der Sache vor.

»Du hast uns also kaltlächelnd in eine Sache reingezogen, die deinen Bruder bereits das Leben gekostet hat? Du hast uns benutzt, um irgendwelchen Arschlöchern klarzumachen, daß ihr mit diesen – wie hast du so schön gesagt? – Peanuts nichts zu tun habt? Du hast uns ans Messer geliefert? Du bist ein Schwein, Pete.«

Ich war stinksauer. Ich hatte die Hände auf den Tisch gestützt, mich leicht erhoben, und meine Stimme war in allzuweiter Höhe kurz vor dem Überschnappen.

»Beruhige dich.«

»Ich soll mich beruhigen? Ich hab' mich noch gar nicht aufgeregt.«

Ich zischte. Ich hätte dem Typen am liebsten die Reste meines Omeletts um die Ohren gehauen. Leider war ich aus dem Alter raus, in dem ich meine Probleme zum Leidwesen meiner Mutter mit Keilereien klärte.

Petes Augen verengten sich zu einem Spalt und wurden von überflüssigem Fettgewebe an den Augen fast verschluckt. Der Chirurg hatte gepfuscht. Miss Piggy ließ grüßen.

»Du mußt dich noch mal operieren lassen.«

»Was?«

Ich ließ mich auf den Sitz zurückfallen. Petes rasierte Augenbrauen schwappten in die Höhe und wieder zurück. Sein Mund stand offen.

»Dein Chirurg hat um die Augen herum nicht genug Unterhautgewebe abgesaugt oder weggeschnitten. Wenn du deine Augen zusammenkneifst, verschwinden sie fast.«

Meine Stimme hatte ihre normale Tonlage wiedergefunden.

Pete lachte, laut und schallend. Er warf den Kopf mit dem wippenden Pferdeschwanz zurück und zeigte mir mal wieder sein künstlich weißes Gebiß.

»Klasse, Mädel, wirklich eins a. Welches Seminar?«

»Selbstverteidigung. Mentale.«

»Kapitel: Irritiere den Feind, bevor er dich irritiert?«

»Eher: Entspann die Situation, bevor sie dich verspannt.«

»Mußt du aber noch ein bißchen trainieren. Hat zu lange gedauert.«

»Ich weiß. Ich arbeite dran. Bei Jobproblemen allerdings klappt es hervorragend.«

»Du hast bei mir einen Job.«

»Leider. Noch dazu einen, der mich von einer Überraschung zur nächsten treibt.«

»Okay, Irmi. Können wir?« Hinter seiner jovialen Art lag irgendwo einsam eine ziemlich angespannte Stimmung.

»Sicher. Schlimmer kann's ja nicht mehr kommen.«

»Jemand will mir ans Leder. Mir und dem Kanzlisten. Jemand will uns von der Bildfläche verschwinden lassen. Jemand will an unser Sauerverdientes. An unsere Klienten. Wir haben für einen kleinen Aufschub gesorgt, indem wir euch engagiert haben. Wir wollten es so aussehen lassen, als hätte uns ein gänzlich Unbekannter ausgebootet. Ein lokaler Gernegroß, der einfach nur Glück hatte. Als ihr heute nacht unterwegs wart, haben wir parallel anderswo Sterbehilfe geleistet. Wir haben einen der Stricher geopfert. Irgend so ein armes Schwein. Ging nicht anders. Wir haben ihn der Konkurrenz auf einem silbernen Tablett serviert. Wir wollen keinen Ärger. Wir waren nach euch im Haus und haben die Knarre und den Brief mitgehen lassen. War gar nicht so einfach mit diesem Scheißvieh von einer Gans. Wir haben das ganze Haus wie einen Saustall hinterlassen. Wir haben ein paar Bilder und Antiquitäten abgesahnt. Die steckten wir zusammen mit der 38er in einen Koffer. Und wir schnitten diesem armen Jungen ein Ohr ab. Das packten wir dazu und schickten beides heute der Konkurrenz vorbei. Es ist ein Friedensangebot. Oder ein Verhandlungsangebot. Hast du davon nicht in der Zeitung gelesen?«

Ich schüttelte verneinend den Kopf. »Ich hatte heute noch keine in der Hand. Trotzdem, Pete, ich verstehe das nicht.«

»Irmi, man hat mir das Ohr meines Bruders serviert. Das war eine Kriegserklärung. Normalerweise hätten wir uns ruhig verhalten. Nach außen haben wir das auch. Wir haben ihnen ein Angebot unterbreitet. Und wir haben euch ein bißchen beschäftigt, um denen klarzumachen, daß wir mit den kleinen Morden unter Eheleuten nichts mehr zu tun haben.«

»Ich verstehe es trotzdem nicht. Sie sind eure Konkurrenten. Okay. Offensichtlich seit Jahr und Tag. Offensichtlich habt ihr euch die Pfründe geteilt. Wieso bringen die dann auf einmal deinen Bruder um?«

»Dem Kanzlisten ist ein Fehler unterlaufen. Hast du was von den Schießereien vor dem Quasimodo in St. Pauli gelesen?«

»Ja, die Zeitungen waren tagelang voll davon.«

»Wie lange ist das her?«

»Drei, vier Monate?«

»Genau. Eine dieser angeblichen Schießereien zwischen rivalisierenden Gangs aus dem Osten war ein Auftragsmord. Unser Mord. Jemand hatte uns auf den Falschen angesetzt. Und wir sind drauf reingefallen. Der Kanzlist hat bei den Recherchen geschludert. Beziehungsweise sein Sekretär. Wir haben einen der sechs wichtigsten Männer der anderen Seite gekillt. Einen Ukrainer. Ganz neu im Headquarter. Wir haben unsere Unschuld auf unsere Art beteuert. Sie haben sich trotzdem meinen Bruder geschnappt. Sie glaubten uns nicht.«

»Und jetzt habt ihr einen Unschuldigen geopfert.«

»Sie sollen uns abnehmen, daß da noch einer mitmischt. Irgendeiner.«

»Haltet ihr die für dämlich?«

»Nein, aber da sie uns alle überwachen, wissen sie, daß keiner der für uns arbeitenden Leute mit den letzten zwei Dahingeschiedenen was zu tun hatte. Heute nacht haben wir sie abgehängt. Heute früh haben wir ihnen eine Leiche serviert. Wir haben eine klassische Pattsituation. Sie müßten zufrieden sein. Ich befürchte nur, sie werden trotzdem mißtrauisch bleiben. Deshalb verschwinde ich.«

»Und wir?«

»Ihr seid für die uninteressant. Ihr seid lediglich das Aushängeschild für die Detektei. Mehr nicht.«

»Ich muß drüber nachdenken, Pete.«

»Ich ruf' dich morgen an. Ich muß heute abend meinen Flieger kriegen. Und zuvor muß ich noch ein paar Kleinigkeiten regeln. Geh schon mal. Ich zahle.«

Ich stand auf, Pete stand auf. Er kam um den Tisch herum und umarmte mich. Sah sicher merkwürdig aus. Mir war das egal. Ich beugte mich zu ihm runter und küßte ihn. Warum, weiß ich bis heute nicht.

»Vergiß die Falten an den Augen nicht.«

»Halt dich gerade, Mädchen.«

Wir ließen einander los, und ich ging, ohne Mike oder irgendwem in dem Restaurant einen Blick zu schenken.

Draußen empfing mich ein kalter Wind, der mir unter den Rock fuhr und in die Jackenärmel. Ich fröstelte und beeilte mich, mein Auto wiederzufinden, das ich irgendwo zwischen Videothek und Karstadt geparkt hatte. Ich mußte eine Weile suchen. Mich beschlich das Gefühl, jemand würde mich beobachten. Aber immer wenn ich mich umdrehte, sah ich nur eilende Passanten oder bummelnde Passanten oder Kinder, die von der Schule nach Hause liefen. Ich bemerkte niemanden, der mich im Visier hatte.

Trotzdem war mir unbehaglich. Ich beschleunigte meine Schritte, bis ich endlich den dunkelblauen Verlags-BMW sah. Er stand unter einer Kastanie am Bordstein, versehen mit einem Strafticket. Ich stand im Halteverbot. Ich riß das Ticket hinterm Scheibenwischer hervor, zerknüllte es und warf es weg. Die erste Mahnung würde mich garantiert einholen. Dann war immer noch Zeit zum Zahlen.

Kapitel 13

Im Verlag erwartete mich Frau Ulm mit einem Schwung Notizen. Kaum hatte ich mein Zimmer betreten, ratterte sie in ihrem liebenswert singenden Tonfall herunter, wer alles aus welchen Gründen zurückgerufen werden wollte.

Erst bei dem Namen Kowalski horchte ich auf. Ich hatte ganz vergessen, daß er am Abend zuvor auf mein Band gesprochen und darum gebeten hatte, daß ich ihn anrufe.

Ich ließ mir von Frau Ulm die Liste mit den anstehenden Telefonaten geben, bat darum, nicht gestört zu werden, und zog mich in mein Zimmer zurück.

Kowalski sparte ich mir als letzten auf.

Ich wählte die Kliniknummer und hatte prompt Paul, den Pfleger, dran.

»Hi, Frau Block, lange nichts gehört. Wie geht's der Leber?«

»Danke, bestens, Paul.«

»Keine Beschwerden? Kein Ziehen auf der rechten Seite?«

»Es juckt nur in der rechten Hand.«

»Hauen Sie auf den Tisch. Das hilft. Baut Aggressionen ab. Schreien ist auch gut.«

»Hast du sonst noch irgendwelche Ratschläge parat?«

»Für therapeutischen Beistand werde ich nicht bezahlt. Ich räume eigentlich nur die Kotze weg, bestücke die Pillenschälchen oder geh' mal ans Telefon. Das trauen die mir hier gerade noch zu.«

»Dürfte ich dann bitte Dr. Kowalski sprechen?«

»Kowa kann nicht. Er hat gerade einen Penner drin.«

Mist. »Kannst du ihm was ausrichten?«

»Nö, aber ich soll Ihnen sagen, falls Sie anrufen, er würde zurückrufen. Muß ja mächtig wichtig sein.«

»Kannst du das nicht gleich sagen?«

»Wieso?«

Ich konnte sein dämliches Grinsen vor mir sehen.

»Vergiß es. Richte ihm einfach aus, ich hätte angerufen. Für eure Zusammenarbeit wäre es aber sicher von Vorteil, du sagst es ihm nicht erst morgen.«

»Keine Sorge.« Mit einem scheppernden Gekicher legte er auf.

Das Telefon klingelte erneut, kaum, daß ich mich entspannt zurückgelehnt hatte. Dran war Frau Ulm, sich tausendmal entschuldigend. Aber sie hätte Hannah in der Leitung, und die ließe sich einfach nicht abschütteln.

Ich beruhigte sie und übernahm das Gespräch mit einem unguten Gefühl.

»Na? Gut geschlafen?«

»Du brauchst gar nicht zu triumphieren. Ich habe nicht gut geschlafen.«

»Keinen Johanniskrauttee getrunken?«

Hannah kicherte.

»Doch, aber das war gestern abend bei Ira.«

»Aha. Mit anderen Worten, ihr habt die ganze Geschichte noch mal durchgekaut.«

»Na und?«

»Kam irgendwas dabei raus, das ich wissen sollte?«

»Na ja. Wir sind hysterisch, und du bist der Profi.«

»Hör auf, mich zu verarschen.«

»War aber so. Deshalb rufe ich ja auch an. Wir wollten uns entschuldigen.«

»Wir? Gluckt ihr immer noch aufeinander?«

»Nein, aber wir dachten uns, ich ruf' dich heute an. Es tut uns leid, daß wir uns so bescheuert aufgeführt haben.«

»Und es kommt nie wieder vor?«

»Nein, nie wieder. Bis zum nächsten Mal eben. Irmi, wir werden uns bemühen. Das muß jetzt erst mal reichen.«

Wir sprachen noch ein bißchen über Pete und sein Jobangebot, das ihr tatsächlich gerade recht kam.

»Solange ich keine Leichen beseitigen muß und nur ein paar

Aufträge weitervermittle, finde ich es in Ordnung. Und die Bezahlung ist okay.«

»Machst du das schwarz?«

»Nee, mit Rechnungen, fester Monatspauschale und sogar Urlaubsanspruch. Gut, oder?«

»Was ist denn daran gut?«

»Zum ersten Mal in meinem Leben zahlt jemand, wenn ich nicht arbeite.«

»Nicht, daß du seriös wirst.«

»Was soll denn das heißen? Immerhin verdiene ich mein Geld alleine, solange ich denken kann.«

»Welches Geld denn?«

»Sei nicht so gemein, Irmi.«

»Ist ja gut. Ich wollte dir nicht zu nahe treten. Aber immerhin verdienst du, wenn du mal verdienst, immer feste am Staat vorbei. Oder hast du schon mal Steuern gezahlt?«

»Soll ich etwa die letzten zwei Honorare deklarieren?«

Wir lachten beide, verabredeten uns am Abend im Pasalino und legten gutgelaunt auf.

Ich hatte einen Termin beim Verlagsleiter und war die nächsten zwei Stunden nicht im Büro. Heini Braunwald war okay, ein Gespräch mit ihm immer produktiv. Allerdings gefiel mir nicht sonderlich, daß er mich gegen Ende unserer Zweipersonenkonferenz darauf aufmerksam machte, daß ich in den letzten Wochen zu häufig abwesend gewesen sei. Auch wenn er damit rein gar nichts über meinen Erfolg aussagen wolle. Aber ich sollte die Anwesenheit im Verlag wieder etwas regelmäßiger und durchschaubarer gestalten. Das saß. Allerdings nicht lange.

Als ich zurückkam, fand ich einen Zettel am Telefon. »Herr Kowalski hat zweimal angerufen. Gruß. Ihre Ulm.«

Kowalski war natürlich nicht mehr in der Klinik, als ich dort anrief. Hätte ich mir ja denken können. Auf dem Heimweg tröstete mich mal wieder ein Spruch meiner Mutter: Gut Ding will Weile haben.

Wenn denn mal ein gutes Ding draus würde.

Am Dammtor war die Ampel auf Rot geschaltet. Ich bremste langsam ab, als mir der hintere Wagen einen leichten Stoß versetzte. Ich schrak zusammen und sah in den Rückspiegel. Was ich da sah, gefiel mir ganz und gar nicht. Zwei Typen mit tief ins Gesicht gezogenen Hüten setzten gerade zum zweiten Anlauf an. Mein Auto vibrierte kurz. Genervt zog ich die Handbremse an und versuchte auszusteigen. Ganz Dame. Leichte Drehung nach links, Beine und Füße geschlossen auf den Asphalt positionieren, vom Lenkrad abstoßen, erheben. Ich stieß mir den Kopf am Autodach, fiel zurück auf den Sitz, die Füße mit den Prada-Pumps knickten kurz weg. Und hingen dann in der Luft.

Meine Schläfe durchzuckte ein kurzer beißender Schmerz, der mir die Tränen in die Augen schießen lassen wollte. Doch ich hatte Wichtigeres zu tun. Ich biß die Zähne zusammen, schluckte kurz und erhob mich endgültig. Nicht mehr ganz so elegant, aber zumindest hatte ich es versucht.

Der Typ am Steuer stieg gleichfalls aus. Er lehnte an der offenen Autotür und ließ mich auf sich zukommen. Der Lulatsch maß mindestens ein Meter neunzig, hatte die Hände in den Taschen seines schwarzen Trenchcoats, besagten Hut auf dem eierförmigen Kopf und eine dunkle Brille auf einer reichlich langen Nase, die in zwei Nasenlöchern endete, die aussahen, als könnten sie problemlos ein ganzes Geschwader Eintagsfliegen einsaugen. Wieso der eine Sonnenbrille auf der Nase hatte, wußte kein Mensch. Die Sonne schien schon den ganzen Tag nicht. Lediglich morgens hatte sie mal schüchtern an der über Hamburg hängenden Wolkenwand angeklopft und kurz ihr leuchtendes Haupt durch die graue Masse gesteckt. Dann war sie auf Nimmerwiedersehen verschwunden.

»Hey, können Sie nicht aufpassen?« fauchte ich den Langen an, während ich mich ihm näherte und mir dabei die Stelle am Kopf rieb. Ich hatte mir eine etwa pflaumengroße Beule eingefangen. Na, klasse.

»Doch, Lady, theoretisch schon.«

Während er das sagte, hatte ich ihn erreicht.

»Was soll das denn?«

»War doch gar nicht so übel, oder?«

Seine Stimme war angenehm. Sonst gab es partout nichts Angenehmes an dem Mann.

»Sie werden sich jetzt bei mir entschuldigen, und Sie werden damit aufhören.«

»Wir fangen gerade erst an, meine Teure.«

Wahrscheinlich hätte er das nicht sagen sollen. »Meine Teure« hatte mein Ex immer zu mir gesagt, wenn er ganz besonders fies zu mir wurde und mir zeigen wollte, was für eine Null ich sei. Es war das falsche Stichwort.

»Passen Sie mal auf, Sie Arschloch. Sie werden jetzt die Brille abnehmen. Sie werden sich mir vorstellen. Und dann werden Sie sich bei mir entschuldigen, oder …«

Der Satz blieb in der Luft hängen.

»Oder?« Er feixte.

Er feixte immer noch, als ich ausholte und ihm knapp und präzise einen Handkantenschlag aufs Jochbein knallte, während ich gleichzeitig meinen Absatz in seinen Cowboystiefel bohrte. Die Brille verrutschte, der Absatz hinterließ einen markstückgroßen Abdruck. Der Typ stöhnte auf, humpelte auf einem Fuß, hielt den malträtierten mit beiden Händen fest – und sah dabei ziemlich blöd aus.

Wie oft hatte ich früher meinem Ex eine runterhauen wollen. Nur traute ich mich nicht. Zu sehr hatte ich die Kernsätze meines Judolehrers verinnerlicht, meine Kunststücke niemals gegen jemanden einzusetzen, der mir unterlegen war. Klingt bescheuert, war aber so. Letztlich war mir fast jeder Mann unterlegen, wenn er nicht gerade eine Kampfsportausbildung hinter sich hatte. Und welcher Mann hatte das schon? Die meisten, die ich kannte, hatten früher, in ihrer Kindheit, Fußball gespielt, in den Achtzigern dann Squash, tummelten sich in reiferen, auch finanziell reiferen Jahren eher auf Golfplätzen, und wenn es ganz sportlich zugehen sollte, joggten sie mal eben um die Alster. Die Runde zu sieben Kilometern. Das war's.

Gut, es gab ein paar Kandidaten, die regelmäßig in Fitneß-centern auftauchten und nicht schwul waren. Da rangen die Mittvierziger dann an den Geräten mit ihren und diversen Fremd-Gewichten, stöhnten, was das Zeug hielt, um ihre mus-kulösen Körper am nächsten Tag wieder in feinstem Zwirn auf Beutezug zu schicken. Nicht, was Sie denken. Von einer bestimmten Gehaltsgruppe an war es kaum mehr wichtig, wie viele Geliebte man im letzten halben Jahr abgefertigt hatte, sondern wieviel Umsatz jemand machte. Das »wie viele?« war zwar wie zwanzig Jahre zuvor in den Zeiten der sogenannten sexuellen Befreiung noch immer das Zauberwort. Aber es ging weder um »wie viele?« Frauen noch um »wie viele?« Orgasmen. Es ging um »wieviel?« Geld. Damit hatte sich zumindest etwas aus den stürmischen Siebzigern in die Neunziger gerettet.

Tja, und an diesem Tag eben hatte mich der Typ einfach auf dem falschen Bein erwischt. Und so kam es, daß ich meinen ganzen Zorn wegen all der verpaßten Gelegenheiten nun in diese Attacke gesteckt hatte. Der Kerl hatte es nicht anders ver-dient und damit basta.

Allerdings kann es auch sein, daß ich damals gerade schlicht und ergreifend meine Regel bekam. Kurz vorher war ich immer zum Erbarmen nervös und reizbarer als eine Löwenmutter, der sich – Männchen sind im Tierreich nicht weniger bekloppt als Männer, das muß mal gesagt werden – ein Männchen zur Ko-pulation nähert. Das Muttertier rastet aus. Gut, ich war kein Muttertier, aber mindestens ebenso gereizt.

»Du blöde Kuh ...«

Weiter kam er nicht, denn ich hatte mich umgedreht und war zu meinem Auto gerannt. Meine Absätze klapperten auf dem Asphalt, während mein enger Kostümrock weitausholende Schritte verhinderte. Für die nächste Flucht sollte ich unbedingt ein paar Jeans im Auto deponieren. Oder hat schon mal jemand in einem modernen Thriller eine flüchtende Frau im engen Rock durch die Pampa oder die Häuserschluchten rennen sehen? Na, ich jedenfalls nicht. Natürlich kamen nur die mit Reißverschluß in Betracht. Zwar sind allein die geknöpften in, Iras Max ließ nichts anderes an seinen pubertierenden Körper, aber Fummeleien mit zu großen Knöpfen für zu kleine Knopflöcher kann sich in extremen Situationen niemand erlauben.

Ich hörte hinter mir die Autotür knallen und den Motor starten.

Aus dem Mercedes vor mir war ein älterer Herr gestiegen, der mir zurief, ob er mir helfen könne? Ich winkte ab, sprang in meinen BMW, japste nach Luft und löste die Handbremse. Die Ampel schaltete auf Grün.

Ich japste immer noch, als sich der Verkehr in städtischer Gemächlichkeit über die Kreuzung schob.

Der Wagen blieb hinter mir. Er war auch noch hinter mir, als ich in der Hochallee ankam. Ich suchte mir einen Parkplatz zwischen den Bäumen auf dem Parkstreifen und blieb erst mal im Wagen sitzen. Die Kerle hielten auf der Straße kurz vor mir.

So oder so mußte ich an ihnen vorbei. Gut, uns trennten der Fahrradstreifen und die eingeparkten Autos, also mindestens zwei Meter. Trotzdem fühlte ich mich umzingelt. Die Gedanken knäuelten vor sich hin, und ich hatte Mühe, einen Faden Vernunft zu erwischen.

Die Straße war belebt, Leute eilten ihrem wohlverdienten Feierabend in ihren schicken Altbauwohnungen zu. Autos stauten sich, weil die Ampel an der Kreuzung dreihundert Meter weiter auf Rot schaltete.

Ich brauchte Beachtung. Möglichst große. Ich schälte mich in Windeseile aus meinem Rock, verfing mich mit den Beinen an der Handkupplung, fluchte vor mich hin und stieg aus.

Schwarze Pumps, schwarze, halterlose Strümpfe und French Shorts in dem Blumenmuster, das schon Charlie bewundert hatte. Meine Kostümjacke war nur taillenkurz und mir somit die Aufmerksamkeit aller Passanten und Autofahrer gewiß. So sie mich denn entdeckten.

Sie entdeckten mich. Erst hupte einer, dann noch einer. Eine empörte Frauenstimme kreischte unverständliches Zeug aus einem Auto heraus, mit dessen Fensterscheibe sie sich redlich mühte. Offensichtlich hatte das Ersparte nicht mehr für automatische Fensterheber gereicht. Ihr Kopf war puterrot unter stahlgrauem kurzen Haar. Sie konnte nicht ahnen, wie beglückend ihr Geschrei für mich war. Auf der Straße blieb vor mir ein Pärchen stehen und drehte sich zu mir, die Frau offenen Mundes, während der Typ mich von oben bis unten taxierte. »Wichser«, zischte ich ihn an, als ich an ihm vorbeistakste.

Er grinste. Ich beobachtete aus den Augenwinkeln, wie die Leute nach dem Grund der Aufregung fahndeten. Manche blieben überrascht stehen, bei manchen drehten sich nur die Köpfe hin und her, bis die Blicke an mir hängen blieben.

Ich kam an den zwei Kerlen vorbei, die inzwischen ihr Auto verlassen hatten. Ich zeigte ihnen den Mittelfinger, grinste und schwang die Hüften. Der eine Kerl hob beide Hände und fuhr beide Mittelfinger aus, konnte aber nichts weiter tun, als im Halbschatten seines Hutes möglichst grimmig die Mundwinkel zu verziehen, während er errötete. Sieh mal an, was Schlägerkommandos so alles in peinliche Verwirrung versetzt, dachte ich und beschloß, es mir zu merken.

»Fickt euch ins Knie«, schrie ich ohne Rücksicht darauf, daß etwaige Nachbarn gleichfalls unter den Passanten sein könnten, bevor ich mit einem eleganten Schwung in meinen Hauseingang bog, die fünf Stufen möglichst grazil erklomm, die Tür aufschloß und ihren Blicken entschwunden war. Gut, ich hatte gegrinst, aber es hatte einiges an Mühe gekostet.

Zitternd lehnte ich mich mit dem Rücken an die Wand neben

dem Fahrstuhl, während er sich drei Etagen über mir mal wieder mit großem Getöse in Bewegung setzte.

Ich stieg in meinen Rock zurück, den ich die ganze Zeit in der Hand gehalten hatte. Die Beine wackelten etwas nach. Ich schloß den Reißverschluß und stieg in den Aufzug.

An dem Abend betrank ich mich bis zur Besinnungslosigkeit. Ich konnte einfach nicht aufhören. Ich öffnete einen Prosecco, nur um ziemlich bald zu beschließen, daß die Alkoholdosis zu gering sei. Also mixte ich mir ein paar Daiquiri. Das war bei weitem billiger, ging schneller und endete normalerweise nicht mit Kopfschmerzen.

Mittendrin klingelte mein Handy. Ich wollte nicht rangehen, aber da es in Reichweite auf dem Couchtisch lag, gewann meine alkoholumnebelte Neugierde, und ich nahm es hoch. Da war sie wieder, die angenehme Stimme.

»Hör zu, du Stück Scheiße. Du hattest heute deinen Spaß. Aber wir kriegen dich. Dich und deine zwei Busenfreundinnen. Und wenn wir dich erst mal haben, kannst du dich drauf verlassen, daß dein wackelnder Fitneß-Arsch nie wieder einen Aufruhr verursachen wird.«

Der Alkohol hatte mein Reaktionsvermögen in zuviel Promille ersäuft. Bevor ich auch nur den Satzanfang begriffen hatte, war die Leitung schon wieder tot. Daß solche Arschlöcher selbst für umnebelte Gemüter hinreichend viel Erotik in der Stimme transportierten, irritierte mich nur kurz. Tja, es ist einfach ungerecht.

Ich machte mir einen weiteren Daiquiri. Das nächste Klingeln überhörte ich ebenso wie alle anderen Anrufe, die noch kamen. Es kamen eine Menge.

Wie sich herausstellte, waren ein paar von Hannah darunter, die besorgte Nachfragen auf dem Band hinterließ. Ich ignorierte alles. Selbst den Anruf von Pete, der weniger besorgt als erstaunt klang, und auch den von Kowalski.

Ich hatte die Schnauze voll.

Irgendwann schlief ich ein.

Kapitel 14

Die Stimme am Telefon war schneidend klar und alles andere als sympathisch. Trotzdem begriff ich nicht recht, was sie eigentlich wollte. Das lag zum einen an den Daiquiris vom Vorabend, zum anderen daran, daß ich noch halb schlief. Ein Blick auf meinen Wecker sagte mir, daß das auch völlig in Ordnung sei. Der Wecker zeigte sechs Uhr dreißig an.

»Haben Sie mich endlich verstanden? Ich sagte, ich bin Gordon Winslet, der Scheidungsanwalt.«

»Und?«

»Ich bin der Gordon Winslet.«

»Gibt's mehrere?«

Stimmen am Telefon, und seien sie noch so tiefgekühlt, beeindruckten mich nicht sonderlich.

»Werden Sie nicht kiebig. Vor dem Frühstück kann ich da gar nicht drauf.«

»Weshalb rufen Sie dann vor dem Frühstück an?«

Richtig da war ich trotz des verbalen Schlagabtauschs dennoch nicht.

»Werden Sie nicht komisch, meine Liebe.«

»Tut mir leid, Verehrtester. Aber erstens bin ich nicht Ihre Liebe, zweitens schlafe ich noch halb, und drittens brauche ich immer mindestens eine Tasse Kaffee, um den Ausführungen wildfremder Anrufer um diese Uhrzeit folgen zu können.«

»Sagt Ihnen der Name Pete was?«

Ich brauchte keinen Kaffee mehr. Ich war explosionsartig putzmunter. Diese unangenehme Stimme mußte Petes Ex-Partner und Chef gehören. Ich kannte auch niemanden, der es wagen würde, mich mitten in der Nacht zu wecken. Charlie vielleicht. Aber die war schon seit Wochen im Nichts verschwunden. Weder Hannah noch Ira hatten etwas von ihr gehört, noch wußten wir, wo sie abgeblieben war.

»Was wollen Sie?«

»Sie werden heute früh um neun nach Palma fliegen. Wir haben für Sie ein Ticket am Lufthansa-Schalter hinterlegt. Dort steht ein Wagen für Sie bei Hertz. Mit dem fahren Sie nach Porto Christo ...«

»Ich fahre nirgendwohin«, unterbrach ich ihn. »Weshalb auch.«

»Im Verona haben Sie Pete geraten, sich das Unterhautgewebe an den Augen wegmachen zu lassen. Und Sie unterhielten sich über mentale Selbstverteidigung. Ihre Freundin Hannah bewacht sein Telefon, während er weg ist. Reicht das?«

»Okay, Sie sind der Kanzlist. Und nun?« Ich lächelte halb erleichtert, halb säuerlich in mich rein.

»Ich hab' es bereits gesagt. Sie fliegen nach Mallorca. Sie werden dort nach Porto Christo ins Krankenhaus fahren. Sie werden Pete aus diesem mallorquinischen Matratzenlager holen.«

»Wieso muß der abgeholt werden?«

»Man hat ihm den linken Oberschenkel durchschossen. Er sitzt im Rollstuhl. Und wundern Sie sich nicht. Er wird Ihnen auch nicht die Hand geben können. Jemand hat sich an seinen Fingerkuppen zu schaffen gemacht.«

»Wie meinen Sie das?«

»So, wie ich es formulierte. Jemand hat seine Fingerkuppen ein wenig gekürzt. Jemand, der ziemlich sauer auf ihn ist.«

»Sie meinen, auf Sie und Pete.«

Das Lachen, das da durch die Leitung rauschte, war nicht weniger emotionslos und kalt.

»Na, holla. So intim sind Sie also. Was hat er denn noch so ausgeplaudert?«

»Mensch, lassen Sie mich in Ruhe.«

»Sie werden tun, was ich Ihnen sage. Und zwar sofort.«

Sein Ton hatte eine beeindruckende Schärfe angenommen. Aber was soll's. Bei mir kam er damit nicht weiter.

»Jetzt kriegen Sie sich mal wieder ein. Ich bin nicht einer Ihrer hohlköpfigen Angestellten. Sie werden mir gegenüber Ihren Ton ändern, oder Sie können mich mal.«

Das saß offensichtlich. Für einen Moment schwang eine angenehme Ruhe durchs Telefon. So weit käme es auch noch, daß mich irgend jemand wie den letzten Dreck behandelte.

»Jetzt hören Sie mal zu. Es geht hier weder um mich noch um Sie. Es geht auch nicht darum, ob wir beide uns mögen. Es geht schlicht und ergreifend um unseren gemeinsamen Freund Pete. Und der will, daß Sie zu ihm kommen.«

»Weshalb gerade ich?«

»Das müssen Sie Pete schon selbst fragen. Sie sehen ihn ja in sechs Stunden. Und beeilen Sie sich, es ist zwanzig vor sieben. Spätestens um acht müssen Sie am Schalter sein.«

Er legte auf, bevor ich noch etwas erwidern konnte. Ich lauschte dem Telefonsignal hilflos hinterher, schaute schließlich auf den Wecker, registrierte, daß der Kanzlist die Wahrheit gesagt hatte, sprang aus dem Bett, rannte ins Bad und verrichtete alles in adrenalingepuschter Geschwindigkeit: duschen, Haare waschen, schminken, anziehen – vorsichtshalber Jeans und Blazer. Man kann ja nie wissen, ob man zwischendurch nicht doch wieder das Weite suchen muß. Ich bestellte mir ein Taxi und verließ gerade mal zwanzig nach sieben das Haus.

Vom Taxi aus rief ich Frau Ulm an, von der ich wußte, daß sie sich gerade zu ihrer Morgengymnastik rüstete. Wie sie mir schon des öfteren erzählt hatte, stand sie jeden Tag um sechs auf, kochte sich eine Tasse Instantkaffee, um halbwegs wach zu werden, und startete täglich um sieben Uhr dreißig ihr Morgenprogramm. Halbe Stunde Meditation, halbe Stunde Yoga.

»Oh, Frau Block. Was kann ich für Sie tun?«

Ich liebte diese und ähnliche Sätze. Ich liebte es, Menschen zu meiner Verfügung zu haben, die lästige Dinge für mich erledigten oder klärten. Frau Ulm war mein ganz persönlicher Goldschatz. Ich liebte sie heiß und innig.

Ich erklärte ihr, daß ich dringend drei Tage Urlaub brauchte. Frau Ulm schnappte am anderen Ende der Leitung nach Luft.

»Aber das geht nicht. Sie haben heute nachmittag doch mit

der Anzeigenabteilung und Herrn Braunwald ein Meeting zur Anzeigensituation.«

»Frau Ulm, sagen Sie es ab. Ich kann nicht.«

»Sie wissen, daß das nicht geht.«

Ich wußte, sie würde in einem solchen Moment größten Ärgernisses die Augenbrauen über der Nasenwurzel zusammenziehen, den Blick auf ihre Fingernägel fokussieren und die Lippen zu einem dünnen Strich zusammenkneifen. Frau Ulm im Zustand erregter Anspannung.

»Liebste Frau Ulm, ich weiß sehr wohl, daß es nicht geht. Es muß aber sein. Sagen Sie ihm einfach, meine Mutter sei gestorben.«

»Aber Frau Block, die ist doch schon letztes Jahr von uns gegangen. Und Herr Braunwald wird sich gewiß noch erinnern, weil Sie sich einen ganzen Vormittag lang eingeschlossen haben und er einfach nicht zu Ihnen durchkam. Er war deshalb sehr enerviert. Und, na ja, ich fand es auch nicht korrekt von Ihnen. Und das alles nur wegen dieses Mannes.«

Sie hatte recht. Vor knapp zwei Jahren hatte ich mich Hals über Kopf verliebt. In einen Regisseur, der mir bei einer Premierenparty einfach und buchstäblich in die Arme rannte, als ich zur Toilette ging. Da schoß aus dem Damenklo besagter Typ, rot im Gesicht, weil er sich peinlich, peinlich, in der Tür geirrt hatte. Schoß da raus, als ich meinerseits gerade die Toilettentür öffnen wollte, und rannte mich über den Haufen. Im wahrsten Sinne des Wortes. Da saß ich also im weitläufigen Flur des traditionsreichen Edelhotels Atlantik vor der Klotür, und neben mir hing Albert an der Nachbildung einer Barock-Kommode, die ihn vor dem Sturz bewahrt hatte. Er rieb sich die linke Hüfte, während er mit leerem Blick zu mir niedersah. Er machte keine Anstalten, mir aufzuhelfen.

Und erst als ich ihn anfuhr, ob er mir nicht vielleicht mal beim Aufstehen behilflich sein wolle, löste er sich aus der typischen Erstarrung, der Männer nun mal anheimfallen, wenn Unfälle, gleich ob im Haushalt oder mit dem Auto, das männliche Gleichgewicht zerstören, um ihnen für einen kurzen Moment die Illusion ihrer Unfehlbarkeit und Größe zu nehmen.

Er beugte sich nieder, stotterte eine Entschuldigung und zog mich derart ungeschickt zu sich hoch, daß ich sogleich noch einmal stolperte, gegen ihn prallte und, dieserart am Fallen gehindert, schließlich an seiner Brust landete, den Geruch seines Parfüms Greeneye in der Nase und von zwei kräftigen Händen gehalten. Da standen wir nun gleichermaßen schockiert und starrten uns an, bis er mir zugleich schüchtern und bestimmt eine Haarsträhne aus dem Gesicht strich, die sich mir beim Sturz über das rechte Auge gelegt hatte.

So banal begann eine meiner schmerzhaftesten Affären, deren Narben bis heute immer wieder aufbrechen, sobald man an ihnen rührt. Albert nämlich gab Anlaß zu weitreichenden Hoffnungen. Groß, schlank und durchtrainiert, mit hoher Stirn und einem schmalen, doch vielversprechenden Mund, dem man die Lust an herb-sanften Spielereien ansah.

Noch dazu war Albert ein Mann, bei dem ich zum Entsetzen der Runde im Pasalino sämtliche damals kursierenden Ratgeber von *Wie angle ich mir einen Mann* bis *Zehn Stufen hin zum Traualtar* getrost abhaken konnte. Schlicht und ergreifend gehörte er nicht jener Spezies an, denen Frauen sich als Wild präsentieren, um möglichst elegant gejagt zu werden. Traumziel: Traualtar. Mit anderen Worten: Bei Albert mußte ich nicht künstliches Desinteresse vortäuschen, um seinen Jagdinstinkt zu aktivieren. Ich durfte mich mit ihm spontan zum Essen treffen, ohne Gefahr zu laufen, nie wieder angerufen zu werden. Ein Faux pas in den Augen der geschwätzigen Autorinnen, die diese Art Bedürfnis nach spontanem Kontakt strikt mit der roten Karte belegten. Ich sprach mit ihm sogar über die Zukunft, wohlgemerkt die unsere. Und er lief nicht panikgeschüttelt davon. Im Gegenteil, er schlug mir vor, gemeinsam ein Haus nahe der Außenalster zu erwerben. Ein Schmuckstück aus rotem Backstein mit

verwildertem Garten, das die Besitzer zwangsverkaufen mußten. Wir hätten es zu einem Schleuderpreis erwerben können.

Albert also widersprach schlicht und ergreifend jenem Gerücht, das besagt, die Herren der Schöpfung wollten geradezu
zwanghaft selbst die Initiative ergreifen und erst bei genügend
Verweigerung aktiv werden. Als ob Frauen, die eine gewisse
Stufe in der beruflichen Hierarchie erklommen haben, sich
nichts Besseres vorstellen konnten, als sich raffinierte Pläne zum
Erwerb eines Mannes auszudenken und sich darum zu scheren,
ob und wann und von wem sie geheiratet werden.

Zumal ich mir verbat, mir von irgendwelchen übergeschnapp-
ten Society-Ladys und Pseudopsychologinnen erklären zu lassen,
wir sollten uns doch wieder aufs jahrhundertealte Ritual dümm-
licher Weibchen zurückziehen. Wo doch jeder weiß, daß die
großen Frauengestalten des 18. und 19. Jahrhunderts, etwa Madame Pompadour oder George Sand, vor allem wegen ihrer Unabhängigkeit, ihres Verstandes und ihrer selbstverständlichen
Sexualität geliebt und verehrt worden sind. Was also sollen auf-
geweckte Frauen wie ich mit Männern, die ich erst zum Jagen
verführen soll und die mir, dergestalt auf den Leim gegangen, ja
wohl kaum das Wasser reichen können? Da ist doch das Ende
der Liebe schon in ihrem Beginn programmiert – allen Frauen-
zeitschriften und Stufenplänen zum Trotz.

Kurz und gut, Albert war für mich die Krönung aller Männer.
Er hatte ein schmales Gesicht, in dem ein Dreitagebart sein Un-
wesen trieb und mir an langen Abenden so manche Unannehm-
lichkeit bereitete. Seine blaugrauen Augen, in denen normalerweise eine distanzierte Unterkühltheit saß, konnten nicht
darüber hinwegtäuschen, daß der Mann herzlich, kultiviert und
ironisch wie nur wenige war. Und er hatte diese herrlichen Krähenfüße an den Augen, die von jeder Menge Humor und Ge-
lächter zeugten. Er war vierundfünfzig Jahre alt, als wir uns be-
gegneten, einmal geschieden und ohne sogenannte Altlasten,
versteht sich.

Der Mann hatte nur einen Fehler.

Er liebte Frauen, und er konnte ihnen nicht widerstehen. Ich glaube, in den zwölf Monaten unserer Liebesbeziehung hat er nebenher mit jeder Schauspiel-Elevin, die ihm über den Weg lief, zumindest eine Nacht verbracht. Von den beiden sinnlich-monströsen Hauptdarstellerinnen seines damals aktuellen TV-Mehrteilers ganz zu schweigen.

Mich kostete das Nerven und Schlaf. Und zwar jede Menge. Ich hörte irgendwann auf, all die Nächte zu zählen, die ich mich ruhelos im Bett wälzte, weil Albert weder bei sich noch bei mir oder in den Hotels an den Drehorten aufgetaucht war. Irgendwann hörte ich auf, ihn zu fragen, wo er gewesen sei. Es wurde mir zu anstrengend, mich einem zumal lausigen Lügner auszusetzen. Und es nutzte auch so gar nichts, daß er immer wieder betonte, es läge sicherlich nicht an mir. Na klar lag es das nicht. So viel Selbstverständnis sei mir bitte zugestanden.

Ich warf ihn raus. In einer filmreifen Szene knallte ich ihm während eines aufgeregten Wortduells über sein permanentes Fremdgehen meinen ältesten Aschenbecher an den Kopf, stürzte, mindestens ebenso geschockt wie er, auf ihn zu, um ihn zu trösten und mich vieltausendmal zu entschuldigen. Während er sich die Schläfe rieb, an der sich ein Blutfaden Richtung Wange bewegte, nahm ich seinen Kopf in die Hände, mit Tränen der Scham in meinen weitaufgerissenen Augen, und wollte ihn und wohl auch mich trösten. Bis mir in Hundertsteln von Sekunden bewußt wurde, was ich da gerade getan hatte, vor allem aber, weshalb. Und so ließ ich seinen Kopf los, holte aus und knallte ihm noch eine.

Tja, das war es dann. Da begriffen sowohl er als auch ich, daß ich keine Szene abgeliefert hatte, sondern es ernst meinte. Er drehte sich um und ging. Und verschwand damit aus meinem Leben, wie er gekommen war. Mit einem Unfall. Oder so was ähnlichem, jedenfalls.

All das lief in mir ab, während ich weiter mit Frau Ulm parlierte.

»Kommen Sie schon, Frau Ulm. Sagen Sie Braunwald einfach, meine Mutter sei verunglückt. Ich hab' jetzt weder die Zeit noch die Nerven, über eine intelligentere Ausrede nachzudenken. Und Sie wissen doch, daß es meiner Mutter immer noch hervorragend geht. Sie hatten sie doch letzte Woche in der Leitung.«

»Ach, Frau Block.«

»Frau Ulm, wenn einer rausfliegt, dann ich. Sie überleben immerhin seit achtundzwanzig Jahren so ziemlich jede Art von Chef.«

Ich konnte sie nicht beruhigen, bekam sie aber immerhin dorthin, wohin ich sie haben wollte. Sie würde Braunwald ausrichten, ich müßte dringend für drei Tage heim.

Ich legte auf und lehnte mich im Taxi zurück. Ich hatte eine Verschnaufpause verdient. Ich schloß die Augen.

»Kann es sein, daß Sie jemand verfolgt?«

»Wie bitte?« Ich öffnete die Augen. Mein Blick traf im Rückspiegel auf den des Taxifahrers, der mich aufmerksam musterte.

»Ich fragte lediglich, ob Sie sich vorstellen können, daß Ihnen jemand folgt.«

»Wer soll mir denn folgen?« Meine Stimme klang schläfrig entspannt.

»Ich mein' ja nur. Der grüne Fiat hinter uns schoß quasi aus einer Parklücke gegenüber Ihrem Haus, als ich mit Ihnen losfuhr. Seither folgt er uns. Die letzte Ampel nahm er sogar bei Rot, nur um uns nicht zu verlieren. Kann natürlich auch sein, der hat's einfach nur genauso eilig wie Sie.«

»Sie sollten nicht so viele schlechte Krimiserien gucken. Da lernt man nur Scheiße.«

»Wenn Sie wollen, fahre ich mal kurz auf die Esso-Tankstelle hinter der nächsten Kreuzung. Und wenn ich mich irre, na ja, dann irre ich mich eben.«

»Von mir aus. Tun Sie, was Sie nicht lassen können. Garantieren Sie mir einfach nur, daß wir rechtzeitig zum Flughafen kommen.«

Ohne zu blinken, bogen wir hinter der Ampel in die Tankstelle ein.

Ich hörte quietschende Bremsen, und dann schoß der Fiat auch schon hinter uns her den Zapfsäulen entgegen. Eins war schon mal klar. Egal, wer uns da beobachtete, ein Profi war er nicht. Und außerdem konnte er nicht Auto fahren. Mit einem ohrenbetäubenden Krachen kollidierte das leichtgewichtige Gefährt mit der erstbesten Zapfsäule. An der flog lediglich ein Zapfhahn runter. Der Fiat aber war im Eimer.

»Warten Sie mal kurz.«

Ich stieg aus und sah mir das Fahrzeug aus der Nähe an. Die Motorhaube hatte sich nach oben verschoben, Stoßstange und Kühlergrill waren hinüber, Wasser floß auf den Asphalt.

Hinter dem Lenkrad richtete sich ein schmales, blondes Bürschchen langsam auf. Er war höchstens achtzehn, wenn überhaupt. Sein Gesicht hatte die unangenehme Bekanntschaft mit dem Lenkrad gemacht. Aus der einst wohl schmalen, jetzt kräftig gedunsenen Nase rann Blut, das sich inzwischen bis auf seine Jacke vorgearbeitet hatte. Vorher allerdings hatte das Rinnsal Gesellschaft bekommen. Die rechte Augenbraue war ebenso aufgerissen wie seine Oberlippe, und die Stirn zierte eine hühnereigroße Beule, durch die sich gleichfalls ein Hautriß zog. Mit anderen Worten: der Typ war blutüberströmt. Außerdem verabschiedete sich sein rechtes Auge gerade hinter einer prächtigen Schwellung.

Ich versuchte, die Fahrertür zu öffnen. Sie hatte sich durch den Aufprall so verzogen, daß daran nicht zu denken war. Ich ging auf die Beifahrerseite. Auch die Tür ließ sich nicht öffnen.

In der Zwischenzeit war der Tankstellenbesitzer aufgetaucht und im Laufschritt wieder abgezogen, um die Ambulanz, die Polizei und die Feuerwehr zu benachrichtigen.

Ich ging einmal um das Auto herum. Der Typ kurbelte die Scheibe runter.

»Was soll das? Spielst du Detektiv?«

»Ich, äh, ich sollte nur aufpassen, was Sie machen.« Die Sätze verließen den geschwollenen Mund stammelnd, von hastigen Atemzügen unterbrochen.

»Und wer hat's dir aufgetragen?«

»Mein Onkel.«

»Und wer ist das, bitte?«

»Na, Charlies Vater.«

Mir klappte die Kinnlade runter. Das war ja wohl der Witz der Woche.

»Und weshalb, bitte schön?«

»Na, weil Charlie mal wieder ausgerissen ist. Und weil wir dachten, sie würde sich bei Ihnen verstecken. Und irgendwann mußte sie ja mal Ihr Haus verlassen.«

»Und wieso bist du dann mir gefolgt?«

»Weiß ich auch nicht. Ich wollte einfach nur sehen, wohin Sie fahren.«

»Zum Flughafen. Und heute abend bin ich wieder hier. Und richte Charlies Vater aus, ich wüßte auch nicht, wo sie sich verkrochen hat. Ich weiß nur eins: Bei mir war sie schon seit Wochen nicht mehr. Und seit Wochen habe ich auch nichts von ihr gehört. Paß auf, ich hab's eilig. Wenn die Bullen kommen, sag ihnen, ich würde das Unfallgeschehen bezeugen. Aber nur, wenn es unbedingt sein muß. Für dich wäre es nämlich am besten, du würdest aussagen, du seiest einfach nur völlig verträumt auf die Tankstelle gefahren, und da hätte es auch schon gekracht. Aber wenn du mich da mit reinziehen mußt, sag ihnen, ich käme morgen früh, denn jetzt muß ich zum Flughafen.«

Ich lachte. Ich lachte Tränen, als ich mich wieder umdrehte und auf das Taxi zurannte, mich in den Fond warf und dem Fahrer sagte, er solle machen, daß wir wegkämen.

Ich sah im Rückspiegel, wie der Tankstellenbesitzer aus der Tür trat, uns, fassungslos mit den Armen fuchtelnd, hinterherrannte, schließlich aufgab, sich abrupt umdrehte und zum Auto des Jungen zurücktrabte. Ich hoffte inbrünstig, daß er die Autonummer des Taxis nicht erkannt hatte und daß der Junge mit der Aussage durchkam. Ich hatte keine Lust, schon wieder als Zeugin bei der Polizei aufzukreuzen. Man soll sich da nicht öfter sehen lassen als unbedingt notwendig.

Immerhin verlief der Rest meines Ausflugs zunächst komplikationslos.

Ich bekam den Flieger auf den letzten Drücker, verschlief den Flug und holte mir in Palma bei Hertz das reservierte Auto, einen dunkelblauen Z3, mein Lieblingsmodell von BMW.

Ich rauschte durch eine gluthelle, mittagsträge Landschaft, genoß den strahlendblauen Himmel, den Fahrtwind und das Gefühl, ein selten schönes Auto unterm Hintern zu haben.

Kurz nach zwei fuhr ich die mit uralten Pinien gesäumte Allee zu einem prachtvollen, schloßähnlichen Anwesen empor. In typisch mallorquinischem Gelb gehalten, leuchtete mir ein neoklassizistisches Gebäude entgegen, dessen strenge Architektur so gar nichts mit der auf Mallorca weitverbreiteten maurischen Kultur zu tun hatte. Konische Säulen trugen ein Vordach, das sich bis zum ersten Stockwerk hinaufreckte. Die gleichmäßig angeordneten Fenster umrahmten klassizistische Stuckfassungen. Zwei ausladende Treppen wanden sich links und rechts dem von Säulen gesäumten Portal entgegen und trafen sich auf einer weitläufigen Terrasse, auf denen Bougainvillea in riesigen Terracotta-Töpfen dunkelviolett erblüht waren.

Ich betrat die klimatisierte Empfangshalle des Privatsanatoriums durch das sechsflügelige Portal und dachte flüchtig daran, daß Gordon Winslet dieses imposante Anwesen ein Matratzenlager genannt hatte. Idiot!

Hinter dem marmorgefaßten Tresen begrüßte mich eine rundliche Schwester, die mir in gebrochenem Deutsch und mit weitausholenden Gesten, die ihre üppigen Brüste bedrohlich zum Schwanken brachten, erklärte, wie und wo ich Pete fände.

Ich dankte und machte mich auf durch sonnenbeschienene, mit üppigem Grün dekorierte Korridore, bog um Ecken, lief durch Schwingtüren, die sich automatisch und geräuschlos öffneten und schlossen. Einzig meine Schritte auf den rötlichgoldgelben Terracottafliesen hallten in einer Stille, die zu verkünden schien, daß das Gebäude von seinen Bewohnern längst aufgegeben worden sei. Ich fühlte mich unbehaglich. Und dann stand ich in der Tür zu Petes Zimmer.

Pete saß reglos im Rollstuhl am Fenster, der Tür den Rücken zugewandt.

»Ich habe dich die Auffahrt hochkommen sehen.«

Ich ging auf ihn zu, legte ihm meine Hände von hinten auf die Schultern, beugte mich zu ihm und preßte meine Wange an seine.

»Es tut mir leid, Pete.«

»Du kannst mich auch zu dir drehen. Ich schaff's nur nicht.«

Ich richtete mich wieder auf, und während ich den Rollstuhl zu mir drehte, begann ich etwas verlegen: »Entschuldige, ich weiß gar nicht, was ich tun oder sagen soll.«

»Irmi. Ich lebe ja noch. So was kommt eben vor. Ist so 'ne Art Berufsrisiko.«

Ich musterte seine Beine. Die dunkelgraue Leinenhose spannte sich über dem Verband, der augenscheinlich vom rechten Knie bis zum Beinansatz reichte. Ich starrte auf seine beiden bandagierten Hände. Ich konnte den Blick nicht abwenden.

»Was sind das für Schweine? Ich meine, wieso machen die so was? Das sind doch Foltermethoden aus den allerschlechtesten Mafia-Movies. Das ist doch unfaßbar.«

Meine aufgebrachte Seele pumpte die Sätze aus meiner Lunge hin zu einem von so viel Streß überforderten Stimmband. Die Stimme kippte weg. Brach einfach ab.

»Irmi, beruhige dich. Die sind eben sauer. Und ich hab' offensichtlich nicht genug aufgepaßt.«

»Scheiße. Du solltest ans Aussteigen denken.« Meine Stimme mühte sich redlich, sich nicht wieder davonzumachen. Halbwegs gelang ihr das auch. Dennoch schossen die Sätze immer noch etwas kurzatmig aus mir heraus.

»Es kann ja wohl nicht angehen, daß die dich derartig verstümmeln. Und wer weiß, was die sich das nächste Mal einfallen lassen. Wer war das überhaupt?«

»Irmi, das ist doch unwichtig.«

»Wieso ist das unwichtig? Die durchschießen dir den Oberschenkel, kappen deine Fingerkuppen, und du sagst, es sei unwichtig, wer sie sind. Tickst du noch richtig? Mal abgesehen davon, daß du mich da mit reingezogen hast. Und zwar spätestens, seitdem ich hier bin. Und da soll ich ahnungslos durch die Gegend rennen?«

Pete sah mich an, sog für einen kurzen Moment die Lippen zwischen die Zähne, was seinem Kinn zu monströser Länge verhalf.

»Hast du zufällig einen Kaugummi dabei?« Das Kinn entspannte sich zu normaler Form und Größe.

Ich kramte in meiner Tasche in der Annahme, keines bei mir zu haben. Aber was tut man nicht alles, um einem lädierten Freund zumindest durch einen demonstrativ guten Willen einen Gefallen zu tun.

Ich persönlich haßte es, auf diesem zähen Brei herumzumahlen, so wie ich es auch haßte, anderen bei ihrem Hochleistungskauen zuzusehen. Besonders abstoßend fand ich es, wenn die Leute, gedankenversunken und gänzlich dem Mahlen ihrer Ober- und Unterkiefer hingegeben, vergaßen, ihren Mund zu schließen. Ein widerlicher Anblick.

Nur mitunter stopfte ich mir heimlich, ganz heimlich, eine dieser weißlich-grauen Stangen, ohne Zucker, versteht sich, in den Mund, in der Hoffnung, meinen Alkoholatem zu neutralisieren. Ich weiß, das ist irrational. Hat man es zu einer alkoholgeschwängerten Fahne gebracht, täuscht kein Kaugummi darüber hinweg. Allerdings unterlief mir nie dieses abstoßende Kaugummikauen mit offenem Mund. Da sei auch Gott vor.

Ich fand eines in der kleinen Seitentasche und wollte es ihm geben, als mein Blick auf seine bandagierten Hände fiel. Die Hand mit dem Kaugummi verharrte mitten in ihrer Bewegung, hing bewegungslos zwischen ihm und mir.

»Irmi, jetzt sei nicht so überempfindlich. Pack es aus, und steck es mir einfach in den Mund.«

Ich sah auf den schwerverletzten Mann herunter, bzw. auf dieses umgebaute Wesen, und – ob Sie es nun glauben oder nicht – es durchrollte mich einfach eine Welle der Wärme und Sympathie.

Ich mochte Pete wegen dieser sensiblen Momente. Ich genoß das behagliche Gefühl, daß er selbst in der größten Not mehr an sein Gegenüber dachte als an sich selbst. Und es trieb mir die Tränen in die Augen.

Ich hatte begonnen, das Kaugummi auszupacken, als die ersten Tränen meine Wange herunterliefen, den Hals entlangglitschten und schließlich irgendwo im Gewebe meines Blazers oder T-Shirts versiegten. Die Nase fing natürlich auch an zu laufen, und ich zog den Schleim wie ein Gossenkind hoch. Ein widerliches Geräusch, das mir unangenehm war.

Pete nahm meine Hände mit dem halbausgepackten Kaugummi zwischen seine beiden bandagierten und zog mich zu sich runter. Das war das Ende. Ich kniete da vor dem Rollstuhl und heulte zum Gotterbarmen. Und kein noch so striktes Selbstverbot konnte verhindern, daß die Anspannung der letzten Monate sich in diesem Tränenstrom einen Kanal suchte.

Zwischendurch gelang es mir, das Kaugummi auszuwickeln, und ich stopfte es ihm schluchzend in den Mund.

Pete hatte die Arme um meinen Hals gelegt, mich dicht zu sich herangezogen, und der Geruch der sterilisierten Bandagen vermengte sich mit dem seines Parfüms. Dazwischen taumelte der Geruch seines sonnengewärmten Körpers und der der Bougainvillea, deren Duft durch das geöffnete Fenster drang. Ich fühlte mich wie ein kleines Kind, das schutzsuchend nach der

Geborgenheit der mütterlichen Arme sucht. Es schien mir absolut unpassend, dennoch konnte ich nichts dagegen tun.

Also heulte ich am wohlgerundeten Bauch dieses tuntigen Killers und wünschte mir in diesem Moment der Schwäche nichts so sehr wie das Wahrwerden diverser Wunder. Etwa, daß wir niemals gemordet und Pete niemals getroffen hätten. Ja, trotz all der Zuneigung wünschte ich mir auch das. Und natürlich, daß wir niemals hier in diesem mediterranen Hospital gelandet wären.

Ich wußte schon, während all diese Gefühlsfetzen durch mein Gehirn eilten, wie albern, dumm und unprofessionell sie waren. Ich konnte sie dennoch nicht unterdrücken.

Schließlich gelang es mir, mich aus seinen Armen zu winden, aufzustehen, nach einem der Kosmetiktücher auf seinem kleinen Nachttisch zu greifen, mir die Tränen aus dem Gesicht zu wischen – und endlich wieder halbwegs ich selbst zu sein.

»Wo ist denn hier das Bad?« Ich musterte den Raum, den ich bislang nicht wahrgenommen hatte und der herrschaftliche Ausmaße besaß, also etwa fünfunddreißig Quadratmeter groß und sehr luxuriös eingerichtet war. Ein zweitüriger Schrank, eine bezaubernde Kommode und ein weitausladendes Bett präsentierten sich in englischem Biedermeier. Helle, geflammte Kirsche, wunderschön gemasert und an den Kanten schwarz abgesetzt. Dem Fenster gegenüber stand eine exklusive schwarzweiß gestreifte Couch vor einem ovalen Tischchen mit einer sandgestrahlten Glasplatte. Ein üppig gefüllter Obstkorb ließ darauf schließen, daß Pete sich aus Vitaminen nichts machte. Der Korb sah völlig unberührt aus. Zwischen Couch und Kommode stand eine riesige Bodenvase, aus der sich eine bunte, scheinbar wildwuchernde Blumenpracht erhob.

»Das Bad ist gleich hier neben uns. Die Tür dort in der Wand.«

Kaum wahrnehmbar hatte ein gerissener Architekt die Badezimmertür in die Wand neben dem Fenster eingelassen.

Ich ging darauf zu und fand mich sogleich in einem Marmorbad. Champagnerfarben und von feinster Qualität. Denn allen Gerüchten zum Trotz haben nicht nur die Italiener die Kunst feinster Kacheln entwickelt. Nein, die Spanier stehen ihnen in nichts nach, auch wenn ihre Kachelproduktion nicht den weltweit hervorragenden Ruf genießt.

Ich schwappte mir kaltes Wasser ins Gesicht, das kühlte und entspannte, zog mein Kosmetiktäschchen aus der Handtasche und restaurierte mein Gesicht, so gut es eben mit leicht flatternden Händen ging.

»Und wer war das nun?« fragte ich Pete, als ich aus dem Bad zurück ins Zimmer trat.

Ein Lächeln stahl sich von seinen Augen in die Mundwinkel.

»Du gibst niemals auf, was?«

»Pete, jetzt mal im Ernst. Was bedeutet diese Geschichte? Und versuch gar nicht erst, mich nicht ernst zu nehmen, nur weil ich eben meine heulenden fünf Minuten hatte. Sie sind vorbei, Pete. Erklär es mir einfach. Und zwar so, daß ich es verstehe.«

»Mädel, das meiste weißt du doch. Ich hab's dir doch schon erzählt. Und du weißt auch, daß ich deshalb weg mußte. Das Problem ist nur, daß ich selbst nicht weiß, wer es war. Vielleicht die Konkurrenz, vielleicht der Kanzlist.«

Mein Kopf zuckte kurz zurück, wieder vor, die Augenbrauen zogen sich zusammen, die Augen verengten sich.

»Wieso der Kanzlist? Der hat mich doch hergeschickt.«

»Ja, Irmi, sicher. Klar. Aber vielleicht sind wir nur das Bauernopfer. Vielleicht war schon mein Bruder nur ein Bauernopfer. Vielleicht opfert er uns, damit er endlich wieder in Ruhe den Geschäften nachgehen kann, die ihm das große Geld bringen. Vielleicht bin ich ihm nur noch lästig. Vielleicht will er das Geschäft mit den Ehegatten nicht mehr. Fragen, Fragen, Fragen. Ich habe keine Antworten.«

»Aber wieso sollte er wissen, wo du bist, mich hierherschikken – und dich doch umbringen wollen? Das klingt doch völlig absurd.«

189

»Ja, klar. Aber ich konnte doch nur ihn anrufen. Dich hab' ich ja nicht erreicht.«

»Aber wie konntest du ihn anrufen, wenn du der Überzeugung bist, er wolle dir ans Leben?«

Pete lachte auf, warf den Kopf zurück, fischte nach seinem tanzenden Pferdeschwanz und dirigierte ihn sich mit den bandagierten Händen galant über die Schulter.

»Wir waren mal sehr eng befreundet. Und auch wenn es bekloppt klingt: Er würde mir niemals etwas tun, wenn ich verletzt bin und ihn um Hilfe bitte. Wenn, dann schlägt er erst später wieder zu. Falls er überhaupt dahintersteckt.«

»Aber das verstehe ich nicht. Das ist doch völlig idiotisch.«

»Irmi, falls er dahintersteckt, weiß er, daß er mich jederzeit wieder treffen kann. Aber da wir lange zusammengearbeitet haben, schuldet er mir natürlich auch einiges. Und das zahlt er zurück. Um so leichter hat er es, wenn ich wieder putzmunter bin.«

»Du meinst, er zahlt seine Schulden, nur um dich dann ohne Gewissensbisse ins Jenseits zu befördern?«

»So ähnlich.«

Es verschlug mir die Sprache. Das will schon einiges heißen, wie Sie inzwischen wissen sollten.

Da stutzt man ihm erst die Fingerkuppen, dann wird er geschützt – und gegebenenfalls schlußendlich gemordet.

Völlig bescheuerte Welt.

»Sag mal, weshalb haben die dir eigentlich all das angetan? Ich meine, weshalb haben die dich nicht einfach erschossen? Was wollten die eigentlich wissen?«

Pete sah mich an und griff mit seinen dicken Bandagen nach meiner Hand.

»Das ist ja das Problem. Das eben weiß ich auch nicht. Wissen wollten sie, wer mich verfolgt, wer alles was weiß und wer das Killerkommando ist, das die Ehemänner beseitigt. Und dann ging's noch um einen Koffer.«

»Was für einen Koffer?«

»Das erzähle ich dir später. Komm, laß uns abhauen.«

»Trotzdem ist es merkwürdig.«

»Na ja, so merkwürdig nun auch nicht. Denn selbst der Kanzlist weiß lediglich, daß ich mit dir befreundet bin. Mehr nicht. Aber Irmi, laß uns jetzt fahren. Ich muß hier raus.«

Das verstand ich. Also klingelte ich nach der Schwester, bat sie, mir einen Pfleger zu schicken, der mir helfen sollte, Pete ins Auto zu hieven. Zwischenzeitlich verstaute ich ein paar Äpfel, Mandarinen und einige der kleinen, sehr aromatischen Bananen in meiner Tasche. Ich liebte das frische Obst dieser Insel.

Ich schob Petes Rollstuhl zur Rezeption, wo er das Geschäftliche erledigte, sich herzlich für die aufmerksame Betreuung bedankte, und dann saßen wir auch schon in dem Mietwagen und fuhren ans Meer. Unser Heimflug ging erst in vier Stunden, und so dachten wir, es wäre doch schön, mal kurz einen Blick aufs Wasser zu erheischen.

Niemand folgte uns. Jedenfalls soweit ich das beurteilen konnte.

Kurz nach drei kamen wir am verwilderten Strand nahe Porto Christo an. Ein absoluter Geheimtip, wie ich von vielen früheren Ausflügen wußte. Zumal es möglich war, auf einem breiten Pfad, der sich zwischen aufragenden Felsen über Jahrtausende hinweg einen Weg gebahnt hatte, bis ans Meer hinunter zu fahren. Kaum jemand kannte diese idyllische Ecke. Nur vereinzelt traf man zwischen den aufragenden Felsen ein paar wagemutige Nackte, die die Abgeschiedenheit für ein Ganzkörpersonnenbad nutzten. An diesem Nachmittag aalte sich nur eine ältere Dame in einem dunklen Badeanzug auf einem der entlegenen Felsen.

Ich fuhr mit dem Auto fast bis ans Wasser.

Die Sonne brannte noch immer, aber ein lauer Wind machte die Nachmittagshitze erträglich.

Ich stellte die Sitze etwas zurück, so daß wir unsere Gesichter bequem der Sonne entgegenstrecken konnten.

»Wir müssen aufpassen, sonst verbrennen wir hier bis zur Unkenntlichkeit.«

Wir dösten eine Weile schweigend vor uns hin. Ich schälte die Bananen und fütterte Pete damit. Gegen seinen Willen. Aber da mußte er durch. Vitamine halten Leib und Seele zusammen. Oder so ähnlich. Auch ein Spruch meiner Mutter. Obwohl der im Original lautete: Essen und trinken hält Leib und Seele zusammen.

»Erzähl mir, was sie mit dir gemacht haben, wenn du schon nicht sagen willst, wer es war.«

»Du wirst es nicht wirklich wissen wollen.«

»Pete, hör auf, mich wie eine Idiotin zu behandeln. Erzähl's mir einfach.«

»Okay, aber ich hab' dich gewarnt.«

Pete hielt sein Gesicht in die Sonne, ich ebenfalls.

»Ich bin also gestern hierhergefahren, um eine Weile in Ruhe nachzudenken. Ich habe das Ticket auf den Namen Pierre Decroix nach Mallorca gebucht. Ich fuhr mit dem Auto nach München, um ganz sicherzugehen, daß mir niemand folgt. Ich wechselte immer wieder die Autos.« Er sah zu mir und grinste. »Du kennst die Nummern doch aus deinen geliebten amerikanischen Thrillern, nicht wahr?«

Ich nickte. »Und weiter?«

»Ich mietete die Autos jedesmal unter einem anderen Namen. Wie du weißt, bin ich mit Pässen und Führerscheinen bestens ausgerüstet. Ich war mir also sicher, daß mir niemand folgt. Wirklich niemand. Ich kam in Palma an und mietete bei Hertz ein Auto. Ich war völlig entspannt und das erste Mal seit langem richtig ruhig. Ich fuhr also los Richtung Norden, nach Andratx. Ich hatte dort schon vor ein paar Tagen eine Finca gemietet. Von Deutschland aus. Auch auf den Namen Decroix. 15000 Hektar Land drumrum, keine Nachbarn, kein Personal. Nur ich und jede Menge Olivenbäume. Sehr idyllisch übrigens. Die Idylle währte exakt eine halbe Stunde. Dann kamen sie. Am hellichten Tag. Ich

lag gerade am Pool, als sie in einer Limousine den Feldweg hoch-
kamen. Es hatte absolut keinen Sinn zu fliehen. Ich wußte es, und
sie wußten es auch. Sie waren zu dritt. Und sie trugen Masken,
schwarze Masken, die mit Schlitzen für Augen, Mund und Nase.
Sie gaben mir als erstes irgendeine Spritze. Ich war sofort weg. Als
ich aufwachte, saß ich auf einem Stuhl, die Hände hinter der
Stuhllehne gefesselt, die Augen verbunden. Ich hatte keine Ahnung, wohin sie mich gebracht hatten.«

»Aber was wollten sie denn nun?« Ich unterbrach Pete. Das
Ganze dauerte mir entschieden zu lange.

»Das hab’ ich dir doch schon gesagt. Wer den Russen auf dem
Gewissen hat, wer die Aufträge für mich erledigt – und vor allem wollten sie natürlich wissen, wo das Geld ist.«

»Welches Geld?«

Von Geld hatte Pete im Sanatorium keineswegs gesprochen.
Nur von diesem ominösen Koffer. Ich war mir sicher, denn ich
litt weder an Alzheimer noch an Rinderwahnsinn. Mein Gehirn arbeitete normal, und ich durfte davon ausgehen, daß es
noch nicht die Konsistenz von Naturschwämmen angenommen hatte und auch nicht von pfenniggroßen Löchern durchzogen war.

Pete schwieg.

»Los, Pete, welches Geld?«

»Das frage ich mich ja auch schon die ganze Zeit. Der Russe,
den sie da entleibt haben, der kam gerade von irgendeiner
Transaktion zurück. Er soll drei Millionen Dollar im Koffer gehabt haben.«

»In dem Koffer von vorhin? Über den hast du aber vorher nie
gesprochen.«

»Ich sagte dir doch schon: Ich hatte keine Ahnung.«

»Soll das heißen, jemand von deinen eigenen Leuten hat dich
reingelegt?«

»Muß wohl so sein.«

»Und nun?«

193

»Weiß ich auch nicht. Jedenfalls glauben sie jetzt, daß ich es nicht habe. Wär' ja auch blöd von mir, mich wegen dieser drei Millionen so zurichten zu lassen. Und so bescheuert kann ja wohl nicht mal ich sein, oder?«

»Doch, du schon! Und was haben sie nun mit dir angestellt?«

Ich fragte das mit der routinierten Neugierde einer Nachbarin, die sich nach dem Wohlergehen der Familienmitglieder erkundigt.

»Irmi, sie haben mir als erstes den Oberschenkel durchschossen. Aber das half ihnen nichts. Ich wußte einfach nichts. Also konnte ich nichts sagen. Und über euch wollte ich auch nichts sagen. Kannst du dir ja denken – oder? Na ja, fairerweise muß ich zugeben, später hab' ich wohl doch was ausgeplaudert.«

»Willst du damit auf deine zurückhaltend-vornehme Art etwa andeuten, sie wüßten über uns Bescheid?«

»Ich weiß es nicht.«

»Wie, du weißt es nicht? Was soll das denn bedeuten?«

Ich kannte Mißhandlungen tatsächlich nur aus Filmen wie fast jeder Mitteleuropäer. Ich war weit entfernt davon, mir vorzustellen oder gar nachzuempfinden, wie die Realität aussieht. Ich war zivilisiert. Meistens. Ich lebte in einem zivilisierten Land. Folter gab es nicht.

»Sieh mich an, Irmi. Sie haben mir eine Fingerkuppe nach der anderen entfernt. Mit einem Skalpell. Zwar scharf, aber trotzdem wünsche ich das meinem ärgsten Feind nicht. Ich wurde immer wieder ohnmächtig. Kannst du dir ja vorstellen.«

Ich nickte fassungslos.

»Ich hab' geschrien, ich hab' um Gnade gebettelt, ich hab' geweint. Ich bekam irgendwann irgendwelche Drogen oder Beruhigungsmittel. Ich hatte keine Kontrolle mehr über mich, ob du das nun verachtest oder nicht. Ich kann's nicht ändern. Auch wenn es mir leid tut, ich mich dafür selbst vierteilen könnte.«

»Aber heißt das nun, sie wissen von mir und Ira und Hannah?«

»Ihr solltet davon ausgehen. Aber eigentlich ist das gar nicht wirklich wichtig. Es geht um diese Millionen. Darum, wer sie hat. Ich glaube, alles andere ist für die Nebensache.«

»Wie lange ging das überhaupt?«

»Ein paar Stunden nur. Lange kann's nicht gedauert haben. Allerdings hatte ich kein Zeitgefühl mehr. Aber genau weiß ich es wirklich nicht.«

»Und wie bist du ins Sanatorium gekommen?«

»Sie fuhren mich hin. Sie luden mich gegen zwölf vor der Klinik ab und fuhren davon. Das gab vielleicht einen Aufruhr. Meine Güte. Das gesamte Personal bis zur letzten Putzfrau muß da draußen um mich rumgesprungen sein. Die Leute sind so neugierig. Man glaubt es nicht.«

»Aber das macht doch keinen Sinn, dich da abzuliefern.«

»Doch, klar. Tot nutze ich denen nämlich nichts. Tot mach' ich nur Ärger. Sie müssen die Leiche beseitigen, mit Nachforschungen rechnen etc. Aber lebend, kann ich mir vorstellen, soll ich sie zu dem Koffer führen.«

Wir schwiegen. Ich mußte das Ganze erst mal verdauen. Pete auch. Er war offensichtlich erschöpft. Er lag neben mir in der Sonne, die Augen geschlossen.

»Hi.«

Ich schnellte hoch, blinzelte gegen das grelle Licht, drehte noch halb benommen den Kopf und nahm im Gegenlicht eine hühnenhafte Bodybuildergestalt wahr, die sich über den vor Schreck erstarrten Pete beugte.

»Keine Sorge, ich tu' nix.«

Sehr beruhigende Einleitung.

Der Typ richtete sich auf, zuckte bedauernd mit testosteronschweren Schultern unter einem türkisgemusterten Viskose-Hemd, das locker über einer Jeans hing, und grinste uns unter dunklen Mammutaugenbrauen an.

Pete und ich musterten den bulligen Typen, der mit seinem

beeindruckenden Body da an der Autotür lehnte, als sei er unser bester Kumpel.

Auf den zweiten Blick wirkte der Kerl tatsächlich nicht bedrohlicher als ein Pitbull, dem gerade seine Herzdame über den Weg gelaufen war.

»Ich bin Tommy.«

Er fischte in seiner Jackentasche nach einem Päckchen Zigaretten, fummelte mit groben, ungepflegten Händen nach einer Zigarette und rammte sie sich in den Mund.

Reden schien keine seiner Stärken zu sein.

»Ich soll auf euch aufpassen.« Er nuschelte es zwischen Lippen und Zigarette zu uns rüber.

»Und wer hat das angeordnet?« fragte Pete neben mir. Sein Gesicht glänzte inzwischen fettig-verschmiert. Schweißperlen hatten sich auf seiner Stirn und in den Labialfalten zwischen den Mundwinkeln und Nasenflügeln gesammelt.

»Na, wer schon? Was meinen Sie?«

»Gordon?« fragte Pete, er erhielt aber keine Antwort. »Und wieso haben wir Sie bislang nicht bemerkt?«

Die Zigarette klemmte immer noch beharrlich im linken Mundwinkel. Sollte wohl cool sein, sah aber aus wie eine Billigversion von Humphrey Bogart. Und das lächerlicherweise auch noch im XXL-Format.

»Was glauben Sie denn? Wahrscheinlich, weil ich ein Profi bin.«

»Ups.« Es entglitt mir schneller, als ich denken konnte. Ich schloß den Mund und biß die Zähne aufeinander. Ich wollte nichts mehr sagen. Vor allem nichts, bei dem sich der Typ verarscht fühlen könnte.

Merkwürdig war sein Auftauchen schon. Aber merkwürdig war schon der ganze Tag, einschließlich der Karambolage an der Tankstelle am frühen Morgen. Was wohl aus dem Jungen geworden war? Wahrscheinlich hatte ihn Charlies Vater kräftig zusammengeschissen. Ich verbot mir, weiter darüber nachzudenken.

Tommy nahm die halbaufgerauchte Zigarette aus dem Mund und rieb sie an der Sohle seines Cowboystiefels aus, bis von der Glut nichts mehr übrig war als dunkler Schmier, Papierreste, krümelnder Tabak und ein zerfetzter Filter. Er klopfte sich die Finger ab und pulte mit dem Daumennagel seiner linken Hand unter den Fingernägeln seiner rechten nach Ascheresten.

Pete wischte sich derweil mit seiner bandagierten Linken über das Gesicht. Wenn die Kommunikation in der Geschwindigkeit weiterging, würden wir glatt unseren Flieger verpassen.

»Und weshalb machen Sie sich erst jetzt bemerkbar? Ausgerechnet jetzt?« fragte ich.

»Weil ich echt keine Lust mehr habe. Ich soll auf Sie achten, aber nicht unbedingt heimlich. Ich denke, wir können getrost gemeinsame Sache machen. Ich hab' nämlich schlicht und ergreifend Hunger. Verraten Sie mir, wie lange Sie noch hierbleiben. Dann kann ich mir etwas zu essen besorgen. Und anschließend begleite ich Sie zu Ihrem Flieger.«

»Das war ja ein ganzer Vortrag.« Ich grinste ihn abschätzig an.

»Passen Sie auf, was Sie sagen. Vor allem auch, zu wem. Mitunter können solche Sprüche nämlich buchstäblich ins Auge gehen. Und nehmen Sie einfach zur Kenntnis, daß ich Sie auch nicht beleidige. Also lassen Sie das besser. Okay?«

Aha. Der Typ hatte Manieren. Langsam wurde ich neugierig auf ihn.

»Wir bleiben vielleicht noch 'ne halbe Stunde. Dann aber müssen wir los.«

»Fein. Dann fahr ich jetzt mal.« Sprach es, machte auf seinen Absätzen kehrt und stapfte mit seinen spitzen Stiefeln durch die Felsen davon.

»Wir müssen hier weg, Pete. Und wir sollten auch nicht zum Flughafen fahren.«

Abrupt drehte ich mich zu Pete, kaum daß der Typ unseren Blicken entschwunden war.

»Werd jetzt nicht hysterisch, Mädel.«

»Pete, der ist doch nie im Leben echt. Der stinkt doch zum Himmel wie ein sechs Tage alter Fisch.«

Pete drehte sich zu mir und legte mir unbeholfen seine bandagierte Pranke auf die Schulter.

»Irmi, jetzt mach mal halblang. Weshalb sollte er sich uns zu erkennen geben, gerade jetzt, wo wir nach Hause fliegen, wenn er uns anscheißen will?«

»Aber der sieht so was von unecht aus. Und wie der redet. So redet doch kein normaler Mensch.«

»Wer ist denn schon normal, Irmi? Aber wenn der irgendwas im Sinn hätte, wäre der hier nie im Leben alleine aufgetaucht. Das wäre unprofessionell.«

»Und wenn ich doch recht habe?« sagte ich mit einem leichten Schmollen in der Stimme.

»Jetzt mach mal halblang. Wirklich. Klar kann der von der Konkurrenz sein. Aber ich glaube, die haben keinen Grund mehr, hinter mir her zu sein. Die wissen, daß ich ihnen alles gesagt habe, was ich weiß. Die können sich in Deutschland zurücklehnen und warten, bis ich sie dort zu dem Koffer führe. Verstehst du?«

»Na ja, aber immerhin ist es doch möglich, daß du gelogen hast.« Ich drehte mich langsam aus seiner Umarmung, lehnte mich nach vorn und suchte seine Augen. »Oder etwa nicht?«

»Irmi. Niemand, absolut niemand läßt sich so zurichten. Das hält man nicht aus.«

»Und warum hast du es dann getan? Warum hast du nicht gleich am Anfang ausgepackt? Warum mußten sie dich erst so verstümmeln?«

»Weil ich, gelinde gesagt, ein ganz natürliches Interesse daran habe weiterzumachen. Unbehelligt. Ich habe nämlich keine großen Rücklagen – oder gar Pensionsansprüche. Zumindest nicht besonders viele. Kannst du mir folgen? Ich muß an mein Alter denken, an meine Zukunft. Diese Jobs, unsere Jobs, garantieren mir schlicht und ergreifend meine Rente. So blöd wie das auch klingen mag.«

»Ziemlich hochbezahlter Versuch der Unabhängigkeit«, murrte ich, noch immer nicht recht überzeugt, daß dieser Tommy nichts anderes als unser Bodyguard sein sollte.

»Und wenn er vom Kanzlisten ist und der dich wirklich im Visier hat?«

»Daran könnte ich nichts ändern. Wir können nur abwarten, was passiert. Das ist alles.«

»Wir sollen also in Ruhe warten, bis dieser Berggorilla zurückkommt?«

»Was Besseres fällt mir jedenfalls nicht ein. Zumal es ihn in Sicherheit wiegen würde, sollte er uns Übles wollen.«

Nicht wirklich beruhigt, schickte ich mich in das Unvermeidliche, lehnte mich zurück, schloß die Augen und versuchte krampfhaft, die Sonne und das leise Schwappen der Wellen zu genießen.

»Hi, ich bin wieder da.« Ich war überrascht von der Schnelligkeit, mit der er zurück war. Ich hatte gar nicht gewußt, daß in unmittelbarer Nähe eine Imbißbude war.

Tommy stand vor uns, eine Riesentüte Pommes in der Linken, die Rechte fischte nach den Stäbchen und schob sie in den Mund. Ich war erstaunt. Er agierte wesentlich graziler, als die großen ungepflegten Hände vermuten ließen.

Ich sah genauer hin und schüttelte mich unwillkürlich.

Noch so einer, der sich Pommes mit Ketchup und Mayonnaise reinzog. Schreckliche Angewohnheit.

Ich hatte nie rausfinden können, ob die Deutschen sich das bei den unterbelichteten Durchschnittsamis abgeguckt hatten oder bei den nicht weniger bescheuerten Dänen mit ihren albernen Hot Dogs. Aufgemotzt wurde der Würstchen-Labberkram mit getrockneten Zwiebeln, Gurkenscheiben, Mayo und Ketchup. Aber vielleicht hatten die Dänen das auch von den Amis, und wir hatten es von den Dänen. Keine Ahnung.

Jedenfalls hatte ich mal Ira danach gefragt. Ich hatte geglaubt, Mütter pubertierender Jungs müßten so was wissen. War aber nicht so. Sie hatte mich nur ziemlich irritiert angeguckt.

»Sagen Sie mal, weshalb haben Sie eigentlich Mayonnaise und Ketchup in Ihrer Wundertüte?«

»Wie bitte?«

Tommy guckte mich saudämlich an.

Pete glotzte nicht minder dämlich zu mir rüber.

»Ich meine, weshalb entscheiden Sie sich nicht für Mayonnaise oder Ketchup?«

»Sie haben vielleicht Probleme.« Tommy schüttelte irritiert seinen Gorillakopf.

»Ich meine ja nur. Vergessen Sie es einfach wieder. Es ging mir nur so durch den Kopf. Beides zusammen schmeckt doch absolut scheußlich.«

»Wieso schmeckt das scheußlich?« meldete sich Pete zu Wort. »Ich esse das nur so, wenn ich es esse.«

»Entschuldige, wenn ich etwas direkt werde. Aber bei dir erwartet man nichts anderes.«

Ich grinste ihn an und streichelte seinen erquicklichen Bauch, der sich hochgezüchtet unter seinem Hemd abzeichnete.

Pete schob meine Hand weg. »Hast du das in deiner Kindheit etwa nicht gemocht?«

»Das ist doch völlig egal, was ich in meiner Kindheit wie gegessen habe. Irgendwann trennt sich doch wohl jeder von seinen Kindheitssünden.«

»Offenbar aber nicht.« Das war Tommy. »Wissen Sie, viele Gewohnheiten behält man ein Leben lang bei.«

»Zum Beispiel?«

»Zum Beispiel, nicht laut zu rülpsen, obwohl einem von der angestauten Luft im Magen fast schlecht wird. Oder nicht öffentlich in der Nase zu bohren, obwohl es viele Autofahrer an den Ampeln dennoch tun, also ein grundsätzliches Bedürfnis nach der Bohrerei vorhanden ist. Oder man liebt Kohlrouladen, den sonntäglichen Braten oder das zerkochte Gemüse seiner Kindheit. Und allen Diätratschlägen zum Trotz verzehrt man Omas Rouladen, obwohl man weiß, daß die fetttriefende Soße die Cholesterinwerte in schwindelerregende Höhen treibt.«

Das war ja ein ganzer Vortrag. Meine Fresse, der konnte ja denken und das Gedachte zu ganzen, sinnvollen Sätzen zusammenbauen. Pete, der wohl ahnte, was mir da durch den Kopf schoß, rammte mir seinen Ellenbogen in die Seite.

»Sie brauchen sie nicht anzustoßen. Ich bin mir sicher, ich weiß, was Sie beide denken. Man wird leicht unterschätzt, wenn man wie ich wenig redet. Oder nur kurze Sätze formuliert.«

»Sind Sie zufällig Psychologe?« Ich legte die ganze mir zu Verfügung stehende Arroganz in diesen Satz.

»Nein, Verhaltensforscher.«

»Was? Äh. Wie bitte?«

Mir stand der Mund offen. Erinnerte mich stark an Sylvester Stallone, der in einem seiner neuesten Filmprojekte den belesenen Wissenschaftler im Kampf gegen eine Horde als ausgestorben geltender Löwen spielen wollte. War auch so eine Lachnummer. Ein Hau-drauf-Macho mimt den Intellektuellen. Aber das war immerhin Kintopp. Der Typ hier aber war aus dem wirklichen Leben.

Ein Bodyguard – oder was auch immer –, der vorgab, Verhaltensforscher zu sein. Und aussah, als ob er sein gesamtes Vermögen am Muskelstrand von Daytona Beach für Pillen und Spritzen auf den Kopf gehauen hatte und mit der geistigen Anstrengung für das Erstellen des Pillencocktails mehr als ausgelastet gewesen war.

Außerdem widersprach seine Behauptung entschieden meinem tiefverwurzelten Glauben, Augen und Hände erzählten über einen Menschen mehr als Automarke oder Klamotten.

Das Exemplar vor uns hatte bäuerliche Hände. Eindeutig. Und nicht die Hände eines Gelehrten oder Schreibtischtäters, welcher Couleur auch immer. Eher sahen sie so aus, als würden sie jeden Stift zermalmen und jede Computertastatur das Fürchten lehren, sie gar zertrümmern, sobald sie ihr zu nahe kamen. Außerdem waren seine Fingernägel ungepflegt und schwarzgerändert.

Er grinste zu mir herunter, als hätte er meine Gedanken gelesen, kaum daß ich begonnen hatte, sie aus den Tiefen meiner Intuition hervorzuholen.

»Glauben Sie mir. Es ist eine perfekte Tarnung. Mal abgesehen davon, daß die Pranken bei uns in der Familie vererbt werden. Dagegen kann man sich nicht wehren. Ich komme aus einer alten Bauernfamilie. Während meiner ganzen Kindheit mußte ich ran – Ställe ausmisten, Holz hacken, Kühe melken, Unkraut jäten. Je nach Alter und Saison.«

»Und weshalb arbeiten Sie nicht mehr in Ihrem Beruf?«

»Wer sagt denn, daß ich das nicht tue?«

Er runzelte die Stirn, was seine buschigen Augenbrauen zwar zu einer wunderbar gewölbten Sichel formte, ihnen aber nichts von ihrer Bedrohlichkeit nahm.

»Ich denke, Sie schützen Leute – oder beobachten sie.«

»Genau.«

»Was genau?«

»Ich beobachte Menschen. Nichts ist aufschlußreicher als Leute, die sich unbehaglich fühlen, Angst haben oder sich einbilden, Angst haben zu müssen. Das Resultat beziehungsweise ihr Verhalten in solchen Situationen ist meistens dasselbe.«

»Scheiße«, entfuhr es mir nach einem Blick auf meine Armbanduhr. »Pete, wir müssen los, sonst verpassen wir den Flieger.«

»Verzeihen Sie«, Pete wandte sich Tommy zu, »aber wir müssen jetzt los.«

»Na, denn mal zu. Ich werde hinter Ihnen herfahren.«

Er nickte uns beiden zu und stapfte erneut durch die Felsen davon. Ich wendete den Wagen und wollte ihm folgen, konnte ihn aber nirgendwo entdecken. Weiß der Geier, hinter welchem Gestein der sein Auto geparkt hatte.

Auf der Straße angekommen, bog ich nach links und war kaum hundert Meter gefahren, als ich im Rückspiegel Tommy in einem schwarzen Suzuki ausmachte. Offenes Verdeck, röhrendes Radio. Weder war er zu überhören noch zu übersehen. Er hatte sich ein dunkelblaues Tuch um den massigen Schädel gewürgt, unter dem sein halblanges, dunkles Haar im Fahrtwind flatterte. Wie ich ebenfalls bemerkte, baumelte eine Zigarette in seinem linken Mundwinkel. Ohne sie ein einziges Mal herauszunehmen oder die Asche abzustreifen, paffte er sie in Windeseile auf Stummelgröße zusammen und schnippte sie gedankenlos auf die Fahrbahn. Manieren hatte der Mann auch keine.

Ich beschloß, den Fahrtwind zu genießen, und ohne Zwischenfälle kamen wir am Flughafen von Palma an. Bei Hertz stand für Pete ein Rollstuhl neben einem jungen Mann vom Bodenpersonal bereit. Tommy half dem schmächtigen Jüngling, Pete aus dem Auto in den Stuhl zu hieven, grinste mir zu und erklärte ungerührt, wir würden in demselben Flieger nach Hamburg sitzen. Seine Mission – er sagte tatsächlich Mission – sei nun vorüber.

Jovial bugsierte er uns in die klimatisierte VIP-Lounge, wo uns ein beflissener Kellner mit frischgepreßtem Orangensaft und Kanapees erfreute. Wir, Pete und ich, waren viel zu sehr mit diesen Köstlichkeiten beschäftigt, die ich ihm, eine nach der anderen, in den Mund schob und mit Saft hinunterspülte. Ich bemerkte zunächst gar nicht, was Tommy da von sich gegeben hatte. Erst im Flieger neben einem wohlig schlafenden Pete wurde mir bewußt, ich meine richtig bewußt, daß Tommy von einer Mission gesprochen hatte. Und eine Mission schien mir etwas bedeutsamer zu sein als die drei oder vier Stunden Beobachtung am Strand.

Ich drehte mich zu Tommy um, der eine Reihe hinter mir saß, und bedeutete ihm, sich neben mir in der ersten Reihe niederzulassen. Den Mittelplatz hatte die Lufthansa nicht vergeben. Pete benötigte mit seinen bandagierten Händen und dem min-

203

destens ebenso dick bandagierten Knie mehr als nur eine Sitz-
breite, um bequem zu reisen. Daß er überaus bequem reiste, das
demonstrierte sein leises, doch vernehmliches Schnarchen.

»Sagen Sie, Tommy«, begann ich, als er neben mir in den Sessel fiel, »weshalb sprachen Sie von einer Mission?«

»Na, weil es eine war, Gnädigste.«

»Ich meine, die paar Stunden Beobachtung bezeichnet doch
kein Mensch als Mission. Was also haben Sie auf Mallorca gemacht?«

»Nichts weiter. Sie lediglich beobachtet.«

»Was heißt beobachtet? Und wie lange ging das überhaupt?«

»Na, seitdem Pete da war, was glauben Sie denn?«

Ich traute meinen Ohren nicht. Abrupt drehte ich mich zu
ihm, griff nach seinem rechten Handgelenk und bohrte meine
kurzen, widerstandsfähigen Fingernägel in die empfindliche
Haut gleich neben dem Puls.

»Das ist nicht Ihr Ernst.« Meine Stimme vibrierte.

»Doch. Sicher. Klar. Ich sollte ihn beobachten. Auf keinen Fall
eingreifen.«

»Wollen Sie damit andeuten, Sie hätten Pete die ganze Zeit
beobachtet und die ganze Tortur von diesen Scheißkerlen mit-
angesehen?«

»Nein, das natürlich nicht.«

»Himmel, Arsch und Zwirn. Könnten Sie vielleicht wieder in
ganzen Sätzen reden? Und zwar so, daß ich begreife, was da eigentlich abgegangen ist?«

Tommy befreite sich behutsam, aber nachdrücklich aus meinem schmerzhaften Griff und rieb sein Handgelenk, dessen Innenseite der Abdruck dreier meiner Nägel zierte. Gedankenlos
massierte er die Stelle, während er sprach.

»Dazu müßte ich weiter ausholen.«

»Nur zu, tun Sie sich um Gottes willen keinen Zwang an. Wir
haben noch etwa drei Stunden Flug vor uns.«

Nicht nur meiner Stimme konnte man mein Genervtsein ent-

nehmen. Meine Stirn verzog sich mal wieder zu einem Faltengebirge, zwischen den Augenbrauen machte sich eine Art
Grand Canyon breit.

»Schauen Sie nicht so grimmig drein. Ich bin tatsächlich Verhaltensforscher. Und ich bin ein Freund von Gordon Winslet.
Wir haben mal vor Urzeiten zusammen in Berlin studiert.«

»Wieso, wie alt sind Sie denn überhaupt?«

»Ich bin neunundvierzig. Gordon müßte fünfzig oder ein-
undfünfzig sein. Wenn es denn das ist, was Sie interessiert. Auf
jeden Fall haben wir beide in Berlin Jura studiert.«

Ich machte den Mund auf, um ihn erneut zu unterbrechen.
Aber er winkte nur ab und bedeutete mir zuzuhören.

»Ich ging nach München. Da hab' ich dann Psychologie und
Neurologie studiert. Und nur damit Sie's wissen: Ich hab' einen
Abschluß als Neurologe. Verhaltensforschung aber wurde mein
Hobby. Über das ich später dann promovierte. Und mich noch
später übrigens habilitierte.«

»Wie! Sie sind doch nicht etwa Professor oder irgend so
etwas?«

Ein Schlägertyp, Ende Vierzig, mit Doktortitel. Das war
mehr, als ich und mein Verstand ertragen konnten. Also ließ ich
ihn reden.

»Wir haben uns damals aus den Augen verloren. Und so lebte
ich mein bescheidenes bürgerliches Leben mit zwei Ehen, beide
gescheitert und kinderlos übrigens. Bis vor einem Jahr hatte ich
einen gutdotierten Vertrag an der Berliner Uni als Professor. Sie
haben also recht mit Ihrer Vermutung, auch wenn Ihre Frage äußerst ungläubig klang.« Er schenkte mir ein Lächeln, das unter
den dicken Brauenwülsten lustig und nett aus den Augen schoß.

»Aber dann warf mich eine Art Sinnkrise aus dem festgezurrten,
gemütlichen Leben. Jedenfalls hängte ich letztes Jahr alles an den
Nagel. Ich stellte eines Tages fest, daß ich vor lauter Gesetteltsein
nicht mal mehr registrierte, daß mein Bauch immer schlapper,
meine Beine immer müder wurden. Also nahm ich eine Auszeit,

die ursprünglich auf ein Jahr befristet war. Allerdings habe ich sie gerade verlängern lassen.«

Während er mir das erzählte, beobachtete er meine Reaktionen. War ja klar. Nur saß ich da und zuckte nicht mit der Wimper. Vielleicht kräuselte ich das ein oder andere Mal die Stirn. Andere Reaktionen aber hatte ich nicht parat. Ich war viel zu überrascht. Echt überrascht, so im Sinne von gänzlich paralysiert vor lauter Ungläubigkeit.

»Also«, fuhr er fort, »ging ich zurück nach Hamburg, belegte diverse Fitneßkurse und machte innerhalb eines halben Jahres ein paar Trainerscheine. Ich war selbst erstaunt, wie schnell das ging. Wahrscheinlich kam mir entgegen, daß ich früher mal für die Leichtathletik-Auswahlmannschaft der Uni aufgestellt worden war. Also Leistungssportler war, seitdem ich denken kann. Tja, dann heuerte ich bei einer sogenannten Personenschutz-Firma an und machte eine zweimonatige Intensivausbildung. Und traf Gordon wieder. Zufällig. Ich wußte nämlich nicht, daß er der Besitzer des Ganzen ist. Und Gordon engagierte mich dann vor etwa vier Monaten als persönlichen Berater, oder wie auch immer Sie das nennen wollen. Und deshalb bin ich hier gelandet.«

»Wissen Sie eigentlich, welcher Art Gordon Winslets Geschäfte sind?«

»Das läßt sich kaum vermeiden. Denn normalerweise bin ich für seinen ganz persönlichen Schutz zuständig.«

»Und es stört Sie nicht, was er so macht?«

»Stört es Sie?«

»Ich weiß nicht viel«, räumte ich ein. »Nur das, was Pete mir erzählt hat. Daß er eine große Nummer sei in irgendwelchen merkwürdigen Geschäften, die gemeinhin als illegal gelten dürften.«

»Wollen Sie mir jetzt weismachen, daß Ihnen diese Auskunft gereicht hat?«

»Mir blieb bisher kaum eine andere Wahl.«

»Warum sind wir nicht einfach ehrlich zueinander?«

Na, klasse, Pete, du alte Schachtel, dachte ich. Und sagte: »Aber ich bin ehrlich. Was glauben Sie denn?« Klang wohl nicht überzeugend.

»Sie sind doch seine private Killerkanone.«

»Wollen Sie wohl Ihren verdammten Mund halten?«

Hektisch erhob ich mich etwas aus dem Sessel und schaute mich um, ob das jemand gehört haben könnte.

Niemand natürlich. Die Stewardessen bereiteten gerade die Getränkewagen vor, direkt vor mir blockierte die Kabinenwand zum Ausgang die ganze Sicht, und die Reihe hinter uns war bis auf Tommy nicht besetzt gewesen.

Trotzdem breitete sich in mir Panik aus, stieg vom Kopf durch die Luftröhre irgendwo in Richtung Magen hinab. Ja, sie stieg nicht – wie man vielleicht vermuten könnte – von unten aus dem Magen in meinen malträtierten Schädel. Im Kopf nahm sie ungeniert als erstes Platz und schubste so ziemlich jede der Fröhlichkeit zugeneigte Gehirnzelle in die düsterste Abseite.

Meine Hilflosigkeit brachte Tommy zum Lachen. Ich stocherte mit den Fingern in meinem Schoß, bis er seine Hünenhände beruhigend auf meine wuselig hantierenden Finger legte.

»Hören Sie, egal, was Pete denkt. Gordon will ihn aus der Sache raushaben. Unbeschadet, versteht sich. Die zwei sind Freunde. Auch wenn man Gordon echte Freundschaft nicht zutraut. Er hätte Pete lediglich geopfert, wenn es nicht anders gegangen wäre. Schließlich hängen an dem Unternehmen jede Menge Arbeitsplätze. Sehen Sie es einmal unter dem Aspekt.«

»Aber woher wußten Sie, daß Pete nach Mallorca geflogen ist?«

»Weil wir ihn beschattet haben, selbstverständlich.«

»Aber er hat mir doch gerade heute nachmittag erzählt, daß ihm von Hamburg nach München niemand gefolgt ist.«

»Das spricht für unsere Fähigkeiten, finden Sie nicht?«

Er lächelte und fuhr fort: »Ob Sie es nun glauben oder nicht. Wir wußten in jedem Moment alles über Petes Schritte.«

»Ja, aber entschuldigen Sie, Pete ist doch weder blöd noch ein Anfänger. Er hätte doch mit seiner Erfahrung bestimmt gerochen, wenn ihm jemand gefolgt wäre.«

»Das mag sein. Aber es gibt heute Möglichkeiten, den Aufenthaltsort von jemandem zu kennen, ohne daß Sie ihm explizit folgen. Im Zeitalter von Satelliten und High-Tech können Sie in jedem Schuhabsatz x-beliebiger Größe einen Sender deponieren. Sender, die Sie überall hinführen, da Sie über den Satellitenfunk eine Reichweite haben, von der Sie nur träumen können. Glauben Sie mir, wir haben nicht mal das teuerste Überwachungsgerät. Aber es gibt Möglichkeiten, von denen Sie nicht mal was ahnen.« Er lachte mich an. »Wir mußten ihn nicht mit einem Auto verfolgen. So altmodisch sind wir nicht.«

»Und wenn er nun seine Schuhe gewechselt hätte?«

»Ja, und? So viele hat er ja nun auch nicht. Außerdem ist Pete bekannt dafür, daß er meistens in seinen Cowboystiefeln rumrennt. Und davon besitzt er exakt fünf Paar.«

Ich beugte mich nach vorn und sah Pete auf die Füße. Klar trug er Cowboystiefel. Schwarz, sehr spitz und wie immer aus feinstem Leder. Schlangenleder. Mit Silber besetzt, ganz sicher maßgefertigt und sauteuer. Davon konnte man sich tatsächlich nur eine begrenzte Anzahl erlauben.

Als mein Kopf wieder hochkam, sah ich Tommy neben mir grinsen. »Reingefallen, meine Liebe.«

»Wieso? Was meinen Sie damit?«

»Ich meine, Sie sehen zu viele amerikanische Krimis.« Er schenkte mir ein noch breiteres Grinsen und schüttelte amüsiert seinen Kopf. »Hören Sie, die Sache ist ganz einfach. Pete fährt seit mehr als zehn Jahren nach Mallorca. Jedes Jahr mietet er diese Finca unter dem Namen Decroix und glaubt, wir wüßten das nicht. Er ist ein alter Geheimniskrämer. Oder, um es mal deutlicher auszudrücken: Manchmal hat er wirklich eine Schraube locker.«

»Wollen Sie damit sagen, Sie wären ihm nicht mit dem Auto gefolgt?«

»Wozu? Pete fährt niemals woandershin. Und er hält sich für so ausgebufft, daß es schon wieder amüsant ist. Und so lassen wir ihn immer in dem Glauben, wir wüßten nicht, wo er ist.«

»Aber weshalb haben Sie nicht eingegriffen, als er mißhandelt wurde?«

Folter, dieses Wort kam mir einfach nicht über die Lippen. Es klänge auch nach tiefstem Mittelalter. Und wir befanden uns immerhin im Herzen Europas – na, fast. Spätestens aber dann, wenn wir in Hamburg gelandet wären.

»Weil ich in meinem Hotel war. Ich wollte später kurz nach ihm sehen. Denn wir dachten, außer uns wüßte niemand, wo er sich aufhielt.«

»Könnte es sein, daß Sie und Ihre hinreißend professionellen Kollegen zu Arroganz neigen?« Das konnte ich mir unter keinen Umständen verkneifen.

Tommy jedoch reagierte auf diese Provokation gar nicht. Hätte ich mir denken können.

»Hören Sie, hätten wir gewußt, daß ihn jemand im Visier hatte – es wäre niemals so weit gekommen. Schon aus reinem Selbstschutz nicht.«

Das immerhin leuchtete mir ein. Bestätigend nickte ich wie ein braves Schulmädchen mit dem Kopf, was mir mehr als peinlich war, als ich es bemerkte. Blöde Kuh, ich.

»Und woher wußten die anderen nun, wo er sich aufhielt?«

»Wir vermuten, daß jemand Ihre Freundin Hannah gefragt hat.«

»Jetzt werden Sie mal nicht gemein«, unterbrach ich ihn. »Dazu besteht nun wirklich kein Anlaß.«

»Ich bin nicht gemein. Wahrscheinlich hat er bei Ihrer Freundin hinterlassen, wo er ist. Für Notfälle. Wahrscheinlich hat Pete nicht wirklich daran geglaubt, daß jemand darauf kommt, Ihre

Frau Schneider zu befragen, wo er ist. Aber die Leute sind ja schließlich auch nicht blöd.«

Neben uns rekelte sich Pete in seinem Sessel und kam langsam zu sich. Seine bandagierten Hände griffen ins Gesicht, verharrten kurz vor den Augen, die er ruckartig und erstaunt aufriß. Ich legte ihm beruhigend meine Linke auf den Oberschenkel. Er drehte den Kopf zu mir, den Mund sperrangelweit zu einem Gähnen offen.

»Das hab' ich aber gebraucht. Wie lange habe ich denn geschlafen?«

Ein Blick auf meine Uhr sagte mir, daß wir noch eine Stunde zu fliegen hatten.

»Wahrscheinlich anderthalb, zwei Stunden«, beantwortete ich die Frage.

»Und – habt ihr euch gut unterhalten?«

Er beugte sich vor und lächelte Tommy an. Das Lächeln sah allerdings nicht freundlich aus.

»Wie kommt es eigentlich, daß ihr euch nicht kennt, wenn ihr beide doch angeblich Freunde von Winslet seid?«

»Wieso, ist dieser Typ ein Freund von ihm?«

»Behauptet er jedenfalls. Und außerdem ist er Verhaltensforscher.«

»Wollen Sie uns verarschen?« Pete sah mich ebenso erstaunt an, wie ich wohl eine Stunde zuvor aus den Augen geguckt haben mußte.

»Nein.«

»Dann tun Sie es auch nicht.«

Pete hatte sich in den Sitz zurückgelehnt, während er das sagte, drehte mir den Kopf zu und schüttelte ihn mit einem angewiderten Ausdruck in den Augen.

»Ich bin Verhaltensforscher, und ich bin Bodyguard. Und vielleicht haben wir uns nicht kennengelernt, weil Sie Gordon schon seit zwei Jahren nicht mehr außerhalb seines Büros treffen wollten. Ist doch so, oder?«

»Und weshalb sind wir uns nie in seinem Büro begegnet?«

»Erstens, weil Sie nicht sonderlich oft dort waren. Und zweitens, weil ich zwar im Büro bin, mich aber meistens in einem Nebenzimmer aufhalte. Besonders, wenn er Gäste hat. Da bin ich mit Gordon nur per Knopfdruck verbunden. Falls er mich braucht.«

»Was ist denn das für ein Job? Da hängen Sie den ganzen Tag in einem Zimmer und warten ergeben auf das Klingelzeichen Ihres Chefs?«

»Nicht ganz. Nebenbei ist das Nebenzimmer ein privates Fitneßstudio. Eingerichtet auf dem neuesten Stand. Da trainiere ich täglich ein paar Stunden. Und außerdem schreibe ich gerade ein Buch. Das Notebook liegt auch in dem Raum, um Ihrer Frage zuvorzukommen.«

»Klingt ja mächtig luxuriös.«

»Es ist luxuriös. Selbst Badezimmer und Sauna stehen mir dort zur Verfügung.«

»Und wenn Gefahr dräut, verwandeln Sie sich postwendend vom Geistesarbeiter oder Fitneßfreak zum Rambo.«

»Haben Sie mit der Vorstellung etwa ein Problem?«

Meine Augen begannen von der Klimaanlage zu jucken, meine Nasenschleimhäute schwollen gemächlich, aber unaufhaltsam an. Ich griff nach meiner Umhängetasche, die ich unter meinen Sitz geschoben hatte, zog sie auf den Schoß und kramte nach einem Tempotaschentuch.

Meine Hände berührten etwas metallisch Hartes und ertasteten die Umrisse einer Pistole.

Ich sah Pete an, während meine Hände weiter nach der Pakkung Taschentücher fahndeten. Doch Pete sah nur stoisch zurück, drehte seinen Kopf teilnahmslos Richtung Fenster und starrte hinaus.

Wut stieg in mir auf. Ich knallte die Tasche geräuschvoll unter den Vordersitz zurück. Der Reißverschluß verursachte auf meinem Spann einen unangenehmen Schmerz. Ich griff nach meinem Fuß und rieb die schmerzende Stelle.

»Könntest du mich mal aufklären, was das hier in meiner Tasche soll«, zischte ich vornübergeneigt, »das Ding könnte mir jede Menge Unannehmlichkeiten einbringen.« Ich richtete mich auf und putzte mit mehr Lärm als nötig meine Nase.

»Sei still, um Gottes willen«, zischte Pete zurück.

Dennoch war Tommy unser beginnender Disput nicht entgangen.

»Habt ihr ein Problem? Soll ich vielleicht mal kurz verschwinden?« mischte er sich ein.

»Ja, tun Sie das.« Ich hörte auf, meine inzwischen bis auf den letzten Schleimtropfen geleerte Nase zu schneuzen.

Ich hatte keinen Bock mehr auf Höflichkeit.

Tommy erhob sich aus dem schmalen Sitz, drehte sich um und verschwand etwas ungelenk Richtung Bordtoilette. Seine Beine mußten eingeschlafen sein. Auf den ersten paar Metern taumelte er durch den Gang wie ein angeschlagener Bär. Er hatte einen bezaubernden Hintern. Ich riß meinen Blick los.

»Pete, was soll das? Soll ich deinetwegen in den Knast gehen? Was ist los mit dir?«

»Irmi, werd jetzt nicht hysterisch. Bitte! In der VIP-Lounge wird man nicht kontrolliert. Zumindest keiner von uns. Dafür sorgt Gordon sehr zuverlässig. Oder kannst du dich daran erinnern, daß man dich durch einen dieser Metalldetektoren geschickt hat? Ist dir das nicht aufgefallen?«

»Wie denn, wenn ich noch nie mit seiner Genehmigung – oder wie auch immer du das nennen willst – geflogen bin.«

»Hm. Stimmt auch wieder. Entschuldige. Hab' ich nicht dran gedacht.«

»Gibt es eigentlich irgend etwas, das er nicht manipulieren kann?«

Pete grinste. »Ich glaube nicht.«

Tommy unterbrach unser Gespräch und ließ sich wieder auf seinen Sitz neben mir fallen.

»Seid ihr fertig?«

»Ja«, sagten Pete und ich unisono.

»Macht sieben Jahre.«

»Was, sieben Jahre?« fragte ich zurück.

»Sieben Jahre Zusammenleben natürlich.«

»Das halte ich aber für ein Gerücht.«

»Da kriegt sie aber eine mittelprächtige Panik«, warf Pete ein. »Die Frau ist nicht dran gewöhnt, mit Männern ein Zuhause zu teilen, oder, Irmi?«

Tommy lachte, Pete auch. Ich schwieg. Mich beschlich das unangenehme Gefühl, die beiden hätten mich gerade zum Auslaufmodell erklärt.

So war das mit der männlichen Solidarität. Früher oder später verbrüdern sich die Kerle immer gegen Frauen.

Vorausgesetzt, sie sind in der Überzahl und wiegen sich dergestalt in einer Sicherheit, die ihre Brüderschaft dann nochmals zementiert. Es bedarf eigentlich nur des geringsten Anlasses – und schon bilden sie eine ihrer Cliquen. Hauptsache, sie können uns Frauen möglichst ungeschoren einen beipulen.

Der Vollständigkeit halber sei erwähnt, daß auch Frauen in derartigen Situationen eine vorübergehende Zweckgemeinschaft gründen, wenn sie einen Mann bei sich haben. Der hat unter diesen Bedingungen selbstverständlich auch nicht viel zu lachen. Es sei denn, er zählt einen ausgeprägten Hang zur Selbstironie zu seinen hervorstechenden Charaktereigenschaften. Selbstironie besitzen allerdings meiner Erfahrung nach nur die wenigsten Männer.

Also gut. Die meisten Frauen wissen auch nicht, was das ist.

Ich verweigerte mich dieser Männerbündelei, indem ich Petes Sticheleien im Raum stehenließ und mich in einen erschöpften Dämmerzustand zurückzog.

Als wir schließlich in Hamburg landeten, standen wieder ein Rollstuhl und ein Pfleger bereit, letzterer hievte Pete in das Gefährt hinein. Am Ausgang warteten zwei aufgebrezelte, blonde Frauen, die zielstrebig auf Tommy losmarschierten. Ein breites

Grinsen auf dem Gesicht, beschleunigte er seine Schritte, bis er uns einen halben Meter voraus war und die zwei schließlich gleichzeitig im Arm hielt.

Die Begrüßung währte nur einen Moment. Abrupt ließ er die beiden los, drehte sich um und prallte fast mit Petes Rollstuhl zusammen. Das Gesicht angespannt, beugte er sich zu Pete hinunter und flüsterte ihm etwas zu. Ich war hinter Pete gegangen und schloß zu den beiden auf. Tommy packte mich am Arm und raunte mir mit erstickter Stimme ins Ohr, man habe den Kanzlisten am Nachmittag erschossen in seinem Büro gefunden. Er habe jetzt keine Zeit für Erklärungen. Er müsse schleunigst los.

Mir gefror das Blut. Wir waren in Hamburg in aller Öffentlichkeit eingetroffen. Zu dritt hatten wir eben den Terminal verlassen. Jeder halbwegs normale Mensch würde wissen, daß wir zusammengehörten. Ich starrte Tommy hinterher, der mit weitausholenden Schritten dem Flughafenausgang entgegeneilte. Eine Blondine vor, eine hinter sich. Wie schick, dachte ich noch, als Pete mir mit seinem bandagierten Arm einen leichten Schlag auf den Po verpaßte. Ich hatte seine Anwesenheit völlig vergessen.

Ich drehte mich zu ihm. Unter seiner Bräune war er leichenblaß.

»Laß uns gehen, Irmi«, sagte er, nickte dem Flughafenpfleger zu, der den Rollstuhl Richtung Ausgang schob. Benommen folgte ich den beiden.

Draußen wartete ein Krankenwagen auf Pete.

Bevor er mit seinem Rollstuhl verschwand, umarmte er mich unbeholfen.

»Ich ruf' dich an, Irmi.«

Der Pfleger schob das Gefährt auf eine Plattform und bediente einen Knopf, der an einem langen Seil hing. Die Plattform bewegte sich knapp einen halben Meter nach oben, wo bereits ein zweiter Pfleger wartete, um den Rollstuhl in das Auto zu fahren. Die Türen wurden geschlossen, und das Auto entfernte sich langsam.

Ich sah Pete nie wieder. Im nachhinein habe ich oft darüber nachgegrübelt, ob ich eine Vorahnung hatte oder dergleichen. Hatte ich aber nicht. Ich war viel zu benommen und durcheinander von den Ereignissen der letzten Tage und Stunden.

Ich drehte mich um, nachdem der Krankenwagen angefahren war, und winkte nach einem Taxi. Ich fühlte mich allein und im Stich gelassen.

Ich beschloß, Kowalski einen Anruf zu gönnen, sobald ich zu Hause war. Auf Iras oder Hannahs Geschwätz hatte ich allerdings nicht die geringste Lust.

Zu Hause angekommen, warf ich meine Tasche auf den Korridortisch, streifte die Schuhe ab und ließ mich auf die Couch fallen.

Ich nahm das Telefon und wählte die Kliniknummer. Kowalski war nicht da. Jedenfalls ging niemand ran, nicht einmal Paul, die Nervensäge. Das wunderte mich. Aber vielleicht waren gerade alle zur Abendvisite unterwegs oder tranken einen Kaffee in der Kantine.

Enttäuscht ließ ich mir ein Bad ein. Zu gern hätte ich zumindest Kowalskis Stimme gehört.

Ich kochte mir einen Johanniskrauttee. Der soll ja beruhigen. Ich setzte Teewasser auf und dachte darüber nach, daß ich vielleicht doch meine Angewohnheit ändern und nicht bei der geringsten Irritation einen Drink in mich reinschütten sollte. Zumal es bei einem nicht blieb.

Bis das Wasser kochte, hatte ich jedoch längst allen guten Vorsätzen zum Trotz ein Glas Wein in der Hand. Ich beschloß, den Tee Tee sein zu lassen, und wanderte mit dem Wein quer durch die Wohnung ins Bad.

Im Korridor erhaschte ich im Spiegel einen flüchtigen Blick auf mich selbst: Dunkle Ringe lagen unter meinen Augen. Die Haut hatte einen Ascheton. Ich sah aus, als hätte ich den ganzen

Tag einen Drink nach dem anderen in mich reingeknallt. Hatte ich aber nicht. Im Bad verweigerte ich einen weiteren Blick in den Spiegel. Ich hatte genug gesehen. Ich sah aus wie ein Stück Scheiße.

Das Wasser umhüllte mich warm und weich wie eine schützende Membran. Meine Muskulatur entspannte sich nach und nach, während ich vor mich hindöste. Klare Gedanken waren mir nicht mehr möglich. Nebulöse Fetzen der letzten Tage vermischten sich mit den Erinnerungen an die Ankunft auf dem Hamburger Flughafen.

Das Ganze erschien mir rätselhaft. Durch mein Dösen drang das Läuten des Telefons. Ich ließ es klingeln. Ich hatte keine Lust mehr zu reden. Auch nicht mit Pete, der in diesem Augenblick der einzige war, der etwas Licht in die Ereignisse hätte bringen können. Das Läuten verstummte nach einer geraumen Weile.

Ich stieg aus der wohligen Wärme des Wassers, warf mir meinen Bademantel über, schnappte mir mein Weinglas und ging rüber ins Wohnzimmer. Ich fiel auf die Couch und schlief sofort ein.

Kapitel 15

Ich wachte von einem Geräusch auf, das ich nicht zu identifizieren wußte. Es war kurz vor halb zehn, wie mich ein Blick auf die Displayanzeige meiner Stereoanlage belehrte. Ich hatte fast elf Stunden geschlafen. Allerdings nicht in meinem Bett, sondern auf der Couch im Wohnzimmer. Mir schmerzte der Rücken. Und ich war benommen. Ich versuchte mich zu strecken und meine Glieder zu entspannen, als mich ein neuerliches Geräusch innehalten ließ.

Mir stockte einen Moment der Atem. Etwas kratzte an meiner Wohnungstür. Ich schlich auf Zehenspitzen zu ihr hinüber und spähte durch den Sucher nach draußen. Nichts. Vorsichtig legte ich die Sicherungskette in die Halterung. Vorsichtig bedeutet nicht geräuschlos. Würde sich da draußen jemand verbergen, der mir ans Leder wollte, hätte er schon bei meinem Anschleichen mitbekommen, daß ich gewarnt war. Es ist einfach ein Klischee, daß Menschen geräuschlos zu Türen schleichen.

Vorsichtig drehte ich den Schlüssel herum und öffnete die Tür. Auf meinem Abtreter saß Hannah. Sie hatte die Beine angezogen und mit den Armen umschlungen. Ihr Kopf zuckte zu mir hoch.

»Meine Güte, Hannah, was ist denn mit dir los?«

Sie schüttelte den Kopf.

»Menschenskind, Hannah, was ist los? Sag schon, du siehst ja völlig daneben aus.«

Ich entsicherte die Tür, riß sie auf und beugte mich zu ihr runter. Ich ergriff ihre Arme und zog sie zu mir hoch. Hannahs Körper hatte die nachgiebige Konsistenz einer Gummipuppe. Sie sackte mir einfach zwischen den Armen durch.

»Jetzt reiß dich zusammen und komm hoch. Bitte. Wir müssen rein.«

Ich sah mich suchend im Treppenflur um. Natürlich entdeckte ich nichts. Ein unbehagliches Gefühl beschlich mich dennoch.

Ich zog sie ein zweites Mal zu mir hoch, umfaßte ihre Taille und schubste sie mehr, als daß ich sie stützte, in meine Wohnung. Ihre Arme umklammerten meinen Hals. Ich schloß einhändig die Tür hinter uns, legte unter Mühen die Kette vor und brachte sie ins Wohnzimmer, zur Couch. Sie hockte sich drauf wie eine verstörte Zwölfjährige, die Beine angewinkelt unter den Po geschoben.

»Jetzt sag schon, was los ist.«

»Axel hat eine andere.«

Ich traute meinen Ohren nicht.

»Welcher Axel?«

»Na, Axel, der Journalist.«

Hannahs Sätze kreischten hysterisch durchs Wohnzimmer,

während sie begann, sich in einem Heulkrampf auf der Couch zu winden.

Das kannte ich schon. Heulkrämpfe, Nervenzusammenbrüche, Eisorgien, Diäten, Selbstmordgedanken. Und das alles wegen eines Kerls, den sie wahrscheinlich nicht länger als zwei Wochen kannte.

»Hannah, entschuldige, aber ich weiß von keinem Axel.«

Immer noch Rotz und Wasser heulend, richtete sie sich auf, zog die langen Beine unter dem Po hervor, plazierte sie auf dem Couchtisch und sah mich an.

»Ja, siehst du. Weil du keine Zeit mehr für mich hast. Ständig bist du weg oder gehst nicht ans Telefon.« Sie heulte zwar immer noch, aber immerhin bekam sie sich langsam unter Kontrolle. Ich reichte ihr ein Taschentuch. Sie strich sich die wirr hängenden Haare aus dem Gesicht, putzte sich laut und ungeniert die Nase und wischte sich mit energischen Bewegungen die Tränen weg. Mascara und Eye Shadow bildeten eine unheilige, braunschwarze Allianz auf ihrer Haut.

»Axel kam vor einer Woche ins Pasalino. Ich sah ihn und dachte ›wow, der ist es‹. Und wie er später sagte, hatte er dasselbe von mir gedacht. ›Wow. Die ist es.‹«

»Und wann sagte er das?«

»Nachdem ich es gesagt hatte.«

»Und wann war das?« Ich war gelangweilt. Ich kannte das, was kommen sollte, viel zu genau, und wußte, was sie antworten würde.

»Ich sagte es, nachdem wir zusammen im Bett gewesen waren. Du denkst wohl, ich weiß nicht, worauf du hinauswillst?«

Ich zog ganz leicht die Schultern hoch, grinste und schwieg. Das war das beste, wie ich aus Erfahrung wußte.

Hannah wollte reden und nicht zuhören. Ratschläge wollte sie in diesen Momenten blanker Hysterie schon gar nicht.

»Er rief mich jeden Tag zwei- oder dreimal an. Es war einfach toll. Und heute lud ich ihn zu mir zum Essen ein. Und weißt du, was er sagte? Er könne nicht, seine Freundin käme zu Besuch. Ich dachte, ich steh' im Wald. Er sagte das so, als würde er mir mitteilen, er müsse dringend seine Wäsche in die Reinigung bringen. Als sei es das Normalste von der Welt. Verstehst du?« Hannah vergoß erneut ein paar Tränen. Auch nichts Neues. Irgendwann würde sie ganz aufhören. Darauf konnte ich mich verlassen. Es schien, als hätte sie immer nur ein ganz bestimmtes Kontingent an Flüssigkeit parat.

»Ja, ich glaub' schon. Schieß ihn in den Wind.«

»Hab' ich ja. Ich hab' ihm gesagt, leck mich am Arsch. Aber besser geht es mir deswegen auch nicht. Irmi, warum muß immer ausgerechnet ich an solche Idioten geraten? Das ist doch krank, oder?«

Ich schwieg erneut. Abwartend. Hätte ich ihr zugestimmt, hätte das nur zu einer heillosen Streiterei darüber geführt, daß sie alles andere als bescheuert sei. Und hätte ich es vehement bestritten, hätte sie sich aufgeregt, daß ich eine solche Floskel doch nicht ernst nehmen könne. Gott sei Dank sprach sie weiter, ohne eine Antwort zu erwarten.

»Weißt du, ich versteh' die Männer nicht. Da erklärt er mir, er sei ganz weg von mir. Und dann hat er 'ne Freundin. Ich glaub' das einfach nicht. Und verstehen tue ich es schon gar nicht.«

»Vergiß ihn. Er ist ein Arschloch. Er hat dich angeschissen und benutzt.«

»Aber er war so süß. Am liebsten würde ich das alles rückgängig machen.«

»Hannah, hör jetzt auf, Menschenskind. Da gibt es nichts rückgängig zu machen. Schieß ihn in den Wind, ruf ihn nicht an, triff ihn nie wieder. Nach ein paar Tagen geht es dir besser. Weißt du doch selbst, Mann.«

»Ich will ein Kind und eine Familie. Und jedesmal falle ich auf die Schnauze.« Sie schluchzte erneut auf, während ich aufstand, um ihr aus meiner Tasche im Korridor ein Tempotaschentuch zu holen.

Als ich zurückkam und es ihr herunterreichte, sagte ich: »Ja, weil du jedesmal auf diese Vollidioten reinfällst. Steh doch einfach mal auf andere Männer, auf nette, verständnisvolle. Willst du übrigens einen Milchkaffee?«

Hannah nickte, und ich ging in die Küche, um die Espressomaschine vorzubereiten. Ich füllte gerade das Wasser ein, als Hannah dazukam. Sie nahm zwei Riesenbecher aus einem der Oberschränke, setzte sich an den Küchentisch und wartete, daß der Espresso durchlief und ich die Milch aufschäumte.

»Dauert einen Moment. Das Wasser muß erst kochen.« Ich hantierte mit dem Espresso herum.

»Irmi, ich weiß, es klingt bescheuert. Aber meine biologische Uhr tickt. Ich habe einfach keine Zeit mehr, mir ständig die falschen Kerle an Land zu ziehen.«

Ich ließ mich ihr gegenüber auf einen Stuhl fallen.

»Vielleicht siehst du das einfach zu verbissen. Es wird schon seinen Sinn haben, daß du bislang keine Kinder hast.«

»Ja, und welchen, bitte? Ich hab' ja nicht einmal einen Job, der mich ausfüllt. Das kannst du doch inzwischen knicken, was ich da an Land ziehe. Alle paar Wochen mal ein paar blöde Weiber für einen Katalog oder irgendeine bescheuerte Werbekampagne schminken. Und die Aufträge werden nicht mehr, geschweige denn interessanter. Das weißt du doch ganz genau. Weshalb sitze ich denn bei Pete? Weil ich Geld brauche. Weil mich niemand bucht.«

»Du bist zu teuer.« Es war eine Feststellung, keine Frage.

»Na, sicher bin ich zu teuer. Aber nicht nur das. Da stehen dreitausend Weiber hinter mir. Jung, begabt, nett, billiger. Und vor allem willig, auch noch den letzten Scheiß zu machen oder sich auch noch die blödeste Anmache bieten zu lassen, nur weil der Fotograf schlecht drauf ist oder der Kunde verschnupft. Ich hab' die Schnauze voll von dem Verein.«

»Und das bringst du auch rüber, meine Liebe. Wer will denn schon eine stets schlechtgelaunte Visagistin am Set haben, die zwar routiniert ihren Job macht, aber kaum mehr Spaß hat, geschweige denn verbreitet?«

»Willst du damit sagen, ich sei frustriert?«

»Bist du doch, oder?«

»Ja, bin ich.« Widerwillig gab Hannah es zu. »Aber ich mache meinen Job, und ich mache ihn gut.«

»Und ziehst ständig eine Fresse.«

Während des Gesprächs war ich aufgestanden, hatte uns den Espresso angerichtet, die Milch aufgeschäumt, dazugeschüttet und das Ganze mit einer Prise Kakao versehen. Der Milchkaffee war fertig, und wir rührten in unseren Tassen.

Das Handy klingelte durch die Wohnung. Ich holte es aus dem Wohnzimmer, wo es mal wieder zwischen den Sofakissen rumschwirrte.

Dran war Ira, die sich besorgt nach Hannah erkundigte.

Hannah habe sie angerufen, sie aber keine Zeit gehabt, weil sie an diesem Morgen in Max' Schule die Milchmutter gespielt habe. Sie habe das nicht absagen können. Jedenfalls nicht so kurzfristig. Ich beruhigte sie, wir verabredeten uns für nachmittags im Pasalino.

Hannah rührte noch immer in ihrer Tasse, als ich zurückkam. Die Schultern hingen, die Haare auch.

»Das war Ira. Sie fragte, wie es dir geht, und will sich heute nachmittag mit uns im Pasalino treffen.«

»Nicht das Pasalino. Da werde ich doch nur wieder an Axel erinnert.«

»Jetzt stell dich nicht so an, Mensch.«

Manchmal nerven auch die besten Freundinnen.

»Ich denke, du solltest deine Erwartungen runterschrauben. Vielleicht mußt du dich mal in ganz anderen Kreisen umsehen. Und außerdem: Vielleicht kriegt man das, was man ganz dringend will, sowieso nicht, wenn die Zeit nicht reif ist.«

»Was soll denn der Quatsch? Bist du jetzt auf einem Esoterik-Trip?«

Ich schüttelte den Kopf. »Sei nicht albern. Aber manchmal gehst du mit solcher Verve auf die Männer zu, daß die schon vor lauter Schreck das Weite suchen. Ich meine, vielleicht strahlst du eine gewisse Verbissenheit aus. Vielleicht ahnen die ja mehr, als sie wissen, daß du was von ihnen willst, was sie dir nicht geben können oder wollen.«

»Ach, Männer ahnen? Das ist ja ganz was Neues, besonders aus deinem Mund.« Hannah gluckste kleinmädchenhaft vor sich hin.

»Hannah, jetzt hör auf. Das hat doch keinen Sinn. Du weißt doch ganz genau, was ich meine.«

»Und das wäre?«

»Exakt das, was ich gesagt habe. Du willst so dringend einen Mann und Kinder, daß man das drei Meilen gegen den Wind riecht. Mensch, sei doch mal relaxter. Biologische Uhr hin oder her. Du hast bis jetzt ein klasse Leben gehabt. Wenig Arbeit, viel Freizeit. Keine Verpflichtungen. Guck doch nicht ständig auf das, was du nicht hast. Schau dir lieber an, was du hattest. Im übrigen solltest du mal ins Bad gehen und dir die Schminke abwaschen und irgendwas mit deinen Haaren machen. Du siehst echt schlimm aus.«

Während Hannah im Bad war, wurde mir klar, daß ich nichts von Pete gehört hatte. Ich wählte seine Nummer.

»Hallo, Pete, Irmi hier.«

Er hatte den Lautsprecher eingeschaltet, wohl weil er den Hörer nicht halten konnte.

»Hi. Ich hab' gerade Besuch hier. Ich ruf' dich später an.«

Sprach's und legte auf. Super. Oder auch nicht. Wer weiß, welcher Besuch da gerade im Büro saß. Offensichtlich aber nichts wirklich Bedrohliches, sonst hätte er sich anders verhalten oder gar nicht erst abgehoben. Dachte ich jedenfalls.

Hannah kam zurück. Frischgeschminkt, die Haare zusammengebunden.

»Ist das zufällig meine Spange?«

»Ja, zufällig.«

»Ich will sie aber wiederhaben. Nicht, daß du die in deinem Chaos versenkst.«

»Jaja, jetzt krieg dich wieder ein. Du bekommst sie zurück. Mit wem hast du telefoniert?«

»Mit Pete. Er ruft mich zurück.«

»Den hab' ich noch gar nicht gesehen. Der war irgendwohin verreist.«

»Ich weiß. Er war auf Mallorca.«

»Woher weißt du denn das? Das hat er mir doch unter dem Siegel allergrößter Verschwiegenheit erzählt.«

»Ich hab' ihn gestern abgeholt.«

Hannah stutzte.

»Es ging ihm nicht gut.«

Ich wollte nicht mehr erzählen, sonst würde Hannah nur wieder ausrasten. Und das wollte ich nicht. Diese eine Szene reichte mir durchaus. Aber natürlich hakte sie nach. Und so erzählte ich in groben Zügen die Story. Petes Fingerkuppen ließ ich aus.

Hannah rastete nicht aus. Hannah staunte – und erklärte, was Tommy sich schon gedacht hatte.

»Auweia. Vielleicht bin ich ja schuld dran. Da rief so eine Frau an und wollte wissen, wie sie Pete erreichen könne. Sie plane eine Klassenfeier zum dreißigjährigen Bestehen des Abiturs. Na ja, und da hab' ich gesagt, wie sie Pete erreichen kann. Aber ich kann mir nicht vorstellen, daß die was damit zu schaffen hat. Das war eine so nette Frau.«

Ich sagte nichts dazu. Was hätte ich auch tun sollen? Ausrasten über so viel Naivität?

Obgleich Hannah eine toughe Person war, glaubte sie auch später niemals wirklich, daß sie mit den Ereignissen auf Mallorca etwas zu tun haben könnte. Und ich verkniff mir, sie darauf aufmerksam zu machen. Es hätte nur Szenen über Szenen gegeben, und genutzt hätte es niemandem, wenn Hannah sich schuldbeladen selbst zerfleischt hätte.

Und so sagte Hannah in das Schweigen: »Und was bedeutet das nun alles?«

»Das weiß ich noch nicht.«

»Und welche Rolle spielen wir dabei?«

»Das weiß ich auch nicht. Aber Pete ruft nachher zurück, und dann wird er es mir ja wohl erklären.«

»Sitzen wir zufällig ziemlich tief in der Scheiße?«

»Kann man so sehen. Weiß ich aber auch nicht.«

»Toll. Wirklich toll.« Hannah lief zur Hochform auf. »Weißt du, es kann ja sein, daß ich ein bißchen blöder bin als du und ihr mir deshalb nicht vertraut. Aber um Gottes willen, wenn ihr oder wir in der Scheiße sitzen, dann will ich das nicht eben mal nebenher erfahren. Nicht, wenn ich zufällig vorbeikomme, weil mir zum Heulen ist. Es kotzt mich langsam an. Pete und du, ihr wißt alles. Ihr macht Pläne, beschließt, welcher Typ wann über die Klinge springt. Und Ira und ich, wir sind die blöden Gänse. Zu blöd, um an euren Spielen beteiligt zu werden. Zu blöd, um vielleicht mal von euch in Kenntnis gesetzt zu werden. Weißt du was, mir reicht es langsam. Entweder wir sind Freunde, oder wir schießen unsere Freundschaft auf den Mond.«

Ich stand auf. Nervös lief ich ein wenig hin und her und machte dabei ein paar Streckübungen. Hannah hatte recht.

Pete und ich behandelten die beiden wie unberechenbare Kleinkinder, denen man Informationen in möglichst kleinen Portionen servierte. Nur wenn es um die Gattenmorde ging, dann nahmen wir sie ernst. Sie und Ira.

»Es tut mir leid, Hannah. Es hat sich so entwickelt. Keiner hat das gewollt. Keiner wollte euch verletzen. Keiner denkt, ihr seid Idioten. Das weißt du doch.«

»Dann behandelt uns auch anders.« Jetzt zickte sie doch noch rum.

»Okay. Versprochen. Aber laß mich das vorher mit Pete klären.«

Sie sah mich an. Ihr skeptischer Blick verriet, daß sie mir nicht glaubte.

»Wir treffen uns heute abend mit Pete, und dann klären wir die Sache. Bitte.«

»Okay. Heute abend um sechs bei mir.«

Hannah stand auf, drehte sich im Gehen noch mal zu mir um. »Ich meine das ernst, Irmi. Wenn du uns weiter so behandelst, streiche ich dich aus meinem Adreßverzeichnis.«

Sie ging zur Tür, ohne sich weiter zu verabschieden. Die Tür fiel hinter ihr ins Schloß. Der Schmerz um unsere Heimlichtuereien hatte den wegen Axel, wer auch immer das nun war, verdrängt. Manchmal war sie unberechenbar.

Ich blieb in der Küche. Auch ohne Hannahs Drohung, sie würde mir die Freundschaft entziehen, saß ich in der Patsche. Mal abgesehen davon, daß Braunwald wohl langsam die Nase von mir voll hatte und mir früher oder später sicherlich kündigen würde, waren da noch Pete, die Typen, die uns verfolgten, der tote Kanzlist, Kowalski und natürlich Charlie. Auch wenn ich seit Wochen nichts von ihr gehört hatte. Sorgen machte ich mir trotzdem um sie.

Ich räumte meine Wohnung auf, wusch zwei meiner Kaschmirpullover mit der Hand, warf die Waschmaschine für den Kleinkram an und machte mir noch einen Kaffee. Pete rief nicht zurück. Als ich es mittags nicht mehr aushielt, wählte ich seine Nummer.

»Ich bin es wieder«, sagte ich, nachdem er die Freisprechanlage eingeschaltet hatte.

»Ich wollte dich gerade anrufen. Aber ich hatte Mühe mit dem Telefon. Ist ein bißchen doof, wenn man die Hände nicht richtig benutzen kann.«

»Macht nichts, Pete. Sag einfach, was los ist.«

»Ich hatte heute früh ein langes Gespräch mit Tommy und ein paar anderen Leuten. Tommy steht übrigens hier neben mir. Ich soll dich grüßen. Also Gruß.«

225

»Danke, und weiter?«

»Ich soll den Laden übernehmen. Mich würden die Leute von früher kennen und mir vertrauen.«

»Und, hast du Lust?«

»Nein, nicht wirklich. Ich muß erst darüber nachdenken. Allerdings bin ich eher geneigt, es zu lassen. Gordon ist tot, mein Bruder ist tot. Es ist zu gefährlich. Ich meine, die Russen haben bekommen, was sie wollten, nämlich ein ziemlich großes Stück vom Kuchen. Und wir könnten uns auf das beschränken, was wir machen – und der Ärger hätte ein Ende.«

»Und die drei Millionen?«

»Das ist die einzige Unbekannte in dem Spiel. Ich habe keine Ahnung. Deshalb muß ich erst einmal recherchieren, wo dieses Geld eigentlich abgeblieben ist. Vielleicht kann man sich dann mit denen einigen.«

»Das meinst du doch nicht ernst.«

»Irmi, laß mal, ich muß wirklich erst darüber nachdenken. Aber wir müssen uns heute noch schnell sehen. Ich brauche euch in den nächsten Tagen.«

»Ja, ich weiß. Nur bringe ich diesmal Ira und Hannah mit. Die sind stinkig, weil wir sie nie in unsere Gespräche mit einbeziehen.«

»Von mir aus. Wann und wo?«

»Gegen drei am Bootsanleger. Da sind wir eh im Pasalino verabredet, und ich müßte sie nur eben anrufen, um ihnen zu sagen, daß wir uns woanders treffen.«

»Okay. Bis dann also.«

Er legte auf. Ich rief Ira an und erklärte ihr, daß wir uns mit Pete an der Alster träfen. Sie stöhnte ein bißchen rum, rein rhetorisch, versteht sich, denn sie fühlte sich durchaus geschmeichelt, daß wir sie endlich wieder zu unseren Treffen dazubaten. Sie versprach, Hannah abzuholen, die ich nicht erreicht hatte. Wahrscheinlich war sie gegen ihren Männerfrust shoppen oder ein Eis essen gegangen. Irgendwann würde sie schon zu Hause aufschlagen.

Kurz vor drei stieg ich in mein Auto. Irgend etwas kam mir komisch vor. Ich dachte kurz an dieses Arschloch, das mich vom Dammtor bis in meine Wohnung verfolgt hatte, und fragte mich, ob er sich vielleicht an meinem Auto zu schaffen gemacht hatte. Ich verwarf den Gedanken. Ich hatte zu viele Krimis gesehen. Weshalb sollte sich jemand an meinem Auto zu schaffen machen? Mitten in Deutschland? Das war doch hirnrissig. Ich sollte besser aufpassen, nicht neurotisch zu werden.

Außerdem hatte ich an anderes zu denken.

Pünktlich um drei trafen Hannah, Ira und ich an der Bank am Bootsanleger ein.

Wir warteten eine geschlagene halbe Stunde auf Pete. Marcy freute sich ein Loch in den Bauch, tobte er doch gleich nebenan auf der Hundewiese mit einem Jagdhund, der sechsmal größer und schwerer war als er selbst.

Ira, Hannah und ich warteten zunehmend enttäuschter. Pete erschien nicht. Ich versuchte, ihn in seinem Büro anzurufen, aber niemand nahm ab, und so beschlossen wir, inzwischen beunruhigt, in seine Detektei zu fahren, um nachzusehen, was los war. Hannah hatte einen Schlüssel, und so fuhren wir in unseren Autos hin.

Wir klingelten, klingelten noch mal. Nichts tat sich, und Hannah schloß schließlich die Tür auf. Zögernd traten wir ein. Wir fühlten uns unbehaglich.

Hannah betrat das Büro als erste, dann Ira. Die beiden blieben abrupt stehen, so daß ich gegen Iras breiten, gutgepolsterten Rücken prallte.

In dem Moment kläffte Marcy, den Ira dicht bei sich an einer kurzen Leine hielt, auch schon los. Ira bückte sich, um ihn beruhigend auf den Arm zu nehmen, kraulte ihn hinter den Ohren und schob mich zurück, um an mir vorbeizukommen und mir die Tür freizumachen. Hannah stand schreckerstarrt und schaute gebannt auf das, was da vor uns, hinter einem großen, dunklen Schreibtisch wartete. Es waren Pete und Tommy. Pete in seinem Rollstuhl, und Tommy saß gleich neben ihm. Sie waren tot, ihre Köpfe hingen nach vorn, die Arme schlaff über den Lehnen.

Es gab keine Anzeichen eines Kampfes. Ich fing mich als erste. Ich glaube, im Umgang mit Leichen wurde ich zunehmend routinierter. Ich ging zu den beiden hin und entdeckte Einschußlöcher in ihrem Genick. Ich beugte mich zu Petes Gesicht herunter, um nach dem Austrittsloch der Kugeln zu fahnden. Wie mir ein Blick auf Tommy bestätigte, befanden sie sich bei beiden kurz unter dem Haaransatz auf der Stirn, und jeweils ein Blutfaden überzog Nase, Mund und Kinn, Gehirnmasse klebte am Rand der winzigen Wunden, sonst schienen die beiden unversehrt. Das sah nach einer 7 Millimeter aus. Echte Profiarbeit. Nicht mehr Schweinerei als nötig.

Ich richtete mich auf und sah zu Hannah, die sich immer noch nicht gerührt hatte.

»Hannah, komm zu dir. Du wirst jetzt die Polizei und den Rettungsdienst informieren. Du wirst anrufen und ihnen mitteilen, daß du hier zwei Tote gefunden hast. Wir haben nicht viel Zeit, also beweg dich. Ich fahre inzwischen Ira nach Hause. Es wäre absolut bescheuert, wenn wir alle drei in die Sache verwickelt würden. Bitte, denk an Herb. Ira muß hier raus, bevor die vielleicht mißtrauisch werden, weil sie da irgend etwas mit zu tun haben könnte. Du mußt das jetzt allein machen. Mehr fällt mir nicht ein. Und es ist okay, daß du geschockt bist. Sei am Telefon also einfach so, wie du dich fühlst, spiel nicht irgendeine Rolle, okay? Alles andere findet sich dann.«

Mehr fiel mir auch nicht ein. Ich wußte nur, daß wir nicht allzuviel Zeit vertrödeln konnten und daß Ira und ich wegmußten, da es für die Bullen keinen Grund gab, weshalb wir das Büro aufgesucht hatten. Das würde sie nur mißtrauisch machen.

Hannah atmete tief ein und aus und bedeutete mir mit einer Handbewegung, den Raum zu verlassen.

»Kommst du klar?«

Sie nickte, und ich war mal wieder überrascht, daß sie so viele Gesichter hatte und ihre Reaktionen mitunter nicht zu kalkulieren waren. Sie hätte ebensogut hysterisch und sich übergebend durchs Büro rennen können. Tat sie aber nicht.

Ich machte, daß ich aus dem Zimmer kam. Ein Blick auf Ira sagte mir, daß es besser war, sie zu Hause nicht allein zu lassen. Sie lehnte mit ihrem komischen Hund an der Wand im Korridor und schluchzte leise. Ich schnappte mir ihren Ellbogen, führte sie zum Auto und fuhr mit ihr nach Eppendorf zurück.

Es war gegen vier, die Sonne knallte auf die Stadt, und wir machten es uns auf der Terrasse bequem.

Ihre Terrasse mit dem angeschlossenen Garten war so ziemlich das Tollste an dem Haus. Und sicherlich eines der üppigsten Pflanzenparadiese in ganz Eppendorf. Gäste, die das Haus zum erstenmal betraten, brachen regelmäßig in ein riesiges Geschrei aus ob der mediterran anmutenden Blütenpracht. In jedem Frühjahr besorgte Ira sich einen kompetenten Landschaftsgärtner, der den Rasen auf Vordermann brachte, Tulpenzwiebeln und Krokusse zu kleinen Rondellen steckte, die Pfingstrosen vom letzten Herbstlaub befreite und die vier mal zehn Meter der Terrasse in ein wildwucherndes Dschungelgebiet verwandelte. Mit prächtig weißem und rosa Rhododendron, weißem Knöterich und dunkellila Wisterie, die an den filigranen Gittern, die an der Hauswand verankert waren, zur Hochform aufliefen und deren samtige Blütentrauben satt und prall zwischen den üppigen, dunkelgrünen Blättern herunterhingen.

Direkt vor dem ausladenden Holztisch wucherte Bambus in dicken Terrakottakübeln. Ein gußeiserner Blumentisch, eine Etagere mit vier Etagen, war übersät mit kleinwüchsigen Rosen, Sommerastern, Fleißigen Lieschen und rankenden Petunien. Zwei japanische Weiden, die nicht höher als ein Meter fünfzig wurden, rahmten die bäuerliche Naturholz-Bank an der Hauswand beidseitig ein. Himbeer- und Brombeersträucher wuchsen ebenfalls in Terrakotta-Töpfen, und dunkelgrüner Farn rankte dazwischen in ovalen Tongefäßen vor sich hin. Ein Bild für die Götter. Romantisch mit einem Hauch verwegener Wildheit. Iras Gärtner war ein Genie.

Ich ging durch die Terrassentür ins Wohnzimmer an die Bar und füllte ihr ein Glas mit ihrem Lieblingscognac. Mir mixte ich einen Daiquiri. Iras Bar war vom Feinsten. Eine der wirklich lobenswerten Hinterlassenschaften ihres Verschiedenen – oder wie auch immer man ihn bezeichnen sollte. Wobei mir einfiel, daß ich Ira mal bei Gelegenheit nach dem Stand von Marcys Frischfleischversorgung fragen sollte. Aber wie Sie verstehen werden, war es nicht der geeignete Zeitpunkt.

So kehrte ich mit zwei Gläsern in der Hand zurück, gab Ira das ihre und setzte mich auf die im Schatten liegende Bank, wobei ich die üppig verstreut liegenden Kissen erst mal zur Seite räumen mußte, um meinem Hintern zumindest einen geringen Raum zu gönnen. Ich machte es mir bequem, zog einen von Iras Teakholzstühlen heran und legte die Füße darauf. Den Kopf an die Wand gelehnt, genoß ich die Wärme, die die Hauswand abgab.

Wir hingen beide unseren Gedanken nach und schwiegen. Zwischendurch kreuzte Max auf und fragte, was los sei. Ira winkte nur ab, deutete auf ihren Kopf und schloß erschöpft die Augen. Max verzog sich. Er kannte seine Mutter gut genug, um zu wissen, daß man bei ihren Migräneanfällen am besten einen möglichst weiten Bogen um sie machte.

Ira hatte einen dieser peinigenden Anfälle, bei denen es von Zeit zu Zeit vorkam, daß sie nicht mehr Herr oder Frau ihrer Sinne war und sich bei dem kleinsten Geräusch, stöhnend vor Schmerz, dennoch wie eine Furie kreischend auf den Nächstbesten warf, der ihren Weg kreuzte. Ich spreche aus Erfahrung. Ich hatte das selbst erlebt.

Sie war ganz grau im Gesicht, hatte die Zähne zusammengebissen, so daß sich die Kiefer trotz ihrer properen Fettschicht durch die Haut hindurch abzeichneten. Ihr sonst so pedantisch behüteter Haarknoten hatte sich mal wieder verselbständigt und war links übers Ohr gerutscht. Widerborstige Strähnen hingen ihr quer vor dem Gesicht. Ihr sonst so akkurates Make-up war einer Clownsmaske gewichen. Maskara schlierte am unteren Wimpernrand, ihr Lippenstift, tiefes Rot mit einem Stich ins Bläuliche, hatte sich längst verabschiedet, das Rouge hielt sich nicht wie gewöhnlich auf ihren slawischen Wangenknochen auf, sondern vermutlich an ihren Handinnenflächen.

Die Zeit schien stillzustehen. Wir nippten an den Drinks, und zwischen dem leisen Säuseln der Blätter deutete nur das dezente Klirren der Eiswürfel in den Gläsern darauf hin, daß sich in Iras Garten menschliche Wesen aufhielten. Ab und zu tirilierten – oder wie das bei Vögeln auch immer heißen mag – irgendwelche Vögel durch den Garten. Sonst war kein Geräusch zu vernehmen. Auch so ein Vorteil, wenn man in einer der Sackgassen nahe der Alster wohnte, die vom üblichen Großstadtverkehr verschont blieben.

Ich dachte an Kowalski, an Charlie und Hannah. Ich wollte nicht an Pete denken. Ich war zu aufgewühlt, um die Anspannung und das Entsetzen wahrhaben zu wollen, die in mir schlummerten und nur darauf warteten, hervorzuschießen und mich zu überwältigen. Ich zwang mich, daran zu denken, wie viele Gesichter Hannah doch besaß. Einerseits war sie das hochsensible Seelchen, das zusammenbrach, wenn die Männer ihr Aufmerksamkeit, Sympathien oder gar Sex entzogen, und das durch frustvolle Eis- und Diätorgien fast umkam.

Aber wenn es darauf ankam, war sie bewundernswert klar im Kopf und von einem fast überirdischen Selbsterhaltungstrieb, der mich immer wieder erstaunte. Sie würde die Geschichte händeln und den Bullen die perfekte Show liefern. Viel schauspielern müßte sie nicht. Überraschung und Entsetzen waren durchaus echt.

Pete, Pete. War ja klar, daß ich nicht an Hannah denken

konnte, ohne daß Pete sich zwischen meine Gedankenfäden drängte. Und klar war auch, daß ich die Beherrschung verlieren würde.

Ich begann zu heulen. Die Tränen stiegen mir in die Augen und liefen mir über die Wangen. Ich schluchzte, und Ira öffnete schmerzverzerrt die Augen. Benommen schützte sie sie mit der linken Hand vor der Helligkeit des nachmittäglichen Sommerlichtes. Mit der Rechten zog sie mich zu sich herüber. Sie nahm mich in die Arme, ihren Kopf an meiner Schulter, das Gesicht in meinen Haaren. Sie umklammerte mich, wie ich sie umklammerte. Ihre Ohrringe klingelten leise vor sich hin und kratzten schmerzhaft über meine Wange. Sie trug die üblichen Ungetüme. Diese Ausgabe ihrer reichhaltigen Sammlung ähnelten einem Kristallüster im Miniaturformat. Lachsfarbene Straßsteine, geformt wie kristallisierte Tränen, hingen an Dutzenden von filigranen Messingarmen. Ich stieß sie weg.

»Kannst du die Dinger nicht mal abnehmen. Das tut ja weh.«

Ich hätte so gern aus vollem Herzen weitergeheult. Ohne Hemmungen. Unkontrolliert und wie ein kleines Kind, dem das größte unfaßbare Unglück zugestoßen war: der Verlust seines Lieblingsspielzeuges. Nur war Pete kein Spielzeug, und ich kein Kind mehr. Schade eigentlich.

Iras kratzende Kristallüster stießen mich in die Realität zurück.

Es ärgerte mich, daß sie so gedankenlos mit mir umging. Migräne hin, Migräne her.

Ira war, als sie mich in die Arme nahm, bis auf die Sesselkante vorgerutscht. Nun zog sie sich erschrocken in die hinterste Ecke zurück. Ihre kurzen, strammen Beine berührten kaum mehr den Terrassenboden, ihre Füße suchten irritiert nach einem Halt, als sie mit flatternden Händen die Clips von den Ohren pulte.

»Tut mir leid, Irmi. Ernsthaft.«

»Ach, Scheiße. Blute ich jetzt?«

Meine Hand tastete die Wange ab. Ira musterte mich aus schmalen Augen.

»Nein, deine Haut ist nur leicht gerötet. Mach dir keine Sorgen.«

»Wieso soll ich mir keine Sorgen machen? Meinst du etwa, es wäre komisch, mit so einer Schramme im Gesicht durch Eppendorf zu laufen? Mit einer Schramme, die Tage braucht, um abzuschwellen, und dann nochmals Tage, bis der Schorf abfällt?«

Meine Stimme überschlug sich. Was bildete sie sich ein? Meinte sie, ich gäbe Hunderte von Mark aus, um mir die Frische meines Teints so lange wie möglich zu erhalten, nur damit sie ihn dann verunstaltete? Meinte sie, ich hätte mir unter größten Qualen das Rauchen abgewöhnt, weil mir der Zustand meiner Haut scheißegal war? Sie wußte doch ganz genau, daß ich die Zigaretten nicht wegen eines eventuellen Lungenemphysems, sondern allein um meiner Haut willen aufgegeben hatte. Immerhin war die, bevor ich den einen, na ja, fast radikalen Schritt ins Nichtraucherleben getan hatte, grau und matt geworden. Mit Poren, die trotz aller Masken und Akkupressur-Massagen nicht deutlich kleiner wurden. Okay, sicherlich nahm das außer mir niemand wahr. Aber mich hatte ihr Ausmaß täglich in den Wahnsinn getrieben. Nikotinsucht hin, Nikotinsucht her.

»Komm mal her.« Ira hatte die Klunker in ihrer Jackentasche verstaut und sich wieder zu mir nach vorn gebeugt. Ich sah sie irritiert an. Sie streckte ihre Arme nach mir aus, und ich ließ mich schließlich doch hineinfallen. Ihr Körper nahm mich auf wie ein dickes Daunenkissen. Warm, weich und nachgiebig, wollte er mich vor der Unbill der Welt schützen. So kam es mir jedenfalls vor.

Also fing ich wieder an zu heulen. Marcy hatte es sich die ganze Zeit in der Sonne bequem gemacht und gedöst. Irritiert von den schluchzenden Lauten, sprang er beunruhigt an mir hoch und landete auf meinem Schoß. Seine Schnauze drängte sich zielstrebig zwischen meinen und Iras Körper.

Ira lehnte sich schließlich gottergeben zurück und schloß erneut die Augen. Ihre Finger fahndeten unter dem verrutschten

Haarknoten wieder mal nach Hautschuppen. Das Kratzen der manikürten Fingernägel auf der Kopfhaut nervte mich wie immer. Kummer hin, Kummer her.

Ich schluchzte noch ein paarmal und starrte gedankenlos auf den Hund, der sich die aufgeworfenen Falten meiner langen Sommerbluse mit den kleinen Pfoten zurechtschob, sich dabei mehrmals um sich selbst drehte und sich schließlich, erlahmt von so viel Aktivität, auf mir niederließ.

Automatisch hatte ich ihn zu kraulen begonnen.

Max steckte seinen Kopf durch die Terrassentür, um seiner Mutter mitzuteilen, er würde zu seinem Freund Hennes gehen und dort übernachten. Bevor Ira auch nur irgend etwas erwidern konnte, war der Kopf verschwunden. Das Geräusch der zufallenden Haustür bestätigte, daß Max nicht daran dachte, den Anblick zweier verrückter Weiber zu ertragen.

Ira und ich schwiegen wieder. Nichts konnte die Ereignisse rückgängig machen, ihren Verlauf ändern, das Resultat revidieren. Nichts konnte uns den Schmerz nehmen, den Schock. Worte über Petes Tod erübrigten sich. Nur die Zeit konnte helfen. Sagt jedenfalls immer meine Mutter. Und wahrscheinlich hatte sie mit dieser Weisheit aus der Mottenkiste ihrer eigenen Mutter auch diesmal recht.

Dabei gehörte Ira mit ihren marternden Kopfschmerzen längst in die wattige Atmosphäre eines abgedunkelten Schlafzimmers. Und auch ich hätte mich gern in meine Wohnung zurückgezogen. Wir bewegten uns jedoch beide nicht.

Meine Hysterie hatte mich erschöpft. Ich dämmerte weg.

Das leise Gemurmel von Stimmen weckte mich. Der Garten lag inzwischen fast vollständig im Schatten. Es mußte früher Abend sein. Marcy lag immer noch auf meinen Beinen und schlief.

Ira unterhielt sich leise mit Hannah, die es sich auf einem der Teakholzstühle bequem gemacht hatte.

»Wie war's?«

Hannah drehte sich überrascht zu mir um. »Haben wir dich geweckt? Das wollten wir nicht.«

»Neinein. Ich hab' lange genug geschlafen. Wie spät ist es überhaupt?«

»Kurz nach sieben.«

Iras Migräne hatte sich also aus dem Staub gemacht. Gut für sie. Ihre Attacken waren unberechenbar. Sie konnten zwei Stunden dauern oder zwei Tage. Vorherzusagen war das nie.

»Und wie war es nun?« fragte ich noch einmal.

»Normal, glaube ich. Die Bullen kamen, kaum daß ihr das Haus verlassen hattet. Zuerst kam eine Frau rein. Aber die drehte sich nur um und war sofort wieder verschwunden. Ich glaube, die war ganz neu in dem Job. Sie hat den Anblick wohl nicht besonders gut abgekonnt. Jedenfalls kam kurz darauf ein ziemlich gutaussehender Typ rein ...«

Unwirsch unterbrach ich Hannah, denn ich ahnte, daß sie eher geneigt war, den Kerl unter die Lupe zu nehmen, als von den Ereignissen zu berichten.

»Hannah, wie ist es gelaufen?«

»Sag' ich doch gleich. Der Typ fragte, wer ich sei und ob ich mich ausweisen könne. Nachdem ich ihm meinen Ausweis gezeigt hatte, wollte er wissen, in welchem Verhältnis ich zu Pete stand, wie lange ich ihn kannte und all so'n Kram. Ja, und dann kam ein ganzes Kommando mit Arzt und Zivilbullen und Fotografen. Na ja, und morgen muß ich aufs Revier und meine Aussage zu Protokoll geben. So heißt das doch, oder? Und mehr war eigentlich nicht. Sie haben das Haus nach Spuren durchsucht – echt wie im Fernsehen, wenn Tappert an den Tatort gerufen wird und dieser schmale, blonde Assi dann, mit seinen Plastikhandschuhen bewaffnet, in allen möglichen Ecken nach Dingen sucht, die er dann in Plastiktütchen verstaut. Die haben zwei Kugeln gefunden und noch irgendwelchen Kram wie Terminkalender und so'n Zeug eingepackt. Und dann haben sie Pete und diesen anderen schließlich in Plastiksäcke mit Reißverschluß gepackt und abtransportiert. Zwischendurch haben sie geknipst wie die Blöden und schließlich das Haus versiegelt. Und dieser eine Typ eben, der hat mich dann hierher zu Ira gefahren. Das war's.«

Ich stupste Marcy aus dem Schlaf. Verstört sprang der Hund von meinem Schoß und streckte sich auf den Terrassenkacheln unter dem Tisch aus.

Ich stand auf. »Ich muß jetzt gehen. Tut mir leid. Ich ruf' euch an.«

Keine von beiden sagte etwas. Sie nickten nur unisono.

Ich wollte allein sein. Und natürlich wußten sie das. Sie kannten mich lange genug.

Ich ging ums Haus herum, nach vorn auf die Straße, stieg in meinen Wagen und fädelte mich auf der Rothenbaumchaussee in den Feierabendverkehr ein. Mechanisch und wie ein Automat umrundete ich Eppendorf ein paarmal und fand mich schließlich auf dem Harvestehuder Weg Richtung Barmbek wieder.

Ich war auf dem Weg zu Kowalski. Jürgen, von mir aus. Ich wollte ihn sehen – oder mit ihm vögeln, was weiß ich.

Ich fuhr zum Krankenhaus, parkte das Auto auf dem Patientenparkplatz gegenüber dem Haupteingang und ging die Stufen des vernachlässigten Portals hoch. Kaum zu glauben, daß die Stadt ein derart majestätisches Gebäude verfallen ließ. Einsparungen hin, Einsparungen her. Da bauten die in Hamburg eine der beschissensten Kunsthallen der ganzen Republik, deren Äußeres mindestens ebenso banal war wie die subventionierten Werke im Inneren behämmert. Da steckten sie Millionen in sogenannte Kunst, bei der sich jeder halbwegs normale Besucher hoffnungslos verarscht vorkam, installierten Videofernseher mit sich gegenläufig drehenden Köpfen, deren aufgerissene Münder entsetzliche Laute ausstießen, die durch sämtliche Stockwerke hallten, dübelten Holzdreiecke an die Wand, schichteten Kies auf und verkauften das Ganze als Oase der modernen Kunst. Mich ergriff jedesmal die kalte Wut, wenn ich daran dachte, mit welcher Chuzpe sich sogenannte Objektkünstler an halbgebildete Kultursenatoren wandten und ihnen Dummdreistes als gedankenschwere Originalität verkauften. Ich war der Überzeugung, daß die meisten Epigonen dieser Zunft weder malen noch bildhauern konnten. Sie hatten lediglich eine perfekte Marketingstrategie entwickelt. – Glauben Sie mir, in Strategien kenne ich mich aus. – Und für diesen Scheiß ließen die Beamten der Hansestadt die wunderbarsten Architektur-Highlights verkommen, weil angeblich das Geld für die notwendige Sanierung fehlte. Das Barmbeker Krankenhaus war so ein Fall.

Hinter dem Empfangstresen thronte eine angejahrte, müde wirkende Frau. Ich erklärte ihr, ich hätte einen Termin mit Kowalski. Sie wollte mir den Weg erklären, aber ich winkte nur kurz ab und sagte, ich würde ihn kennen.

Im ersten Stock lief ich an offenen Zimmern vorbei, in denen sich keine Menschenseele regte. Kein Penner, kein Alkoholiker, keine Schwester. Paul war auch nirgendwo zu sehen. Gut so. Auf einen Schwatz mit ihm hatte ich an dem Abend sowieso keine Lust.

Vor Kowalskis Tür blieb ich kurz stehen. Ich versuchte mich zu sammeln, wußte aber gar nicht, was ich sammeln sollte.

Ich gab auf, drückte auf die Türklinke und betrat das Zimmer. Jürgen saß hinter seinem Schreibtisch und hatte offenbar eine seiner Patientenkarteien vor sich und studierte sie konzentriert. Erstaunt hob er den Kopf.

»Was machst du denn hier?«

Ich blieb an der Tür stehen. Ich wußte, ich sah beschissen aus. Und ich fühlte mich beschissen. Die Anwesenheit dieses Mannes tat mal wieder das Ihre. Der Typ sah einfach zu gut aus. Er raubte mir den Verstand. Was an dem Tag nicht weiter von Bedeutung war. Ich hatte nur noch rudimentäre Reste zu verzeichnen. Wenn überhaupt.

Er winkte mich zu sich. »Komm her, setz dich hin.«

Willig folgte ich der Aufforderung und ließ mich in den Patientenstuhl vor dem Schreibtisch sinken.

»Willst du einen Brandy? Was anderes hab' ich hier nicht.«
Er lächelte mich an. Ich schüttelte den Kopf.

»Du siehst schlimm aus. Was ist los?«
Ich schüttelte wieder nur den Kopf.

»Okay, laß uns rausfahren. In den Duvenstedter Forst oder an die Alster. Oder, wenn du willst, an die Elbe.«

»An die Alster.«

Er stand auf, streifte den Arztkittel ab und zog mich aus dem Sessel. Er behielt meine Hand in der seinen und zog mich quasi hinter sich her durch die Krankenhausflure, grüßte die freundliche Dame am Empfang mit einem netten »Bis morgen, Frau Liebert« und zog mich weiter quer über die Straße auf den Parkplatz gegenüber.

»Gib mir den Schlüssel. Ich fahre. Wo steht das Auto?«

Erst jetzt bemerkte ich, daß ich die ganze Zeit den Autoschlüssel umklammert gehalten hatte. Ich gab ihn ihm und wies auf den einzigen BMW auf dem gesamten Parkplatz, der protzig unter der weitausladenden Kastanie stand. Das Auto war übersät mit Blättern. Jürgen fegte die Pracht mit energischen Handbewegungen von der Scheibe und der Kühlerhaube. Ich sah dem Ganzen reglos zu.

»Sieht so aus, als würde es ein Gewitter geben.«
Ich nickte.

Es hatte sich abgekühlt. Der typisch hanseatische Wind kroch in meine Hosenbeine und Jackenärmel und verursachte mir eine Gänsehaut. Es roch tatsächlich nach Gewitter. In östlicher Richtung war der Himmel von bleierner Schwärze. Dunkle Regenwolken trieben auf uns zu. Ich bemerkte es erst in diesem Moment.

»Es hat keinen Sinn, an die Alster zu fahren. Machen wir lieber, daß wir in eine Kneipe kommen.«

Jürgen stieg ein, öffnete von innen die Beifahrertür, und ich ließ mich folgsam neben ihn auf den Sitz fallen. Als er den Motor anließ, fragte er mich, wohin ich wolle. Ich hatte keine Ahnung.

»Zu mir nach Hause. Ich glaube, das ist das beste.«

Wahrscheinlich war er erstaunt, aber er ließ es sich nicht weiter anmerken und fuhr los.

Wir fanden auf Anhieb einen Parkplatz direkt vor meiner Haustür, stellten das Auto ab und fuhren mit dem knarzenden Fahrstuhl zu mir nach oben. Wir hatten die ganze Zeit über nichts mehr zueinander gesagt.

Ich zog die Wohnungstür hinter uns zu und lehnte mich erschöpft dagegen. Ich hätte es wissen müssen. Vielleicht hatte ich es ja auch gewußt. Vielleicht reagierte mein paralysierter Verstand einfach nicht mehr normal. Er stand vor mir, und wir waren innerhalb von Sekunden nackt. Wir liebten uns gleich an der Wohnungstür. Intensiv und beunruhigend vertraut zugleich.

Wir duschten, und ich gab ihm einen meiner Bademäntel.

Ich verließ das Bad und legte mich auf die Couch. Meine Haare hingen in nassen Strähnen in meinem Gesicht herum. Normalerweise haßte ich es, mich in dieser ungeschützten Make-up-Losigkeit von einem Mann anstarren zu lassen. Bei Jürgen schien auch das beruhigend normal zu sein. Er war mir gefolgt, nahm gegenüber auf einem Sessel Platz und sah mich an.

»Was ist los mit dir?«

»Einer meiner Freunde ist gestorben.«

Kaum hatte ich diesen Satz ausgesprochen, stieg wieder ein Schluchzen in mir auf. Ich biß mir auf die Unterlippe und begann hektisch unter der Couch nach dem Zigarettenpäckchen zu fahnden, das ich dort Tage zuvor deponiert hatte, als ich mal wieder heimlich rauchte. Heimlich vor mir selbst. So albern und kindisch das auch klingt. Zum Schutz vor meiner eigenen Labilität hatte ich die Packung nach der dritten Zigarette unter die Couch geworfen. Meine Hände ertasteten die Schachtel, fingerten da unten nach einer Zigarette und kamen mit dem Ding wieder hoch. Meine Hände zitterten leicht, als ich sie anzündete.

Jürgen hatte meine hektischen Bewegungen erstaunt verfolgt.

Er stand auf, kam zu mir rüber, nahm mir die Zigarette aus den Fingern, drückte sie aus und nahm mich in die Arme. Ist ja wohl klar, daß ich es geschehen ließ.

»Es war Pete. Ich kenne ihn noch gar nicht so lange. Er wurde erschossen. Heute früh oder heute mittag. Wir haben ihn gefunden. Er saß in seinem Büro hinter dem Schreibtisch. Man hat ihn einfach von hinten erschossen.«

Die Sätze quollen aus mir heraus, unterbrochen von Schluchzern, die mit den Worten um die Vorherrschaft in meinem Mund kämpften.

»Hast du eine Ahnung, weshalb?« Er streichelte meinen Kopf, meine Arme, mein Haar.

»Ja, aber das willst du nicht wissen.«

»Weshalb nicht?«

Ich richtete mich auf, schob seine Arme weg und fischte noch einmal nach den Zigaretten. Das Zittern meiner Hände hatte nachgelassen. Langsam beruhigte ich mich. Ich zündete mir erneut eine an. Jürgen bewegte sich nicht.

»Ich würde mich anhören wie eine Darstellerin in einem schlechten Film.«

»Versuch's einfach.«

Ich weiß nicht mehr, welcher Teufel mich damals ritt. Gegen jede Vernunft erzählte ich Jürgen die ganze miese Geschichte. Von Iras Mann, von Charlie, von Pete. Von Duvenstedt und dem Eppendorfer Baum. Von Petes Fingerkuppen und natürlich vom Kanzlisten. Selbst daß ich mir beim ersten Mal auf dem Eppendorfer Gourmetfest in die Hose gemacht hatte, ließ ich nicht aus.

Ich kannte den Mann da vor mir nicht. Ich wußte nur wenig über ihn. Er hatte seine Praxis zugunsten der Penner aufgegeben, seine Ehe funktionierte nicht, er leitete einen Zirkel Anonymer Alkoholiker und hatte ein makelloses Gebiß. Und dann wußte ich noch mit absoluter Gewißheit, daß ich auf ihn abfuhr. Und seit gut einer Stunde durfte ich behaupten, daß der

240

Sex mit ihm klasse war. Oberklasse. Damit war mein Wissen über ihn erschöpft. Ich kannte weder seine Einstellung in sogenannten Rechtsfragen, noch wußte ich Wesentliches über seine Vergangenheit.

Ich war fertig, ich war erschöpft. Die Anspannung der letzten zwei Tage hatte mir den Rest gegeben. Vielleicht war ich deshalb so ungewöhnlich redselig.

Bis vor einigen Monaten war ich eine erfolgversprechende Frau gewesen, die den richtigen Sportclub besuchte, die richtige Kosmetik benutzte, die zu jedem Anlaß die richtigen Klamotten trug und in den richtigen Läden abhing. Ich kannte die richtigen Leute und amüsierte mich prächtig. Ich war Schritt für Schritt die Karriereleiter nach oben gestiegen, hatte gewußt, was ich wollte und was ich dafür zu bezahlen hatte. Vielleicht hatte ich das ein oder andere Mal zuviel getrunken, vielleicht war ich tatsächlich ganz nah dran, eine der vielen heimlichen Alkoholikerinnen im feinen Eppendorf zu werden. Was soll's. Davon gab es Dutzende.

Hinter den schicken Klamotten und den arschteuren Autos lungerten zu viele Frauen mit kaputten Seelen herum. Sie konsumierten Männer, und wenn es dann Probleme gab, Therapeuten oder die entsprechenden Ratgeber. Sie hockten schon am frühen Mittag in irgendwelchen Trattorias und schwatzten über Kerle, Kerle, Kerle. Als hätte die sogenannte Frauenbewegung nichts anderes erkämpft als das Recht auf die Selbstbestimmung zum Unglücklichsein. Als sei das ganze Emanzipationsgehabe der letzten zwanzig Jahre zu nichts anderem gut gewesen, als den Frauen das Recht auf ihre Fixierung aufs männliche Geschlecht zu geben.

Zu viele Frauen wollen immer nur das eine. Einen Mann. Und mit ihm die finanzielle Versorgung. Und das aus ganzer Seele. Traurig, aber wahr.

Ich will mich da gar nicht ausnehmen. Ich wollte wie die meisten Frauen einen Mann an meiner Seite, der allein mir gehörte, den ich nicht teilen mußte und der mich glücklich machte. Und da mir das nicht gelang, warf ich meinen Ehrgeiz in den Job, die Klamotten und mein Aussehen.

Auf den Punkt gebracht, bedeutete das, daß ich bestens allein zurechtkam, und mir die Vorstellung, täglich ein Mannsbild in meinem Bad und an meinem Küchentisch vorzufinden, absolut widerwärtig erschien. Trotzdem kam selbst ich mir blöd vor, wenn ich allein ein Restaurant betrat, das Pasalino mal ausgenommen, es allein wieder verließ und – noch schlimmer – allein in den Urlaub fahren mußte. Es ist mir durchaus bewußt, wie verquer das klingt. Das Problem ist: Es ist die Wahrheit. Obwohl ich die letzte wäre, die einen Kerl in ihr Leben lassen würde – wäre er aber einmal da, ich würde ihn auf immer festhalten.

Versuchte ich ja gerade. Ich hatte Jürgen mein ganzes kriminelles Desaster zu Füßen gelegt. War doch das beste Beispiel für diese kruden Theorien – oder? Erschöpfung hin, Erschöpfung her. Frauen sind absolut irrational, geradezu pervers irrational. Auch allem intellektuellen Geschwafel zum Trotz. Oder wie kommt es sonst, daß selbst die toughesten Weibsbilder zusammenknicken, wenn der Kerl sie verläßt, oder daß selbst die brillantesten Frauen Nervenzusammenbrüche haben, weil ihr Kerl fremdgeht? Wie kommt's, daß Frauen in erster Linie über Männer sprechen? Immer wieder, als würden sie alle in konzentrischen Kreisen festsitzen?

Ich redete und redete und redete. Als sei der berühmte Damm gebrochen.

Inzwischen war das Wohnzimmer in tiefe Dunkelheit getaucht. Draußen peitschte der Gewitterregen den Balkon und die Fenster. Ab und an durchzuckte ein Blitz das Wohnzimmer und tauchte die Szenerie in ein bizarres grelles Licht, das nach Bruchteilen von Sekunden wieder verlosch.

Ich nahm Jürgen nur als Umriß wahr. Ich konnte sein Gesicht nicht erkennen. Mein Gefühl sagte mir, es mußte gegen dreiundzwanzig Uhr sein.

Meine Stimme füllte den Raum mit leisem Geplätscher. Ich berichtete ohne Emotionen. Das Schluchzen war vergangen, die Tränen blieben ohne Nachschub.

»Irmi«, unterbrach er mich. »Ich muß meine Frau anrufen. Tut mir leid. Aber wahrscheinlich hat sie schon längst im Krankenhaus angerufen und erfahren, daß ich seit Stunden weg bin.«

Das war exakt die Nummer, die ich an Liebhabern so haßte. Sie hatten immer noch eine andere im Kopf. Egal, wie beschissen sich die Geliebte fühlen mochte. Es galt, Rücksicht auf die Angetraute zu nehmen, es galt sich abzumelden, sich Ausreden auszudenken, Bescheid zu sagen. Die Aufmerksamkeit wurde einem entzogen, und wenn die Sätze gesprochen waren, konnte man davon ausgehen, daß die Kerle schon lange zuvor begonnen hatten, darüber zu sinnieren, wie sie die Situation auflösen konnten, und daß sie schon minutenlang darauf gewartet, sich gedankenschwer vorbereitet hatten, dich zu unterbrechen.

Ich machte die Stehlampe am Kopfende der Couch an. Das Licht blendete mich einen Augenblick, so daß ich blinzelte. Ich war wütend.

»Ich muß nachsehen. Ich glaub', ich hab' das Handy heute früh im Bad gelassen.«

»Laß gut sein, ich mach' das schon.«

Jürgen stand auf und verschwand in Richtung Badezimmer.

Ich lag, wie er mich verlassen hatte. Die Arme hinterm Kopf verschränkt, die Beine auf der Rücklehne der Couch.

Er betrat das Zimmer, das Handy in der einen Hand. Mit der anderen Hand rieb er sich die Augen.

Er wirkte ebenso erschöpft wie ich. Er deponierte das Handy auf dem Tisch, kam zu mir und schob meinen Po zur Seite. Er legte sich zu mir und nahm mich in die Arme. Mein Kopf kam auf seiner Schulter zu liegen, so daß ich die Beine von der Lehne nehmen mußte und mir nichts anderes übrigblieb, als sie um seine Oberschenkel zu schlingen.

Natürlich ziemlich widerwillig. Jedenfalls zog ich einen

Flunsch, um ihm zu zeigen, daß mich seine körperliche Nähe keineswegs erfreute.

»Irmi, versteh das, bitte. Ich mußte mich melden. Sie ist es nicht gewohnt, nicht zu wissen, wo ich bin. Ich rufe sie seit fünfzehn Jahren an, um ihr zu sagen, wann ich nach Hause komme.«

»Und wo du bist.«

»Ja, normalerweise schon. Heute nicht. Irmi, ich kann nicht innerhalb von vier Stunden mein Leben wegschmeißen. Das geht nicht.«

»Ich denke, eure Ehe ist im Eimer. Das hast du mir doch das letzte Mal selbst erzählt. Und zwar ohne daß ich dich gefragt habe.«

»Ja, und wir werden uns auch trennen. Aber zunächst einmal sind wir noch nicht getrennt. Jeder lebt sein Leben, aber jeder weiß auch, wie das des anderen aussieht. Jedenfalls war das so bis heute abend.«

»Und was passiert nun?«

»Ich weiß es nicht. Laß mir etwas Zeit. Ich bin viel zu durcheinander. Ich weiß überhaupt nicht, was ich mit dem, was du mir erzählt hast, machen soll. Es ist perfide, gemein, unmenschlich, satanisch. Ich versteh' das nicht. Und schon gar nicht, daß du eine der Hauptpersonen bist.«

»Was verstehst du daran nicht? Komm schon, spuck's aus.«

»Ich versteh' schlicht und ergreifend nicht, wie du dich in so was hast hineinziehen lassen. Und wenn es schon so unvermeidbar war, daß es dir offenbar auch noch Spaß macht.«

»Spaß ist das falsche Wort.« Es sollte zynisch klingen, kam aber nur ziemlich müde raus.

»Okay, heute bist du fertig, weil dein Freund nicht mehr unter den Lebenden weilt. Entschuldige, wenn ich das so direkt formuliere. Aber ist dir klar, daß du eine Mörderin bist? Ist dir das wirklich bewußt? Weißt du es? Kannst du begreifen, daß du diejenige bist, die Menschen umbringt? Du, nicht irgend jemand aus deinem Bekanntenkreis. Nicht irgendein Filmheini auf der Leinwand. Irmi, du bist eine Mörderin. Ich muß das erst verdauen. Entschuldige. Ich bin da nicht so schnell.«

Während dieses Gesprächs blieben wir engumschlungen liegen. Er nahm seine Arme nicht fort, schob meine Beine nicht weg, drehte meinen Kopf nicht von seiner Schulter. Ich spürte seine Wärme, die Frische meines Duschgels und darunter den Geruch, den er selbst ausströmte und der jede Pore meines Körpers mit Zuneigung füllte.

»Was hast du deiner Frau eigentlich gesagt?«

»Ich habe ihr gesagt, daß ich nicht im Krankenhaus bin und daß ich erst morgen früh nach Hause komme.«

»Morgen früh? Und das hat deine Frau geschluckt? Und außerdem dachte ich, du mußt nachdenken und nach Hause?«

»Ja, sicher hat sie das geschluckt. Sie hat einen Liebhaber. Sie ist nachts oft nicht zu Hause.«

»Wie praktisch. Muß ja eine ziemlich emanzipierte Ehe sein, die ihr da führt. Und wieso konntest du ihr nicht sagen, daß du bei einer anderen Frau bist?«

»Das weiß sie eh. Sie ist ja nicht blöd. Trotzdem möchte ich es ihr gerne sagen, wenn ich ihr dabei ins Gesicht schauen kann. Vielleicht bin ich da etwas altmodisch.«

Das nun wiederum begriff ich nicht. Außerdem hatte das Gespräch eine Richtung angenommen, die mir nicht gefiel. Ich wollte nicht über seine Frau sprechen. Ich wollte, daß er seine Gedanken auf mich fixierte.

»Kannst du mir einen Gin Tonic machen?«

»Ja, kann ich, auch wenn ich finde, du solltest lieber einen Tee trinken. Ein Beruhigungstee wäre in deinem Zustand das beste.«

Typisch Arzt. Jeder andere Typ hätte mir geraten, einen Cognac zu trinken. Beruhigt und entspannt schneller als jeder Longdrink oder Tee und wärmt außerdem angenehm.

Er stand auf, als das Handy auf dem Tisch zu klingeln begann.

Zu so später Stunde konnte das nur Hannah sein. Sie war tatsächlich dran und erkundigte sich, ob es mir einigermaßen ginge. Ich bejahte das und sagte, ich riefe am nächsten Tag zurück. Bevor sie etwas erwidern konnte, legte ich auf.

Jürgen brachte den Gin Tonic. Aus dem einen wurden zwei, dann drei. Wir redeten bis tief in die Nacht. Ich versuchte ihm zu erklären, daß all diese Geschichten mit den verblichenen Ehemännern eigentlich gar nichts mit mir zu tun hatten, daß Pete uns erpreßt hatte.

Aber er sah es wie Pete. Er blieb felsenfest der Überzeugung, daß es mir Spaß machte, daß ich es liebte, irgend jemanden an der Nase herumzuführen, daß es ein Sport war, eine Herausforderung, daß ich schlauer als die Polizei sein wollte. Natürlich warf ich ein, all das hinge eher mit meinem Perfektionismus zusammen und daß ich mich nicht erwischen lassen wollte, um für etwas in den Knast zu gehen, was viele andere auch machten. Und überhaupt: Wenn wir es nicht machten, dann jemand anders. Und die Kerle hatten's vielleicht sogar verdient. Na ja, bis auf Hinrichsen, den eloquenten Stotterer. Der schien einfach nur lieb gewesen zu sein. Aber den strich ich von meiner Liste. Und hätten wir es nicht getan, hätte die Frau den nächstbesten Killer angeheuert. Und wer weiß, ob Hinrichsen sich dann genauso gelassen von der Welt verabschiedet hätte.

Mag sein, daß das in Jürgens Ohren zutiefst zynisch und unmoralisch klang. Aber was ist heute nicht unmoralisch? Tausende von Obdachlosen über Jahre hinweg einen jämmerlichen Alkoholtod sterben zu lassen, Hunderte von Junkies an dreckigen Nadeln und zu hoch dosiertem Stoff eingehen zu lassen, nur weil arrogante Sesselfurzer nicht wahrhaben wollten, daß eine Sucht mit richterlicher Gewalt nicht zu bremsen ist und daß es für den Staat weitaus sinnvoller wäre, Steuergelder in die legale Drogenabgabe denn in weltweit erfolgreiche Industrieunternehmen zu stecken? Millionen von Mark, die Forschungsvorhaben subventionierten? Als ob diese Pharma- und Chemiekonzerne nicht selbst genügend Kohle hätten, um ihre sonderbaren Forschungsvorhaben zu bezahlen, die zudem alle steuerlich in die Verlustrechnung eingingen.

Okay, ich gebe zu, diese Parallelen sind etwas obskur.

Aber richtig und endgültig von der Hand zu weisen sind sie nicht. Basta. So sehe ich das eben. Ob's nun besonders originell ist oder nicht. Ich bin da sehr moralisch. Das dürfen Sie mir getrost glauben.

Was sind da schon ein paar Todesfälle? Ich glaube, ich hielt diese Verteidigungsrede nach meinem dritten Gin Tonic. Und da explodierte er dann.

Jürgen knallte das Glas auf den Tisch, wo es scheppernd zerbrach. Er sprang auf, brüllte, ich sei die verlogenste Frau, die ihm jemals untergekommen sei, rannte ins Bad, raffte seine Sachen zusammen, warf sie sich im Laufschritt über und verließ fluchtartig die Wohnung.

Die Tür flog ins Schloß. Es hätte mich keineswegs gewundert, wenn meine Nachbarn Tobsuchtsanfälle wegen nächtlicher Ruhestörung bekommen hätten. Jürgen rannte die Treppe laut polternd hinunter.

Nüchtern war der Leiter der Anonymen Alkoholiker in der Ostelbischen Kirche, Doktor Jürgen Kowalski, nicht.

Ich hatte einen schlechten Einfluß auf Männer. Mit dieser wenig optimistischen Selbsteinschätzung taumelte ich benommen ins Bett und fiel in einen traumlosen Schlaf.

Der währte etwa vier Stunden.

Um sechs klingelte das Telefon mitten in meine Tiefschlafphase hinein.

Benommen wachte ich auf. Meine Zunge hatte sich wie ein dickbepelztes träges Tier in meiner Mundhöhle breitgemacht. Meine Zähne schienen nicht weniger pelzig zu sein. Schwer klebte die Zungenspitze an meinem oberen Gaumen, und ich konnte sie nur unter größter Mühe dazu bewegen, sich aus ihrer schlaftrunkenen Trägheit zu schwingen.

»Ich bin's. Entschuldige, wenn ich dich wecke. Kann ich dich heute abend sehen?«

Es war Jürgen. Ich krächzte irgend etwas ins Telefon, das wie ein ja klingen sollte, legte auf, drehte mich um und wollte mich wieder in meinen traumlosen Schlaf gleiten lassen. Das ging nur leider nicht. Mein Körper meldete rasenden Durst. Und Durst ist nicht einfach zu ignorieren. Ausnahmsweise stand an meinem Bett keine Wasserflasche. Also erhob ich mich schwerfällig und tappte ins Bad, um direkt aus dem Wasserhahn die notwendige Flüssigkeitsdosis aufzunehmen. Ich schlurfte zurück, rollte mich unter der Bettdecke zusammen und schlief ausnahmsweise in Spitzengeschwindigkeit wieder ein.

Kapitel 16

Ich hörte den ganzen Tag über weder was von Hannah noch etwas von Ira.

Ich war mit einem dicken Kopf ins Büro gegangen. Ich hatte völlig verpennt, lediglich ein Not-Make-up aufgelegt, das nur unzureichend meine geschwollenen Augen kaschierte, und mich in meine anthrazitfarbenen Girbaud-Hosen geworfen. Darüber trug ich ein weißes Herrenhemd, das unter einer kurzen, schwarzen Cashmerejacke hervorlugte. Sehr edel, wenn auch nicht sonderlich konventionell oder businessmäßig.

Doch was sich als absolut blödsinnig erweisen sollte: Ich hatte vor allem verschlafen, daß ich noch einen weiteren Tag freigenommen hatte. Entsprechend verdattert sah mich Frau Ulm an, als ich pünktlich um halb zehn die Redaktionsräume betrat.

»Sie sehen aus, als bräuchten Sie dringend ein Aspirin.«

Woher die gute Frau Ulm auch immer eines gezaubert hatte, es lag bereits in ihrer Hand und wartete nur darauf, von mir in den Mund geschoben zu werden.

»Geben Sie her. Ich hatte zu Hause einfach keine mehr. Sehe ich sehr schlimm aus?«

»Schlimm genug. Sie sollten eigentlich gleich wieder nach Hause und ins Bett gehen. Sie haben heute doch eh noch frei.«

»Wie bitte?«

Frau Ulm lächelte ihr nachsichtiges Lächeln.

»Sie haben frei. Und außerdem, wenn ich das sagen darf, Sie sehen aus, als hätten Sie die beiden letzten Nächte durchgemacht. Ich glaube, es ist besser, wenn Herr Braunwald Sie so nicht zu Gesicht bekommt.«

Frau Ulm schüttelte den Kopf, wie es normalerweise nur gutmütige ältere Tanten tun, die meinen, diese Geste herablassenden Bedauerns allein würde dafür Sorge tragen, daß man schleunigst wieder auf den Pfad der Tugend zurückkehrte. So man ihn überhaupt verlassen hatte.

Meines Wissens hatte ich mich noch nie auf diesem Pfad befunden. Und wie sollte man etwas verlassen, das man nie zuvor betreten hatte?

Ich taperte mein Leben lang parallel durch schwammiges Niemandsland. Dort waren kleinere Betrügereien ebenso erlaubt wie größere Notlügen. Frei nach dem Motto: Wer nicht wagt, der nicht gewinnt. Mal wieder ein Spruch meiner Frau Mama. Noch dazu ein guter.

Im übrigen, um wieder auf Frau Ulm zurückzukommen: Es war reichlich gleichgültig, wie ich aussah. Ich hatte in meinem postalkoholischen Wahn beschlossen zu kündigen. Und zwar sofort. Ich bekam mein Leben nicht mehr auf die Reihe. Und mit dem Job an der Backe war abzusehen, daß ich es in nächster Zukunft auch nicht schaffen würde. Ich brauchte dringend eine Auszeit.

Zu vieles mußte durchdacht und geordnet werden.

Ich wußte nicht, wie es weitergehen sollte. Mit mir und dem sogenannten Leben.

Und ich wußte auch nicht, was die beiden Schlaumänner von

mir gewollt hatten, die mir ein paar Tage zuvor am Dammtor aufgelauert hatten. Ich konnte mir weder vorstellen, was sie über mich wußten, noch, wer sie geschickt hatte. Mal abgesehen davon, daß sie mir einen Riesenschrecken eingejagt hatten und ich sie meinerseits ziemlich geärgert hatte. Ich war reichlich gedankenlos mit ihnen umgesprungen, immerhin aber war es eine authentische Reaktion auf ihr Generve gewesen.

Andererseits kam mir all das an diesem Morgen bei Frau Ulm so vor, als sei es in einem gänzlich anderen Leben geschehen. In einem Leben, das jung und dynamisch, vor allem aber naiv und so gottverdammt vertrauensselig gewesen war. Ich hatte uns alle für unverwundbar gehalten. Ich hätte mir noch zwei Tage zuvor niemals eingestehen mögen, daß wir in einer Riesenscheiße saßen. Dabei saßen wir schon lange und ziemlich tief drin. Ira, Hannah und ich. Vielleicht sogar Charlie. Bloß gut, daß von der keiner wußte, wo sie abgeblieben war.

Ich schluckte das Aspirin zusammen mit dem Kaffee, der auf Frau Ulms Schreibtisch stand. Sie quittierte diesen Eingriff in ihre Privatsphäre mit einem resignierten Schulterzucken. Die Tasse nämlich war ihr Allerheiligstes, das sie abends eigenhändig abwusch, damit es niemals in die falschen Hände geriete. Was schnell passieren konnte, denn viele Kollegen rannten morgens, begierig auf den ersten Kaffee, in die Küche und schnappten sich aus dem Geschirrspüler das erste saubere Exemplar, das ihnen in die Hände fiel. Egal, ob es jemandem privat gehörte oder nicht. Und das hieß meine pingelige Frau Ulm nicht gut. Sie wollte morgens ihre Tasse mit ihrem Design drauf. Nix anderes kam ihr auf den Schreibtisch.

»Sehen Sie es mir einfach nach«, bat ich, nachdem ich die Tasse wieder ordnungsgemäß an ihren angestammten Platz gestellt hatte. »Und tun Sie mir einen Gefallen, Frau Ulm. Machen Sie mir einen Termin bei Braunwald. Bitte noch heute.«

»Ich weiß nicht, ob das in Ihrem Zustand eine so gute Idee ist, Frau Block.«

»Frau Ulm, tun Sie um Gottes willen, worum ich Sie gebeten habe. Und hören Sie auf, mir irgendwelche Ratschläge zu geben. Ich gehe nämlich. Ich kündige.«

Sie sah mich an wie ein verwundetes Tier. Ich brachte es einfach nicht über mich, sie da so stehen zu lassen. Also nahm ich sie in die Arme, was zu einem Tränensturz ihrerseits führte. Aber in tränendem Schmerz hatte ich längst Übung.

»Ich hab's geahnt. Ich hab' es schon längst kommen sehen.«

Ihren Ahnungen durfte man offensichtlich trauen, selbst wenn man als Betroffener von derartigen Intentionen nicht heimgesucht worden war. Ich mochte ihr nicht widersprechen, denn ihre Trauer war aufrichtig. Weshalb sollte ich ihr erklären, daß ich bis heute früh nicht im Traum daran gedacht hatte, diesen Job aufzugeben. Ich hatte alle Freiheiten der Welt gehabt, nette Leute kennengelernt, meine Entscheidungen getroffen, Dinge in Gang – manchmal auch in den Sand gesetzt. Allerdings war letzteres selten vorgekommen. Zumindest seltener als bei meinem Kollegen vom Konkurrenzblatt, dem ich immer wieder die lukrativsten und prestigeträchtigsten Kampagnen vor die Nase geknallt – oder geradewegs weggeschnappt hatte. Selbst das war das eine oder andere Mal vorgekommen. Immerhin war ich eine Frau, die es meistens mit Männern zu tun hatte. Und mitunter verhandeln Männer denn doch lieber mit attraktiven Frauen in attraktiven Klamotten. Allerdings funktioniert das nur, wenn Frauen in ihrem Job noch besser sind als die Vertreter des sogenannten starken Geschlechts. Eine Binsenweisheit, die in regelmäßigen Abständen durch die Frauenmagazine geistert, aber dennoch nichts von ihrer Gültigkeit eingebüßt hat. Frauen müssen im Job besser sein als Männer. Engagierter, innovativer, schlagfertiger – und charmanter. Letzteres war noch am einfachsten zu bewerkstelligen. Wenn man jedoch über all diese Charaktereigenschaften verfügte, hatte man auch in Zeiten wirtschaftlicher Rezession allerbeste Chancen, seine eigenen Interessen durchzusetzen und die Konkurrenz im Regen stehen zu lassen.

Ich war der lebende Beweis. Auch wenn mein Engagement in den letzten Monaten stark abgenommen hatte. Ich geb's ja zu. Und die Konkurrenz hatte in diesen Wochen gerade ein paar wirklich clevere Aktionen laufen. Sponsoring vor allem. Sie sponserten Inline-Skater und Boxer. Darauf war ich nicht gekommen. Unangenehm, aber nicht zu ändern. Ich wartete eh schon länger darauf, daß Braunwald mich zurechtstutzte.

Ich hatte zwar einen Bonus, weil mir gleich zu Beginn meines Jobs ein wirklich genialer Schachzug gelungen war. Ich sponserte damals zusammen mit einer Computerfirma die Ausstattung von Schulen mit PCs. Sechstausend Stück verteilten wir auf ganz Deutschland. Das hatte nicht nur einen riesigen Pressewirbel verursacht. Der Bildschirmschoner bestand aus dem Logo unserer Zeitschrift, das einem Nilpferd quer zwischen die aufragenden Ohren gestanzt war. Das Tier taperte mit größter Gemächlichkeit von links nach rechts über den Bildschirm, sobald der Bildschirmschoner aktiviert wurde. Den Kopf dem Betrachter zugewandt, versteht sich. Und unser Logo latschte quasi mit. Der Presserummel brachte auf einen Schlag eine zehnprozentige Auflagenerhöhung. Das gefiel Braunwald.

Inzwischen war der Bonus längst aufgebraucht, wenngleich mir noch manch ähnlich erfolgreicher Coup gelungen war. Aber es war wie mit allem. Beim ersten Mal gab's einen Freudentaumel, beim zweiten Mal ein freundliches »Herzlichen Glückwunsch«, und beim dritten Mal wurde es für alle Beteiligten zur Routine. Es galt als normal, daß wir Erfolg produzierten.

Frau Ulm besorgte mir den Termin bei Braunwald, nachdem sie sich wieder eingekriegt hatte. Sie bekam ihn schneller, als sie erwartet hatte, was an sich nichts Gutes verhieß. Unser Verlagsleiter war schon aus Prinzip schwerbeschäftigt und ein Termin nie am selben Tag zu bekommen.

Ich schloß mich erst mal in meinem Zimmer ein. Unruhig darauf wartend, daß das Aspirin die Schwellung an den Augen beseitigte.

Um elf stand ich in Braunwalds majestätisch anmutendem Büro. Hohe Decken und eine Weitläufigkeit, von deren Ausmaßen in Großraumbüros zusammengepferchte Redakteure nur träumen können. Mindestens vierzig Quadratmeter. Stand ihm in seiner Position auf der Erfolgsleiter des Konzerns auch zu. Es soll ja Unternehmen geben, wo sich die Bedeutung der Führungskräfte nach der Anzahl der Bürofenster bemessen läßt.

Auch davon besaß der Raum eine stattliche Menge. Ost- und Südseite bestanden nur aus Glas. Hämische Kollegen gönnten ihm das. Denn im Sommer war das Zimmer die Hölle. Stickig und heiß, da halfen auch die besten Sonnenblenden nicht gegen den unerträglichen Hitzeeinfall. Braunwald schmorte an diesen Tagen in einer Sauna.

Karl-Heinz Braunwald war ein hagerer Typ mit schmaler Silhouette, überproportional langen Beinen und einem Hängehintern, den selbst die teuersten Anzüge nicht kaschieren konnten. Er kleidete sich ausschließlich in dunkelgraue oder nachtblaue Boss-Anzüge, die er sich jedesmal im Dreierpack direkt vom Hersteller schicken ließ. Dazu trug er maßgefertigte, hellblaue oder dezente graue Hemden. Die einzige Überraschung bot jedesmal die Krawatte. Er mußte einen ganzen Schrank davon haben. In allen Farben und jedem Dessin.

Ich war immer wieder aufs neue von ihm fasziniert. Sein dunkelbraunes, dichtes Haar durchzogen an den Schläfen graue Strähnen, und er sah stets so aus, als käme er geradewegs vom Friseur. Niemals löste sich auch nur eine Strähne und hing irgendwo wirr im Gesicht rum. Braunwald nährte den Verdacht, daß das literweise Vergeuden von Haarspray längst zu einer männlich besetzten Domäne geworden war. Trotzdem strahlte er eine Autorität aus, die den meisten Angestellten des Verlags Entsetzensschauer über den Rücken jagte, sobald sein Name erwähnt wurde oder er gar mit ausladenden Schritten über die Gänge zu irgendeinem Termin hetzte.

Er war die rechte Hand des Verlagseigentümers und hatte in dieser Funktion uneingeschränkte Handlungsvollmachten.

Braunwald begrüßte mich frostig und bot mir einen Sessel in seiner sogenannten Besucherecke an.

»Gut, daß Sie sich einen Termin geben ließen, Frau Block. Wir müssen nämlich dringend miteinander sprechen«, leitete er seine Rede ein, die nach einigen rhetorischen Kurvereien darauf hinauslief, daß er mir vorschlug, sich im gegenseitigen Einvernehmen zu trennen. Mit sofortiger Wirkung und einschließlich einer nicht unerheblichen Abfindung. Der Vertrag war bereits vorbereitet.

Sieh mal an. Der gute Braunwald hatte doch ratzfatz schon alles in der Schreibtischschublade deponiert. Ich bat mir eine Bedenkzeit aus, um den Vertrag von meinem Anwalt prüfen zu lassen, verabschiedete mich kühl und ging.

Braunwald konnte nicht ahnen und sollte auch nicht wissen, wie sehr mich seine Entscheidung freute, versetzte mich die angebotene Abfindung doch in die Lage, mindestens ein Jahr keinem Broterwerb nachgehen zu müssen. Heißa!

Ich räumte meinen Schreibtisch aus, bestellte beim Party Service des Salimo ein paar Kanapees und Champagner sowie diverse Säfte für die militante antialkoholische Front des Verlages, verabschiedete mich von meinen Mitarbeitern, was nochmals zu einem Auflauf unglücklich dreinschauender Menschen führte.

Okay, es waren drei. Frau Ulm und mein schwuler Assi sowie eine Aushilfe. Natürlich kamen alle noch einmal vorbei, vom Chefredakteur über den Anzeigenleiter bis hin zu ein paar netten Redakteuren. Solche Nachrichten verbreiten sich gemeinhin sehr schnell. Die schnieften natürlich nicht.

Die improvisierte Abschiedsfeier dauerte den Rest des Tages. Ich ließ Frau Ulm ein Schreiben an unsere Kunden rausschikken, in dem ich mich für die vertrauensvolle Zusammenarbeit bedankte und kundtat, daß ich mich selbständig machen wollte.

Was sollte ich sonst auch schreiben? Daß ich keinen Bock mehr und Braunwald die Nase voll von mir hatte?

Ich verließ das Verlagsgebäude gegen sechs. Ohne Bedauern und mit einer himmlischen Abfindung auf dem Papier. Außerdem durfte ich das Auto behalten. Ich mußte lediglich die Leasingraten und die Versicherung übernehmen. Mein Anwalt, dem ich das Angebot gegen Mittag gefaxt hatte, hatte mich kurz darauf zurückgerufen und mich beglückwünscht. Der Aufhebungsvertrag war erstklassig, zumal er mir nicht mal eine Sperre im eigenen Haus aufdrückte. Mit anderen Worten: Ich könnte jederzeit wieder in dem Laden arbeiten. Vorausgesetzt, Braunwald wollte das. Das allerdings stand nicht zu vermuten.

Ich hatte den Vertrag also sofort unterschrieben und in die Hauspost gelegt. Braunwald mußte ihn bereits erhalten haben.

Während ich durch die Stadt fuhr, rief ich Hannah von meinem Handy aus an und fragte, ob ich vorbeikommen könnte. Sie hatte nichts dagegen, und als ich ankam, öffnete sie mir die Tür, mit einem dicken Eisbecher bewaffnet, aus dem sie mit einem Eßlöffel das Eis fischte. Sie trug einen Morgenmantel aus dunkelblauer Seide mit chinesischen Schriftzeichen, die wie Spinnen am Revers heraufkrabbelten. Ihr Gesicht, umrahmt von ihren blonden halblangen Haaren, wirkte erschöpft und schlaff. Nur ihre Augen strahlten eine eisblaue, wache Kühle aus.

Sie umarmte mich kurz und flüsterte mir ins Ohr: »Vorsicht, Polizei.«

Ich betrat zusammen mit ihr das behagliche kleine Wohnzimmer, in dem eine fliederfarbene Designercouch das Glanzlicht war. Zu mehr Design hatte es nicht gereicht. Vor der Couch standen ein schwarzer Glastisch von Ikea sowie drei billige Korbsessel derselben Firma. Einen altertümlichen Fernseher hatte sie auf dem Fußboden plaziert, und an der Wand zur Küche stapelten sich Dutzende von Bildern. Selbst gemalte, wohlgemerkt. In irgendeinem mir nicht bekannten Leben hatte Hannah mal sehr kunstvoll den Pinsel geführt und hinreißende, wenn auch plakative Blumenbilder im Stil von Georgia O'Keefe auf die Leinwand gepinselt.

Die wollte sie seit Jahr und Tag aufhängen, hatte es aber nie über sich gebracht, eine Bohrmaschine in die gepflegten Hände zu nehmen.

Abgesehen von zwei spießigen Alpenveilchen auf der Fensterbank gab es zu Hannahs Einrichtung nichts zu sagen. Für weitere Möbel hatte sie nie genügend Bargeld besessen. Und auf Kredit kaufte sie nicht. Allen Verheißungen netter Bankberater zum Trotz. Da war sie unempfindlich, eisern und realistisch genug.

Entschuldigt hatte sie sich für ihre mehr als spartanische Wohnungseinrichtung bei uns immer mit dem abgehalfterten Spruch, sie würde niemals mehr Mobiliar um sich herum versammeln wollen, als sie nicht jederzeit ohne Bedauern aufgeben könnte. Sich für Möbel in Kredite stürzen? Nie im Leben!

Auf der Couch saßen zwei Bullen in Zivil, die sich bei unserem Eintritt erhoben. Sie stellten sich vor. Der eine hörte auf den bedeutungsschweren Namen Gitter, der andere stellte sich als Burrmann vor. Beide waren zirka fünfunddreißig, Gitter vielleicht ein, zwei Jahre jünger. Das Pärchen war schlank, mittelgroß, dunkelblond und nach herkömmlichen Maßstäben attraktiv. Sie trugen beige Hosen und Leinenjacketts, die einen Ton heller waren. Mit ihren Klamotten von der Stange, den faden Krawatten, den braunen Schuhen und hellen Hemden gehörten sie eindeutig der Kategorie Mann an, die ich unter normalen Umständen keines Blickes würdigte.

Die Situation erzwang Kompromisse. Also streckte ich ihnen die Hand hin, sah sie an und stellte mich vor.

»Wir haben Sie schon erwartet«, sagte Burrmann und grinste mich an.

Fragend drehte ich mich zu Hannah, aber die zuckte nur mit den Schultern und hielt den Mund.

»Weshalb sind Sie eigentlich hier? Ich dachte, Sie hätten Hannah aufs Revier bestellt und ihre Aussage dort zu Protokoll genommen?«

»Haben wir auch. Aber es ergaben sich ein paar Fragen, als wir das Protokoll gegen Abend nochmals lasen. Unter anderem zu Ihrer Person.« Burrmann grinste fast entschuldigend.

»Aha. Und deshalb haben Sie ausgerechnet bei Hannah auf mich gewartet?«

»Nein, natürlich nicht. Wir wären im Anschluß zu Ihnen gefahren. Aber nun sind Sie uns ja zuvorgekommen.«

»Wie vorteilhaft für Sie.« Es klang herablassend, und es war auch so gemeint. Nur daß die beiden sich nicht anmerken ließen, daß sie die Arroganz bemerkten. Sie blieben höflich.

»Würden Sie uns behilflich sein, ein paar Dinge zu klären?«

»Sicher, wenn es Ihnen nutzt und nicht zu lange dauert.«

»Es dauert nicht lange.«

Das war Gitter, dessen Nase und Stirn mit himmlischen Sommersprossen übersät war, wie ich erst in diesem Augenblick bemerkte. Süß, einfach süß. Allerdings müßte man ihm ein wenig Unterstützung bei der Wahl seiner Kleidung zukommen lassen. Dann wäre der Typ mehr als ansehnlich und hätte selbst bei Frauen wie mir, die bekanntlich nur in gehobenen Sphären wilderten, allerbeste Chancen auf ein nettes Abendessen.

»Es gibt da ein paar Ungereimtheiten«, begann Burrmann, »die wir gerne klären würden.«

»Zum Beispiel?« fragte ich mit gelangweilt klingender Stimme. Das Timbre hatte ich sofort parat. Echt. Ist überhaupt kein Problem. Sie müssen nur ein wenig tiefer als normal sprechen, die Vokale sanft in die Länge ziehen und die Stimme nicht, wie bei einer Frage üblich, erheben, sondern sie tiefer ausklingen lassen. Voilà, schon wirken Sie blasiert.

Der Versuch, Desinteresse zu signalisieren und ein klein wenig zu provozieren, schlug fehl. Wahrscheinlich war ich doch nicht so gut, wie ich vermutet hatte.

»Zum Beispiel, warum uns Frau Holberg sagte, sie hätte Herrn Bronski vor zirka sechs Monaten gemeinsam mit Ihnen und Frau Schneider kennengelernt. Nun erklärte uns Frau Schneider heute mittag, Sie hätten ihn im Pasalino kennengelernt, während Frau Holberg darauf besteht, sie hätten ihn zufällig an einer Bushaltestelle getroffen, seien ins Gespräch gekommen et cetera Welche Version bevorzugen Sie?«

Ich setzte das dümmste Gesicht auf, zu dem ich fähig war, schaute so unschuldig wie möglich und wollte Zeit schinden.

»So genau kann ich mich um Gottes willen nicht erinnern. Sie werden verzeihen, aber ich kann nicht bei jedem meiner Bekannten Buch darüber führen, wann ich ihn wo und unter welchen Umständen getroffen habe. Das verstehen Sie doch, oder?«

»Generell schon. Nur scheint uns ›Bekanntschaft‹ etwas untertrieben. Immerhin hat Ihre Freundin mit ihm gearbeitet, und Sie, Frau Block, sind mit ihm mehrmals an der Alster und in Eppendorf gesehen worden. Unter anderem hat man sogar Sie alle drei an der Alster beobachtet, als es fast zu einer Schlägerei kam.«

Ich warf Hannah einen kurzen Blick zu, aber die lutschte angelegentlich an ihrem Löffel herum und tat so, als würde sie völlig in die Schlemmerei vertieft sein und als ginge sie das Gespräch nichts an.

Hilfe war von ihr nicht zu erwarten.

»Lassen Sie mich einen Augenblick nachdenken.«

Ich sah aus dem Fenster. Mein Gehirn arbeitete fieberhaft.

»Okay, ich glaub', ich hab's. Ich glaube, Ira verwechselt da was, und Hannah hat recht. Ich glaube, wir haben Pete gemeinsam im Pasalino kennengelernt. Aber ich kann mich beim besten Willen nicht erinnern, wann das war oder aus welchem Anlaß. Und wir haben uns mit der Zeit ein wenig angefreundet. Aber das alles ist doch nicht wichtig. Es sei denn, Sie haben uns im Verdacht, etwas mit dem Tod von Pete und diesem anderen

Mann zu tun zu haben. Und das haben Sie ja wohl nicht wirklich. Oder? Das wäre ja geradezu pervers.«

»Nein, wir glauben nicht, daß Sie etwas mit dem Mord zu tun haben. Wir vermuten nur, daß Sie etwas darüber wissen. Und daß Sie es uns nicht sagen wollen.«

»Und das wäre?«

»Unter anderem, daß er früher ein enger Freund des sogenannten Kanzlisten gewesen ist. Und wir vermuten, daß er das bis zu seinem Tod war.«

Er beobachtete mich aufmerksam, während er das sagte. Ich blieb ungerührt – hoffte ich.

»Wessen Freund?«

»Sie haben den Namen noch nie gehört oder von ihm gelesen?«

»Nein, weshalb sollte ich?«

»Sie haben also heute keine Zeitung gelesen?« intervenierte er.

»Nein, hab' ich nicht. Aber Sie dürfen sicher sein, das hätten Sie an meiner Stelle auch nicht. Mir ist nämlich heute gekündigt worden. Und ich hatte bei Gott genug um die Ohren, meinen Schreibtisch zu räumen, eine Abschiedsparty zu organisieren und was alles so dazugehört.«

Die beiden wechselten einen Blick, und Gitter griff zu seinem Handy, während er Hannahs Wohnzimmer Richtung Küche verließ.

»Wer ist denn nun der Kanzlist?« Ich wandte mich Burrmann zu.

»Heute ein Toter. Noch gestern war er ein Staranwalt. Und außerdem jemand, den wir im Verdacht hatten, illegale Gelder zu waschen, mit Waffen zu handeln und der Drahtzieher von ein paar Morden im Milieu zu sein. Wir konnten ihm nur nie etwas nachweisen.«

Jetzt grinste ich. »Morde im Milieu« hatte er gesagt. Von Morden an Ehegatten war also nicht die Rede.

»Verzeihen Sie, aber sagt das jetzt etwas über die Unschuld

dieses Kanzlisten aus oder über die Fähigkeit der Hamburger Kriminalpolizei und die Effizienz ihrer Fahndungsmethoden?«

»Sehen Sie es, wie Sie wollen. Aber wenn Sie Bronskis Mörder hinter Gitter haben wollen, sollten Sie uns behilflich sein. Wir vermuten nämlich, daß die Morde unmittelbar zusammenhängen.«

»Und welche Rolle haben Sie uns zugedacht?« Ich stand immer noch an derselben Stelle, an der ich stehengeblieben war, als ich Hannahs Wohnzimmer betreten hatte. Zwischen Burrmann und mir lagen etwa drei Meter, denn auch er hatte sich – er stand nahe dem Wohnzimmerfenster – nicht einen Zentimeter bewegt.

»Wir vermuteten, daß Sie uns weiterhelfen können. Hat Ihr Freund Pete denn nie den Namen Gordon Winslet erwähnt?«

»Ist das der Kanzlist? Nein, nicht, daß ich mich erinnere.«

In dem Moment betrat Gott sei Dank Gitter das Zimmer.

Er machte sich gar nicht erst die Mühe zu verbergen, was eh offensichtlich war. »Sie hat die Wahrheit gesagt. Sie hat heute einen Abfindungsvertrag ausgehändigt bekommen und ihn unterschrieben.«

Ich machte auf empört.

»Wollen Sie sagen, Sie hätten mir nicht geglaubt? Für wie blöd halten Sie mich eigentlich? Ich lüge doch nicht … Jedenfalls nicht in den Fällen, die mit einem einfachen Anruf zu überprüfen sind«, setzte ich hinzu und schürzte bewußt mädchenhaft die Lippen und legte kokett den Kopf schräg.

»Hören Sie auf, uns wie Idioten zu behandeln. Wir machen hier unseren Job, wie Sie den Ihren bislang auch gemacht haben. Nichts weiter.« Burrmann warf mir einen strafenden Blick unter zusammengekniffenen Brauen zu.

»So, und um welche Ungereimtheiten handelt es sich noch bei den Aussagen von Hannah und Ira?«

»Zum Beispiel, daß Ihre Frau Schneider felsenfest behauptete, daß sie diejenige sei, die den intensivsten Kontakt zu

Bronski hatte, während Ihre Freundin, Frau Holberg, aussagte, Sie seien es.«

Ich schaute zu Hannah, die es sich inzwischen schon längst wieder auf ihrem lila Sofa bequem gemacht hatte.

Hannah zuckte mit den Achseln. Ihre oberen Schneidezähne hielten die Unterlippe fest, was ihr das Aussehen einer Sechzehnjährigen verlieh. Unwillkürlich schüttelte ich den Kopf.

»Und Ihnen ist nicht in den Sinn gekommen, daß Hannah es einfach nur gern so sehen würde? Sie müssen nämlich wissen, daß sie sich mitunter etwas benachteiligt fühlt.«

Hannah öffnete den Mund, aber Gitter kam ihr zuvor.

»Meinen Sie nicht, Sie gehen etwas zu weit?«

Dankbar lächelte Hannah ihn an. Triumph im Blick.

»Hören Sie. Sie wollen die Wahrheit. So ist sie nun aber mal, diese Wahrheit. Wenn Sie möchten, daß ich mit meiner Freundin sorgfältiger umgehe, stellen Sie uns nicht so bescheuerte Fragen. Wie soll ich es denn anders erklären? Sie hat ein paar Komplexe, und die verschwinden nicht einfach, nur weil man nicht darüber redet.«

»Ich und Komplexe? Bist du völlig bescheuert? Es reicht, Irmi.« Hannah war empört und schien nicht zu begreifen, was ich wollte. Sie sollten uns in Ruhe lassen. Das taten sie aber nur, wenn sie nicht bis ins kleinste Detail hinein unsere Aussagen, vor allem aber die Differenzen der Aussagen überprüften, indem sie uns alle drei wieder und immer wieder in die Mangel nahmen. Da war es besser, sie glaubten, wir hätten unter uns ein paar Profilierungsprobleme, und eine moserte an der anderen rum, weil sie ihr nicht gönnte, beliebter, attraktiver oder nur schlauer zu sein.

»Hannah, mach mal 'nen Punkt. Du weißt doch, daß es so ist.«

Hannah kam echt in Fahrt. Ich konnte es ihr ansehen. Die beiden anderen auch.

Sie fuchtelte empört mit ihrem Eislöffel durch die Luft, und es war ihr offenbar egal, daß sie das mattgelbe Vanilleeis mit großer Geste auf ihrer eleganten Designercouch verstreute.

»Irmi, du bist ein Arschloch. Wie kommst du dazu, solche irrwitzigen Behauptungen aufzustellen? Wie kommst du dazu, solche idiotischen Lügen zu erzählen?«

Sie fuchtelte immer noch mit dem Löffel herum. Gitter ging zu ihr rüber, hielt ihren Arm fest, sah ihr wohl tief in die Augen, denn sie schaute ergeben zurück und ließ sich widerstandslos den Löffel aus der Hand winden.

Da erst wurde mir klar, daß Hannah lediglich eine Show abzog. Wäre sie in Fahrt gewesen, richtig in Fahrt, hätte Gitter den Löffel eher an den Kopf geknallt denn in die Hand bekommen.

»Sie sollten das Eis beseitigen, bevor es Flecke gibt, die nicht mehr rausgehen«, sagte er.

Erschrocken sah sich Hannah um, registrierte, daß sie von Eisklecksen umgeben war, die schmolzen und sich zu bizarren Gebilden ausweiteten. Sie schoß mit hochrotem Kopf Richtung Küche, aus der sie kurz darauf mit einem feuchten Tuch in der Hand zurückkam. Ihr roter Kopf war echt. Das Ausmaß ihrer Nummer »Ich bin ja so empört« war ihr tatsächlich entgangen.

»Wenn die nicht rausgehen, Irmi, kriegst du die Rechnung der Reinigung ausgehändigt. Ich schwör's dir«, fauchte sie, beugte sich über die Couch und fing wie eine Geisteskranke an, das sich ausbreitende Eis mehr in den Stoff hineinzureiben denn aufzuwischen.

Ich sagte vorsichtshalber gar nichts mehr.

Burrmann sah Gitter an.

»Es gibt da übrigens noch etwas, das wir gerne von Ihnen gewußt hätten.«

Sie machten eine theatralisch anmutende Pause. Eine dieser Kunstpausen, die einem bei mittelmäßigen Schauspielern einfach nur auf den Zeiger gingen, weil man ihnen ansah, wie sie sich an die Anweisungen ihrer Schauspiellehrer für Unheilkündendes oder Bedeutungsschwangeres erinnerten und sie Punkt für Punkt abarbeiteten.

»Sie waren am Tag vor dem Mord in demselben Flieger wie Herr Bronski. Vielleicht können Sie uns das erklären. Zumal Sie ihn zuvor aus einer mallorquinischen Klinik abgeholt haben.«

Ich hatte die ganze Zeit auf diese Frage gewartet. Deshalb überraschte sie mich nicht.

»Man hatte mich angerufen. Fragen Sie nicht, wer es war. Ein Mann. Ich kannte ihn nicht.«

Im folgenden erzählte ich die Story. Ich ließ lediglich aus, daß ich sehr wohl gewußt hatte, daß es der Kanzlist gewesen war. Und ich erwähnte Tommy mit keiner Silbe.

Schon meine Mutter hatte mich als kleines Mädchen immer wieder davor gewarnt zu lügen. Wenn es denn aber schon sein mußte, dann sollte ich immer so dicht wie möglich an der Wahrheit bleiben. Empfahl meine Mama. Und mitunter war ich eben eine folgsame Tochter.

»Und Sie wollen uns weismachen, Sie hätten ihn nicht gefragt, woher diese mehr als unüblichen Verletzungen kamen?«

»Klar habe ich ihn gefragt. Was denken Sie denn? Aber hätten Sie Pete gekannt, so wüßten Sie sehr wohl, daß er nicht antwortete, wenn er nicht wollte. Und er wollte nicht. Er sagte, es sei besser für mich, wenn ich nicht allzuviel darüber wüßte.«

»Und damit haben Sie sich natürlich zufriedengegeben?«

Burrmanns Stimme troff vor Süffisanz und Ärger. Er gab einfach keine Ruhe.

»Nein, hab' ich nicht. Aber er wurde schließlich wütend. Und dann hab' ich aufgegeben.«

»Kennen Sie einen Roland Schlegel?«

»Wen bitte?«

Ich war wirklich überrascht, auch wenn ich wußte, wen er meinte. Das hatten sie also auch schon rausbekommen. So schlecht wie ihr Ruf waren die also gar nicht, die Hamburger Bullen.

»Prof. Dr. Dr. Roland Schlegel, der andere Tote in Bronskis

Büro. Auch er war in dem Flieger. Und Sie drei wurden bei der Ankunft zusammen gesehen.«

»Ach, Sie meinen diesen Typen, der bei Pete war. Obwohl – der war doch nie im Leben Doktor, der sah doch aus wie ein Bauer. Meinen Sie etwa den? Zu dem kann ich Ihnen leider gar nichts sagen. Der stieß auf dem Flughafen von Palma zu uns. Ziemlich schweigsam, der Mann. Der sagte gar nichts. Und ich fragte nichts. Ich dachte, er gehöre zum Pflegepersonal. Er hielt sich im Hintergrund, schob den Rollstuhl. Mehr weiß ich nicht. Ich glaube, Pete sagte mir, daß er seine Flugbegleitung sei. Was gucken Sie so?«

»Finden Sie nicht, daß das ein wenig merkwürdig klingt?«

»Kann schon sein, aber so war es nun mal. Und weshalb, in Gottes Namen, sollte ich lügen?«

»Genau diese Frage beschäftigt uns.«

Beide nickten einander zu.

»Hören Sie, ich denke, wir haben unsere Fragen geklärt, soweit Sie es zuließen.« Gitter lächelte mich an, und ich muß zugeben, daß es mich beeindruckte, wie er mir Paroli bot. Ich lächelte zurück. »Wir würden Sie aber dennoch bitten, uns zu benachrichtigen, wenn Sie die Stadt verlassen. Es könnte sein, daß wir uns noch einmal an Sie wenden, falls sich neue Fragen ergeben.«

»Das heißt, Sie brauchen keine offizielle Aussage von mir auf dem Revier?«

»Nein, eigentlich nicht. Jedenfalls nicht im Moment.«

Sie verabschiedeten sich höflich. Burrmann ganz Gentleman, während Gitter das Unwohlsein auf der Stirn geschrieben stand. Hannah begleitete sie zur Tür und kehrte gleich darauf zurück, ein triumphierendes Grinsen im Gesicht.

»Wie war ich?« Sie lachte laut auf.

»Ja, klasse. Ich wußte anfangs nicht genau, ob du wirklich sauer bist oder eine Show abziehst.«

Sie lachte immer noch.

»Aber ich hab' die zwei doch von meiner Wut überzeugt, oder? Sonst wären die kaum so schnell verschwunden, meinst du nicht auch?«

»Aber das mit den Flecken, das war nicht geplant?«

»Bin ich blöd? Ich versau' doch nicht freiwillig mein bestes Stück. Jedenfalls nicht auf diese Weise.«

Sie kicherte und machte sich wieder über die Flecken her.

Ich setzte mich endlich auf einen Sessel, ließ die Joop!-Slipper von meinen Füßen gleiten und schob mir die Beine unter den Hintern.

»Hast du was zu trinken? Ich brauche jetzt einen Drink.«

Sie nickte Richtung Küche. Ich erhob mich und ging rüber in die winzige angrenzende Küche, wo sich in der Spüle Essensreste auf durchweichten Papptellern mit Gemüseabfällen um die Vorherrschaft stritten. Kaffeetassen mit eingetrockneten Resten und Weingläser, halbgefüllt, in denen tote Fruchtfliegen herumschwammen, hatte Hannah auf dem Tisch und der kleinen Arbeitsplatte verteilt.

Das Ganze sah aus wie nach einer Party oder wie bei einem eingefleischten Junggesellen, der das Wort Abwasch noch nie gehört hatte.

Ich suchte nach einem sauberen Glas. Vergeblich. Also spülte ich eins ab, holte eine Flasche Wein aus dem Kühlschrank und entkorkte sie.

»Hannah, du solltest endlich mal lernen, deine Küche etwas sauberer zu halten. Eines Tages kriechen dir hier alle möglichen Arten von Kakerlaken durchs Geschirr, und du wirst dich zu Tode ekeln.«

»Erstens gibt es in Deutschland nur eine einzige Art. Und zweitens würde ich dann ausziehen. Postwendend.« Sie drehte sich kurz zu mir um und warf mir einen triumphierenden Blick zu.

Ihr Stoizismus verblüffte mich. Hannah, die sorgsam darauf achtete, daß nicht der Hauch eines Cremerestes über den Rand ihrer Tiegel und Töpfe lugte, die jede Parfümflasche, jede Lidschatten-Dose geradezu peinlich sauber hielt. Dieselbe Hannah war in der Küche eine Schlampe, bei der jeder Hobbykoch die Flucht ergreifen mußte. Sie war ein Küchenschwein.

Sicherlich könnte ich diesen Charakterzug an ihr auch liebenswert umschreiben. Es würde nur nicht den Kern treffen. Es wäre unaufrichtig. Und das will ich ja nicht sein. Diese meine Beichte hier soll der Wahrheit so nahe wie möglich kommen. Keine Lügen, keine Flunkereien, nichts Beschönigendes. Die Wahrheit, nichts als die Wahrheit will ich niederschreiben. Was auch immer das bedeutet.

Aber zurück zu Hannah und mir, damals, dort in der Wohnung.

»Und wenn du nicht sofort eine Wohnung findest? Immerhin bist du nicht gerade Maklers Liebling mit deinen konfusen Einkommensverhältnissen.«

»Dann such' ich mir eben einen Kerl zum Heiraten.«

»Und wo willst du den hernehmen? Das ist dir doch bislang auch nicht gelungen.«

»Bis jetzt war ich ja auch nicht wirklich in einer Zwangslage.«

»Oh, Hannah, jetzt mach mal einen Punkt. Du baggerst doch am laufenden Band Kerle an. Und nur, um sie eventuell zu heiraten und Kinder zu kriegen. Deshalb rennen ja wohl die meisten auch flugs wieder weg.«

Sie hatte den Kampf gegen das Eis beendet und sich in der Zwischenzeit in einem Sessel niedergelassen.

»Ich könnte ja mal das Milieu wechseln. Ich meine, wir grasen doch immer nur dasselbe Männerfeld ab. Makler, Ärzte, Anwälte. Vielleicht muß man einfach mal in die Vorstädte fahren. Ahrensburg oder Stade oder so. Da sind sie vielleicht nicht so abgewichst und an ernsthaften Beziehungen noch interessiert. Meinst du nicht?«

»Willst du damit sagen, du könntest dir vorstellen, in einem dieser Reihenhäuser mit den geleckten Vorgärten, den akkurat geschnittenen Hecken und Blumenbeeten zu leben, wo die Nachbarn sich über dich das Maul zerreißen, wenn du nur einmal am Samstag vergißt, den Gehsteig zu fegen? Du spinnst doch wohl?«

»Wieso? Ich denke schon länger darüber nach, daß mir die ganze Szene hier auf den Zeiger geht. Erinnerst du dich, daß wir im letzten Jahr bei Christine zum Kindergeburtstag eingeladen waren? Wie alt war ihre Tochter geworden. Ein Jahr oder zwei?«

»Eins.«

»Ja, und weißt du noch, was sie uns damals offenbart hat? Daß sie nach dieser Baby-Pause nicht im Traum daran denken würde, wieder in ihren Job zurückzukehren. Daß sie null Bock auf den Streß in dieser Anzeigenagentur hätte. Daß sie noch ein Kind will und daß Bernhard und sie kräftig dran arbeiten. Erinnerst du dich?«

»Was glaubst du denn? Vor allem aber erinnere ich mich daran, daß du obergenervt warst und sturzbetrunken. Du hast auf der Heimfahrt den Rücksitz vollgekotzt, weil der Verkehr auf der Autobahn zu dicht war und ich nicht schnell genug auf dem Standstreifen halten konnte. Das Auto hat noch drei Wochen später nach dir gestunken, obwohl ich an der nächsten Autobahnraststätte rausfuhr und eine ganze Kanne Wasser verbrauchte, um diese säuerlich stinkende Scheiße wieder aus dem Wagen zu kriegen, während du dich auf dem Klo eingeschlossen und weitergekotzt hast. Und wieder im Auto, fiel dir nichts Besseres ein, als den ganzen restlichen Heimweg abzulästern über Christine, ihr spießiges Familienglück und ihren noch spießigeren Kerl von einem vorstädtischen Versicherungsmakler. So war das.«

»Weil ich es nicht ausgehalten habe. Deshalb hab' ich mich auch so zugeschüttet. Wieso kriegt diese Christine mit ihrem Fettarsch so eine Familie und ich nicht? Das hab' ich mich die ganze Zeit gefragt.«

»Sie hat keinen Fettarsch.«

»Hat sie doch. Sie war richtig aus dem Leim gegangen. Mindestens Konfektionsgröße 42. Dabei hatte sie mal 38, als sie noch im Pasalino mit uns abhing.«

»Übertreib nicht. Sie war vielleicht ein bißchen fülliger, beileibe aber nicht das Schlachtroß, das du aus ihr machen wolltest. Sie sah einfach nur sehr mütterlich aus.«

»Und fühlte sich wohl in dieser Rolle der Vorstadttante, die allen beruflichen Ehrgeiz hinter sich gelassen hat und nur noch für Heim, Herd und Kerl da ist. Und ich kam mir so was von verarscht vor.«

»Kam ich mir doch auch nicht.«

»Du bist ja auch nicht so sensibel.«

»Hannah, jetzt werd nicht beleidigend.«

»Ist doch wahr. Sagt ja selbst Ira.«

»Ach, ihr tratscht also über mich.«

»Tratschen? Nein, tratschen tun wir nicht. Wir reden über dich. Klar. Aber tratschen ist doch was ganz anderes. Und außerdem: Du redest doch auch mit mir über Ira, wenn sie nicht da ist.«

»Aber ich zitiere nicht, was wir über sie reden.«

»Und das ist dann Tratschen? Und deine Art ist natürlich viel besser und empfindsamer. Weißt du was, Irmi? Manchmal bist du nichts weiter als eine arrogante, blöde Kuh.«

Sie sah mich an und grinste. Ich grinste zurück, verbuchte die arrogante Kuh unter »nicht gesagt« und wechselte das Thema.

»Kannst du dir denken, weshalb ich hier bin?«

»Sag es mir.«

»Braunwald hat mich heute rausgeschmissen. Ich bin quasi arbeitslos, reif für das Arbeitslosenamt, mit der linken Zehe schon ein Sozialfall.«

»Der hat dich rausgeschmissen?«

Hannah kreischte belustigt und oberfröhlich. »Das halt' ich nicht aus. Ich dachte immer, dein Job sei so sicher wie die Tatsache, daß morgen ein neuer Tag beginnt.«

»So lustig ist das nun auch nicht. Wenngleich ich selbst kündigen wollte und er mir nur zuvorgekommen ist.«

»Aber das ist doch phantastisch. Da bekommst du doch eine satte Abfindung – oder?«

»Sie reicht.«

»Mußt du nicht zum Anwalt, um dich beraten zu lassen?«

»Ich hab' ihm den Auflösungsvertrag noch gleich vom Büro aus gefaxt. Er hat mich kurz darauf zurückgerufen und mir erklärt, es sei ein absolut generöses Angebot. Ich solle zufrieden sein und unterschreiben. Außerdem gäbe es kein Kleingedrucktes, nichts Fieses. Ich sei nicht einmal für den Laden gesperrt, könne also jederzeit bei einer anderen Zeitschrift desselben Hauses wieder anfangen. Er war verwundert, denn normalerweise gibt es eine mindestens sechsmonatige Sperrfrist bei solchen Auflösungsverträgen. Und außerdem darf ich das Auto übernehmen. Super – oder? Ich habe also unterschrieben und das Ding dann an Braunwald zurückgeschickt.«

»Klasse. Du bist ganz schön abgewichst.«

»Ich hab' doch damit gar nichts zu tun.«

»Trotzdem bist du abgewichst.«

»Nicht mehr und nicht weniger als du. Weshalb berührt dich der Tod von Pete eigentlich kaum?«

Hannah, die sich die ganze Zeit über in dem Korbsessel geräkelt hatte, so daß ihr Morgenmantel sperrangelweit aufstand und ihre Beine bis zum Höschen hinauf zu sehen waren, hielt nach wie vor das mit Eisflecken übersäte Handtuch in der Hand und drehte es bei der Erwähnung des Namens hastig zu einer Wurst zusammen.

»Ich versuche, nicht weiter darüber nachzudenken. Das ist alles. Es ist eben passiert. Niemand kann es rückgängig machen. Und außerdem«, sie setzte sich schnurgerade hin, als wolle sie ihre Sätze durch die gestraffte Körperhaltung besonders hervorheben, »kannte ich ihn nicht besonders gut. Was erwartest du also? Daß ich tagelang weine und mit roten Augen durch die Gegend laufe? Ich hab' doch nicht einmal beim Tod meines Vaters geweint. Ich kann das nicht. Ich steh' einfach auf und versuch' weiterzumachen. Übrigens Pete. Ich hab' heute früh ein Einschreiben bekommen.«

»Und das sagst du jetzt erst? Was stand drin?«

»Ich weiß nicht. Es ist für dich.«

»Wieso schickt er's dann an dich?«

Ihr »Weiß ich doch nicht« klang ziemlich schnippisch. Ich zog die Stirn kraus und machte mit der Hand eine ungeduldige Bewegung, die sagen wollte: »Mach schon, komm aus der Hüfte.«

Hannah ging in den Korridor und kam mit einem flammendroten Umschlag zurück. Ich nahm ihn und ging zum Fenster. Es überraschte mich nicht, festes, handgeschöpftes Büttenpapier in den Händen zu halten.

Statt des erwarteten Briefes fand ich nichts weiter als den Namen eines Anwalts und seine Telefonnummer. Ich drehte das Blatt unruhig hin und her, betastete den Umschlag, ob mir vielleicht ein weiteres Blatt entgangen war, sah schließlich noch einmal rein – und fand nichts. Nicht eine persönliche Zeile. Kein Abschiedsgruß, keine Erklärung. Mist. Ich war ziemlich enttäuscht.

»Wie spät ist es eigentlich?«

Hannah sah auf ihre goldene Cartier-Uhr.

»Kurz nach neun.«

»Scheißescheißescheiße.«

Ich rannte wie eine Idiotin zu meiner Handtasche, in der mein Filofax mit Jürgens Nummer sein mußte. Ich wühlte wie eine Geisteskranke darin herum und verstreute schließlich den gesamten Inhalt auf dem Fußboden. Feine kleine Kelly Bags sind nicht nur vornehmer, sondern auch übersichtlicher. Es geht einfach nicht soviel rein. Ich aber mußte ja immer diese Riesenschultertaschen haben oder gar Rucksäcke, in denen ich möglichst meine gesamte persönliche Habe mit mir führen konnte. Hatte jedenfalls immer mein Ex-Mann gemutmaßt, der sich über die Größe meiner Handtaschen nicht einkriegen konnte. Dabei waren meine Handtaschen lediglich aus praktischen Erwägungen derart überdimensional. Ich haßte Plastiktüten. Wenn ich abends auf die Schnelle im Supermarkt einkaufte, wollte ich sichergehen, daß ich sämtliche Einkäufe über meine Schulter hängen konnte. Sah doch pervers aus, mitten in Eppendorf im knappen Jil-Sander-Kostüm und mit einer Dreißigpfennig-Plastiktüte durch die Straßen zu flanieren. Nein, diese Tüten kamen keinesfalls in meine Nähe. Und ökomäßige Baumwollbeutel schon gar nicht.

Aber wenn man etwas Bestimmtes sucht, seien es die Kosmetiktasche mit den Lippenstiften, Rougedosen, diversen Pinseln oder Tempotaschentüchern – dann war man mit diesen Ungetümen ins Knie gefickt. Ausgerechnet das, was man gerade am dringendsten benötigte, verbarg sich im hintersten Winkel unter Unterlagen, Brillenetuis und anderen diversen Kleinigkeiten, die Frauen eben so bei sich führen.

Also, wie ich schon sagte, schüttete ich schließlich den ganzen Kram auf Hannahs Fußboden. Ich griff nach dem Filofax, in dem sich meine goldene Nagelschere verfangen hatte. In der Aufregung bemerkte ich es erst, als ich mir ihre Spitze in den Daumen bohrte.

»Au Scheiße, Mensch.«

Hannah sprang auf, rannte ins Bad und kam mit einem Pflaster zurück, das sie mir behutsam auf die Stelle klebte. Es blutete nur leicht.

»Schlimm?«

»Nö, aber ich hab' mich erschrocken.«

»Tu doch das Ding ins Seitenfach. So was kann man doch auch nicht so einfach in der Tasche rumfliegen lassen. Da stichst du dich doch jederzeit wieder.« Sie hatte recht, und ich warf die Schere noch schnell in die Seitentasche, bevor ich Jürgens Privatnummer wählte. Er hatte sie bei unseren vergeblichen Telefonversuchen Wochen zuvor auf meinem Anrufbeantworter hinterlassen, und ich hatte sie mir natürlich notiert.

Es meldete sich eine Frauenstimme. »Kowalski.«

»O Shit«, entfuhr es mir. »Block hier, Block, Irmi Block. Kann ich bitte Ihren Mann sprechen?«

Was folgte, hätte ich mir nicht im Traum einfallen lassen.

Die Frau überschüttete mich mit Flüchen und Beschimpfungen, die einem Marktweib alle Ehre gemacht hätten. »Schlampe« und »Nutte« gehörten noch in die Kategorie »harmlose Entgleisung«.

Ich war immer wieder erstaunt, wozu Frauen fähig waren, wenn sie verletzt wurden. Und daß die Frau verletzt worden war, das war nicht zu überhören.

»Gib schon her, Renate«, hörte ich Jürgens Stimme durch das Geschrei tönen.

Er schien ihr den Hörer entwunden zu haben, durch den schließlich das Knallen einer Tür dröhnte.

»Da hab' ich ja was angerichtet.«

Ich war ziemlich kleinlaut, wenngleich ich mir keiner Schuld bewußt war. Es war mir himmelschreiend peinlich, eine solche Szene verursacht zu haben.

»Neinnein, du kannst nichts dafür. Sie tobt schon die ganze Zeit.«

»Ich denke, sie hat einen Liebhaber.«

»Ja, hat sie auch.«

»Und weshalb macht sie dann so ein Theater?«

»Bei mir scheint es was anderes zu sein. Sie ist es nicht gewöhnt.«

Ich grinste in mich hinein und begann mir vor lauter Wonne mit der linken Hand den rechten Unterarm zu massieren.

Keifende Ehefrau hin oder her. Es war mir ziemlich egal. Jürgen hatte mir ein erstklassiges Geständnis gemacht, ob er sich dessen in dem Moment bewußt war oder nicht. Ich war die erste Geliebte in seiner Ehe. Dieses indirekte Geständnis fand ich todschick, hervorragend und umwerfend.

»Normalerweise ist dieses Verhalten doch der typische Männerpart in einer Beziehung. Ihr gesteht euch eine Geliebte zu, rastet aber aus, wenn die Frau es euch mit gleicher Münze heimzahlt. Und das am Ausgang des zwanzigsten Jahrhunderts. Ich dachte, ihr wolltet euch scheiden lassen.«

»Irmi, wir lassen uns ja scheiden. Aber es muß sie sehr überrascht haben, daß ich bei einer anderen Frau war. In den ganzen fünfzehn Jahren ist das noch nicht vorgekommen.«

»Ist das wahr?« Ich gaukelte ihm Überraschung vor.

»Hör auf zu kokettieren. Ich hab' ihr heute früh gesagt, daß ich bei dir war. Und ich hab' ihr gesagt, daß ich so schnell wie möglich ausziehen will, da mich die Situation zu sehr anstrengt. Da ist sie ausgerastet. Und als ich heute abend nach Hause kam, ging das ganze Theater von vorne los. Deshalb habe ich dich bislang auch noch nicht angerufen. Sie tobte durch die Wohnung und kriegte sich nicht ein. Ich glaube, wir haben die Hälfte unseres gemeinsamen Eßservice verloren.«

Er lachte spröde auf, was ihn mir nur noch sympathischer machte. Wenn das überhaupt ging. »Sie hat noch ein eigenes Service, ein Erbstück von ihrer Großmutter«, fuhr er mir in meine Gefühlsparade, »das hat sie natürlich nicht angerührt. Frauen, kann ich da nur sagen.«

»Läster nicht rum. Männer sind mindestens genauso übel wie Frauen. Es macht übrigens nichts, daß du nicht angerufen hast. Ich war nicht zu Hause. Aber das erzähle ich dir alles, wenn wir uns sehen. Das tun wir doch, oder?« Ich gab mich cooler, als ich war. Denn eines stand schon mal fest: Selbst wenn ich die große Ausnahme war, und das schien ich offensichtlich ja wirklich zu sein, sicher war ich mir seiner nicht. Dazu kannte ich ihn auch nicht gut genug. Was, wenn er nein sagte, weil er die Nase von diesen verrückten Weibern vorerst voll hatte oder erst mal zur Ruhe kommen mußte? Oder wenn er seine Mitte finden wollte und dergleichen Ausreden benutzte, um nicht von einem Beziehungsstreß in den nächsten zu schlittern? Schließlich hatten wir uns die Nacht zuvor zwar göttlich geliebt, aber mindestens ebenso prachtvoll in die Haare gekriegt, nachdem ich ihm unseren heimlichen Nebenerwerb gestanden hatte.

Jürgen wollte keine Auszeit. Ich jubilierte. Innerlich, versteht sich. Ich wuchs auf einen Schlag zehn Zentimeter. Ich war seine

Traumfrau, seine Angebetete, die Frau, auf die er immer gewartet hatte. Ich fühlte mich riesig, verrucht und genial.

»Ja, aber nicht heute. Das geht nicht. Ich muß sie erst einmal beruhigen. Was hältst du von morgen?«

»Paßt.«

»Okay, ich muß auflegen. Drück mir die Daumen, daß ich das hinkriege.«

Ich drückte ihm die Daumen. Weniger seinetwegen denn meinetwegen. Ich wollte ihn so schnell wie möglich sehen, in seinen Armen sein und ihn berühren dürfen. Ich hatte mich ernsthaft verliebt. Scheiße. Und Gott sei Dank.

Als ich auflegte, grinste Hannah mich an.

»Was war das denn? Hat die Tante etwa die Contenance verloren? Das Geschrei muß ja durch die ganze Straße zu hören gewesen sein.«

»Das war Jürgens Frau.«

»Wessen Frau?«

»Jürgens, Kowalskis.«

»Die von dem Arzt, der dich unbedingt trockenlegen will?«

»Ja.«

»Hab' ich da was verpaßt?«

»Na ja. Ein bißchen. Ich war gestern mit ihm im Bett.«

»Wie? Zum erstenmal? Ich denke, ihr habt schon lange was laufen? Wieso weiß ich das alles überhaupt nicht?« Bevor ich das Fragengewitter beantworten konnte, hakte sie schon nach: »War's wenigstens toll?«

Sie sah mich neugierig an. »Okay, sagen Sie jetzt bitte nichts. Ich sehe schon. Es muß grandios gewesen sein. Hat er einen hübschen Schwanz?«

»Hannah!« Es sollte empört klingen, kam aber nur glückselig grummelnd an die Oberfläche. »Hat er, sicher«, fügte ich hinzu.

Hannah mußte ich nichts vormachen. Zumindestens nichts, was Männer betraf. Wir spielten in derselben Liga. Wir gehörten – einschließlich unserer übergewichtigen Freundin Ira –

zu den Frauen, die zwar alles gesehen hatten, aber nicht alles mochten. Für uns war die Beschaffenheit des männlichen Geschlechtsmerkmals durchaus von Bedeutung. Im Verlauf unseres nicht ganz ereignislosen Sexuallebens hatten wir kurze Dünne, kurze Dicke, lange Dünne, lange Dicke, schwarzbraune Verschrumpelte und jungfräulich Zarte in Gebrauch gehabt. Und wir wußten, welche Ausgabe uns am meisten Spaß gemacht hatte. Da konnten sich die Verfasserinnen von Ratgebern die Fingerspitzen auf den Computertastaturen noch so wund klopfen. Wir glaubten nicht an die Theorie, daß Liebe und hehre Gefühle alles und Größe und Beschaffenheit des männlichen Geschlechtsteils nichts seien. Wir mochten nur eine ganz bestimmte Sorte. Und die fand man zuvorderst bei mittelgroßen, schlank-sportlichen Typen. Die trugen bei weitem die prächtigsten Exemplare in ihren Designerhosen oder Jeans.

»Und er kann auch erstklassig damit umgehen, vermute ich nach dem blödsinnigen Grinsen, das du auf den Lippen hast. Ich kriege gleich grüne Pickel.«

Sie haute mir auf den Arm. »Du blöde Kuh, du. Weshalb hast du mir den verschwiegen?«

»Hab' ich doch gar nicht.«

»Na, jedenfalls hast du weder Ira noch mich auf dem laufenden gehalten.«

»Es gab ja auch bis gestern nichts außer ein paar schiefgegangenen Telefonaten und diesem zufälligen Treffen im Stadtpark, von dem ich dir aber erzählt habe. Sag mal. Was machen wir jetzt eigentlich mit der Telefonnummer?«

»Der von Pete? Ich denke, du solltest da morgen auf jeden Fall anrufen. Was auch immer es ist. Es könnte Geld einbringen.« Behende sprang Hannah auf und begann, die auf dem Fußboden verstreuten Utensilien mit hastigen Bewegungen in meine Tasche zu werfen.

»Es kann auch Ärger einbringen«, sagte ich, während ich

275

gleichfalls aufstand, um das Ärgste zu verhindern. Etwa, daß sich das Brillenetui öffnete, die Brille über den Boden schrammte und schließlich feinste Risse die empfindlichen Plastikgläser überzogen oder daß sich mein Filofax öffnete und die darin verwahrten Visitenkarten und Rechnungen durch das Zimmer flatterten. »Laß nur, ich mach' das schon.«

»Jaja, ist ja gut. Aber was hast du gegen Ärger? Damit kennen wir uns doch inzwischen bestens aus.«

Hannah hatte recht. In Anbetracht ihrer und meiner Arbeitslosigkeit wäre es das dümmste, nicht jeden Auftrag anzunehmen, der uns über den Weg lief. Und mein Gefühl sagte mir, daß Pete mir nicht etwa sein Vermögen hinterlassen hatte, worin auch immer das bestehen mochte, sondern uns, wie er es bereits am Telefon kurz vor seinem Tod erklärt hatte, zum nächsten Ehegatten schicken wollte.

Ich suchte auf dem Fußboden weiter meinen Kleinkram zusammen, warf ihn eilig, wenn auch durchaus weniger achtlos, als Hannah es getan hätte, in die Tasche und verabschiedete mich von ihr. Sie war inzwischen ebenso müde wie ich – und mindestens genauso angeknallt. Sonst hätte sie kaum diesen Aufräumwahn bekommen. Davon abgesehen war ihr nicht anzumerken, daß vielleicht zuviel Alkohol in ihrer Blutbahn kreiste.

Ich verabschiedete mich und fuhr nach Hause. Möglichst korrekt die 60 km/h weder unter- noch überschreitend. In Hamburg war es am sichersten, die erlaubte Geschwindigkeit um gute zehn Kilometer die Stunde zu überbieten. Alles andere wäre zu auffällig gewesen. Neben einer eklatanten Geschwindigkeitsüberschreitung von zirka 30 km/h war es besonders verdächtig, korrekte 50 km/h zu fahren. Das tat kein Mensch. Selbst dann nicht, wenn um die Weihnachtszeit die Bullen an allen Ecken kontrollierten, um mal wieder den Stadtsäckel mit Bußgeldern für Tempo- und Promilleüberschreitungen zu füllen. Soll hervorragend klappen.

Kapitel 17

Ich begann mein ungewohntes, arbeitsfreies Leben, indem ich schlief, bis ich wach wurde. Es war ein Genuß, sich nicht vom schrillen Klingeln des Weckers aus dem Tiefschlaf reißen zu lassen.

Wach wurde ich gegen elf Uhr. Ein Luxus, den ich mir bis dahin höchstens an Wochenenden gegönnt hatte.

Die Sonne knallte zu dieser Zeit bereits in hochsommerlicher Dreistigkeit in mein Wohnzimmer, und so machte ich mich als erstes daran, es durch die Metalljalousien zu schützen. Das brachte im Sommer zwar nicht viel, da die Mauern die Wärme speicherten und konstant Tag und Nacht an die Wohnung abgaben. Aber ich tat es in dem guten Glauben, die Wohnzimmertemperatur mindestens um ein Grad zu senken. Außerdem verdunkelte ich die vorderen Zimmer, um es zumindest im hinteren Teil, also in meiner Küche und in meinem Schlafzimmer, das ebenfalls auf den Hinterhof hinausging, möglichst lange möglichst erträglich zu haben.

Mein Kopf hatte mal wieder die doppelte Größe des Normalmaßes angenommen. Den vertrauten pochenden Schmerz bekämpfte ich mit zwei Aspirin und vier frisch ausgepreßten Orangen.

Außerdem war ich heiser. Ich hatte den Abend zuvor zuviel geredet – nicht nur zuviel getrunken. Die Heiserkeit würde sich im Laufe des Tages geben. Die Kopfschmerzen hoffentlich innerhalb einer knappen Stunde.

Eine meiner übelsten Angewohnheiten bestand darin, nicht sofort ins Bett zu gehen, wenn ich nach einem alkoholschwangeren Abend nach Hause kam, sondern mich erst einmal in meinen bevorzugten Küchensessel fallen zu lassen und noch ein letztes Glas vor dem Schlafengehen zu trinken. Zu häufig war dieses letzte Glas erst das vorletzte oder vorvorletzte. Besonders dann, wenn der vorherige Alkoholkonsum die Vernunft schon erheblich Richtung Abseits katapultiert hatte.

Natürlich könnte ich ebensogut ein Glas Wasser zu mir nehmen. Und bei klarem morgendlichen Verstand schien Wasser auch gesünder und im Hinblick auf den kommenden Tag wesentlich sinnvoller. Es würde den genossenen Alkohol verdünnen, so daß mir der postalkoholische Schmerz erspart bliebe. Aber, auch das will ich zugeben, wie oft bin ich des Abends, zumal bei fortgeschrittener Stunde, schon bei klarem Verstand?

Ich sollte mal in mich gehen.

Wenn mein Zeitplan es zuließ.

Also saß ich da, an diesem Spätvormittag, dessen hochsommerliche Temperaturen nicht gerade zu meinem Wohlbefinden beitrugen, denn natürlich kroch die Hitze nach und nach auch in die Küche. Ich drehte den Orangensaft in den Händen und ließ die Ereignisse Revue passieren.

Es war schon verdammt beschissen, daß einem immer die Leute abhanden kamen, die man nach vielem Zögern denn doch in sein Herz geschlossen hatte. Entweder sie zogen in eine andere Stadt, weil der lukrative Job nicht in Hamburg zu haben war, bevorzugt nach München und Berlin, oder sie wanderten aus. In den letzten drei Jahren waren aus meinem Bekanntenkreis gleich vier Leute gen Amerika gereist, um nicht wiederzukommen. Zwei Frauen, um einen Amerikaner zu ehelichen, und zwei Männer nebst ihren Familien, weil ihre Firmen dort Dependancen aus dem Boden gestampft hatten und sie vor Ort gebraucht wurden. Flexibilität hieß das neue Zauberwort, das uns dusseligen Arbeitnehmern die Bereitschaft zum Wohnortwechsel als hervorragende, in den sogenannten modernen Zeiten gar als herausragende Charaktereigenschaft verkaufte.

Wir verloren dadurch Freunde.

Ab und an starb natürlich auch jemand aus unserem Bekanntenkreis wie Iras Mann, Tommy oder Pete. Leider keineswegs eines natürlichen Todes.

Vielleicht hatten wir etwas an uns, das den Männern in unserer unmittelbaren Umgebung nicht bekam. Wer wußte das schon.

Hoffentlich blieb Jürgen von dem Unheil verschont.

Mit meinen Gedanken bei den Mißgeschicken unserer Freunde angekommen, fiel mir ein, daß ich diesen Advokaten anrufen mußte.

Also wählte ich die Nummer, die auf Petes rotem Briefpapier vermerkt war. Eine angenehme Frauenstimme bat mich, am Apparat zu bleiben, während sie mich zu einer kultivierten Männerstimme durchstellte. Der Mann klang sonor und zutiefst vertrauenswürdig, soweit sich das von Stimmen auf Menschen schließen läßt. Ich schätzte den Mann, der sich am anderen Ende der Leitung als Dr. Dr. Mühlheimer vorstellte, auf mindestens sechzig.

»Ich habe Ihren Anruf erwartet, Frau Block. Und ich habe Ihnen auch gleich für heute einen Termin reserviert. Was halten Sie von heute nachmittag, sechzehn Uhr?«

Für mich war es okay, und so verbummelte ich den restlichen Vormittag und den halben Nachmittag in meiner Wohnung, schlief zwischendurch mal ein, rief kurz Ira an und erkundigte mich, wie es ihr ginge. Gemeinhin nämlich war sie nach ihren Migräneanfällen tagelang schlapp und zu nichts zu gebrauchen. Sie meinte, es ginge ihr ganz gut, abgesehen von der Hitze, die ihr arg zu schaffen machte. Kein Wunder, bei deinem Übergewicht, wollte ich schon sagen, biß mir aber noch rechtzeitig auf die Lippen. Das Theater nach diesem Satz hätte mir gerade noch gefehlt.

Pünktlich um vier stand ich in Mühlheimers Anwaltskanzlei. Dezent in mein beigefarbenes Jil-Sander-Kostüm gekleidet, trug ich dazu passende beige Schnürschuhe aus weichem Leder, in dem sich meine Füße wie in Großmutters Ohrensessel fühlten. Ich war nur wenig geschminkt, hatte ein wenig Rouge aufgelegt, den Mascara eingesetzt, kein Augen-Make-up. Das einzige Glanzlicht setzte ein rostiger Lippgloss.

Die Kanzlei lag mitten in der Innenstadt, nahe der Binnenalster an einem der zahllosen idyllischen Alsterläufe, die sich wagemutig in die Elbe ergießen. Diesen Flußarm krönten jene alten, hochaufgeschossenen Speicherhäuser, die bis heute von Hamburgs ruhmreicher Vergangenheit als Handelsmetropole künden. Inzwischen hatten sich in den charmanten, dunkelroten Backsteingebäuden Cafés, Geschäfte und Büros angesiedelt.

Ich hielt vor der Nummer 47, deren schwarze, schmucklose Eingangstür mich in einen düsteren langgezogenen Flur entließ.

Eine schmale, dunkle Treppe führte steil nach oben. Ich schnaufte schon auf dem zweiten Treppenabsatz, und mein Herz begann mit hämmernden Schlägen auf meine mangelnde Kondition hinzuweisen. Ich hatte in den letzten Monaten einfach zuwenig Zeit im Fitneßstudio verbracht.

Natürlich hätte ich den altersschwachen Fahrstuhl benutzen können, der unten bereitstand. Doch ich traute dem Gefährt nicht über den Weg und kletterte lieber die steile Stiege nach oben in den dritten Stock. Repräsentativ mochte man die Adresse beim ersten Hören nennen. Das war's denn aber auch.

Eine braunlasierte Tür mit einem beeindruckend großen Messingschild, das seine besten Tage längst hinter sich hatte und in dessen Namensgravur die Reste von jahrzehntealtem Staub lagerten, verhieß, daß hinter der Tür Dr. Dr. jur. Mühlheimer residierte. Da war ich ja mal gespannt.

Eine Klingel fehlte, und so klopfte ich mit dem altertümlichen Klopfring, der an der Nase eines vergoldeten Löwenkopfes hing. Niemand öffnete mir, also trat ich ein.

Ein langer schmaler Flur empfing mich, an dessen Ende Licht durch eine verglaste Tür fiel. Ich ging entschlossen darauf zu und klopfte erneut. Diesmal jedoch mit dem Fingerknöchel.

»Herein, herein«, schallte es nicht aus dieser, doch einer Tür rechter Hand, in einer heiteren Art, wie sie nur alten Menschen zu eigen ist, die ein bewegtes Leben geführt haben und nun, freundlich jedem und allem gesonnen, den Rest ihrer Tage im Einklang mit sich selbst verbringen. Ich vergaß meine mangelnde Kondition auf der Stelle und betrat gutgelaunt einen Raum, der mir im ersten Moment den Eindruck vermittelte, ich sei im Wohnzimmer meiner Großmutter gelandet. Oder in dem irgendeiner Großmutter.

Antike, dunkle Kirschbaumschränke und Regale säumten die Wände. In der Mitte befand sich ein runder Tisch mit einer geklöppelten, goldfarbenen Spitzendecke. Links an der Wand thronte zwischen zwei mächtigen Bücherregalen ein altes Sofa, hinter dem sich eine jener Rückwände erhob, die, versehen mit vier liebevoll gedrechselten Säulen und einem Spiegel, direkt aus Großmutters Küche ihren Weg hierher gefunden zu haben schien. Über der hochaufragenden Rückenlehne des Sofas hing ein weißes Schondeckchen, ebenfalls aus Spitze, das kokett den mitternachtsblauen, reichlich abgeschabten Samt vor der endgültigen und unwiderruflichen Auflösung schützte.

Der Tür gegenüber und dem einzigen Fenster des Raumes den Rücken zugewandt, saß ein schlanker Gentleman mit schlohweißen Haaren an einem wuchtigen Schreibtisch, die Hände vor sich auf einer moosgrünen Schreibunterlage. Er trug ein dunkelbraunes Jackett, darunter eine goldbraun gestreifte Weste, unter der wiederum ein blütenweißes Hemd hervorstrahlte, verziert mit einer dunkelbraunen Fliege mit goldfarbenen Punkten. Eine goldene Uhrkette hing aus der Westentasche quer über dem golddurchwirkten Stoff und verschwand in einer Hosentasche.

Dr. Dr. Mühlheimer hieß mich freundlich willkommen und bat mich, Platz zu nehmen, nachdem wir die übliche Vorstellung hinter uns gebracht hatten.

Üblich ist allerdings das falsche Wort. Formvollendet stand Dr. Dr. jur. Mühlheimer auf, sobald ich das Zimmer betreten hatte, eilte auf mich zu, küßte mir die Hand und führte mich an derselben zu dem Sofa, wo er mich mit einladender Geste bat, Platz zu nehmen.

Hui. Ich lächelte ihn an, und er lächelte zurück, während er nach einer Messingglocke griff, die auf dem Tisch stand, und läutete. Echt wahr. Wie in einem Land aus einer anderen Zeit.

Sogleich erschien in der Tür eine charmante mollige Dame mit halblangem, ebenfalls schlohweißem Haar, das ihr ins rosig erhitzte Gesicht fiel. Eine blauweiß gestreifte Schürze spannte über einem schwarzen Rock und einer weißen, allem Anschein nach handgestärkten Bluse. Über ihrem runden, hervorstehenden Bauch balancierte sie ein Silbertablett, auf dem Teekanne und Stövchen, zwei Tassen aus feinstem chinesischen Porzellan, brauner Zucker in einem dazugehörigen Schälchen und Milch in einem passenden Kännchen angeordnet waren. Außerdem noch ein Teller mit Gebäck, »selbstgebacken«, wie sie mir, über die rundlichen Wangen glückselig strahlend, bedeutete.

Ich fühlte mich wie in einem Roman von Henry James oder Jane Austen. Während ich die Treppe hochgestiegen war, mußte ich einen Zeitsprung in das ausgehende neunzehnte Jahrhundert vollzogen haben. Ohne Frage. Diese zwei hier schienen nicht von dieser Welt. Ich war froh, meinen zurückhaltenden Tag zu haben und dezent gekleidet und geschminkt zu sein. Jeder Hauch mehr hätte mich in den Augen der beiden disqualifiziert.

»Darf ich vorstellen? Milva Mühlheimer, meine Frau. Seit nunmehr vierzig Jahren«, erläuterte mir Dr. Dr. Mühlheimer, während er seiner Frau das Tablett abnahm und es auf dem Tisch abstellte.

Ich wollte mich erheben, aber Frau Dr. Dr. Mühlheimer winkte nur ab, drapierte, behender und anmutiger, als es ihre Körperfülle zunächst vermuten ließ, Tee, Gebäck, Service und Servietten auf dem Tisch und entschwand ebenso lautlos, wie sie gekommen war, aus dem Zimmer.

»Greifen Sie zu, meine Liebe. Greifen Sie ruhig zu«, forderte mich Mühlheimer auf, während er uns Tee einschenkte. »Sie wissen doch, Essen und Trinken hält Leib und Seele zusammen. Und Sie, meine Liebe, werden die Stärkung durchaus brauchen können.«

Ich hatte mir einen der köstlich duftenden Kekse genommen und wollte ihn gerade in meinen Mund stecken. Meine Hand verharrte kurz davor.

»Wie meinen Sie das?«

»Essen Sie, meine Liebe, essen Sie ruhig. Sie wissen doch sicherlich, daß ich der Nachlaßverwalter unseres gemeinsamen Freundes Pete bin. Und in dieser Eigenschaft werde ich Ihnen sogleich Kenntnis von seinem Testament geben und Ihnen ein paar Sachen anvertrauen. Aber bitte gedulden Sie sich noch einen Moment. Ich muß nur mal kurz an meinen Safe im Nebenzimmer. Ich bin sofort zurück.«

Damit erhob er sich, kaum daß er einen Schluck seines Tees getrunken, geschweige denn ein Plätzchen gegessen hätte, und verschwand. Als er zurückkam, trug er einen Briefumschlag in der rechten und eine augenscheinlich ziemlich schwere Tasche aus dunklem Leder in der linken Hand. Neinnein, kein Louis Vuitton oder MCM, vielmehr eine altertümliche Aktentasche aus schwerem, dunkelbraunem Leder, das im Lauf der Jahrzehnte Patina angesetzt hatte, deren Griff und messingfarbene Schlösser vom jahrzehntelangen Gebrauch abgenutzt waren.

Er legte die Tasche behutsam auf seinen Schreibtisch und kam mit dem Umschlag in der Hand zu mir.

»Die Plätzchen Ihrer Frau sind hervorragend.«

»Ich weiß, ich weiß, meine Liebe. Dennoch, danke. Ihr Lob wird sie erfreuen. Es ist ein altes Familienrezept, das noch von ihrer Großmutter stammt. Und das Geheimnis des Geschmacks besteht in einer kleinen Prise Anis und Salz. Aber verraten Sie ihr nicht, daß ich Ihnen das erzählt habe. Da wird sie fuchsteufelswild. Das mag sie nämlich gar nicht. Allerdings sehen Sie nicht so aus, als ob Sie sich – bitte verzeihen Sie, wenn ich das so unverblümt sage – mit besonderer Leidenschaft in der Küche aufhielten, um Kuchen oder Plätzchen zu backen.«

»Wie muß man denn da aussehen?«

»Vor allem ein wenig fülliger. Menschen mit einer Leidenschaft für gutes, nahrhaftes Essen und kleine süße Schmankerl, vor allem aber für die Küchenarbeit, geraten im Lauf ihres Lebens gemeinhin etwas aus der Form, denn …«

Ich unterbrach ihn. »Aber Sie sind doch in Ihrem Alter auch noch ausgesprochen schlank.«

»Sehr wohl, aber bedenken Sie, daß ich der Ehemann bin. Ich esse. Doch ich koche nie. Auch wenn Sie da den Kopf schütteln. Es ist ein erheblicher Unterschied. Glauben Sie einem älteren Mann wie mir.«

Ich saß bequem auf dem Sofa, die Beine übereinandergeschlagen, genoß den Tee und das Gebäck, während wir uns über diese liebenswerten Alltäglichkeiten unterhielten.

Ich hörte niemanden kommen. Keine gewaltigen Schritte, die sich der Tür donnernd näherten, kein Durchziehen der Waffen.

Daß etwas vor sich ging, bemerkte ich erst, als die Tür aufgerissen wurde und ein automatisches Schnellfeuergewehr mit abgesägtem Lauf erschien. Mußte aussehen wie eine Szene aus einem meiner Lieblingsfilme. Könnte glatt aus *True Romance* stammen. Leider stand ich auf der Besetzungsliste. Und das gefiel mir ganz und gar nicht.

An der Knarre hing ein Bär von einem Mann. Ich hatte gerade nach der Teetasse gegriffen, als hinter dem ersten auch schon der zweite Mann ins Zimmer schwenkte. Ebenfalls mit entsichertem Automatikgewehr. Ich war so überrascht, daß ich mir gedankenlos einen Schluck Tee gönnte, bevor ich unter den Tisch mit der lang herabhängenden Spitzendecke verschwand. Die Teetasse verschwand mit mir.

Ich hörte ein leise sirrendes Geräusch, das mir nur allzu bekannt war. Mir platzte die Rocknaht am Po. Trotz der Doppelnähte, mit der meine Lieblingsdesignerin jede Nahtstelle für die Ewigkeit sicherte. Hatte nix geholfen. Die Nähte waren meinem sich kraftvoll streckenden Hintern nicht gewachsen. Ziemlich bitter. Denn die Naht konnte ich unmöglich nachnähen lassen. Der Stoff würde bei der geringsten Bewegung erneut reißen. 3 000 Mark im Eimer. Ich fand mich damit ab, hatte ich doch ein sehr viel ernsthafteres Problem am Hals. Die Szene roch nach rauchenden Colts und bleischwerer Luft.

Ich kauerte erstarrt auf allen vieren und lugte durch die Spitze vor meiner Nase. Die Tasse hatte ich unter mir abgestellt und dabei ein wenig Tee auf dem dicken Perserteppich verschüttet, in dessen feuchten Fasern sich nun meine Hände festkrallten. Ekelhaft.

Ich hörte Dr. Dr. Mühlheimer »Sie wünschen?« fragen.

Doch bevor die beiden ihr Sprüchlein aufsagen konnten, stand hinter ihnen schon Frau Dr. Dr. Mühlheimer in der Tür, wie ich von meinem Logenplatz aus sehen konnte. Immer noch mit ihrer blauweiß gestreiften Schürze, dem dunklen Rock und der strahlend weißen Bluse. In ihren Händen hielt sie jedoch diesmal eine doppelläufige Flinte. Ich traute meinen Augen nicht. Routiniert umklammerte sie eine Waffe, die nicht für Frauenhände entwickelt worden war.

Mit gelangweilter Stimme fragte die Küchenfee: »Hätten die Herren gerne einen Tee?«

Die beiden Männer schossen unisono herum und starrten mitten in den Lauf, den ihnen Milva Mühlheimer entgegenrichtete.

»Wünschen Sie Milch, weißen oder braunen Zucker?«

Frau Dr. Dr. Mühlheimer konnte offensichtlich nicht nur hervorragend backen.

Während die rosige Milva die beiden Typen lächelnd in Schach hielt, drehte sich Mühlheimer um, ging zu seinem Schreibtisch hinüber, öffnete die Ledertasche, die dort immer noch lag, und kehrte mit einer 9-Millimeter-Pistole zu uns zurück, deren Lauf entschieden zu lang ausfiel. Der Grund war ein Schalldämpfer.

Die Szene vor mir dauerte für meinen Geschmack etwas zu lange. Mir begannen die Knie zu schmerzen, auf die ich mein Gewicht verlagert hatte. Ich hätte natürlich aufstehen können,

285

hielt es aber trotz der scheinbar geklärten Situation für schlauer, zu bleiben, wo ich war. Wer wußte denn schon, was noch alles passieren konnte? Vielleicht drehten die Typen durch, liefen Amok und knallten alles ab, was zwei Beine hatte und nicht bei drei unter einem Tisch saß.

»So, meine Herren. Würden Sie nun vielleicht die Güte haben und uns über den Grund Ihres Besuchs aufklären?«

Der Kleinere sah den Bären an und zuckte mit den Achseln.

Der Bär wollte einen Schritt auf Mühlheimer zu machen, doch der richtete seine Waffe etwas genauer auf den Bauchnabel des Dicken, was diesen mitten in seiner Bewegung verharren ließ, so daß sein Bein einen Moment lang in der Luft hing, bevor er es wieder an seinen angestammtem Platz stellte.

»Wir wollen keinen Ärger«, fiepte da eine Milchbubenstimme aus dem Bären. Ich sah ihn mir durch die Spitzendecke hindurch genauer an, nahm jedoch nur sein Profil wahr und konnte nichts ausmachen, was der Grund für diese Kastratenstimme sein mochte.

»Habt ihr nix Besseres zu tun, als mit hochgefährlichen Waffen durch die Gegend zu laufen?«

Der Bär öffnete den Mund, doch der Kleine sah sich nunmehr bemüßigt, seinen Senf abzugeben.

»Wir kommen im Auftrag von jemandem, der will, daß Sie Ihre Schulden begleichen.«

»Und wer, bitte schön, ist das?« Dr. Dr. Mühlheimers Stimme troff vor Ironie, wenn das geht. Jedenfalls klang er ziemlich arrogant. »Das muß ich fragen, damit ich einordnen kann, um welchen Betrag es sich handelt.«

»Hören Sie auf, uns zu verscheißern. Das wissen Sie doch ebensogut wie wir. Sie schulden jemandem drei Millionen Mark. Und ohne die werden wir nicht nach Hause gehen.«

Aha. Da also war das Geld abgeblieben, von dem Pete mir erzählt hatte.

Die Stimme klang trotz des Falsetts sehr bestimmt und selbstsicher. Die Situation hatte nur einen Haken. Die beiden Männer waren schachmatt gesetzt worden und nicht in der Lage, irgendwelche Bedingungen zu stellen, Beträge einzufordern oder ihre stahlharte Seite zur Schau zu stellen. Sie hatten da anscheinend etwas mißverstanden.

Wer auch immer diese Jungs geschickt hatte, sie waren ein Fehlgriff. Die zwei waren Anfänger, deren einzige Lehrstunden im Anschauen von schlechten Krimiserien bestanden haben mußten. Die Bauernregel »Die dümmsten Bauern ernten die dicksten Kartoffeln« konnte man auf sie auch nicht anwenden. Was auch immer sie ernten würden, dicke Kartoffeln waren es bestimmt nicht. Und dann hatten sie nicht einmal das vielbeschriebene Anfängerglück. Sie waren schlicht und ergreifend an das falsche Paar geraten.

»Ich denke, daß Sie beide ohne das Geld gehen. Allerdings nicht nach Hause«, sagte Frau Mühlheimer. Sie drehten sich überrascht zu ihr um, und Frau Dr. Dr. Mühlheimer drückte ab. Einfach so, ohne mit der Wimper zu zucken.

Die Kerle hob es kurz in die Luft, und dann knallten sie unsanft auf den Fußboden. Er vibrierte merklich nach. Erschrocken griff ich nach der Teetasse.

Der Bär und der Hänfling lagen da, in Jeans und dunklen Muskel-Shirts. Beide auf dem Rücken, die Arme weit von sich gestreckt, die Beine leicht geöffnet. Im hochstehenden Bauch des Bären klaffte ein unansehnliches Loch, Blut quoll heraus, das Hemd und Hose durchtränkte. Der schlankstraffe Bauch des Kleinen sah um keinen Deut besser aus. Beide Gesichter waren der Decke zugewandt, die Münder gleichermaßen erstaunt aufgerissen. Kein unkontrolliertes Zucken, keine Blutbläschen in den Mundwinkeln, kein letztes Gestammel oder Aufbäumen. Neben ihren Körpern bildeten sich zwei Blutlachen.

Frau Mühlheimer hatte Profiarbeit geleistet.

»Ihr Teppich. Den kriegen Sie ja nie wieder sauber«, stieß ich keuchend hervor, denn das Blut durchtränkte einen halben Meter von mir entfernt langsam, aber sicher den weinroten Perserteppich.

»Beruhigen Sie sich, Mädel, es ist vorbei, und um den Teppich kümmere ich mich schon.«

Die kleine, weißbeschürzte Dame legte die Flinte auf den Tisch und griff entschlossen nach zwei Kissen auf dem Sofa schräg über mir, drückte sie den beiden auf die Einschußlöcher und bat ihren Mann, sie festzuhalten. Sie verschwand eilig, um kurz darauf mit einem Eimer Wasser, zwei olivgrünen Frotteehandtüchern und einem Verbandskasten wiederaufzutauchen.

Mir dämmerte, daß ich unter dem Tisch hervorkommen konnte, als Dr. Dr. Mühlheimer sich auch schon zu mir herunterbeugte, mir die Hand reichte und mit einem »Es ist alles in Ordnung, meine Liebe« behutsam aufhalf. Die Zimmerluft roch nach Blei und Blut und paßte so gar nicht zu dem heimeligen Ambiente des Ortes.

Mir schmerzten beim Aufstehen die Knie noch derber als zuvor. Mühsam kam ich mit Mühlheimers Hilfe auf die Beine, verharrte auf halber Höhe und rieb meine Kniescheiben. In denen wütete für einen kurzen Moment ein dumpfer Schmerz. Wahrscheinlich hatte ich gerade die ersten Verschleißerscheinungen zu beklagen, die gemeinsam mit den beiden Toten vor mir von der Endlichkeit allen Lebens zeugten. Bedauerlicherweise half gegen körperlichen Verschleiß keine Wundercreme. Höchstens mehr Bewegung. Meinen Knien konnte durchaus etwas mehr Bewegung in Aussicht gestellt werden, den Männern vor mir leider nicht mehr.

»Schmerzt es sehr?« erkundigte sich Frau Mühlheimer, während sie den Männern die Handtücher unter die T-Shirts schob und mit routinierten Griffen einen Verband anlegte. Ihr Mann half ihr, indem er die Oberkörper anhob.

»Geht schon«, erwiderte ich und richtete mich schließlich ganz auf. Meine Hände tasteten nach der gerissenen Naht an meinem Po. Mindestens sechs bis sieben Zentimeter, die leider nicht von der taillenkurzen Kostümjacke verdeckt wurden. Den Rock konnte ich abhaken. Die Jacke vielleicht in Zukunft zu Jeans tragen.

Daraus wurde aber nichts. Sie hängt wohl noch heute in meinem Schrank.

»Fürchten Sie nicht, daß Ihre Nachbarn die Polizei verständigen?«

Frau Mühlheimer lachte gurrend auf und drehte sich zu mir um.

»Wir haben keine Nachbarn. Und außerdem sind wir hier nicht in Chicago. Niemand würde in der Innenstadt von Hamburg – oder von welcher Stadt auch immer – vermuten, daß zwei kurz hintereinander abgegebene Schüsse etwas anderes seien als ein defekter, knallender Auspuff.«

Das leuchtete mir ein. Ich würde auch nie drauf kommen.

»Und weshalb legen Sie den beiden noch einen Verband an?«

»Damit sich diese Geschichte jetzt und später in Grenzen hält. Ich mag kein Blut in meiner Wohnung haben. Wenngleich es nicht lange dauert, bis die Wunden aufhören zu bluten.«

»Lassen Sie uns in die Küche gehen. Hier ist es zu unappetitlich«, mischte sich Mühlheimer ein.

Ich aber stand wie angewurzelt und blickte auf die kniende Frau zu unseren Füßen, die mit schnellen Bewegungen begann, das Blut aus dem Teppich zu waschen. »Liebling, könntest du mir zuvor noch zwei neue Eimer Wasser holen? Sonst schaffe ich es nicht. Es ist einfach schon zuviel Blut eingesickert.«

»Und was wird aus den Leichen? Sie können sie doch nicht einfach so liegen lassen?« fragte ich.

Mühlheimer lachte auf. Sein Gesicht durchzogen Hunderte von Falten, nette Falten. Hätte ich nicht erlebt, zu welcher Entschlossenheit und Kaltblütigkeit dieser Mann und seine Frau fähig waren, ich würde diese Geschichte niemandem abnehmen.

»Machen Sie sich keine Gedanken. Wir werden sie heute nacht beseitigen lassen.«

»Das klingt ja, als stünde dafür ein Unternehmen zur Verfügung.«

Er lachte noch einmal, während er sich umdrehte und das Wohnzimmer verließ, um der Bitte seiner Frau nach mehr Wasser nachzukommen.

»Denken Sie an so eine Art Cleaner wie in *Pulp Fiction?*« fragte mich Frau Mühlheimer amüsiert.

»Sie kennen den Film?« Ich wollte noch hinzufügen, daß sie für Quentin Tarantino doch viel zu alt sei, ließ es aber, weil mir die Beleidigung schnellstens bewußt wurde, die in dieser Bemerkung mitklang.

»Irmi, ich darf Sie doch so nennen, oder? Entspannen Sie sich. Atmen Sie tief ein und langsam aus. Sie sind ja ganz blaß. Und nehmen Sie endlich die Hände von Ihrem Hintern. Wir sind hier unter uns. Jeder Frau reißt mal eine Rocknaht, und jeder Mann läßt mal seinen Hosenstall offen. Benehmen Sie sich nicht so mädchenhaft.«

Gehorsam nahm ich die Hände von der aufgeplatzten Rückseite meines Rockes und wußte, etwas verlegen, nicht mehr, wohin mit ihnen. Also steckte ich sie in die Jackentaschen.

»Verzeihen Sie, aber Sie haben mich wirklich überrumpelt. Ich dachte, Sie wären ein so reizendes Paar ...«

»Aber das sind wir doch«, lächelte Dr. Dr. Mühlheimer, der inzwischen mit zwei dunkelroten Plastikeimern zurückgekommen war, aus denen bei jedem Schritt Wasser platschte.

Frau Mühlheimer nahm es wortlos und kopfschüttelnd zur Kenntnis, zog die Augenbrauen hoch, schüttelte den Kopf erneut und warf mir einen verschwörerischen Blick nach dem Motto »Männer!« zu.

Währenddessen ergriff ihr Mann meinen Arm, zog meine linke Hand aus der Kostümtasche und expedierte mich aus dem Zimmer in Richtung Küche, die hinter jener Glastür lag, die ich schon beim Betreten des Korridors bemerkt hatte, weil durch sie das einzige Licht gefallen war.

Frau Dr. Dr. Mühlheimer folgte uns überraschend schnell, nachdem sie die Eimer geräuschvoll in der Toilette ausgeleert und gesäubert, meine Teetasse unter dem Tisch hervorgeholt und das Teegeschirr wieder aufs Tablett geräumt hatte. Strahlend erschien sie in der Küche. »Den Rest erledige ich später.«

Sie mußte eine perfekte Hausfrau sein, denn weder Wasserflecke noch Blut waren auf der Schürze zu erkennen. Hannah, Ira und ich würden da ganz anders ausschauen. Aber wir trugen daheim auch keine Schürzen, buken kein schmackhaftes Gebäck und liefen auch nicht mit nett arrangierten Services auf netten Tabletts durch die Gegend. Von der Generation der Mühlheimers trennten uns ganze Menschheitsepochen. Auch wenn Ira nur zehn, fünfzehn Jahre jünger war.

Die Küche war im übrigen ebenso anheimelnd und gemütlich wie das Arbeitszimmer. Ein massiver alter Eichentisch, umgeben von vier Bauernstühlen, stand neben der Tür. Ein alter Küchenschrank rechts an der Wand und ein paar Hängeschränke komplettierten die Ausstattung, die wohl noch aus den vierziger Jahren stammte und seither nicht erneuert worden war. Weiße Spitzengardinen aus Baumwolle hingen an den beiden Fenstern zum Fleet hin, gerafft und neueren Datums. Neu waren gleichfalls eine Spülmaschine, ein Profikochherd und ein schwerer, amerikanischer Kühlschrank mit einem Eiswürfelspender. Wie Spüle und Herd war der Kühlschrank aus poliertem Edelstahl.

Die beiden blieben mir rätselhaft und paßten so gar nicht in meine – ja, wie soll ich sagen – wohl eher bürgerlichen Eppendorf-Vorstellungen.

»Setzen Sie sich. Machen wir eben hier weiter. Milva, könntest du bitte die Aktentasche aus dem Wohnzimmer herbringen?«

Milva ging die Tasche holen, mit der sie einen Augenblick später wieder die Küche betrat. Ich hatte mich derweil mit Dr. Dr. Mühlheimer an den Küchentisch gesetzt.

»Wie erklären Sie sich den Überfall?« wollte ich wissen.

»Sie haben es doch gehört, meine Liebe. Ich schulde jemandem sehr viel Geld.«

»Etwa die Millionen, um derentwillen Pete und der Kanzlist sterben mußten?«

»So ähnlich, meine Liebe. Sie starben zunächst, weil sie unvorsichtig waren, nicht weil wir irgend jemandem Geld schulden.«

Bei dem Wort »wir« wurde mir unbehaglich.

»Was meinen Sie mit ›wir‹?«

»Ich meine damit, daß wir drei derselben Firma angehörten. Einer Dienstleistungsfirma, wenn Sie so wollen. Und ich bin ihr Begründer. Nur habe ich mich vor zirka zwanzig Jahren aus dem Geschäft zurückgezogen und es meinem Sohn übertragen.«

»Gordon Winslet?«

»Sicher, was erstaunt Sie daran?«

»Und warum trug er nicht Ihren Namen?«

»Weil er ein Ziehkind ist oder war. Der Sohn meiner Schwester, die einen amerikanischen Besatzungssoldaten heiratete. Sie kam gemeinsam mit ihrem Mann vor über vierzig Jahren bei einem schweren Eisenbahnunglück ums Leben. Gordon hatten die beiden bei unserer Mutter abgegeben, da sie eine Woche allein Urlaub in Italien machen wollten. Er hatte Glück. Aber meine Mutter fühlte sich damals außerstande, das Kind meiner Schwester großzuziehen. Es hätte sie immer an ihren Schmerz erinnert. So nahmen wir ihn auf. Das paßte sehr gut, da wir keine Kinder bekommen konnten, Milva sich aber so sehnlichst eins wünschte, nicht wahr, mein Liebling?«

Sie nickte kurz und wandte sich ab. Ihre Hände griffen nach der Schürze. Sie hob sie an und führte sie zum Gesicht – sie fuhr sich damit wohl über die Augen.

»Aber wie kommt es, daß Sie das Geld haben, wenn Gordon der Chef war?«

Er lächelte mich nachsichtig an.

»Wenn Sie so wollen, hatte ich eine Beraterfunktion in seiner Firma. Wissen Sie, viele seiner Kontakte habe ich anfangs für ihn geknüpft. Ich kannte die Branche damals besser und wußte, an wen er sich wenden konnte oder mußte. Nun ja, im Laufe der Zeit hat er seine eigenen Kontakte aufgebaut. Aber wenn er unsicher war, was zu tun war, hat er immer noch mich konsultiert. Wundert Sie das?«

»Es klingt ein wenig unüblich.«

»O meine Liebe«, mischte sich nun Frau Mühlheimer ein, die sich offenbar wieder bestens im Griff hatte, »wir hatten ein wunderbares Verhältnis zueinander. Sehr unüblich, wenn Sie so wollen. Sehr ehrlich und offen.«

»Darf ich Sie etwas fragen?«

»Gewiß«, sagte die alte Dame und schaute mich erwartungsvoll an.

»Woher können Sie so gut mit Waffen umgehen?«

Frau Dr. Dr. Mühlheimer sah zu ihrem Gatten, der ihr zunickte, woraufhin sie mir erklärte, sie hätten diese Firma vor vier Jahrzehnten zusammen aufgebaut. Ich schaute ungläubig von einem zum anderen, denn wer hätte schon vermutet, daß es bereits in den fünfziger Jahren ein derart tödliches Unternehmen außerhalb der Schmuddel- oder Rotlichtbezirke, wie sie damals hießen, gegeben hatte.

»Ja, wirklich. Ich habe den ersten Kontakt mit Waffen im Jagdverein gehabt, dann wurde ich Polizistin, da bekommt man automatisch eine Unterweisung im Umgang mit Waffen. Und ich erhielt eine sehr sorgfältige Ausbildung, da mein damaliger Vorgesetzter der Meinung war, er müsse mich schulen und mir behilflich sein beim Aufstieg in der Polizeihierarchie. Ich sollte nämlich unbedingt die erste Kriminalkommissarin Deutschlands werden. Na ja, wie Sie sehen, wurde ich das nie. Ich lernte meinen Mann kennen, kurz bevor ich zur Weiterbildung auf die Polizeischule gehen sollte, verliebte mich, heiratete und wurde seine Assistentin. Ab und an erledigte ich nicht nur die Buchhaltung, sondern auch ein paar delikate Aufträge. Das war naheliegend, weil ich eine sehr gute Schützin bin. Und zumindest damals niemand auf die Idee kam, daß Frauen in einem solchen Gewerbe eine aktive Rolle spielen könnten.«

»Und alles andere war dann eine Frage der Weiterbildung, nehme ich an.«

»Weshalb werden Sie jetzt so ungezogen zu meiner Frau?« fragte mich Dr. Dr. Mühlheimer mit einem nachsichtigen Lächeln in den Mundwinkeln, doch einem eiskalten Blick.

»Ich bin überrascht, ich hätte Ihnen beiden einen solchen Gelderwerb nie zugetraut. Und Ihnen, Frau Mühlheimer, auch nicht zugemutet.«

Jetzt lachte sie, laut und herzlich, was zwei tiefe und liebenswert schelmische Grübchen in ihre Wangen kerbte.

»Meine Liebe, es war ein großes Vergnügen. Zu jeder Zeit. Niemand zwang mich. Verstehen Sie? Ich wollte es so. Und Sie, Sie wollen es doch auch, nicht wahr? Jedenfalls läßt Ihr Kontakt zu Pete darauf schließen.«

»Sie wußten davon?«

»Sicher. Wir sind über alles bestens informiert, auch wenn Pete immer so tat, als hätte er mit unseren Geschäften nichts mehr zu tun. Wir haben ihn gewähren lassen. Aber sowohl mein Sohn als auch wir wußten immer, was er wann wie und weshalb tat. Im Gegenteil, wir schickten sogar Kunden zu ihm.«

Ich war sprachlos. Pete, der meinte, so unabhängig zu sein, der glaubte, alles und jeden im Griff zu haben. Pete war nichts anderes als ein Angestellter, der nicht wußte, daß er einer war. Immerhin bestätigten sie damit, was Winslets und Tommys Tod bereits demonstriert hatten: Winslet hatte mit der Attacke auf Pete nicht das geringste zu tun.

»Weshalb haben Sie ihm das nicht gesagt?«

»Er wollte raus aus dem Geschäft, unserem, Gordons. Er wollte damit nichts zu tun haben. Und er hielt sich für clever, was er auch war. Aber dennoch wußten wir fast alles über ihn, auch wenn er den einen oder anderen Kunden allein akquirierte.«

»Weshalb haben Sie dann zugelassen, daß er mißhandelt wurde?«

»Das wußten wir nicht. Wir haben es nicht mal geahnt. Wir dachten damals, der Spuk sei vorbei. Tommy war eigentlich nur auf Mallorca, damit wir ganz sichergehen konnten, daß Pete keine Dummheiten macht.«

»Der Spuk war aber nicht vorbei.«

»Ist er aber jetzt. Wir erledigen das heute nacht ein für allemal, nicht wahr Schatz?« Mühlheimer sah zu seiner Frau, die nickte.

»Das versprechen wir Ihnen.«

»Darf ich auch erfahren, wie?«

»Nein, heute nicht. Vielleicht morgen. Auf jeden Fall werden Sie es spätestens übermorgen in der Zeitung lesen. Aber lassen Sie uns zum Anlaß Ihres Besuchs kommen, der uns im übrigen eine aufrichtige Freude ist. Wie Sie wissen, bin ich Anwalt, und in dieser Funktion bin ich Petes Nachlaßverwalter.«

Er öffnete die Aktentasche und entnahm ihr einen Umschlag sowie die kleine Pistole, die er zuvor gebraucht hatte – die er aber akribisch wieder an ihren Platz zurückgelegt haben mußte.

Er reichte sie mir mit einem Grinsen. »Pete wollte, daß Sie sie bekommen. Als Erinnerung, fürchte ich. Zu was anderem ist sie auch kaum zu gebrauchen, nicht wahr?«

Ich nahm sie und drehte sie sprachlos in meinen Händen hin und her. Hätte mich nicht gewundert, wenn ich wie in alten Cowboyfilmen Einkerbungen gefunden hätte, die die Anzahl der mit ihr Erschossenen anzeigten. Fand ich aber nicht. Dafür eine Gravur im versilberten Pistolenknauf: »Für meine Liebe«. Ich war damit nicht gemeint. Die Gravur war älter und von feinen Schrammen durchzogen. Immerhin fiel mir ein, daß ich ein ganz ähnliches Exemplar, nur ohne Schalldämpfer, bei mir zu

Hause hatte. Mußte ich unbedingt mal dran denken und das Ding aus dieser blöden Umhängetasche nehmen, die ich nach meinem Mallorca-Besuch wieder an ihren angestammten Platz gelegt hatte – möglichst weit hinten und tief im Inneren meines Kleiderschranks.

Ich sah ob der Gravur fragend zu Mühlheimer, der ratlos mit den Schultern zuckte.

»Keine Ahnung, mein Täubchen.«

Aus dem Mund jedes anderen Menschen hätte das nur albern und schrullig geklungen. Zu ihm paßte es einfach. Er war ein Gentleman alter Schule, und die sagten mit der größten Selbstverständlichkeit »Täubchen«.

»Aber kommen wir zum Eigentlichen«, fuhr er nach einer kurzen Pause fort. Ich habe hier Petes Testament, demzufolge Sie einen beträchtlichen Teil seines Vermögens erben.«

»Ich?«

»Ja, Sie. Es handelt sich um die Summe von anderthalb Millionen Mark, angelegt in Liechtenstein in Wertpapieren und Investmentfonds.«

Ich schluckte und sprang von meinem Stuhl auf. Frau Mühlheimer legte ihre Hand beruhigend auf meinen Arm, der zappelte, als sei er mir nicht zugehörig und extern an eine Wechselstromquelle angeschlossen. Sie zog mich wieder neben sich auf den Stuhl runter.

»Das kann ich nicht glauben. So viel Geld kann er nicht gehabt haben. Hat er auch nicht.« Ich schüttelte ungläubig den Kopf und sprach mehr zu mir selbst. »Er hat mir doch auf Mallorca selbst gesagt, daß er kaum Rücklagen hat. Oder«, ich hob die Augen zu Mühlheimer, »oder hatte er eine Art Verarmungstick?«

»Vielleicht, meine Liebe, glauben Sie einfach, was ich Ihnen sage. Er hatte sogar noch mehr Rücklagen, wie Sie es nennen. Ich möchte Ihnen nur ersparen, Ihnen die ganze Liste der begünstigten Institutionen und Vereine vorzulesen.«

»Aber er hat mir doch erzählt, er müsse weiterarbeiten, da er keine nennenswerten Rücklagen hätte«, beharrte ich.

»Und Sie haben ihm das geglaubt? Hören Sie, soviel ich weiß, wurde Pete in ziemlich kleinbürgerlichen Verhältnissen groß – wenn er nicht gerade im Waisenheim war. Und da lebt man ja auch nicht gerade komfortabel. Und er hatte tatsächlich eine Art Verarmungstick. Er glaubte schon als junger Mann, er würde während seines Rentnerdaseins darben. Ja, schauen Sie nicht so ungläubig. Er hat immer gespart. Sein ganzes Leben lang.«

»Aber hatte er denn nicht wenigstens einen Verwandten?«

»Nein, Pete war Waise. Ich sagte es doch schon. Wußten Sie das etwa nicht?«

»Nein, natürlich nicht. Sonst hätte ich ja kaum gefragt.«

Es klang schnippisch, denn ich war zu überrascht, um auf gutes Benehmen zu achten.

»Sie brauchen sich keine Gedanken zu machen. Sie können eine Vollmacht unterschreiben, und ich werde mich dann für Sie um diese Anlagen kümmern. Es sei denn, Sie wollen sie kündigen und sich das Geld auszahlen lassen. Das wäre etwas komplizierter. Allerdings würde ich Ihnen das nicht raten. Man würde neugierig sein, weshalb und von wem ein solch beträchtlicher Betrag auf Ihrem Konto landet, und Ihnen Fragen stellen.«

»Ich brauche das Geld nicht. Es kann bleiben, wo es ist.«

»Eine sehr vernünftige Entscheidung. Sehen Sie es als Altersvorsorge.«

Er schob mir über den Tisch ein paar Formulare zu, die ich unterschrieb, ohne sie zu lesen. Auf einer stand Vollmacht, und damit hatte sich mein Erbschaftsproblem denn auch schon gelöst.

»Hätten Sie einen Drink für mich? Ich glaube, ich könnte einen gebrauchen.«

»O Gott, verzeihen Sie«, erschrak Frau Mühlheimer und sprang auf, um mit ihren strammen kurzen Beinen aus der Küche zu eilen und aus dem Arbeitszimmer eine Flasche Cognac zu holen. Sie kam schnell zurück und stellte die Flasche zusammen mit zwei altmodischen bauchigen Gläsern, deren Rand mit einer Goldauflage verziert war, vor uns auf den Küchentisch.

Alles schien hier golden zu sein. Nicht nur Mühlheimers Klamotten.

Mühlheimer öffnete die Flasche und goß uns beiden einen Cognac ein. Mir etwas mehr.

»Auf Ihr Wohl, meine Liebe. Und herzlichen Glückwunsch zu Ihrem Erbe, auch wenn der Anlaß sehr bedauerlich ist.«

»Zum Wohl und danke.«

Wir prosteten einander zu und tranken. Der Cognac floß durch meine Kehle, fand seinen Weg in meinen Magen und verströmte sofort eine angenehme Wärme. Ich begann mich zu entspannen.

»Da wäre allerdings noch etwas.«

Ich sah Mühlheimer mit hochgezogenen Augenbrauen fragend an.

»Pete hat noch einen Brief hinterlassen. Er hinterläßt Ihnen und einer Hannah die Detektei. Und dann geht es um zwei Aufträge.«

»O nein«, stöhnte ich. »Nicht schon wieder.«

»Hatten Sie gehofft, daß es aufhört?«

»Ja, was glauben Sie denn? Daß es uns Spaß macht?«

»Tut es das etwa nicht?«

»Herr Dr. Mühlheimer. Ich versichere Ihnen, es gibt wesentlich entspannendere Freizeitbeschäftigungen.«

»Sie werden diese Aufträge dennoch übernehmen.«

In seiner Stimme schwang eine Bestimmtheit mit, die keinen Widerspruch duldete.

»Heißt das, daß wir jetzt für Sie arbeiten?«

»Nein, meine Liebe. Wir werden uns voraussichtlich nicht so schnell wieder treffen. Jedenfalls nicht in absehbarer Zeit. Es ist besser so. Und wie ich Ihnen sagte, bin ich längst in Pension. Und das bleibe ich auch. Ich kümmere mich nicht mehr um diese Art von Geschäften. Ich bin lediglich für den sogenannten Letzten Willen des Verstorbenen zuständig. Hier, nehmen Sie.«

Er reichte mir einen Brief, den ich ungelesen in meine Jakkentasche steckte. Ich würde ihn mir später in Ruhe durchlesen.

»Sagen Sie mal, wie soll das eigentlich gehen: Wir erben die Detektei?«

»Sie meinen, man würde Sie mit den Morden in Verbindung bringen?«

»Ja, könnte doch sein. Die Bullen waren doch schon bei Hannah, und mich haben sie auch befragt. Wir haben geleugnet, daß uns mit Pete eine Freundschaft verband.«

»Ach, wissen Sie, das geht ganz einfach. Hannah kauft formell die Detektei ...«

»Aber Hannah hat doch gar kein Geld«, unterbrach ich ihn.

»Beruhigen Sie sich. Wir kriegen das hin. Wissen Sie, ich wollte sagen, daß Hannah also die Detektei formell kauft, das heißt für einen bestimmten Betrag, den wir ihr pro forma leihen und über den wir sogleich einen Rückzahlungsmodus mit in den Kaufvertrag aufnehmen, wir verpachten ihr das Haus, das sowieso uns gehört – und schon ist alles in Butter.«

»Das glaube ich nicht. Die Bullen werden doch mißtrauisch.«

»Weshalb sollten sie? Wir sind froh, daß jemand den Laden fortführt, und sie ist glücklich, weil sie endlich selbständig ein kleines Unternehmen führen kann. Wer sollte da mißtrauisch werden? Und schauen Sie, vergessen Sie doch bitte einfach nicht, daß kein Hamburger Polizist auch nur ahnt, daß Sie drei schon längst ein lukratives Unternehmen gegründet haben.«

Er lachte in sich hinein. »Nicht wahr, Milva?«

Milva nickte nur freundlich lächelnd mit ihrem runden Kopf in meine Richtung.

Damit hatten wir zunächst alles geklärt, und die beiden fragten, ob ich in der Lage sei, alleine nach Hause zu fahren, oder ob sie mir ein Taxi bestellen sollten. Ich winkte ab.

Ich käme schon noch nach Hause. Es sei ja auch nicht weit.

Wir verabschiedeten uns. Frau Mühlheimer tätschelte mir den Rücken, als sie mich umarmte und mir viel Glück wünschte. Herr Dr. Dr. jur. Mühlheimer deutete eine Verbeugung an, und dann war ich auch schon draußen.

Ich war immer noch etwas benommen und nicht ganz bei mir.

Ich fuhr nach Hause und legte mich hin, ohne Petes Brief auch nur angerührt zu haben. Das hatte Zeit.

Kapitel 18

Das Telefon klingelte mitten in meinen allerschönsten Traum seit Monaten hinein. Ich lag entspannt in einem blauweißen Paddelboot und ließ mich von sachte plätschernden Wellen tragen. Ich begann im Boot hektisch nach meinem Handy zu suchen, als das penetrante Klingeln die sonnenüberstrahlte Idylle zusammenbrechen ließ.

Ich tastete nach dem Telefon, das auf dem Beistelltisch lag.

»Habe ich dich geweckt?« schnurrte Jürgen Kowalski am anderen Ende der Leitung.

»Ja, schon. Wie spät ist es überhaupt?« Ich gähnte schamlos in den Hörer.

»Kurz nach neun.«

»Was?«

Ich hatte über vierzehn Stunden geschlafen. Dabei hatte ich mich doch am Abend zuvor nur kurz hinlegen wollen. Ich sah an mir runter. Ich lag im Unterhemd im Bett. Fassungslos starrte ich einen Moment vor mich hin.

Scheiße. Ich hatte mich nicht mal abgeschminkt. Das mochte meine Haut überhaupt nicht. Hoffentlich reagierte sie nicht mit Entzündungen, auch Pickel genannt, auf diese Nachlässigkeit. Und natürlich hatte ich mir auch nicht die Zähne geputzt. Mist. Es pelzte wieder mal auf Zähnen und Schleimhäuten.

Auf jeden Fall hatte ich am Abend zuvor nichts mehr getrunken. Das war immerhin sehr bewunderungswürdig, befand ich.

»Wie was?« fragte Jürgen in die anhaltende Pause.

Ich erklärte ihm, daß ich gegen sieben einfach eingeschlafen war und offensichtlich so fest wie ein Kleinkind geschlafen hätte. Außerdem hätte ich wunderbar von plätschernden Wellen geträumt.

»Und was ist an Wellen so wunderbar?«

»Laut Traumdeutung …«

Jürgen unterbrach mich: »… welcher Traumdeutung denn?«

»Was weiß ich …«

»Ja, aber da mußt du schon mal genauer sein. Es gibt nämlich ganz unterschiedliche Theorien und Schulen.«

Blöde Ärzte, dachte ich nur und sagte: »Hör mal, da kenn' ich mich nicht aus. Auf jeden Fall aber habe ich irgendwo gehört, daß Wasser in der Traumanalyse prinzipiell ein Indiz für die Seelenbefindlichkeit ist. Und eigentlich wollte ich nur sagen, daß es mir trotz allem ganz gut zu gehen scheint. Denn bei mir plätscherte das Wasser in sanften Wellen vor sich hin. Und das heißt ja wohl, daß mein Seelenleben ausgesprochen ausgeglichen ist.«

Ein schepperndes Lachen klang durchs Telefon und wollte mich wütend machen. Besserwisser!

»Wie bist du denn, wenn du nicht ausgeglichen bist?«

»Nimm mich lieber ernst.«

»Soll das eine Drohung sein?« Er lachte immer noch und fuhr fort: »Hör mal, wir können uns heute abend darüber unterhalten. Ich wollte dich lediglich fragen, ob wir uns abends im Pasalino treffen wollen? Wenn du ja sagst, lege ich sofort wieder auf und du kannst so lange schlafen, wie du willst, und von so vielen plätschernden Wellen träumen, wie du möchtest. Es sei denn, du ziehst es vor, aufzustehen und arbeiten zu gehen. Manche Leute sollen das wochentags ja tun.«

»Ich nicht.«

»Wieso?«

Ich rollte mit den Augen und war ein wenig gereizt. Das war die Crux an Liebesverhältnissen. Ständig mußte man Dinge erklären, die man gar nicht erklären wollte, zumindest nicht zu so früher Stunde. Ich verstand Männer ganz gut, die sich mißmutig über Frauen und Freundinnen ausließen, weil die ständig Erklärungen einforderten, was man wann warum getan hatte – oder schlimmer noch, warum man es nicht getan hatte. Ich referierte also im Schnelldurchlauf die Ereignisse des letzten Tages, nahm seine Beileidsbekundungen entgegen und vertröstete ihn schließlich meinerseits, als er gar nicht wieder aufhören wollte und immer detailliertere Fragen stellte, auf den Abend. Wir legten auf, und ich wollte mich gerade umdrehen und weiterschlafen, als das Telefon schon wieder klingelte. Am anderen Ende hing Hannah.

»Und wie war's bei deinem Mühlheimer?«

»Hannah, laß mich schlafen, bitte. Ich hab' eben schon Kowalski verarztet. Und ich hab' so früh einfach keinen Bock auf eure Fragen.«

»Ist ja gut. Aber du rufst mich heute früh noch zurück.«

»Ja, Mensch«, versprach ich, legte auf und entschied, daß ich jetzt ebensogut aufstehen konnte.

Ich mußte Petes Brief lesen. Ob ich wollte oder nicht. So richtig wollte ich nicht, wußte ich doch seit Mühlheimers Ankündigung sowieso schon, was drin stehen würde. Und ich hatte absolut keine Lust auf erneuten Streß und neue Ehemänner. Ich wollte einfach nur meine ungewohnte Freiheit genießen und mir nicht schon wieder darüber Gedanken machen, wie man unliebsame Angetraute ins Jenseits befördert.

Nun bin ich ja nicht blöd. Somit war mir sehr wohl klar, daß mein Wollen leider nicht entscheidend war. Also griff ich mir nach einigem Zögern den Brief vom Couchtisch, wo ich ihn am Abend zuvor zusammen mit der kleinen Pistole hingelegt hatte, zog mal wieder feinstes Bütten aus dem Umschlag, diesmal jadegrün, wunderte mich über die Kürze des Schreibens und begann notgedrungen zu lesen.

Pete erklärte, er sei tot, wenn mich dieser Brief erreiche.

Na klasse, das war ja nun echt was Neues.

Er vermache uns seine Detektei.

Super.

Er habe noch zwei Aufträge für uns und wünsche, daß wir dem ganzen Schlamassel heil entkämen.

Wirklich großartig. Das wünschten wir drei uns ebenfalls. Nur bereits seit geraumer Weile.

Erklärungen, weshalb er annahm, mir einen solchen Brief schreiben zu müssen, gab es keine.

Auch super.

Und dann las ich die beiden Namen unserer Kandidaten.

Rupert Schiller, Vorstandsmitglied von Schmidt und Fahrholz, einer alteingesessenen Privatbank. Honorar: 150000 Mark. Termin: zirka in vierzehn Tagen.

So viel Geld hatte ja noch nie jemand hingelegt. Oder es war nicht bei uns angekommen. Da hatte Pete ja anscheinend kräftig abgesahnt – solange er am Leben war, versteht sich.

Der Auftrag Schiller war okay.

Ich starrte auf den anderen Namen, die dazugehörige Notiz und konnte nicht fassen, was ich da las. Jürgen Kowalski.

Ich wiederholte immer nur diesen Namen und die dazugehörigen Bemerkungen: Jürgen Kowalski, Stationsarzt, Barmbeker Krankenhaus. Honorar: 45000 Mark. Termin: spätestens in vier Wochen.

Da hatte es aber jemand eilig, die beiden zu beerben. Mann o Mann.

Nähere Informationen würde uns in beiden Fällen Dr. Mühlheimer erteilen, dem wir vertrauen sollten, hatte Pete angefügt. Da würde ich den alten Herrn also doch schneller wiedersehen, als er oder ich gedacht hatten.

Das nahm ich zunächst jedoch nicht in mein Bewußtsein auf.

Ich starrte nur auf den Namen Kowalski. Las ihn mir halblaut vor. Dann leise. Ich starrte auf das Blatt Papier in meinen Händen – und wünschte, der Boden würde sich unter mir öffnen und ich könnte klammheimlich aus diesem Dilemma verschwinden.

Hatte Pete das nicht gewußt? Hatten wir nicht darüber gesprochen? Wir hatten doch über Gott und die Welt palavert. Weshalb in drei Teufels Namen nie über Kowalski? Ich stand auf und rannte quer durchs Wohnzimmer, tigerte von der Couch Richtung Fernseher und zurück. Ich mußte mich konzentrieren. Ich mußte einen klaren Gedanken fassen, diese Scheiße irgendwie aus dem Weg räumen. Vielleicht sollte ich die Dame anrufen und ihr erklären, daß sie die Nummer mit dem Auftragsmord lassen sollte?

Ich verwarf die Idee. Ich hätte mich damit als jemand geoutet, der mit der Sache zu tun hat. Und wenn sie es ernsthaft wollte, würde sie sich von Drohungen nicht beeinflussen lassen, sondern höchstens nach einem anderen Auftragnehmer suchen. Und damit konnte ich für Jürgen nichts mehr tun.

Ich versuchte mich zu sammeln. Ich brauchte ein paar klare Gedanken. Dabei fühlte ich mich besoffener, als es jeder Whisky hinbekommen hätte.

Also duschte ich, lange, warm, beruhigend. Ich schloß die Augen unter dem heißen Brausestrahl und versuchte mich in Autosuggestion. Sie wissen schon: diesem »Ich bin ganz ruhig und entspannt. Meine Arme sind schwer, ruhig und entspannt«. Ich ratterte die ganze Palette herunter. Als ich schließlich »mein Herz ist ruhig und entspannt« murmelte, war es endgültig aus. Mein Herz pochte mit der Anspannung eines altersschwachen Heimgenerators, der sich eifrig bemühte, ein letztes Mal warmes Wasser in ausgekühlte Heizungsrohre zu pumpen, um danach sein elektrisches Leben auszuhauchen. So in etwa erschienen mir meine Aussichten.

Genervt von diesem Therapeutenhokuspokus – oder meiner

Unfähigkeit, wenn Ihnen das besser gefällt –, schmiß ich den Duschkopf in die Wanne, trocknete mich ab, warf mich in die erstbesten Klamotten, die ich fand – also schwarze Hose, graues T-Shirt, schwarze Turnschuhe –, und stakste im Eiltempo aus der Wohnung.

Ich suchte mein Auto – es stand direkt vor der Haustür – und fuhr aus Eppendorf heraus, Richtung Schnelsen und A1. Ich brauchte keinen Psychoschnickschnack, sondern einen Adrenalinschub. Und den kriegte ich am besten, wenn ich möglichst rasant auf der Autobahn zugange war.

Ich war ein wenig rücksichtslos und überfuhr eine gelbe Ampel. Na ja, okay, sie war schon rot. Aber was soll's. Schließlich befand sich auf der Kreuzung vor mir kein Auto. Hinter mir hupte jemand aufgebracht über so viel undeutsches Verhalten, aber ich fuhr einfach weiter, in der Hoffnung, daß die Hamburger Verkehrspolizei an einem so wunderbar sommerlichen Vormittag nirgendwo eine Geschwindigkeitskontrolle installiert hatte.

Ich wurde nicht geblitzt, fuhr auf die Autobahn und drehte zehn Minuten später, kurz hinter der Abfahrt Quickborn, auf. Geschwindigkeitsbegrenzung hin oder her. Das war mir völlig gleichgültig. Ich donnerte mit 210 dahin und hatte eifrig damit zu tun, mich auf den Verkehr zu konzentrieren. Das war auf jeden Fall besser als autogenes Training. Ratzfatz war der Kopf komplett mit anderen Dingen als Wellengeplätscher, Kowalski, Pete oder wem auch immer beschäftigt.

Bei einer erlaubten Geschwindigkeit von 120 Kilometern je Stunde fuhr der eine oder andere Raser auf der linken Spur gegebenenfalls hundertfünfzig. Ich konzentrierte mich darauf, sie per Lichthupe von der Spur zu expedieren. Bei besonders hartnäckigen Blockierern fuhr ich ein wenig zu dicht auf und betätigte ungeniert meine Hupe. Sollten die Idioten mich doch vorbeilassen.

Schon fast in Kiel, wendete ich und fuhr wieder zurück. Das Prozedere wiederholte sich auch in der Gegenrichtung.

Bis ich kurz vor Quickborn auf eine einigermaßen im Limit liegende Geschwindigkeit herunterbremste. Prompt besetzte mein Gehirn wieder jenes automatische Gerater nach dem Sinn der letzten und zukünftigen Ereignisse. Das änderte sich im gemächlichen, städtischen Mittagsverkehr keinen Deut. Es gelang mir nicht, abzuschalten.

Ich beschloß, mir eine Frauenzeitschrift zu kaufen und mich zu Hause in die neuesten Kosmetik- und Klamottentips zu vertiefen.

Also fuhr ich an die nächstbeste Tankstelle und sah schon von weitem die Schlagzeile auf einer Hamburger Tageszeitung: »23 Tote: Massenhinrichtung auf dem Kiez«. Ich überflog die ersten Zeilen, in denen es hieß, daß Angehörige der Russenmafia offenbar in einem Verteilungskampf um Drogen und Prostitution regelrecht hingerichtet worden seien und daß von den Tätern jede Spur fehle, man aber annehme, daß es sich um eine konkurrierende Russengang handele, die die Alleinherrschaft auf dem Kiez anstrebe.

Mir war schon klar, wer und was hinter dem Massaker steckte. Mühlheimers natürlich. Aber ich hätte trotz ihrer Ankündigung und den Erlebnissen in ihrer Wohnung niemals vermutet, daß dieses Pensionärsehepaar – oder deren Helfershelfer – ihre Widersacher so konsequent erledigten. Wenngleich man natürlich bedenken mußte, daß sie durch diese Bastarde ihren Sohn verloren hatten. Ich nahm mir jedenfalls vor, den Artikel zu Hause zu lesen, kaufte die Zeitung und vergaß prompt meine Modezeitschrift.

Wie Sie sich vorstellen können, betrat ich meine Wohnung in keiner wesentlich besseren Verfassung, als ich sie verlassen hatte.

Zwangsweise blieb als Flucht nur der Alkohol. In geringer Menge, versteht sich. Und so beruhigte ich meine aufgebrachten Nerven mit einem Whisky, den ich in einem langen Schluck die Kehle runterlaufen ließ. Es brannte im Rachen.

War wohl doch nicht die richtige Tageszeit. Danach wurde mir wie schon das letzte Mal übel. Ich vertrug das Zeug so früh nicht. Aber wie sollte ich meine seelische Schieflage sonst auch nur in die Nähe eines Gleichgewichtszustandes bringen? Mit Tranquilizern? Nicht auszudenken. Ich würde den ganzen Tag über wie belämmert durch die Gegend laufen. Ich atmete mehrmals tief durch. Das half aber auch nichts. Ich brauchte schnellstens einen kühlenden Umschlag, sonst würde ich alles von mir geben, was ich in den letzten Stunden nicht zu mir genommen hatte.

Ich hatte nichts gegessen, weder gestern abend noch heute früh. Vielleicht war mir einfach deshalb schlecht. Ich starrte auf die Armbanduhr. Sie zeigte zwanzig vor eins.

Ich schleppte mich ins Badezimmer und betrachtete mein Spiegelbild. Das sah verdammt nach Runderneuerung aus. Die Augen leicht gerötet, die Haut gräulich blaß und schlecht durchblutet von zu vielen Zigaretten, die ich im Auto eine nach der anderen angezündet hatte. Ich gebe ja zu, daß ich auch dort eine Notration Nikotin deponiert hatte, für ganz besonders scheußliche Situationen. Etwas unterhalb der Wangenknochen zeichneten sich zwei rote Flecken infolge des Whiskykonsums ab.

Ich sah erbärmlich aus. Ich öffnete den Hahn und ließ das Wasser über meinen Puls laufen. Die Armbanduhr, stoßfest und wasserdicht, konnte das ab. Nach ein paar Minuten ging es mir besser, allerdings sah man das meinem Äußeren keineswegs an.

Ich mußte mit Ira reden, mit Hannah und mit Kowalski.

Zuvor sollte ich mich noch einmal hinlegen und warten, bis die Wirkung des Alkohols nachließ. Entschlossen, das flaue Gefühl in meinem Magen zu ignorieren, machte ich es mir, soweit es mein desolater Zustand erlaubte, mit jeder Menge Kissen im Rücken auf der Wohnzimmercouch gemütlich.

Als ich das nächste Mal wach wurde, schien die Sonne direkt in mein Gesicht. Das bedeutete, es mußte später Nachmittag sein.

Ich hatte noch einiges zu tun, bis ich am Abend Kowalski traf.

Also warf ich mir als erstes eine feuchtigkeitsintensive Pflege-
maske mit Aloe Vera ins Gesicht, natürlich von Shiseido, und
begann dann mit meinen Telefonaten. Schon nach dem ersten
war der Hörer verschmiert. Na ja, Pflegestoffe können Plastik
nur guttun. Irgendwie soll Plastik ja Dämpfe abgeben und dadurch mit der Zeit austrocknen. Eine Feuchtigkeitsbehandlung
konnte da auf keinen Fall schaden.

Ich rief also Hannah und Ira an und bat sie, zu mir zu kommen, was letztere mit Freuden annahm, während Hannah mir
erst einmal eine Schimpfkanonade ans Ohr hängte, weil ich sie
nicht wie versprochen noch am Morgen zurückgerufen hatte.
Ich entschuldigte mich mit der Wahrheit, die sie zähneknir-
schend akzeptierte.

In der verbleibenden Zeit versuchte ich mich dem zu nähern,
was ich unter normalen Bedingungen bin: eine halbwegs attrak-
tive Frau. Eine komplette Runderneuerung war nicht mehr
drin, denn eine halbe Stunde später stand Hannah vor der Tür.

»Wenn du dich das nächste Mal mittags betrinken willst, dann
ruf mich an. Vielleicht trinke ich ja mit«, begrüßte sie mich
stirnrunzelnd, als ich die Tür öffnete. »Du siehst aus wie ein
Stück Scheiße. Ganz blaß unter deinem Make-up.«

Ich hatte mich nur dezent geschminkt, aber schon beschlossen, daß ich, bevor ich Kowalski traf, wohl einen Durchgang
Selbstbräuner benötigte. Schließlich wollte ich umwerfend aussehen. Oder zumindest so umwerfend wie möglich.

Ich winkte also ab, murmelte »jaja, weiß ich schon«, und bugsierte sie in die Küche. Kurz darauf kam Ira, der ich, bevor sie
auch nur den Mund aufbekam, empfahl, besser nicht auf mein
Aussehen einzugehen.

Sie war vom Treppensteigen noch etwas außer Atem und ging
achselzuckend an mir vorbei in Richtung Küche. Ihre Ohrringe
läuteten bei jedem Schritt, als riefen sie zum Gottesdienst.

»Was hast du denn heute für Ohrringe dabei? Die sehen ja
grauslich aus.«

Hannah sah irritiert zu Ira, doch die drohte nur mit dem Zeigefinger, grinste und erwiderte, diese habe sie gestern von Max geschenkt bekommen. Und nun müsse sie die Geschmacklosigkeit eben mit Würde tragen. Er habe sie ihr oberstolz von seinem Klassenausflug mitgebracht, und sie könne ihm ja kaum erklären, wie ätzend diese smartiebunten Glasgehänge seien. Sie hoffe allerdings, in ein paar Tagen werde alles vorbei sein und sie könne wieder zu ihren normalen Ohrringen greifen, ohne ein Schmollen von Max zu provozieren. Auf einen eingeschnappten Max habe sie nämlich so überhaupt keinen Bock. Der pubertiere in letzter Zeit wie ein Bekloppter und sei nur noch mit Glacéhandschuhen anzufassen. Schlimmer als sein Vater.

»Willst du einen Wein?« unterbrach ich ihren Monolog, denn von Herb wollte ich in dem Moment weder was wissen noch mich mit ihm auseinandersetzen.

»Hast du auch etwas Stärkeres?« Bevor ich reagieren konnte, brachte sie es auf den Punkt: »Wieso lenkst du immer ab, wenn die Sprache auf Herb kommt? Er ist tot – und die Polizei hat die Geschichte ja offensichtlich gefressen. Jedenfalls hat mich nie wieder jemand seinetwegen angesprochen. Nur ab und an liegt ein Brief in der Post mit der ewig gleichen Nachricht: ›Trotz intensiver Bemühungen keine Spur von ihm.‹«

»Ira, du trinkst in letzter Zeit zuviel«, warf ich ein, aber Ira drehte sich nur um, ihr langer, glockiger Rock schwang in weitem Bogen mit, fegte einen meiner Küchenstühle Richtung Boden, was zu einem »Scheiße, tut mir leid« und einem gewandten Bücken führte, dem man ansah, daß sie es ihr Leben lang trainiert hatte. Sie langte nach dem Stuhl, richtete sich kerzengerade auf mit einem »Ist was?«, raffte die Weite ihres Rockes zusammen und preschte davon, um im Wohnzimmer die Whiskyflasche zu holen.

Als sie wieder reinmarschierte, konnte sie sich ein »Du trinkst aber offensichtlich auch. Oder hattest du Besuch?« nicht verkneifen, was ich ignorierte, um mich nicht weiter auf diese leidige Alkoholdiskussion einlassen zu müssen, die ich dummerweise selbst provoziert hatte. Ira wühlte derweil in meinem Küchenschrank nach einem Glas. Vergeblich. Das Gros lag in der Spülmaschine, eins mußte noch im Bad stehen und eins im Schlafzimmer. Schließlich habe ich die Dinger nicht im Dutzend wie ein x-beliebiger Barbesitzer.

»Sind welche in der Spülmaschine?«

»Ich denke schon.«

»Sie hat sich heute mittag betrunken.«

»Wie heute mittag?« Ira sah mich erstaunt an. »Ich dachte, nur ich werde in diesem Trio als Alkoholikerin geführt.«

»Hör auf, so gemein zu sein. Und setz dich endlich hin. Du machst einen ja ganz nervös. Außerdem hab' ich mir nur ein ganz kleines Glas gegönnt.«

Ira schnappte sich ein Whiskyglas aus der Maschine, spülte es unter fließendem Wasser aus und setzte sich auf ihren runden Hintern, um den herum sie die weiten Stoffbahnen ihres Rockes graziös drapierte.

Ich grinste vor mich hin und nahm mir ein Glas Wein, wobei mir einfiel, daß ich immer noch nichts gegessen hatte. Hoffentlich ging das gut.

»Die Sache ist die, daß ich gestern bei einem Herrn Dr. Mühlheimer war. Er las mir Petes Testament vor und gab mir einen Brief mit, den ich heute früh gelesen habe. Hannah und ich erben demnach die Detektei. Das finde ich in Ordnung. Und dann müssen wir noch zwei Aufträge erledigen.«

Ich erklärte den beiden nicht, daß ich außerdem noch eine erhebliche Menge Geld geerbt hatte. Neid soll man gar nicht erst provozieren. Und beste Freundinnen müssen auch nicht alles wissen.

»O nein, die Nummer schon wieder. Ich dachte, nach Petes Abgang sei das vorbei.«

»Ira, laß das, du weißt doch, daß das keinen Sinn hat.«

Ira drehte ihr Glas in der Hand und sah uns an. »Okay. Okay.

Aber es fällt mir schwer. Ich finde den Gedanken unerträglich, daß wir ständig die Drecksarbeit für solche reichen Tussen machen sollen. Sollen die sich das schlechte Gewissen doch selbst aufhalsen.«

»Trinkst du deshalb soviel?«

Ich konnte mir die Frage nicht verkneifen. Wohl, weil ich in letzter Zeit selbst zuviel trank und einen labilen Menschen brauchte, dem es ähnlich erging.

Ira ignorierte die Frage.

»Und um wen geht es diesmal?«

Ich war erstaunt, daß sie weiter kein Theater machte, und verbuchte ihre ersten Sätze deshalb unter Abreagieren.

»Einen Rupert Schiller von der Schmidt und Fahrholz Bank. Und dann ...«

»Ja, und dann. Reicht einer etwa nicht? Bringen wir die jetzt gleich zum Mengenrabatt um?«

»Hör auf, Ira, es geht mir eh schon beschissen genug.« Ich machte eine Pause, und mußte erst einmal Luft holen. »Also, Kowalski. Kowalski ist der andere.«

Hannah klappte die Kinnlade runter. Ihr Mund stand offen. »Dein Kowalski etwa?«

Ira kippte den Whisky wie ich den meinen heute mittag in einem Zug runter, nur nicht mit dem Ergebnis, daß ihr speiübel wurde. Im Gegenteil, ungerührt griff sie nach der Flasche und schenkte sich einen zweiten ein, während sie mich nicht aus den Augen ließ.

»Du meinst, wir sollen deinen Lover umbringen? Das ist ja wohl nicht dein Ernst.«

»Ich weiß nicht ... Ich weiß wirklich nicht. Wir haben einen Auftrag.«

»Entschuldige mal. Seine Angetraute will sich offensichtlich seiner entledigen. Das ist schon in Ordnung. So rein theoretisch jedenfalls. Aber damit weiß doch keiner außer ihr, daß wir den umbringen sollen. Da lassen wir es eben.«

»Hannah, das hab' ich heute früh auch schon überlegt. Das funktioniert nur nicht. Sie wird sich jemand anderen suchen.«

»Ja, und was sollen wir jetzt machen? Den Typen umballern, erstechen, mit dem Auto überfahren? Oder wollen wir Kowalski einweihen?«

Während Ira das fragte, setzte sie den zweiten Whisky an, und er verschwand ebenso folgenlos in ihrem Körper wie der erste.

»Kowalski einzuweihen ist sicher okay. Die Sache hat aber einen Haken. Wir müssen seine Frau umbringen, damit es Ruhe gibt.«

»Ach du Scheiße.« Hannah sah mich entsetzt an. »Eine Frau? Wir sollen jetzt eine Frau beseitigen?« Sie sprang auf und stürzte aus der Küche. Ich hörte, wie sie ins Bad rannte und die Tür zusperrte.

Ira sah mich stirnrunzelnd an. »Bist du bescheuert? Wir können doch keine Frau umbringen. Wie stellst du dir das vor?«

»Aber wo ist denn da der Unterschied?«

Ira überlegte angestrengt und rollte das leere Glas zwischen den Fingern.

»Na ja, rechtlich gibt es sicherlich keinen. Ein Toter ist ein Toter, egal, welchem Geschlecht oder was für einer sozialen Schicht er angehört. Aber bisher haben wir es noch nie mit einer Frau zu tun gehabt. Und irgendwie krieg' ich ein komisches Gefühl.«

»Ein komisches Gefühl. Das ist ja wohl zum Schlapplachen. Du kriegst ein komisches Gefühl!«

»Ja, und? Wie soll ich das sonst erklären? Ich meine, die Nummer mit den Kerlen ist in Ordnung. Mehr oder weniger. Jedenfalls kann man sich an den Gedanken gewöhnen. Oder es akzeptieren, daß Frauen ihren Männern die Krätze an den Hals wünschen. Aber eine Frau ist irgendwie anders.«

Hannah war wieder in die Küche gekommen und wischte sich mit einem Küchentuch den Mund ab. »Hast du dich übergeben?«

»Neinnein, ich dachte nur, ich müßte. Mußte ich dann aber doch nicht. Aber können wir die Sache nicht doch irgendwie anders regeln?« fragte sie, mehr Bangen als Hoffen in der Stimme.

»Das geht nicht, das weißt du doch. Und außerdem ist sie so eine kreischende Ziege«, erklärte ich.

»Ist Kreischen jetzt ein Grund, eine Frau zu beseitigen? Und überhaupt. Woher weißt du das? Hat dein Lover das ausgeplaudert?« Ira war sauer.

»Ira, jetzt mach mal einen Punkt. Ich hab' sie am Telefon kreischen gehört, als ich da anrief. Und damit das klar ist: Die Frau hat mich zusammengeschissen, und zwar mit den übelsten Worten. Die würdest selbst du nicht in den Mund nehmen, Ira. Und das will ja wohl was heißen – oder? Und Hannah hat alles gehört. Dabei sollen die beiden ein Abkommen haben – sagt er«, fügte ich etwas kleinlauter hinzu und fing mir prompt skeptische Blicke ein. »Und sie hat sogar einen Liebhaber. Wirklich, schaut mich nicht so ungläubig an. Er hat mir das gesagt. Und nun lügt doch wohl nicht jeder Mann – oder?«

»Vielleicht sollten wir den Liebhaber umlegen?« sinnierte Hannah.

»Was soll denn der Scheiß jetzt. Der hat doch damit überhaupt nichts zu tun.«

»Na ja, quasi als Warnung an sie, dachte ich.«

»Hannah, bist du völlig übergeschnappt? Dann holt sie sich doch nur jemand anderen, der Kowalski umbringt.« Wenigstens bemühte sich Ira trotz ihrer Verärgerung, auf dem Boden der Unausweichlichkeiten zu bleiben.

»Ira hat recht, Hannah. Wir können höchstens sie …«

»Was sie? Sprich es aus. Wir können nur sie umbringen. Wiederhol das, Ira.«

Artig wiederholte Ira »umbringen«.

»Na siehst du, geht doch. Das müssen wir nämlich«, erklärte ich und kam mir vor wie bei einem Kaffeekränzchen unterbelichteter älterer Damen, »sonst sitzen nämlich wir in der

Scheiße. Das tun wir zwar eh, aber bislang guckt zumindestens der Kopf noch raus.«

»Ich war bei einer Wahrsagerin.«

Iras und mein Kopf fuhren ruckartig in Hannahs Richtung.

»Hannah, was soll denn der Scheiß jetzt!«

»Ich mein' ja nur. Die hat mir gesagt, ich würde was erben. Deshalb hab' ich mir ja vorige Woche neue Unterwäsche von La Perla gegönnt.«

»Du hast dir La Perla gekauft? Zeig her. Zieh den Pullover hoch. Los, laß schon sehen.«

Ira war aufgesprungen und riß an Hannahs Pullover herum, bis sie ihn ihr so weit hochgezogen hatte, daß wir Hannahs neue, dunkelblaue Spitzenpracht bewundern konnten. Dunkelblaue Spitze war damals gerade der letzte Schrei. Normalerweise ignorierte Hannah Unterwäschetrends. Sie hatte sich, solange ich sie kannte, auf schwarze oder weiße kapriziert.

»Super. Und was hast du bezahlt?«

»Für Slip und BH knapp 600 Mark.«

»Mannomann. Da hast du aber zugeschlagen.«

»Ja, und die Wahrsagerin hat nämlich auch gesagt, es würde ziemlich viel Scheiße danach passieren. Aber der BH gehört jetzt mir. Scheiße hin, Scheiße her.« Wir lachten alle drei auf.

»Und du glaubst das?« fragte ich und musterte sie skeptisch.

»Da gibt es nix zu glauben. Die Scheiße passiert doch schon die ganze Zeit. Und geerbt hab' ich ja wohl auch – oder?«

Sie versuchte ein künstliches Schmollen. Die Lippen aufeinandergepreßt, die Augenbrauen zusammengezogen, Stirnfalten in Habachtstellung, brachte sie ihren Pullover wieder in seine Ausgangsposition. Sie sah total bescheuert aus.

»Ich war auch bei einer Kartenlegerin«, warf Ira ein und drehte sich eine widerspenstig aus ihrem Haarturm fallende Strähne um den Finger.

»Ja, und?« Mir ging langsam die Geduld aus. »Wie sieht deine Zukunft aus?«

Ira zuckte mit den Achseln.

»Von Erben hat die nichts gesagt. Aber mein Mann sei nicht verschwunden, sondern eines gewaltsamen Todes gestorben. Und ich würde jede Menge Ärger kriegen. Hat sie echt gesagt. Ich war völlig geplättet. Aber letztlich – was soll's. Ob die nun eine Ahnung hat oder nicht.«

Mich machte es dennoch wütend. »Sagt mal, habt ihr sie noch alle? Was soll das jetzt? Wollt ihr mir jetzt mal erklären, weshalb ihr solchen Unfug macht?«

»Das ist ja wohl klar, oder?« sagte Hannah provozierend zu mir gewandt. »Das hier kann einfach nicht gutgehen. Und deshalb haben Ira und ich offensichtlich ganz unabhängig voneinander beschlossen, mal so eine Kartenlegerin aufzusuchen. Macht doch jeder. Und ist doch echt verblüffend, was die alles so wissen und voraussehen.«

»Und jetzt wißt ihr Bescheid.«

»Wir wissen immerhin, daß es Ärger gibt.«

»Dafür braucht man ja nun wirklich keine Wahrsagerin. Denn Ärger haben wir, seitdem wir Herb eingefroren haben. Und ...? Haben die Damen sonst noch etwas für die Zukunft Relevantes geäußert? Vielleicht in der Art wie ›Ira heiratet noch mal‹ oder ›Max setzt ein Kind in die Welt‹? Das wär' doch zumindest etwas Erfreuliches.«

»Mach dich nur lustig, Irmi. Max kriegt zwei Kinder. Und ich heirate nicht noch einmal. Hab' ich auch nicht vor. Soweit kommt es noch, daß ich wieder die Unterhosen von irgendwelchen Typen wasche, ihnen die Klamotten hinterherräume und ihren Dreck beseitige. Nur damit die dann alle drei Wochen zu mir ins Bett steigen. Ist mir viel zu anstrengend.«

Ich sah ungläubig auf Ira und Hannah. Bislang hatte ich immer gedacht, ich würde sie kennen, und so etwas Bescheuertes wie Kartenlegerinnen stünde für sie ebensowenig zur Diskussion wie für mich. Und nun das. Besonders überraschte mich, daß sie ihnen ohne den kleinsten Zweifel glaubten.

Da spazierten diese Eppendorf-Exemplare zu Kartenlegerinnen wie New Yorkerinnen zu ihren Psychiatern und ließen sich vollabern, weil sie Probleme mit Männern hatten. Um was anderes ging es ja bei den Besuchen nicht. Na ja, vielleicht hatten Ira und Hannah wirklich gewisse Zukunftsängste. Aber deshalb zu einer Wahrsagerin gehen und Geld aus dem Fenster werfen? Meschugge.

Ich beschloß gerade, die beiden auf den Topf zu setzen, als es zaghaft läutete. So, als würde jemand zögern zu klingeln, sich schließlich widerwillig überwinden und dann schon beim Draufdrücken wieder zurückzucken.

Ich sah zu Ira und Hannah, aber die legten unisono den Finger auf den Mund und zuckten mit den Achseln. Jedenfalls war mit dem Klingeln die Kartenlegerei vom Tisch. Obwohl, so muß ich zugeben, ich jedesmal, wenn mir davon berichtet wird, aufs neue erstaunt bin, wie häufig die Prognosen der übersinnlichen Damen tatsächlich dicht an der Wahrheit lagen.

Ich beschloß, mich nicht weiter um das Unerklärliche zu kümmern und das Klingeln zu ignorieren. Wahrscheinlich stand irgendein Nachbar vor der Tür, dem die Eier oder sonstwas ausgegangen waren.

Wir hatten keine Zeit für etwaige Plaudereien. Mit wem auch immer.

Es klingelte erneut. Nicht minder schüchtern. Also entschloß ich mich, zur Wohnungstür zu schleichen und durch den Spion zu sehen, wer dermaßen unangekündigt zu mir wollte.

Vor der Tür stand Charlie. Besser gesagt, sie drückte sich da rum und schien nicht zu wissen, ob sie bleiben oder gehen sollte. Sie hatte die Arme an den Türpfosten abgestützt und schaute nach hinten, als wolle sie sich vergewissern, daß sie niemand verfolgte. Dabei war hinter ihr lediglich der Aufzug, dessen Tür geschlossen war und dessen Leuchtknopf anzeigte, daß der Fahrstuhl im Erdgeschoß wartete.

Einen Lidschlag später riß ich die Tür auf und das Mädchen in meine Arme, noch bevor ich nachgedacht hatte.

»Wo kommst du denn her? Das ist ja eine Überraschung. Damit hätte ich ja nie gerechnet. Und daß du dich nicht gemeldet hast!«

Ich hielt sie von mir weg und musterte sie von oben bis unten, als ich hinter mir Ira und Hannah hörte. Charlie sah zu Boden, ihre Lippen öffneten sich, als wollte sie etwas sagen. Zwischen ihren Zähnen aber kam nur die Zungenspitze zum Vorschein.

»Meine Güte, wie siehst du denn aus«, war das erste, was Ira, ganz Muttertier, einfiel, während Hannah darauf drängte, daß wir Charlie in die Wohnung holten und die Tür schlossen.

Sie sah ziemlich übel aus. Strähniges Haar fiel ihr über das eine Auge, während das andere fiebrig glänzte. Das schmutziggrüne T-Shirt hatte Schweißränder unter den Achseln, und durch die abgewetzten, grauschwarzen Jeans schimmerten ihre knochigen Knie.

Sie ähnelte einer streunenden Katze, die seit Tagen weder gefressen noch geschlafen hatte.

Ich zog sie hinter mir her in die Küche und drückte die schmale Gestalt auf einen der Küchenstühle. Widerwillig ließ sie es mit sich geschehen, bis sie schließlich wie ein Schluck Wasser auf dem Stuhl hing.

Hannah und Ira setzten sich ihr gegenüber.

»Willst du was essen?«

Kopfschütteln.

»Was trinken?«

Kopfschütteln.

»Willst du uns dann vielleicht sagen, weshalb du hier aufgetaucht bist, nachdem du wochenlang nichts hast von dir hören lassen? Brauchst du neue Klamotten – oder willst du Geld?«

Ira klang, als wolle sie ihrem Max eine Gardinenpredigt verpassen. Nur war Charlie nicht ihr Sohn, und eine Strafpredigt schien mir angesichts des Zustands des Mädchens alles andere als angemessen. So angeschlagen, wie sie war, brauchte sie das als letztes.

»Laß das, Ira.«

»Ich komme aus Berlin. Ich bin hierhergetrampt«, begann Charlie mit einer Erklärung.

»Ja, aber da muß man doch nicht derart verlottert aussehen«, unterbrach Ira sie erneut und mit einer unangebrachten Schärfe in der Stimme.

»Ich glaube, ich habe mir da was eingefangen. Ich hab' da in einem Abrißhaus geschlafen. Kein Strom, kein Wasser. Dafür tropfte es von der Decke, und ich kriegte auch was ab.«

Nach Erkältung allerdings klang ihre Stimme nicht. Weder sprach sie durch die Nase, noch hatte sie jenes rauhe Rasseln in der Stimme, das gemeinhin auf einen Infekt der oberen Luftwege schließen läßt. Lediglich erschöpft klang sie.

»Und weshalb warst du in Berlin?«

»Weil ich es zu Hause mit meinem Alten nicht mehr ausgehalten habe, nachdem ich damals bei Irmi geschlafen hatte und zurückgekommen bin.«

»Mit anderen Worten, du bist wieder mal abgehauen«, stellte Ira trocken fest.

»Ist das so schlimm?« Da war er wieder: der ruckartig durchgedrückte Rücken, der mehr Trotz ausdrückte, als ihre Stimme es konnte.

»Es ist nicht in Ordnung, Charlie. Deine Eltern machen sich Sorgen«, mischte ich mich ein.

»Und woher willst du das wissen?«

»Weil dein Cousin mir hinterhergefahren ist, als ich zum Flughafen mußte. Und mir erzählte, daß dein Vater ihn geschickt hat, weil der dachte, du seiest wieder bei mir, und sich offenbar wirklich sorgte.«

»War ich aber nicht.« In ihren Augen sammelte sich ein Rest Aufmüpfigkeit. Es schien, als presse der durchgedrückte Rücken ihr den Trotz mit letzter Kraft in sämtliche Körperteile zurück.

»Ja, so schlau war ich auch. Und was hast du die ganze Zeit in Berlin gemacht?« fragte ich.

»Nichts.«

»Wie nichts?«

Wir waren alle gleichermaßen verblüfft ob der knappen Antwort.

»Du kannst doch nicht nichts machen«, stellte Ira immer noch gereizt richtig.

»Klar kann ich nichts machen. Ich hab' da eben mit ein paar Typen abgehangen.«

»Mit Jungs also.« Ira guckte moralinsauer, ob ihr das nun zukam oder nicht. Hannah sagte gar nichts, sondern beobachtete die Szene nur. Schließlich stand sie auf, ging an den Kühlschrank und kam mit einer Milchtüte zurück.

»Jetzt trink zumindestens einen Schluck Milch. Du siehst ja völlig daneben aus.«

Charlie nahm die Tüte, riß die obere Ecke ab und trank in kleinen Schlucken gleich aus der Packung, was keine von uns bemängelte. Wir hatten sowieso kein sauberes Glas mehr.

Ihre Hände zitterten.

»Sag mal, Charlie, nimmst du Drogen?« Ich konnte die Frage nicht länger zurückhalten, die mir auf der Zunge lag, seitdem ich durch den Spion geschaut hatte. Sie erinnerte mich stark an einen abgehalfterten Junkie, wie sie am Hauptbahnhof zuhauf anzutreffen waren.

»Wieso fragst du so einen Scheiß?«

Sie bemerkte meinen Blick, der ihre Hände beobachtete.

»Ach, du meinst, weil ich zittere? Ich hab' nur zuwenig geschlafen. Ich denke, ich bin jetzt zwei Tage auf den Beinen.«

»Und weshalb? Komm schon, Charlie, rück endlich rüber mit einer ordentlichen Antwort.«

»Ich bin hierhergetrampt. Und jetzt hab' ich meinen Alten umgebracht.«

»Willst du uns verarschen?« Ira sprang auf, rannte um den

Tisch herum, kratzte sich währenddessen mit dem Zeigefinger kurz, aber hektisch auf der Kopfhaut unter ihrem Haarturm, zog Charlie vom Stuhl hoch und schüttelte sie hin und her. Charlie hatte die Milchtüte immer noch in der Hand, und die Milch schwappte bei jeder Bewegung über Iras T-Shirt und auf den Fußboden. Charlie ließ sich das Schütteln ungerührt gefallen und flatterte in Iras Händen wie eine Gliederpuppe hin und her.

»Hör auf, Ira, hör um Gottes willen auf«, zischte Hannah und stürzte sich auf Ira, um sie von Charlie wegzuziehen.

Ira ächzte, Hannah ächzte. Beide lehnten am Küchenschrank, und ich nahm Charlie in den Arm, die die Milchtüte noch immer umklammerte, und hatte meinerseits schneller einen Schwall Milch auf meinem T-Shirt, als ich denken konnte. Allerdings war es mir egal.

»Das hast du nicht getan«, stellte ich fest.

»Doch, hab' ich wohl.« Sie entwand sich mir, stampfte mit dem Fuß auf und ließ sich, von einem solchen Energieschub erschöpft, wieder auf den Stuhl fallen.

»Charlie, das kann nicht sein. Kein normaler Mensch bringt seinen Vater um. Egal, wie sehr er ihn zum Kotzen findet«, warf Ira ein, während sie sich mit einem Küchentuch die Milch vom T-Shirt rieb.

Hannah kniete unterdessen bereits auf dem Fußboden und wischte die Milchpfützen dort unten weg. Auch mit einem Küchenhandtuch. Ich ignorierte, daß die Tücher aus echtem Leinen, das Stück zu vierundzwanzig Mark, keineswegs für solch niedere Arbeiten gedacht waren, sondern ausschließlich der Dekoration dienten. Sie paßten mit ihren feinen, weiß-beigen Streifen hervorragend zu meinem Mobiliar. Aber in Zeiten von Psychostreß sollte man solche Kleinigkeiten übersehen.

Ein klein wenig ärgerte ich mich trotzdem über Hannahs und Iras gedankenlosen Umgang mit meinem wohlüberlegten Küchenarrangement.

»Normale Menschen bringen ja auch nicht ihre Männer um«, unterbrach Charlie meinen Ausflug in die Normalität.

Hannah zuckte nur mit den Achseln, während durch Ira eine Bewegung ging, als wolle sie sich noch einmal auf Charlie stürzen. Diesmal war ich schneller und ergriff ihren Arm. »Laß das, Ira.«

»Wie hast du ihn denn umgebracht?« fragte Hannah.

»Das weiß ich nicht.« Charlie starrte gebannt auf die Milchtüte, die ich ihr aus der Hand genommen und auf dem Tisch abgestellt hatte. Den Kopf gesenkt, mied sie jeden Blickkontakt mit uns.

»Wie, du weißt nicht? Das muß man doch wissen.«

»Ich weiß es aber nun mal nicht.« Während sie das trotzig in sich reinmurmelte, sah ich, wie Tränen auf den Tisch zu tropfen begannen.

Ich beugte mich zu ihr runter und nahm sie in die Arme. »Charlie, Schätzchen. Du mußt doch eine Ahnung haben, was du in der Hand gehabt hast.«

Charlie entwand sich mir grimmig und starrte wieder vor sich hin. »Aber wenn ich es doch nicht weiß. Eigentlich hatte ich gar nichts in der Hand.«

»Wie, hast du ihn erwürgt, oder was?« Ira glänzte mal wieder durch Taktlosigkeit. Meine Güte, manchmal sollte man der Frau einfach nur den Mund verbieten.

»Neinneinnein. Ich kam heute nachmittag nach Hause. Nachdem ich achtzehn Stunden von Berlin bis hierher gebraucht hatte. Kein Schwein wollte mich mit seiner Karre mitnehmen. Idiotenpack. Und statt sich zu freuen, schrie mein Alter rum, und dann sagte er auf einmal gar nichts mehr und kippte auf der Couch zur Seite.«

»Ja, aber Charlie, dann hast du ihn doch nicht umgebracht. Dann hatte er lediglich einen Herzinfarkt – oder so was ähnliches. Mach dir keine Gedanken. Das passiert täglich Tausenden.«

Ich sah die Katastrophe kommen. Ira, Ira, Ira. Unsensibel wie ein Marktweib. Ihr schien völlig entgangen zu sein, daß wir gerade vom verstorbenen Elternteil einer Sechzehnjährigen sprachen, die sowieso nicht wußte, ob sie Fisch oder Fleisch war.

»Ich mach' mir aber Gedanken. Er ist tot, verstehst du. Er war mein Papa. Und jetzt ist er tot. Und ich bin schuld.« Sie schluchzte das aus sich heraus, während sie sich, immer noch weinend, erhob und Ira die Milchtüte, wutentbrannt und inzwischen tiefrot vor Empörung, an den Kopf warf.

Ich dachte nur ›Scheiße‹, als Ira mit dem Arm ausholte und Charlie offensichtlich eine knallen wollte. Gott sei Dank hatte Hannah sich gerade vom Fußboden aufgerichtet. Sie fing geistesgegenwärtig Iras Arm auf, sonst hätten wir eine echte Keilerei bekommen. Denn Charlie hätte zurückgeschlagen – das war so sicher wie das Amen in der Kirche. So, wie ich sie kenne, hätte sie kaum die andere Wange hingehalten. Gott sei Dank schien die Milchtüte fast leer zu sein. Ira hatte jedenfalls nach diesem zweiten Durchlauf nur ein paar Spritzer im Gesicht.

»Beruhigt euch, Kinder. Um Gottes willen. Was soll das denn werden, Charlie? Setzt euch alle hin. Ira, laß jetzt die Milchtüte Milchtüte sein, oder nimm dir das Handtuch da drüben«, ich zeigte auf das weiße Küchenhandtuch, das am Herd hing, »setz dich dann auf deinen Hintern – und laßt uns nachdenken, was wir jetzt mit Charlie und ihrem Herrn Papa machen.«

Während Ira sich das Gesicht wusch, versuchte ich Charlie auf das vorzubereiten, was ich als die einzige Lösung empfand. Sie mußte alleine in die Wohnung zurückgehen und über die 110 den Rettungsdienst anrufen. Sie sollte den Sanitätern und Ärzten alles genau so erzählen, wie sie es uns erzählt hatte. Charlie versuchte aufzubegehren und sträubte sich mit aller Macht gegen den Vorschlag, noch einmal und zumal alleine in die Wohnung zu latschen, wie sie es nannte.

»Paß mal auf, meine Süße«, erklärte ich, »du wirst dorthin zurückkehren, den Rettungsdienst anrufen, dich zuvor weder waschen noch umziehen und ihnen genau das erzählen, was du uns erzählt hast. Man wird dich fragen, weshalb du nicht sofort angerufen hast. Darauf wirst du antworten, daß du völlig durcheinander warst und nur geweint hast. Daß du keinen klaren Gedanken fassen konntest. Sie werden es dir glauben, denn du siehst verflucht durch den Wind aus. Also mach dir keine Sorgen. Und sei bitte so lieb und benimm dich erwachsen. Schwing jetzt deinen Hintern in eure Wohnung. Und zwar pronto.«

Hannah nickte mir zustimmend zu, während Ira erklärte, daß das wirklich das vernünftigste sei. Denn mit uns dürfe sie auf keinen Fall in Verbindung gebracht werden. Deshalb solle sie um Gottes willen nicht unsere Namen erwähnen. Immerhin wollten wir keine schlafenden Hunde wecken.

Charlie sah von einer zur anderen und stand schließlich auf, um zu gehen.

»Darf ich wiederkommen, wenn sie weg sind?« Ihre Stimme war genauso winzig wie die ganze Person. Sie tat mir leid.

Ich ging auf sie zu, nahm sie in die Arme und versprach ihr, daß sie bei mir duschen und schlafen könne. Sie solle sich erst mal keine Gedanken machen. Sie sei definitiv nicht schuld am Tod ihres Vaters.

Als ich das sagte, fing sie wieder an zu weinen, aber ich drehte sie entschlossen Richtung Wohnungstür und brachte sie hinaus. Sie mußte da jetzt durch. Allein. Und egal, wie erschöpft sie war. Sie durfte nicht noch mehr Zeit verlieren. Nicht daß die Typen ihr nicht abnahmen, sie habe nur paralysiert in der Wohnung gesessen, und anfingen, in sie zu dringen, was sie denn die ganze Zeit allein mit dem Toten gemacht habe. Das würde sie aller Voraussicht nach nicht durchstehen und schließlich von ihrem Besuch bei mir erzählen. Das jedoch durfte auf keinen Fall geschehen.

Als ich hinter Charlie die Tür geschlossen hatte, holte ich zunächst einmal tief Luft, um meine Gedanken zu sammeln. Die Ereignisse überschlugen sich, und das gefiel mir nicht.

Ich ging zurück in die Küche, während ich schon Iras Stimme vernahm.

»Mit der Göre haben wir uns ja was aufgeladen. Nicht zu fassen, daß die hier auftaucht, weil ihr Alter sich davongemacht hat. Wie ist Irmi bloß auf die dämliche Idee gekommen, sich für ein Gör zu engagieren? Sie steht doch sonst nicht auf Kinder und deren Halligalli.«

»Ira«, fuhr ich sie an, als ich in die Küche rauschte, »sei doch einmal in deinem Leben etwas zurückhaltender, Mensch. Das ist doch noch ein Kind.«

»Ein Kind? Träumst du? In erster Linie ist sie ein ziemlich verkorkstes Luder. Wenn das meine Tochter wäre, der würde ich vielleicht was erzählen!«

Ich unterbrach sie und versuchte, sie wieder auf den Teppich zu holen, zumal wir ein wesentlich ernsteres Thema zu besprechen hatten als Charlie und ihren verstorbenen Papa.

»Was hast du nur gegen Charlie? Unter ihrer schlampigen Oberfläche ist sie sehr bezaubernd.«

»Bezaubernd nennst du das?« Hannah starrte mich ungläubig an. »Ich meine, sie ist sicherlich nicht das Luder, das Ira aus ihr machen möchte, aber ganz gewiß auch kein schüchternes Lieschen Müller aus der Vorstadt. Sie hat es faustdick hinter den Ohren. Und du weißt das auch.«

»Mag ja sein. Kinder. Aber jetzt braucht sie uns.«

»Uns? Spinnst du? Ich bin froh, wenn ich mit Max klarkomme«, plärrte Ira dazwischen. »Eine Großstadtschlampe, die sich sofort verpißt, wenn ihr was nicht in den Kram paßt, kann ich auf meine alten Tage leider überhaupt nicht gebrauchen. Da mußt du schon selbst sehen, wie du mit der klarkommst.«

»Okay. Wollt ihr noch was zu trinken?« Etwas angenervt versuchte ich, das Thema zu wechseln.

»Hm. Einen Whisky, Hannah, du doch auch – oder?«

Hannah nickte, und ich schenkte ihnen noch einen ein.

»So, und was machen wir jetzt mit Kowalski?« fragte Hannah,

die sichtbar auch keinen Bock mehr hatte, über Charlie zu diskutieren.

»Ich finde, wir sagen es ihm und versuchen ihm klarzumachen, daß seine Frau kurz vor ihrem Ableben steht. Hab' ich doch gut formuliert – oder?« Ich sah die beiden beifallheischend an, aber so recht konnten sie sich wohl immer noch nicht mit dem Gedanken anfreunden, daß wir eine Frau umbringen sollten.

Während Ira mich reglos mit kühlen Augen fixierte, starrte Hannah gebannt auf den Tisch, als würde dort gerade der spannendste Thriller aller Zeiten abgespult. Ich stupste sie mit dem Ellenbogen an. Sie hob den Kopf.

»Gut, du hast recht. Entweder wir erledigen ihn oder sie. Einer muß so oder so dran glauben.«

»Ira?«

Sie zuckte mit den Achseln, schenkte sich den nächsten Whisky ein, kippte ihn ohne zu zögern runter und sagte nur: »Ja, ihr habt recht. Auch wenn ich es beschissen finde. Sprechen wir also mit Kowalski.«

Erleichtert sah ich die beiden an und konnte mir ein Lächeln nicht verkneifen.

»Du brauchst überhaupt nicht zu grinsen«, platzte Ira los, »es ist weder klasse noch besonders clever. Es ist lediglich das kleinere Übel. Denn leider hast du recht. Wenn wir ihn nicht umbringen, organisiert seine Alte ein anderes Entsorgungsunternehmen, und dein Lover beißt ins Gras. Ich denke, du redest allein mit ihm drüber. Wahrscheinlich kannst du ihm das unter vier Augen besser beipulen. Wenn wir ihn zu dritt in die Mangel nehmen, macht der höchstens dicht. Kenne ich ja von Herb.«

Ich war erleichtert, hatten wir doch wenigstens das geklärt. »Ich sehe ihn heute abend. Hannah, findest du das in Ordnung? Ich ruf' euch dann morgen an und erzähl', wie er es aufgenommen hat.«

Hannah nickte, während Ira kicherte.

»Wieso kicherst du denn so blöd?« fragte ich.

»Ich stell' mir nur vor, wie belämmert der Mann gucken wird, wenn du ihm erzählst, daß seine Scheidungspläne eine Trennung für immer beinhalten. Und daß seine werte Gattin ihn abmurksen lassen will. Ich glaub', der wird ohnmächtig. Das glaubt doch kein Mann. Jedenfalls nicht hier in Deutschland.«

Hannah grinste schließlich auch. »Ja, und stell dir vor, der will Irmi treffen und freut sich aufs Bett, und dann hat seine neue Freundin nichts Besseres zu tun, als ihm zu erklären, daß seine Frau ihn umbringen lassen will. Hoffentlich macht ihn der Schock nicht dauerhaft impotent.«

»Dann kriegt er 'ne Ladung Viagra«, warf Ira ein, »hast du doch da, oder, Irmi?«

»Seid nicht so affig!«

»Ja, aber Irmi. Darauf mußt du vorbereitet sein, daß er nach so einer Horrormeldung keinen mehr hochkriegt.«

»Ira, jetzt reiß dich zusammen. Das geht dich doch gar nichts an.«

»Wieso denn das auf einmal? Klar geht mich das was an, wenn der Lover meiner zweitbesten – oder besten, wie immer ihr wollt – Freundin nicht kann.«

Ich hatte keine Lust, mich weiter auf dieses Thema einzulassen, und so redete Ira weiter.

»Sagt mal, wie wollen wir die Dame eigentlich erledigen?!« Sie sah erst Hannah und dann mich an.

Hannah hob die offenen Hände mit der Innenseite nach oben und wies auf mich. Das hieß, sie gab die Frage kommentarlos an mich weiter. Prima. Als wüßte ich das.

Ich zuckte mit den Schultern. »Ich habe keine Ahnung. Selbstmord? Vielleicht weiß Jürgen ja, wie man das am besten angeht. Ich regel' das heute mit ihm. Versprochen.«

War ja wohl klar, daß Ira sich einen Kommentar nicht verkneifen konnte: »Na, dann paß bloß auf, daß sich dein Lover nicht gleich wieder davonmacht. Wer redet schon gern über die zukünftige Todesursache seiner Frau.«

»Das laß mal meine Sorge sein, irgendwie kriege ich das schon hin.«

Die beiden waren erleichtert, daß sie sich weiter keine Gedanken machen mußten und ich die Kastanien aus dem Feuer holte. Wenngleich ich Ira ansah, daß sie kurz überlegte, ob sie sich noch einen Einwurf gestatten sollte. Aber offensichtlich entschied sie sich um des lieben Friedens willens dagegen. Dafür bohrte sie wieder mit ihren Fingern unter dem Knoten nach Schuppen, und was das hieß, weiß ja wohl inzwischen jeder. Ira war nervös.

Aber immerhin war der Fall Kowalski für sie bis auf weiteres erledigt, wie ihr Schweigen bewies. Schließlich war das auch was wert. Sollte sie doch zusehen, wie sie ihre Schuppen möglichst unauffällig entsorgte.

Ich war erleichtert, hatte ich doch eine kleine Atempause verdient, um mich zu sammeln. Ich durfte nur nicht weiter auf Ira achten, deren rechter Mittelfinger manisch unter dem Zeigefinger der Linken zu pulen begann. Trotzdem konnte ich mir einen Augenaufschlag in ihre Richtung nicht verkneifen. Widerlich. Manchmal konnte sie eben ihre Herkunft nicht verleugnen. Da nutzte auch der wohlsituierte, nun tote Gatte mit seinem ehemals kultivierten Bekanntenkreis nichts. Manche ihrer ordinären Dom-Gepflogenheiten hatte sie auch über die Jahrzehnte hinweg nicht ablegen können, wenngleich ich eingestehe, daß sie sich darum bemüht hatte.

Ich beendete meinen kleinen Gedankenausflug zum Thema Ira. Ich hatte genug mit mir selbst zu tun. Mein weibliches Durchschnittsgehirn hinkte den Ereignissen hinterher, und das gefiel mir nicht. Ich vermute mal, das männliche Durchschnittsgehirn wäre dem auch nicht besser gewachsen gewesen. Obgleich Männer ja sachbezogener denken und Frauen damit im Analysieren etwas voraushaben sollen. Allerdings hielt ich das

327

für einen Trugschluß. Oder für blanke Selbstüberschätzung. Oder schlicht und ergreifend für abgefahrenen Blödsinn.

Ziemlich viele Frauen denken schneller als Männer. Vor allem in Schock- oder anderen Streßsituationen.

Ich erinnere mich noch genau an Kalles Autounfall. Kalle war einer meiner besten Studienfreunde gewesen, und gemeinsam gingen wir am Wochenende immer dann auf Tour, wenn wir gerade mal wieder solo waren. Da das häufig vorkam, verbrachten wir ziemlich viele Wochenenden miteinander. Ich glaube, wir hatten damals dieselbe Einstellung zum anderen Geschlecht: Rumflirten? Ja. Zusammen das Bett aufsuchen? Ja. Feste Beziehungen? Nein, danke. Das war uns zuviel Generve, wie wir an unseren Kommilitonen sahen, die sich auf ernsthafte Verhältnisse eingelassen hatten und bei denen es ausgerechnet dann knallte, wenn man es wie in Prüfungssituationen überhaupt nicht gebrauchen konnte. Meine Freundin Ellie fiel doch glatt durch die Semesterprüfung, nur weil ihr ein Kerl einen Abend zuvor mitgeteilt hatte, er hätte seine Zahnbürste jetzt anderweitig deponiert.

Kalle und ich fuhren jedenfalls eines Samstagmorgens gegen sieben Uhr mit seinem kleinen Austin Martin Richtung Ostsee. Superauto, moosgrün, knuffig und rundlich. Der Winzling war mit einer Motorhaube ausgestattet, deren Scheinwerfer sich schon damals bei Inbetriebnahme mittels einer Klappe öffneten und hochstellten, so daß man sie für weit hervorstehende Froschaugen hielt. Deshalb hatte man dem Auto auch den Namen »Frog Eye« verpaßt. Wegen seines hohen Alters, immerhin war das Teil Jahrgang '61, ziemlich störanfällig, hielt sich der kleine Sportwagen zwar meistens in irgendeiner Garage auf, wo Kalle wie ein Bekloppter an ihm herumschraubte, aber an so manchem Wochenende erlaubten wir uns dann doch die eine oder andere Spritztour.

An diesem strahlenden Sommertag flog uns mitten auf der Autobahn ein Reifen um die Ohren, das Cabrio drehte sich mehrmals um sich selbst, und wir landeten mit der Motorhaube unter der Leitplanke, wo der Austin schließlich zum Stehen kam. Gut, es war nicht sonderlich viel Verkehr um diese Uhrzeit, da wir früh aufgebrochen waren, aber die Situation war dennoch nicht ungefährlich. Die Motorhaube hatte sich zu einer Ziehharmonika zusammengeschoben, der Innenraum war weitgehend unversehrt.

Und Kalle? Mein lieber Kalle saß in seinem Auto und starrte mit weit aufgerissenen Augen vor sich hin, während ich, kaum daß das Auto stand, aus dem Wrack kletterte, um mich in Sicherheit zu bringen. Ich bemerkte, daß Kalle nicht daran zu denken schien, seinen Sitz zu verlassen, zerrte wie eine Verrückte an ihm herum und sagte nur immer: »Steig aus, um Gottes willen, steig endlich aus.« Kalle war paralysiert oder weggetreten. Er hatte einen fetten Schock.

Meiner war auch grandios, nur nicht so letal wie seiner. Ich wußte noch, daß man nicht auf der Autobahn sitzenbleiben konnte. Und als ich ihn endlich soweit hatte, daß er ausstieg, blieb er wie angewurzelt stehen und flüsterte immer nur: »Ich hab' doch gerade die Elektrik erneuert.« Mehr fiel ihm nicht ein. Also setzte ich ihn auf die Leitplanke neben sein Herzstück und wollte mich gerade auf den Weg zur nächsten Notrufsäule machen, als ein LKW herankam und auf dem Standstreifen neben uns hielt. Ich rannte zu ihm rüber, erklärte dem Fahrer die Situation, und der Typ rief dann über Funk den ADAC, der uns schließlich abschleppte.

Ich will mit dieser Geschichte nicht behaupten, daß es keine Männer gibt, die es unter Streß besser draufhätten als Kalle. Aber meine Erfahrung mit Männern in solchen Situationen war immer dieselbe. Sobald Männer Streß ausgesetzt sind, schrumpft ihr Gehirn auf die Größe und Konsistenz einer Dattel: klein und ausgetrocknet. Und mit dem Schrumpfprozeß des Organs geht natürlich das proportionale Schrumpfen des von ihnen so gepriesenen analytischen Verstandes einher.

Das muß mal klargestellt werden.

Eines war sicher: Jürgen Kowalski würde an diesem Abend ganz schön was zu verdauen haben. Und ob ihm bei der Eröffnung, seine Frau hätte ihm ein ziemlich gemeines Ableben vorherbestimmt, eine sinnvolle Gegenmaßnahme einfallen oder der Dattelzustand siegen würde, darauf war ich gespannt wie ein Flitzebogen.

Ich mußte wohl ziemlich tief in meine Gedanken versunken sein, denn ich hörte nur ein leises Gemurmel, und erst als mich Hannah energisch am Arm zog, drang ein »Sie hört überhaupt nicht mehr zu« zu mir durch. Erstaunt blickte ich die beiden an, doch Hannah und Ira grinsten nur und eröffneten mir, daß sie nun gehen würden und wir am nächsten Morgen wie besprochen telefonieren sollten.

Sie verließen die Wohnung, und erst danach registrierte ich verärgert, daß die beiden alles hatten stehen und liegen lassen. Ich meckerte leise vor mich hin, räumte widerwillig die schmutzigen Gläser weg, brachte die Whiskyflasche an ihren angestammten Platz im Wohnzimmer, schmiß die Milchtüte in den Mülleimer und die schmutzigen Geschirrhandtücher in die Wäschetruhe im Bad. Daß Hannah beim Aufräumen erhebliche Defizite zu verzeichnen hatte, das wußte ich ja. Aber zumindest die Superhausfrau Ira hätte mir behilflich sein können. Blöde Kuh.

Inzwischen war es halb sieben, und ich beschloß, ein Bad zu nehmen und mir dann endlich den Selbstbräuner zu gönnen.

Ich ließ die Badewanne vollaufen und begann gerade, mich auszuziehen, als es erneut klingelte. Mir war klar, daß das nur Charlie sein konnte. Ich stieg in meine Hose zurück und streifte mir das T-Shirt über.

Immer noch genauso heruntergekommen und verdreckt wie zwei Stunden zuvor, stand sie in der Tür. Ich bekam gerade noch ein »Hallo« hin, bevor Charlie auch schon lauschend den Kopf zur Seite neigte und an mir vorbei Richtung Bad schoß, indem sie sich im Laufen das T-Shirt über den Kopf riß und hüpfend aus ihren verdreckten Turnschuhen und Jeans sprang.

Ich ging hinter ihr her und sammelte die Schmutzwäsche ein, die ich sofort in eine Mülltüte versenkte.

Als ich ihr ins Bad folgte, lag sie bereits in der Wanne und sah mich unter naß-strähnigen Haaren besorgt an.

»Bitte sei nicht böse, aber ich hab' schon so lange nicht mehr gebadet.«

Ein schelmisches Grinsen in den Augen, täuschte dieses Lächeln doch nicht darüber hinweg, daß sie offenbar fiebrig und ziemlich fertig war.

Ich suchte in meinem Badezimmerschränkchen nach einem Thermometer und legte es ihr auf den Waschbeckenrand. »Miß Fieber, wenn du fertig bist.«

»Bist du gar nicht neugierig, wie es gelaufen ist?«

Ihre Hände auf dem Badewannenrand klopften nervös.

»Charlie, du wirst es mir erzählen, wenn du soweit bist. Ich kenn' dich doch. Du platzt sowieso gleich los.«

»Sei dir mal nicht so sicher. Ich kann auch sehr gut was für mich behalten«, entgegnete sie trotzig.

»Sicher. Aber schließlich bist du nicht hergekommen, um etwas für dich zu behalten. Oder? Also, laß es raus, und quäl dich einfach nicht weiter.«

»Ich quäle mich überhaupt nicht.«

»Charlie, es ist mir völlig wurscht. Ich geh' jetzt ins Wohnzimmer, und wenn du fertig bist, kommst du einfach hinterher, und dann sehen wir weiter. Okay?«

Ich drehte mich um, verließ das Badezimmer und schloß hinter mir die Tür. Ich hatte keinen blassen Schimmer, wie man mit verstörten, kurz vor dem Durchknallen stehenden und noch dazu pubertierenden Mädchen umgeht. Ich hoffte inbrünstig, ich hätte nicht allzuviel falsch gemacht.

Charlie stand immer noch unter Schock. Nur hatte ich im Gegensatz zu männlichen Schockzuständen von denen sechzehnjähriger Mädchen überhaupt keinen blassen Schimmer. Am besten, ich wartete ab und ließ den Dingen ihren Lauf.

Es dauerte keine zehn Minuten, und Charlie stand, in mein Badelaken gewickelt, in der Tür, den linken Arm verkrampft angewinkelt.

»Ich brauche etwas zum Anziehen. Kannst du mir was leihen?«

Ich nickte, und wir gingen ins Schlafzimmer, wo sie schweigend auf die schwarze Girbaud-Hose zeigte, die über einem Stuhl hing.

»Aber die kriege ich wieder, das sage ich dir. Noch mal haust du nicht auf Nimmerwiedersehen in meinen Klamotten ab. Ich glaube, das letzte Mal hab' ich dir einen Rock gegeben. Hast du den überhaupt noch?«

Charlie guckte möglichst gelangweilt und zuckte mit den Achseln. Eine ehrliche Antwort war nicht zu erwarten. Wahrscheinlich hatte sie den längst auf einem Flohmarkt verkauft.

Ich gab ihr die Hose zusammen mit einem weißen T-Shirt und einer Unterhose.

»Die soll ich anziehen? Die paßt mir doch gar nicht.«

»Jetzt gib nicht so an und nimm sie. Das merkt kein Mensch.«

»Das sieht man ganz genau unter der engen Hose.«

»Mensch, jetzt mach nicht so 'nen Wind. Du hast ein T-Shirt drüber. Und morgen gehst du nach Hause und holst dir eben eine von deinen. Das kann doch nicht so dramatisch sein.«

Ich bemerkte, daß ich gereizt war, und hielt kurz inne, weil mir nicht ganz klar war, welche Reaktion ich in ihrem Zustand zu erwarten hatte. Scheinbar aber war sie zu erschöpft, um sich über meinen Tonfall aufzuregen.

Sie klemmte sich die Sachen unter den freien Arm und schob ab. Als sie kurz darauf wieder auftauchte, trug sie meine Klamotten und hatte sich die patschnassen, wirren Haare aus dem Gesicht gekämmt. Sie sah mal wieder um Klassen besser aus.

»Hast du Fieber?«

»38,2.«

»Hm, du solltest dich ins Bett legen und einfach mal ausschla-
fen. Ich mach' dir was zu essen und bring' es dir. Was hältst du
davon?«

»Hab' keinen Hunger.«

»Na gut. Dann läßt du es, und ich koch' dir einen Kamillen-
tee. Der ist auf keinen Fall verkehrt.«

»Ich will aber nichts Warmes.«

»Gut, Charlie, dann drücke ich dir eben eine Zitrone aus.
Dann trinkst du das. Nur trinken mußt du bei Fieber ganz dringend. Und Vitamin C hat noch keinem geschadet. Also wird es
auch für dich nicht schädlich sein.«

»Es kümmert dich wohl einen Scheißdreck, daß mein Alter
tot ist?«

»Wie meinst du das?«

Obwohl ich geglaubt hatte, auf ihre Aggressivität vorbereitet
zu sein, überraschte sie mich wieder einmal.

»Du denkst doch nur drüber nach, was ich für Klamotten anziehen soll, damit ich deine schmutzempfindlichen Augen nicht
beleidige, und daß ich Zitrone trinken soll, damit du mich
schnellstens wieder loswirst.«

Sie konnte sich nicht entscheiden, ob sie losheulen oder wütend sein sollte. Ihre Stimme klang dementsprechend nach einem Cocktail aus unterdrücktem Schluchzen und wütender
Enttäuschung.

»Charlie, ich möchte, daß du gesund bist. Und ich möchte,
daß du nicht wie eine Pennerin aussiehst. Ich will doch lediglich, daß du ein bißchen Würde ausstrahlst.« Wenn du überhaupt weißt, was das ist, setzte ich in Gedanken hinzu, unterließ
jedoch, es auszusprechen.

Sie musterte mich abwartend. Und hatte Erfolg damit. Ich
fuhr fort:

»Charlie, ich bin nicht deine Feindin. Ich möchte doch lediglich, daß du endlich begreifst, daß man ein wenig auf sich auf-

passen muß. Und dazu gehört nun mal auch, daß man seinen Körper pflegt.«

»Leck mich am Arsch.«

»Was hast du gesagt?«

Langsam, aber sicher ergriff eine wutähnliche Empörung Besitz von mir. Charlie starrte mich nur an.

»Ich soll dich am Arsch lecken? Das kannst du haben. Du verläßt sofort meine Wohnung. Sofort.« Meine Stimme überschlug sich. Ich bemerkte das und wußte, ich sollte den Mund halten. Aber um nicht an mir selbst zu ersticken, schrie ich einfach weiter. »Es ist mir scheißegal, was aus dir wird, wenn du glaubst, so mit mir reden zu müssen. Verstehst du? Ich habe keinen Bock, mich von dir wie ein Stück Scheiße behandeln zu lassen.«

»Du behandelst mich doch auch wie ein Stück Scheiße. Ihr behandelt mich alle so. Merkt ihr das denn nicht?« Charlie fauchte zurück.

Ich schloß die Augen und versuchte bis zehn zu zählen. Ich kam bis fünf.

»Mein Paps ist heute gestorben, und du erzählst mir was von Körperpflege. Das ist doch völlig abgefahren.« Sie schluchzte, und ich wurde mir ihrer und meiner Hilflosigkeit schmerzhaft bewußt.

»Okay, komm her. Los, Charlie, jetzt zier dich nicht so. Es tut mir leid, daß ich dich angebrüllt habe. Komm schon her.«

Ich öffnete die Arme und ging auf sie zu. Sie wich erst ein wenig zurück, aber da ich ihr folgte, blieb sie schließlich stehen und ließ sich in die Arme nehmen.

Die Prüfung hatte ich gerade noch so bestanden. Die nächste ließ nicht lange auf sich warten, denn Charlie heulte und heulte, als hätte jemand die Schleusen eines Megastaudamms geöffnet.

»Okay, kann sein, daß wir uns immer gezofft haben, weil er so ein besserwisserisches Arschloch war, das nur an sich selbst dachte. Und er hat sich auch nie wirklich um mich gekümmert. Er wollte immer nur seine Ruhe haben und seine Scheiß-Texte schreiben.« Sie heulte zum Gotterbarmen, und wenig ansehnlicher Schleim löste sich in ihrer Nase, was sie mit einem gekonnten und röhrenden Hochziehen quittierte.

Ich ging zur Küchenrolle, die auf der Spüle stand, und riß ihr ein Tuch ab. Sie nahm es und fuhrwerkte damit in ihrem Gesicht herum, ohne sich die Nase zu putzen. Sie bekam nicht mit, daß sie lief.

»Ich meine, früher, weißt du, früher war er echt in Ordnung. Da sind wir zusammen zum Schwimmen gefahren, an die Ostsee oder nach Mölln. Und im Herbst hat er mir einen Drachen gebaut, und dann sind wir auf die Elbdeiche gefahren und haben den steigen lassen. Er war richtig irre angemalt. Mit großen gelben Augen und lila Augenbrauen und einem fetten, offenen roten Mund mit weißen Riesenzähnen und einer Superzahnlücke. Der Mund sah aus wie mein eigener. Aber nachdem Mama uns verlassen hatte, hat er sich nicht mehr wirklich um mich gekümmert. Und zum Schwimmen fuhren wir auch nicht mehr. Dafür hat er getrunken und ständig an mir rumgemosert. Daß ich dies nicht könne und in der Schule ein Versager sei und so'n Zeug. Er ging mir echt auf den Nerv. Und manchmal wünschte ich mir sehr, daß er sterben solle, damit ich endlich meine Ruhe hätte. Und jetzt ist er tot. Und ich bin schuld.«

Das war eine ziemlich lange Rede für Charlie, zumal ihr permanentes Schluchzen die Sätze immer wieder unterbrach. Ich hatte einfach nur zugehört und sie reden lassen, wenngleich ich immer mal versucht war, sie zu unterbrechen, um die eine oder andere Frage zu stellen. Zum Beispiel, wo ihre Mutter war. Ich ließ es.

»Okay, du bleibst erst mal hier«, sagte ich, nachdem sie endlich fertig zu sein schien. »Und Charlie, wir haben es dir vorhin schon gesagt, als Ira und Hannah noch hier waren: Du bist nicht schuld am Tod deines Vaters. Er hat sich vielleicht aufgeregt, weil du einfach abgehauen bist und er nicht wußte, wo du bist. Aber glaub mir einfach, er wäre bei einem anderen Anlaß auch an dem Infarkt gestorben. Das war doch ein Infarkt, oder?«

Sie nickte.

»Was hat denn der Arzt nun gesagt?«

»Na ja, ich hab' da angerufen, wie ihr es gesagt habt, und dann waren sie ganz schnell da. Und der Arzt hat ihn abgehört und für tot erklärt. Dann haben sie ihn mitgenommen. Und mich auch gleich. Ich sollte heute abend im Krankenhaus bleiben …«

Ich unterbrach sie. »Sag nicht, du bist da abgehauen?«

»Doch, aber ich habe einen Zettel hinterlassen, daß ich morgen wieder vorbeikomme.«

»Süß von dir, echt süß. Muß ich echt zugeben.«

Sie schüttelte den Kopf, immer hoch heulend. »Warum bist du so?«

»Ach, Charlie, Mensch. Du solltest uns da nicht mit reinziehen.«

»Hab' ich doch gar nicht. Ich hab' doch nicht aufgeschrieben, wo ich hin bin.«

»Man wird dich aber morgen fragen. Vor allem wird man dich fragen, weshalb du nicht zu deiner Mutter gegangen bist. Wo ist die überhaupt?«

Sie zuckte mit den Achseln. »Keine Ahnung.«

»Wie?«

»Ich habe keinen Schimmer, wo die Kuh ist. Sie muß wohl in Amerika sein, irgendwo in Arizona. Mehr weiß ich nicht. Mein Alter hat nicht über sie geredet, seit sie abgehauen ist. Und mich hat sie nicht angerufen. Einmal hat sie mir 'ne Karte geschickt. Vor zwei Jahren. Und die kam eben aus Arizona.«

Ich konnte nicht begreifen, wie die Frau weggehen konnte, ohne sich zumindest zwischendurch mal nach dem Wohlergehen ihrer Tochter zu erkundigen. Ich schüttelte den Kopf. Mütter gab es, das glaubte man nicht.

»Wann ist sie eigentlich weggegangen?«

»Weiß nicht genau. Ich glaub', ich war zehn oder elf oder so. Eines Tages war sie morgens einfach nicht mehr da.«

»Na ja, das wird zumindestens das Krankenhaus zufriedenstellen, wenn sie dich nach ihr fragen.«

»Haben sie doch längst, als ich in die Aufnahme mußte. Die haben auch nur den Kopf geschüttelt. Muß ich jetzt in ein Heim?«

»Ich weiß nicht. Vielleicht kannst du in der Wohnung bleiben.«

»Und wer zahlt die Miete?«

Ich gebe zu, das war eine sehr vernünftige Frage für ein so junges Mädchen. Eine Antwort wußte ich nicht. »Vielleicht die Sozialfürsorge.«

»Und wenn ich bei dir bleibe?«

Ich dachte, mich tritt ein Pferd. Ich war ja bereit, sie hier ein paar Tage aufzunehmen, aber mit Sicherheit war ich nicht gewillt, meine Single-Wohnung dauerhaft mit einer Sechzehnjährigen zu teilen. Für den Scheiß war ich definitiv zu alt. Zumal ich prinzipiell eine wilde Abneigung gegen Menschen mit unterentwickeltem ästhetischem Stehvermögen hatte. Und Charlie besaß definitiv keines, obgleich sie es ganz augenscheinlich bei ihren Besuchen ziemlich super fand, meinen Kleiderschrank zu plündern, aber mindestens ebenso super fand sie ihre abgehalfterten Klamotten, die sie sich auf Flohmärkten zusammenramschte.

Ich mochte sie, ohne Frage. Aber ich war nicht gewillt, mich ständig mit ihrem Erscheinungsbild auseinanderzusetzen.

Sie konnte unmöglich bei mir einziehen. Sympathie hin oder her. Tod ihres Vaters hin oder her. Das ging auf gar keinen Fall.

Mühsam suchte ich nach einem neutralen Ton.

»Das geht nicht.«

»Und warum nicht?«

Gute Frage. Sehr naheliegend. Ich brauchte eine ebenso gute, plausible Antwort.

»Mensch, Charlie, du bist minderjährig. Was soll dabei rauskommen, verdammt noch mal? Und wie soll das gehen? Du kriegst einen Vormund.«

»Das kannst du doch sein.«

»Ich? Spinnst du? Ich bin dreiundvierzig. Ich will keine Vormundschaft übernehmen. Ich will auch keine Kinder. Ich wollte noch nie welche. Hätte ich nämlich welche gewollt, dann hätte ich jetzt eigene. Verstehst du das?«

Sie verstand es nicht und flennte wieder los. Ich nahm sie also wieder in den Arm und spürte ihre Tränen durch mein T-Shirt sikkern, vermischt mit dem Schleim, der ihr wieder aus der Nase lief.

Es war wohl nicht der richtige Zeitpunkt für solch ein Gespräch. Ich fühlte mich entsetzlich überfordert, zumal die Zeit drängte, wie mir ein Blick auf meine Jaeger-Le-Coultre klarmachte. Es war Viertel vor acht, und ich mußte mich langsam um meine eigenen Angelegenheiten kümmern. Um Jürgen Kowalski nämlich.

»Hör zu, Charlie. Ich mache dir jetzt deine Zitrone, und dann bekommst du noch einen Whisky. Den trinkst du, und danach schläfst du wie eine Tote. Ich habe leider keine Schlaftabletten oder Beruhigungsmittel im Haus, sonst würde ich dir die geben. Aber ich treffe mich um halb neun mit Kowalski, du erinnerst dich doch? Der Arzt, der uns im Barmbeker Krankenhaus betreut hat.«

Sie hörte augenblicklich mit dem Heulen auf und sah mich gespannt an. »Ist er etwa dein Lover?«

»So was ähnliches«, ich wand mich ein bißchen, »aber das geht dich eigentlich nichts an. Ich werde ihn anrufen und bitten hierherzukommen. Nur mußt du mir versprechen, daß du keinen Affenzirkus machst. Sonst hauen wir gleich ab. Du wirst dich brav in mein Bett legen und da drinbleiben. Ich will dich nicht sehen. Verstehst du? Dafür bleiben wir dann auch hier.«

»Wenn du meinst.« Ein wenig Erleichterung klang in ihrer Stimme mit, obwohl sie mich skeptisch beobachtete.

Ich drückte ihr die Zitrone aus, die sie folgsam und ohne erneute Diskussion trank, brachte sie ins Schlafzimmer und flößte ihr unter ziemlichem Zureden den Whisky ein. Sie schüttelte sich, obwohl sie – wie ich ja wußte – ausreichend Erfahrung mit Alkohol hatte. Wohl aber nicht mit hochprozentigem. Ich half ihr anschließend beim Ausziehen, deckte sie mit meiner Cashmere-Daunendecke zu und strich ihr das Haar aus dem Gesicht.

»Ich weiß, es ist ein bißchen früh, aber versuch zu schlafen. Und morgen reden wir weiter, ja?«

Sie nickte und schob meine Hand weg, um sich schließlich das Kopfkissen so um den Kopf zu wickeln, daß nur noch ihre spitze Nase herausschaute. Ich grinste und ging ins Bad, um mich zumindest notdürftig zurechtzumachen.

Und, was sah ich dort? Falten, nichts als Falten. Um die Augen und zwischen den Brauen. Gott sei Dank gibt es High-Tech-Masken aller möglichen Hersteller, sogar sehr günstige, aber ich stehe ja auf Shiseido, wie Sie wissen: Man haut sich die Creme-Maske aufs Gesicht, und innerhalb von zehn Minuten geht ein Straffungsprogramm ab, das etwa fünf Stunden anhält. Nach dieser Frist sollte man eiligst jede Party verlassen oder den potentiellen Lover im Bett haben oder zumindest zu einer anheimelnden Kerzenbeleuchtung übergegangen sein.

Ich legte eine Maske auf, rief Jürgen an und erklärte ihm kurz die Situation. Es war ihm recht, zu mir zu kommen, und so stand er um Viertel vor neun mit einer Flasche Prosecco vor meiner Tür, und ich, dank Maske und Selbstbräuner denn doch fünf Jahre jünger aussehend, lächelte ihm entgegen.

»Na, wie geht es?« fragte er mich, während er mich in die Arme nahm und auf die Wange küßte.

»Wie soll es gehen mit Charlie im Schlafzimmer. Leidlich.«

Ich machte mich los, und wir gingen ins Wohnzimmer, wo er sich neben mich auf die Couch setzte.

»Wenn du mir sagst, wo ich in deiner Küche einen Korkenzieher und zwei Gläser finde, hole ich sie, und du kannst sitzenbleiben.«

Ich lächelte, winkte ab und erhob mich, um das selbst zu besorgen.

Nachdem Jürgen den Prosecco geöffnet und uns beiden eingeschenkt hatte, bat er mich zu erzählen, was eigentlich los war.

Ich erklärte ihm im Schnelldurchlauf die Sache mit Charlie, für die er Verständnis hatte. Und dann begann er mich wieder nach meiner Kündigung auszufragen, wobei er bei meinen Antworten zwischendurch fassungslos den Kopf schüttelte. Er konnte nicht verstehen, daß man in diesen Zeiten, wie er es nannte, einen phantastisch bezahlten Job hinschmeißen konnte. Als ich ihm die Höhe der Abfindung nannte, huschte zwar ein Lächeln über sein Gesicht und er murmelte etwas von einem »cleveren Mädchen«, aber toll fand er die Nummer nicht.

Wie Sie sich denken können, war ich die ganze Zeit ziemlich nervös. Immerhin mußte ich dem Mann mitteilen, daß seine Angetraute nicht im mindesten über eine gerichtliche Scheidung nachdachte, sondern beschlossen hatte, dem Spruch »Bis daß der Tod euch scheidet« eine wenig christliche Wendung zu geben.

Also unterbrach ich Jürgens ausdauerndes Nachhaken hinsichtlich der Umstände meiner Kündigung irgendwann und fiel wenig sensibel – aber das ist ja nun mal meine Art – mit der Tür ins Haus. Ich kannte vergleichbare Situationen höchstens aus Filmen, in denen ein Killer dem anderen mitteilt, er gedenke ihm nunmehr das Lebenslicht auszublasen.

»Laß das jetzt mal eben mit der Kündigung. Deine Frau hat uns beauftragt, dich umzubringen.«

Ein Schatten huschte über sein Gesicht und nahm sein liebenswertes Lächeln, das die ganze Zeit wie ein kuscheliges Haustier darauf gelegen hatte, mit zu sich in die Dunkelheit. Der Mund schloß sich zu einem schmalen Strich, die Unterkiefer angespannt, die Zähne aufeinandergepreßt.

»Wovon redest du«, fragte er mich, als er die Zähne nach einer Schrecksekunde, in der ich geschwiegen hatte, schließlich wieder auseinander bekam.

340

»Ich rede davon, daß wir 45000 Mark dafür bekommen, dich innerhalb der nächsten vier Wochen umzubringen.«

»Du nimmst mich auf den Arm?!« Aber er sah mich an, und er wußte, daß ich ihn nicht auf den Arm nahm.

»Wer hat euch den Auftrag erteilt? Das kann unmöglich meine Frau gewesen sein«, widersetzte sich sein gesunder Menschenverstand. Ich sagte immer noch nichts und schaute ihn unverwandt an.

Schon komisch, diese Nummer mit dem Menschenverstand. Jürgen wußte so sicher wie das Amen in der Kirche, daß ich weder log noch ihn verspottete. Dennoch wurzelte in ihm die feste Überzeugung, daß nicht wahr sein kann, was nicht wahr sein darf. Irre. Denn wenn es nach dem gesunden Menschenverstand ging, konnte ich auch keine Auftragsmörderin sein. Aber ich war es ebenso wie Ira und Hannah, selbst wenn die sich ständig dagegen sträubten.

»Es war aber deine Frau«, erwiderte ich.

»Aber weshalb sollte sie …«, er brach ab und starrte mich an.

»Vielleicht ist es für sie angenehmer, Witwe zu sein als eine geschiedene Ehefrau. Soll es ja alles geben. Vielleicht will sie dir auch nur zeigen, wer das Sagen hat. Was weiß ich?«

»Weißt du«, er stockte und schien einen kurzen Moment lang nach den richtigen Worten zu suchen, »noch gestern hatte ich vor, dir ernsthaft ins Gewissen zu reden, um einen Weg aus diesem Desaster zu finden. Und heute muß ich feststellen, daß meine eigene Frau eine solche Dienstleistung in Anspruch nimmt.« Er war echt verwirrt. Allerdings stand er nicht unter dem befürchteten Schock, wie ich erfreut konstatierte.

»Kannste mal sehen, wie schnell sich die Dinge ändern, einfach über Nacht.«

Ich tat ein wenig cool. Aber Jürgen war offensichtlich so geplättet, daß er diesen Einwurf nicht mitbekam, sondern einfach drauflos monologisierte. Auch so eine Spezialität einiger Männer, wenn sie sich am Rand eines Nervenzusammenbruchs befinden.

»Ich meine, meine Frau hat mich geliebt, und ich habe ihr bis heute kaum einen Anlaß gegeben, sich über mich zu beklagen. Verstehst du, ich bringe ihr jede Woche Blumen mit«, bei dieser Eröffnung drohte doch glatt mein Herz stehenzubleiben, und ich winkte mit beiden Händen ab, denn derartige Ehedetails wollte ich einfach nicht hören. Nur ließ sich Jürgen nicht aufhalten.

»All die Jahre habe ich die Urlaube organisiert, mich mit ihren Anfällen von Hysterie auseinandergesetzt, habe Geduld bewiesen, Nachsicht mit ihren Launen. Ich sah ihr die hormonell bedingten Gemütsschwankungen nach und ihre Ungerechtigkeit mir gegenüber. Nun gut, sie hat sich trotzdem in einen anderen Mann verliebt. Das ist zwar traurig, aber ich kann es akzeptieren. Ich hab' mich ja auch verliebt.« Er sah mich mit einem traurigen Lächeln an, und ich fühlte, eine Spezialität von Frauen, sogleich mit ihm. »Aber ich verstehe nicht, weshalb sie meinen Tod wünscht. Ich begreife es einfach nicht, wo doch schon feststeht, daß wir uns im Guten trennen. Es ist doch alles geklärt: Ich ziehe aus, und nach dem Trennungsjahr beantragen wir die Scheidung. Ich weiß nicht, ich weiß nicht ...«

»Hast du eigentlich eine Lebensversicherung?«

Sein Kopf zuckte zu mir hoch.

»Warum fragst du?«

Ich schaute auf seine Hände, die er hilflos auf dem Tisch plaziert hatte.

»Ich meine ja bloß. In den meisten Fällen spielt, glaube ich, Geld die entscheidende Rolle, wenn Frauen sich zu diesem Schritt durchringen. Vielleicht erbt sie viel, wenn du stirbst.«

Jürgen schüttelte resigniert den Kopf.

»Ja, sie erbt, etwa zwei Millionen und natürlich das Haus. Aber das Haus würde ich ihr lassen, und das ihr zustehende Geld aus unserer Lebensversicherung würde ich ihr sogar ausbezahlen. Natürlich sind das keine Millionen-Beträge in bar.

Aber sie bekäme außerdem einen Unterhalt von mir – und sie müßte damit klarkommen.«

»Ich glaube, du bist ein Idiot.« Ich konnte mir das nicht verkneifen. Der Mann wollte sein Vermögen und seine Altersvorsorge mit einer Ehefrau teilen, die ihn betrog. Das muß man sich mal reinziehen.

»Sag doch nicht so was. Ich habe die Frau geheiratet, die meine Jugendliebe war. Ich habe sie sehr geliebt. Vielleicht habe ich ihre Träume nicht erfüllt. Wer weiß das schon? Aber sie war ein so liebenswerter Mensch, als ich sie kennenlernte. Jemand, der sich nie um materielle Sicherheiten kümmerte.«

»Kann es sein, daß deine Frau sich in den letzten Jahren vielleicht verändert hat und du es nur nicht bemerkt hast?« Meine Stimme vibrierte vor verletzter Eitelkeit, obwohl mir sehr wohl bewußt war, daß Menschen meines Alters ein Vorleben einschließlich alltäglicher, nichtiger Dramen und der sogenannten großen Liebe hinter sich hatten, wenn sie denn in reiferen Jahren auf mich trafen. Aber super oder gar erfreulich fand ich das nicht. Und ganz absurd war für mich jene Situation: Dieses Vorleben sollte ausgerechnet mit mir en detail erörtert werden. Ich bin doch nicht Maria, die Schmerzensreiche. Ich wollte nicht hören, daß der Typ, den ich begehrte, mit emotionalen Trennungsproblemen durch die Gegend lief. Mist.

»Natürlich hat sie sich verändert. Und natürlich hab' ich es bemerkt. Sie fand es ja schon furchtbar und war sehr verärgert, als ich die Praxis aufgab. Ich habe es dir ja erzählt. Erinnerst du dich?«

Ich nickte.

Notgedrungen waltete ich meines Amtes als Seelentrösterin.

»Aber du kennst den Unterschied zwischen Wissen und Wissen, oder? Du weißt, daß sie sich verändert hat. Aber du kannst es nicht fühlen, oder willst es nicht wirklich wahrhaben, nicht in dir drinnen. Da verdrängst du es«, versuchte ich ihm widerwillig die Situation zu erläutern.

»Hör auf mit dieser Milchmädchen-Psychologie, das fehlt mir gerade noch«, unterbrach er mich.

»Von mir aus«, sagte ich gekränkt, »dann bringen wir es doch mal auf den Punkt. Erstens: Deine Frau hat einen anderen. Zweitens: Sie hat jemanden beauftragt, dich zu töten. Nämlich uns. Sei froh drum. Drittens: Was ist die Alternative?«

Mit Fakten kam man bei Männern am besten weiter. War auch blöd von mir, einen auf psychologisches Sezieren zu machen.

»Sag du es mir.«

»Sei nicht feige. Du weißt doch ganz genau, daß es nur eine gibt.«

»Du meinst, ich sollte ihr zuvorkommen?«

»Du mußt, du hast gar keine andere Wahl. Das weißt du doch ganz genau. Ob es dir nun gefällt oder nicht, spielt überhaupt keine Rolle.«

»Und was soll ich deiner Meinung nach unternehmen?«

»Gar nichts. Das machen alles wir.«

»Ich kann das nicht.«

»Jürgen«, in meiner Stimme schwang Ungeduld, »wir werden das für dich erledigen. Vertraue uns.«

»Ich kenne euch doch gar nicht«, er sah auf und merkte, daß er das nicht hätte sagen sollen, »also ich meine, bis auf dich.«

Er war durcheinander. Ich verzieh ihm seine Gedankenlosigkeit, wenngleich Nachsicht nicht zu meinen Tugenden gehörte, und grinste in das Weinglas in meinen Händen. Wenigstens lamentierte er nicht mehr darüber, daß sie ihn trotz der alltäglichen Aufmerksamkeiten in den Wind geschrieben hatte. War ja immerhin schon mal ein Fortschritt in die richtige Richtung.

Jürgen nahm sein Weinglas, trank einen Schluck und stellte es härter als notwendig auf den Tisch zurück. Es klingt ein wenig nach Scherben, wenn Glas derart temperamentvoll auf Glas trifft,

344

aber es passierte weder dem Tisch noch dem Weinglas etwas. Einzig ein paar Tropfen Weißwein schwappten über den Rand. Mit dem Zeigefinger verrieb er die kleinen Perlen auf der Glasplatte. Das würde morgen kleben. Ich verkniff mir einen Kommentar und beobachtete nur die Fahrigkeit seiner Bewegung.

»Warum sagst du nichts?« unterbrach er die Stille.

»Du mußt eine Entscheidung treffen, nicht ich«, begegnete ich der Frage. Ich wollte mich später keineswegs als Motor hinstellen lassen. Er mußte da alleine durch. Ich hatte ihm, soweit es ging und mein Widerwillen es zuließ, geholfen. Jetzt war er dran.

»Vielleicht sollte ich noch einmal mit ihr sprechen …«

»Jürgen, reiß dich zusammen, und mach dir klar, daß das in diesem Stadium ihrer Entscheidung nichts mehr bringt. Deine werte Frau hat nämlich eine glasklare Entscheidung getroffen. Also …«

Ich ließ den letzten Satz in der Luft hängen.

»Ja ja, du hast ja recht in allem, was du sagst. Es gibt nur eine Möglichkeit.«

Na, endlich. Ich war froh, ihn da zu haben, wo er hinsollte und hinmußte. Alles andere war Kinderkram. Die liebe Angetraute würde ins Reich der Engel überwechseln – so sie dort jemand haben wollte.

»Gut, ich brauche eigentlich nur deine exakte Adresse, die habe ich nämlich bis heute nicht, selbst wenn sie im Telefonbuch stehen sollte. Ich hab' nie nachgeschaut. Und dann überlegen wir, also Ira, Hannah und ich, wie wir das machen. Und zwar ohne dich. Wir haben noch genügend Zeit, da wird uns schon was einfallen.«

»Und was soll das bitte sein?«

»Ich habe keine Ahnung.«

Jürgen stützte seinen Kopf in die Hände und schloß die Augen.

»Ich kann dennoch nicht verstehen, was da gerade passiert. Ich rede allen Ernstes mit dir darüber, wie jemand meine Frau umbringt. O Gott.«

»Laß den lieben Gott da raus! Das hat deine Frau sich doch selbst zuzuschreiben.«

»Aber ich bin Arzt ...«

»Ja, und ich ein böses Mädchen.«

»Irmi, ich glaube, du willst es nicht verstehen.«

»Jürgen, ich verstehe es besser, als du glaubst. Aber reiß dich zusammen, und kehre auf den Boden der Tatsachen zurück. Sie oder du. Eine andere Frage stellt sich nicht.«

»Irmi, ich muß gehen. Ich muß über die Sache nachdenken. Bitte. Mir dreht sich der Kopf, und ich kann keinen klaren Gedanken fassen.«

Laber-laber-laber, dachte ich und ließ ihn wegtrotten. Er schlurfte wie ein geprügelter Hund auf die Wohnungstür zu. Ich hätte zu gerne noch geklärt, weshalb seine Frau eigentlich so ein Theater bei meinem Anruf gemacht hatte, wo sie doch erstens einen Lover und zweitens sein Ableben längst organisiert hatte. Ich ließ die Frage, denn der Mann war eindeutig fertig, und außerdem war mir klar, daß das zu ihrem geplanten Attentat dazugehörte. Sie wiegte ihn mit ihrer Szene in Sicherheit. Schlauschlau. Er verließ die Wohnung, und ich schloß die Tür hinter ihm.

Er hatte sich nicht umgedreht und mir nicht tschüs gesagt. An einen Kuß war nicht im entferntesten zu denken gewesen.

Männer. Einfach nicht belastbar.

Kapitel 19

Allmählich verabschiedete sich der Sommer mit seiner schier unerträglichen Hitze aus der Stadt. Die Tage wurden kürzer, die Nächte kühler, selbst wenn tagsüber noch immer hochsommerliche Temperaturen vorherrschten.

Hamburg atmete auf, denn die Stadt kühlte im Sommer nachts nicht aus. Das mag im Frühsommer sehr angenehm sein, doch mit Fortschreiten der längeren Abende wurde es in der Innenstadt unerträglich. Der Asphalt speicherte die Hitze ebenso wie die hochherrschaftlichen Bürgerhäuser, und die winzige Brise, die von der Außenalster kam, richtete gegen die wochenlang gestaute Hitze nichts aus.

Charlies Mutter war aus den USA angereist, nachdem sie die Behörden tatsächlich in irgendeiner Kleinstadt in Arizona aufgespürt hatten. Durch ein internationales Amtshilfeersuchen hatte es nur ein paar Tage gedauert, sie zu finden, doch zur Beerdigung ihres Ex-Mannes war Charlies Mutter noch nicht im Lande.

Hannah, Ira und ich hatten Charlie gegen alle Vernunft zum Friedhof begleitet und sie anschließend im Pasalino abgefüllt. Sie brauchte uns, und uns blieb nichts anderes übrig, als den Tag mit ihr irgendwie über die Runden zu bringen. Sie im Pasalino ein wenig betrunken zu machen erschien uns noch die einfachste Lösung, um sie ruhigzustellen.

Wir stritten uns bei Michele ziemlich heftig mit Klaus, der den ganzen Abend versuchte, Charlie anzubaggern und abzuschleppen. Damit hatte natürlich niemand gerechnet, und entsprechend hilflos reagierten wir. Der Streit eskalierte, als Charlie sich zu allem Übel in ihrem Alkoholglimmer jede Einmischung verbat. Michele forderte uns mehrfach auf, nicht so ein Theater zu machen, seine anderen Gäste fühlten sich gestört, und so endete die Beerdigungsfeier von Charlies Vater damit, daß seine sechzehnjährige Tochter schließlich stolzerhobenen Hauptes, doch auf reichlich wackligen Beinen und mit einer mindestens fünfzehn Jahre älteren Eroberung abzog. Dummes Gör.

Charlie konnte sich am nächsten Tag an nichts mehr erinnern. Sie erzählte mir später am Telefon, sie sei morgens komplett angezogen neben einem Typen aufgewacht, der laut und mit offenem Mund schnarchte. Sie hätte sich nicht verkneifen können, sich über ihn zu beugen und an seinem Atem zu riechen. Dabei sei ihr speiübel geworden.

»Er roch nach altem Mann. Irgendwie unsauber.«

Ich mußte ziemlich ablachen und freute mich schon darauf, Klaus die Bemerkung eines Tages beizupulen. Falls Sie sich nicht erinnern: Klaus ist Anfang Dreißig.

Charlie erzählte weiter, sie sei bei der Entdeckung schnellstens und klammheimlich aus dem Anwesen an der Elbchaussee verschwunden und hätte sich ein Taxi nach Hause genommen.

»Ich meine, er könnte fast mein Papa sein. Und den haben wir doch gerade erst beerdigt. Das ist doch widerlich, oder?«

Klar war es das, nur war uns das bereits den Abend zuvor aufgegangen, während Charlie erst einmal neben dem Typen wachwerden mußte. Mal abgesehen davon, daß eine lange Leitung ein Privileg der Jugend ist, erinnerte ich mich sehr wohl an ähnliche Situationen, in denen ich am nächsten Morgen auch nicht wußte, weshalb ich ausgerechnet zu dem Kerl ins Bett gestiegen war. Immerhin bewies der in voller Montur neben Charlie schlafende Klaus, daß er für einen seiner One-Night-Stands zu betrunken gewesen war. Ich grinste in mich hinein. Altes hanseatisches Großmaul.

Ein paar Tage später landete Charlies Mutter. Charlie hatte einen ziemlichen Schiß vor der Begegnung, denn erstens kannte sie die Dame nicht, zweitens war sie sauer auf sie, und drittens wollte sie ihr so schnell wie möglich beibringen, daß sie in Deutschland die Schule beenden wollte – haha – und nicht daran dachte, mit nach Amerika zu gehen. »Die Alte soll sich verpissen.« Zitat Charlie.

Ich hatte ganz andere Pläne. Ich wollte, daß Charlie die Stadt verließ – und daß sie eine ordentliche Schulausbildung bekam. Das schuldete ich ihr.

Ich verstand, daß sie keine Lust hatte, mit der ihr fremden Frau in eine fremde Familie und in ein ihr unbekanntes Land zu reisen. Deshalb hatte ich schon Tage zuvor darüber nachgedacht, daß es am besten wäre, Charlie in ein Internat zu stecken. Wenn es sich einrichten ließe, in England. Da war sie weit weg.

Und man konnte ihrer Mutter erklären, daß sie sich im Anschluß an die englischsprachige Ausbildung auch prima in Amerika verständigen könnte.

Ich traf mich mit der Frau, die sich in den Jahren zuvor nicht einen Deut um ihre Tochter gesorgt hatte, im Pasalino. Entgegen meinen Erwartungen war sie mir sofort sympathisch, obwohl sie ein bißchen zu blond war, ihre Schuhe ein wenig zu spitz, ihr Kostüm zu pinkfarben und ihr Face-Lifting zu offensichtlich. Sie war schlank und mußte in meinem Alter, also Anfang Vierzig sein, wenngleich die straffgespannte Haut ihres Gesichts sie jünger aussehen ließ. Allerdings auf eine gespenstische Art, denn Hals und Dekolleté wiesen die ersten Ermüdungserscheinungen auf und verrieten ihr wahres Alter. Kaum sichtbare Mikrofalten durchzogen das Dekolleté, und zwei tiefe Falten hatten sich im Verlauf der Jahre um den Hals gelegt. Und weder amerikanische Wundercremes noch Packungen hatten das Malheur aufhalten können. Ich wiegte mich in der Sicherheit, mein Hals sähe wesentlich jünger aus. Wenn man das schon nicht von meinem Gesicht sagen konnte.

Die Sympathie beruhte auf Gegenseitigkeit, denn kaum saßen wir an einem Tisch nahe der großzügigen Fensterfront, die direkt auf die Außenalster hinausging, sprudelte sie ohne Nachfrage los und erzählte mir zwischen zwei Gläsern Prosecco ihr halbes Leben. Daß sie Charlies Vater verlassen habe, weil er ein cholerischer Widerling gewesen sei, daß sie ihre Tochter nicht mitgenommen habe, da er gedroht habe, sie alle ausfindig zu machen und umzubringen, und daß er ihr jeden Kontakt mit Charlie untersagt habe.

Wer's glaubt, dachte ich. Hätte sie gewollt, hätte sie doch anrufen können, wenn er weg war, oder sie hätte ab und zu eine Postkarte schicken können. Wenigstens zu Weihnachten oder Ostern.

Sie erzählte auch, daß ihr Ami-Mann sie auf Händen trage, sie nach fünf Jahren Ehe immer noch anbete und ihr geraten habe, das Kind mit nach Arizona zu bringen.

Das war mein Stichwort, und ich erläuterte ihr, weshalb ich das im Interesse aller Beteiligten für eine schlechte Idee hielt. Charlie, chaotisch und ruhelos, vernachlässigt und mißtrauisch, in einem ihr so komplett fremden Land? Das ginge nicht gut. Charlie brauche eine permanente Beaufsichtigung, um die Schule durchzuziehen, und die sei nur in einem Internat gewährleistet.

Rita, so hieß sie, wie ich erfuhr, war vernünftig genug, sich auszubitten, darüber nachdenken zu können und mit ihrem Mann zu sprechen. Immerhin kämen da erhebliche Schulkosten auf sie zu, denn in irgendein Internat sollte Charlie keinesfalls. Es müsse dann schon etwas Exquisites sein, eines, das einen Ruf besitze. Damit konnte ich mich arrangieren.

Gegen ihre Interessen verstieß mein Vorschlag nicht, denn Rita wirkte auf mich keineswegs wie jemand, der an einem Übermaß unausgelebter mütterlicher Gefühle zu ersticken drohte. Sie schien eher von meinem Schlag und ein bißchen egoistisch, ein bißchen selbstverliebt, sonst aber sehr nett zu sein.

Und sie wirkte auch nicht wie jemand, der über Geld nachdenken mußte, so daß ich vermutete, sie wollte sich selbst eine Schamfrist zugestehen, vor allem wohl aber auch ihrem Gatten das Gefühl vermitteln, er sei in die Entscheidung involviert.

Eine Entscheidung, die ich nach dem dritten Prosecco als bereits getroffen abhakte. Rita würde ihrem Mann aufs lieblichste schmackhaft machen, wie vorteilhaft eine Internats-Lösung sei.

Charlie würde toben. Da mußte sie aber durch. Es war das beste für uns alle – vor allem für sie.

Vor dem vierten Prosecco bestellte ich bei Michele eine große Flasche Pellegrino. Ich war stolz auf mich.

Na immerhin, Dr. Jürgen Kowalski. Da staunst du aber, oder? Ich und Wasser? Es war immerhin ein Versuch, den Abend nicht wie einige zuvor im Alkohol zu ertränken. Leider mißlang der Versuch. Rita und ich ließen das Wasser unbeachtet warm werden und blieben beim frischgekühlten, perlenden Prosecco.

Tja, und dann stürzte sich die vornehme Amerikanerin wieder in einen ihrer Monologe und berichtete mir, inzwischen beim fünften Prosecco und mit schwerer Zunge, daß Charlie so entsetzlich anstrengend sei. So gar nicht wohlerzogen, so wenig ladylike und so unberechenbar aggressiv und übellaunig. Sie bedürfe dringend einer führenden, strengen Hand, die sie so gar nicht habe. Und ihr Goldschatz von Ehemann, der würde doch glatt an der Welt verzweifeln, wenn er mit solch einem Früchtchen als Stieftochter zurechtkommen müsse. Denn ich solle wissen, und an der Stelle begann sie alkoholselig, sich zu wiederholen, der Gatte sei ein Juwel. Aber Charlie, nein, also Charlie, die könne man dieser Perle von einem Mann unter keinen Umständen zumuten.

Ich versuchte, Charlies Verhalten mit dem Begriff Pubertät zu umreißen. Aber die liebe Rita winkte mit fahrigen Händen ab. Das sei ja wohl heute die Erklärung für alles. Nein, Charlie sei ein arrogantes, kleines Miststück ohne Herz und Hirn.

Au. Das saß aber. Und das am zweiten Tag ihres Hamburg-Aufenthalts. Nachtigall, ick hör dir trapsen.

Für mich, gleichfalls alkoholschwanger, war das Internats-Problem mit diesen Ausführungen endgültig durch. Rita dachte nicht im Traum daran, Charlie mit nach Amerika zu nehmen. Sie zog eine Show ab, um ihr Gewissen zu beruhigen. Und suchte verzweifelt nach Ausflüchten, sich, den Gatten und die Ehe vor dem explosiven töchterlichen Gemisch zu schützen.

Nach einem weiteren Prosecco und ein paar Geschichten über die Abgründe pubertierender Mädchen im allgemeinen und Charlie im besonderen trennten wir uns mit dem Versprechen, einander zwei Tage später anzurufen.

Ich fuhr gutgelaunt und ziemlich angeknallt nach Hause und fiel ohne einen weiteren Wein ins Bett.

Kowalski rief mich am nächsten Tag nicht wie versprochen an, und ich konnte ihn im Barmbeker Krankenhaus trotz zahlloser Versuche nicht erreichen. Es kam mir vor, als hätte sich alles gegen uns verschworen. Bei ihm zu Hause wagte ich nicht anzurufen, in Erinnerung an die Szene, die seine Holde abgezogen hatte.

Nachdem ich auch am zweiten Tag noch nichts von Jürgen gehört hatte, wurde ich zunehmend unruhig und fragte Paul, den Pfleger, den ich zwischendurch immer mal wieder in der Leitung hatte, ob es sein könnte, daß Kowalski sich verleugnen ließe. Ein überraschtes Gestammel am anderen Ende der Leitung war das Ergebnis.

Damit war mir klar, daß Kowalski ein echtes Problem hatte und nicht gewillt war, es mit mir gemeinsam zu lösen. Ich gab die vergeblichen Telefonate auf und zwang mich abzuwarten, bis er sich melden würde.

Rita rief wie versprochen zwei Tage nach unserem Treffen an, um mir mitzuteilen, daß sie mit Charlie und ihrem Mann gesprochen habe und letzterer ihre Entscheidung akzeptiere. Charlie hingegen habe ein Riesentheater gemacht, furchtbar geweint und gejammert, jeder wolle sie abschieben und keiner habe sie lieb. Zwischendurch habe sie wie eine Verrückte an ihren Fingernägeln gekaut, was man ihr unbedingt abgewöhnen müsse, denn mit solch ungepflegten Nägeln fiele sie ja durch jegliches Aufnahmegespräch. Ja, und dann hätte Charlie eine filmreife Szene aufs Parkett gelegt, sei völlig hysterisch ausgerastet und hätte ihr einen Kleiderbügel um die Ohren gehauen, den sie selbst blöderweise auf der Couch vergessen hatte.

Sie hatten dann den ganzen Abend nicht mehr miteinander geredet, aber am folgenden Morgen, also am Tag des Anrufs, sei Charlie auf sie zugekommen und habe nach meiner Meinung gefragt. Und da habe sie, also Rita, ihr erklärt, daß der Internats-Besuch ja mein Vorschlag gewesen sei. Ja, und das habe wohl geholfen, denn nun würden sie am kommenden Sonntag gemeinsam in die Staaten fliegen und von dort aus in Ruhe ein Internat suchen, das so kurz vor Schuljahresbeginn eine nicht eben erfolgreiche Schülerin aufnehme. Allerdings sei sie optimistisch, denn sie habe inzwischen auch mit einer ihrer amerikanischen Freundinnen telefoniert, und die habe ihr von einem Internat in Südengland erzählt, das in dem Ruf stehe, sich auf Problemkinder sehr reicher Leute spezialisiert zu haben. Sie wolle sich um einen Kontakt bemühen, und wer weiß, vielleicht würden sie ja vor dem Heimflug einen Abstecher dorthin machen und es besichtigen. Das wäre doch echt großartig – oder?

Ich fand es auch großartig, wenngleich mich die Aussicht, Charlie derartig schnell auf Wiedersehen sagen zu müssen, doch ein wenig schmerzte.

Hannah und Ira hatten inzwischen ihre Zeit damit verbracht, Rupert Schiller von der Schmidt und Fahrholz Bank genauer unter die Lupe zu nehmen, und herausgefunden, daß ihn seine Haushälterin von acht Uhr morgens bis zweiundzwanzig Uhr betreute. Danach wäre er allein in der großen Villa anzutreffen, die im Leinpfad an einem der zahllosen Alsterarme, also nicht weit von unseren eigenen Domizilen, lag.

Ich wunderte mich zwar, daß die Betreuerin nicht in einem Einliegerapartment wohnte und bei ihm blieb, aber vielleicht ertrug der Herr Vorstandsvorsitzende nachts keine Fremden in seiner Nähe.

Was auch immer der Grund war, dieses Arrangement kam uns gelegen.

Unser Plan war recht simpel, aber gerade deshalb schien er uns besonders effektiv zu sein. Wir beschlossen, Rupert Schiller in seinem Haus zu erschießen und das Ganze wie die dilettantische Nummer eines vom Hausherrn überraschten Einbrechertrios aussehen zu lassen. Der Plan hatte den Vorteil, daß man sich noch ein wenig bei den Antiquitäten umsehen konnte, die der ältere und vermögende Herr in der Villa deponiert haben mußte, wie Ira pragmatisch feststellte. Wir konnten dafür sorgen, daß zumindest ein Teil der dort vermuteten Sammlerstücke nach seinem Ableben in Hände fiel, die sie zu würdigen wußten. Hannah erklärte zu meinem Erstaunen, sie hätte sich entschlossen, ihre Küche mit einem Silberbesteck aufzurüsten, und Ira brauchte noch dringend einen silbernen Champagnerkühler. Ich wollte mich überraschen lassen.

Große Vorbereitungen erachteten wir als überflüssig, da das einzige Hindernis darin bestand, den alten Herrn an die Tür zu bekommen. Und das trauten wir uns auf jeden Fall zu. Wie wir noch von Hinrichsen bestens in Erinnerung hatten, empfanden es ältere, gelangweilte Herren als geradezu unwiderstehlich, die Tür zu öffnen, wenn sie durch den Spion oder eine Videoüberwachungsanlage eine sehr viel jüngere Frau entdeckten.

Wir beschlossen, die Sache mit Rupert Schiller so schnell wie möglich anzugehen, um den Kopf für Kowalskis Frau freizuhaben.

Ich telefonierte mit den Mühlheimers, ursprünglich, um ein weiteres Treffen zu arrangieren, doch Herr Dr. Dr. Mühlheimer empfahl mir wärmstens und mit den besten Grüßen seiner Frau Gemahlin, versteht sich, einen Besuch auf später zu verschieben. Er vertraue unseren Plänen und sehe keine Veranlassung, uns in die Unternehmen hineinzureden. Nur einen guten Rat gäbe er uns mit auf den Weg, den wir annehmen oder ignorieren könnten. Wir sollten es nicht nach einem Einbruch aussehen lassen, denn Herr Schiller habe seine Finger in ein paar ominösen Geldtransaktionen, und das bekäme die Polizei auf jeden Fall heraus. Seiner Erfahrung nach sei es ratsam, die Polizei nicht zu unterschätzen. Wir sollten Rupert Schiller erschießen und schleunigst gehen, denn zuviel Vertuschung der Motive würde nur bedeuten, daß die Polizei anfangen würde, mehr als nötig herumzuschnüffeln. Ein klares Motiv mit einem sauberen Toten sei immer noch das Beste. Und Rache unter zwielichtigen Geschäftsleuten sei ein unnachahmlich perfektes Motiv. Ich dachte widerwillig darüber nach, denn die Aussicht auf das eine oder andere seltene Sammlerstück für meine eigene

354

Nippes-Sammlung hatte mich doch sehr erfreut. Hannah und Ira waren gleichermaßen enttäuscht. Aber nun ja. Man kann nicht alles haben. Wir beschlossen, auf die Diebstahlnummer zu verzichten.

Wir machten uns noch in der Woche, ich glaube, es war der Freitag, kurz vor zehn Uhr abends auf den Weg zu Rupert Schillers Villa.

Über der Stadt hing bereits eine fast perfekte Dunkelheit, und es hatte zu nieseln begonnen. Letzteres paßte uns nicht besonders in den Kram, mußten wir doch bereits in meiner Wohnung, wo wir uns wieder mal getroffen hatten, die festen Herrenschuhe mit dicken Wollsocken anziehen, die wir ein paar Tage zuvor gekauft hatten. Jede in einem anderen Laden. Wir sind ja nicht blöd.

Mit den Herrenschuhen wollten wir verhindern, daß man unseren Fußabdrücken eine weibliche Präsenz entnehmen konnte. Besser, die Bullen gingen davon aus, daß Schiller von männlichen Geschlechtsgenossen exekutiert worden war.

Zu den Herrenschuhen trugen wir praktische Jeans, großkarierte Holzfällerhemden und auf den Köpfen Baseballkappen aus Max' Beständen. Er besaß davon eine vielfarbige, internationale Kollektion, denn er sammelte sie seit Jahr und Tag und ließ sich von Freunden und Verwandten zu jeder Gelegenheit ein Cap schenken. Ira hatte ihm drei seiner unscheinbarsten entwendet, wie sie stolz und grinsend verkündete.

Iras Haarknoten fand unter den knappen Käppis keinen Platz, so daß sie ihre Haare bei mir öffnete und Hannah und ich ihr halfen, sie durch die Käppi-Öffnung zu zwängen, die eigentlich dazu gedacht war, den unterschiedlichen Kopfumfang ihrer Träger auszugleichen. Es war eine ziemliche Prozedur, denn Iras Haare waren nicht nur sehr lang, sondern auch dick und widerspenstig, so daß wir sie nur unter Mühen und dem einen oder anderen Schmerzensseufzer durch die kleine Öffnung stopfen konnten. Doch nach einigen Anläufen und gelegentlichem hektischem Gezerre fiel ihr die Pracht über den grobkarierten Stoff ihres Hemdes schließlich bis zu den ausladenden Hüften.

Ira ging zum Spiegel im Korridor, während Hannah und ich uns fragende Blicke unter hochgezogenen Augenbrauen zuwarfen.

Ira reagierte, wie wir es erwartet und befürchtet hatten.

»Das kann ja wohl nicht sein. Ich sehe aus wie eine Vogelscheuche. Ihr meint doch nicht im Ernst, daß ich so losgehe.«

Ich war ihr in den Korridor gefolgt und versuchte, sie zu beschwichtigen. »Komm schon, Ira. Wir fahren lediglich zu diesem Typen, und der kann nach unserem Besuch keinem mehr erzählen, ob dir das Käppi steht.«

»Und wenn uns jemand begegnet? Immerhin wohnen da auch Eltern von Max' Klassenkameraden. Was sollen die denken, wenn sie mich so sehen? Also, ich meine, seit dreißig Jahren kennt mich jeder nur mit dem Knoten. Ich sehe doch völlig debil aus.«

Sie hatte recht, sie sah debil aus. Das eng auf dem Kopf sitzende Käppi betonte ihre slawischen Gesichtszüge unvorteilhaft und lenkte den Blick auf ihre prall-runden Wangen, die sonst von kunstvoll gelösten Haarsträhnen umschmeichelt wurden und sich nun zu den Ohren hin wie Hamstertaschen weiteten. Ihr energisches Kinn versuchte, übergangslos den Anschluß an den Hals zu finden, und kein Haarturm hoch über dem Kopf gaukelte nun den Blicken des Betrachters eine längliche Gesichtsproportion vor. Das grobkarierte Baumwollhemd und die strammen kurzen Beine in den dunkelblauen Jeans unterstrichen das Untersetzte ihrer Figur.

Ich stand neben ihr und schwieg, legte aber schon mal beruhigend meine Hand auf ihre linke Schulter. Sie wischte sie weg, drehte sich um und schlurfte in den viel zu großen Herrenschuhen zurück zu Hannah ins Wohnzimmer.

»Okay. Ich bin eine Lachnummer. Aber sollten wir auch nur einem meiner Bekannten begegnen, der mich zudem erkennt, habe ich euch das letzte Mal in so einem Aufzug begleitet. Das schwöre ich beim Leben meiner Mutter.«

»Du hast doch gar keine mehr.«

Ira sah uns verdattert an.

»Dann eben beim Leben von Herbs Mutter, Omi Lisa. Ist doch völlig wurscht. Nur, so lasse ich mich kein zweites Mal in der Öffentlichkeit sehen. Das sag' ich euch.«

Hannah lachte und winkte ab. »Mensch, Ira, es ist dunkel draußen. Da erkennt dich keine Menschenseele. Außerdem regnet es. Wer soll da denn spazierengehen?«

»Wehe, wenn sich dort jemand rumtreibt.«

Ich suchte in meinem Kleiderschrank nach der kleinen Pistole, die Pete mir in die Handtasche geschmuggelt hatte, steckte sie in den Jeansbund unter das weit darüberfallende Hemd, nahm zur Sicherheit sechs Paar OP-Handschuhe aus der Küchenschublade, reichte den beiden jeweils zwei und bat sie, das Ersatzpaar in die Brusttasche zu stecken.

Ich stutzte. Im Kleiderschrank hätten zwei dieser gravierten Pistolen liegen müssen. Ich ging zurück ins Schlafzimmer und riß die Schranktür auf. Ich durchsuchte das Fach, in dem ich die andere gefunden hatte. Ich durchsuchte auch flüchtig die Strumpfablage. Ich fand sie nicht. Das war ja sehr mysteriös. Ich hatte allerdings keine Zeit, um weiter über die verschwundene Waffe mit dem Schalldämpfer nachzudenken. Ich kehrte zu meinen Freundinnen in die Küche zurück.

Schließlich verließen wir kurz nach zehn und mit zwei Beruhigungs-Proseccos im Blut die Wohnung, fuhren los und parkten den Wagen unweit des Hauses in einer Nebenstraße. Durch den Nieselregen machten wir uns auf den Weg.

Ich hatte mir die Örtlichkeit nicht mit angesehen, und so war ich überrascht, als wir vor der Villa standen, die als einzige in der eleganten Straße hinter einer mit Efeu bewachsenen Mauer lag und durch ein weißes, zweitüriges Tor geschützt war.

Ich sah verblüfft Ira zu, die mit kurzen, schlurfenden, trotzdem aber schnellen Schritten vorausgeeilt war und nun am Tor wartete, bis Hannah und ich zu ihr aufholten.

»Was bedeutet das denn?« fragte ich, Ira zuckte die Achseln, und Hannah starrte auf den Gehsteig. »Super, einfach super. Ich denke, ihr habt euch das Haus angesehen.«

»Haben wir ja auch«, erwiderte Hannah und schaute betreten zu Ira. Die sah ebenfalls beschämt aus.

»Kinder, Kinder. So geht das nicht, Mensch. Ihr müßt euch schon mal ein wenig Mühe beim Recherchieren geben. Was machen wir denn, wenn der hier eine Überwachungskamera installiert hat?«

Ich sah Hannah an, die daraufhin versuchte, ihren Kopf durch die Stäbe zu pressen, um das Terrain links und rechts des Tores zu inspizieren. Das Licht der Lampen, die auf den beiden Mauerpfeilern angebracht waren, schien ihr mitten ins Gesicht, zumal sie ihr Käppi abgenommen hatte, damit es ihr bei der Aktion nicht vom Kopf fiel.

Ich lachte auf, da mir die Situation idiotisch vorkam. Ich meine, sollte Schiller wirklich irgendwo eine Kamera installiert haben, flimmerte Hannah nicht nur im Großformat über einen Bildschirm, sondern wäre auch auf ein Video gebannt. Zusammen mit Ira und mir, klar. Aber Hannah wäre deutlich zu erkennen, was man von uns beiden, deren Gesichter im Schatten der Kappen verborgen waren und außerhalb des Lichtkegels der Lampen lagen, nicht sagen konnte.

»Und, siehst du was?« fragte ich, immer noch lachend.

Hannah zog ihren Kopf aus dem Gitter, drehte sich um und setzte ihr Käppi wieder auf.

»Nö, eigentlich nicht. Ich klingel' jetzt einfach, und dann sehen wir weiter.«

Also drückte sie die Klingel, und prompt öffnete sich das Tor, langsam, gleichmäßig und fast geräuschlos.

»Ist schon schick, viel Geld zu haben, oder?« fragte Ira. Ich grinste ihr bestätigend zu, während ich die Klingel schnell mit einem Hemdzipfel abwischte und wir den Vorgarten schließlich über eine Auffahrt betraten und auf die Villa zugingen. Wir streiften uns die dünnen Handschuhe über. Es war mühselig, da die Hände vom Nieselregen feucht waren und nur schwer in die engen OP-Handschuhe gehen wollten.

Die weiße Villa war ein klassizistisches Prachtstück mit hohen Fenstern, ebensolcher Tür und kleinen Kapitälchen über den Fensterrahmen.

Wir näherten uns den Stufen zum Eingang, als die Tür von innen geöffnet wurde und Rupert Schiller höchstpersönlich erschien. Mir stockte für einen Moment der Atem, und Hannah und Ira blieben neben mir abrupt und mindestens genauso atemlos staunend stehen.

Vor uns stand ein zu rasch gealtertes Baby in einem weißen Strampelanzug mit kurzen Beinen, darunter wölbte sich offensichtlich ein dickes Windelpaket über den schrumplig-trockenen Hautfalten seiner haarlosen Oberschenkel. Er trug weiße Kniestrümpfe in weißen Stiefeln aus weichem Leder. Ein kurzärmeliges Hemdchen schaute aus dem Anzug hervor, und seinen Kopf krönte eine Baby-Haube, die mit zwei Bändern gehalten wurde, welche unter dem Kinn zu einer Schleife gebunden waren. Der einzige Farbtupfer war ein rosafarbener Nuckel, der ihm an einem roten Band um den Hals hing und auf der Brust sanft hin- und herpendelte.

»Wunderbar, Sie kommen zu dritt. Diese Variante hatte ich ja überhaupt noch nie«, begrüßte er uns mit erwartungsvoll glänzenden Augen in einem schmalen Gesicht, auf dem, ganz unabhängig von dem Aufzug, ein Ausdruck natürlicher Autorität lag. Der Mann war zirka fünfundsiebzig Jahre alt, schlank und eher klein. Ich schätzte ihn auf einen knappen Meter siebzig.

»Äh, ja«, war das einzige, was mir dazu einfiel. Ira und Hannah fiel überhaupt keine Antwort ein.

»Oh, wie aufmerksam von Ihrer Chefin. Jedesmal denkt sie sich eine andere Überraschung aus. Wirklich großartig. Aber nun kommen Sie herein, bitte.«

Eine Überraschung hielten wir durchaus parat, allerdings eine andere als die von ihm erwartete. Er trat ins Haus zurück, während wir ihm immer noch staunend folgten.

Wir betraten eine weitläufige Eingangshalle, die von oben bis unten grauweiß marmoriert und nur mit Ficus-Benjamini-Töpfen ausgestattet war. Von der Halle gingen ein paar Türen ab, und eine breite Treppe führte in den ersten Stock zu einer Galerie, die in einer Höhe von knapp vier Metern um das Foyer herum verlief. Die Villa mußte großzügiger sein, als sie von außen wirkte.

Rupert Schiller sprang in seinem bizarren Anzug behende die Treppe nach oben, drehte sich unterwegs um und winkte uns, ihm möglichst schnell zu folgen. Sein Nuckel zuckte aufgeregt auf der Brust.

Wir ließen uns mehr Zeit als nötig, denn es lag auf der Hand, daß wir unseren Plan möglichst schnell durchführen oder ihn ändern mußten. Das war uns allen dreien deutlich bewußt, ohne daß wir auch nur ein Wort darüber verloren hatten. In meinem Kopf tanzten verschiedene Möglichkeiten ein ungeordnetes Ballett, und ich bekam nicht einen dieser Tänzer zu fassen. Sie waren zu schnell, zu flüchtig und zu chaotisch.

Unübersehbar war, daß wir es hier mit einem Masochisten zu tun hatten, der ausgerechnet an diesem Abend auf seine Domina oder eine ähnlich resolute Person wartete, die er bei einem Service regelmäßig zu bestellen schien. Mit anderen Worten, wir hatten demnächst Besuch zu erwarten.

Rupert Schiller lotste uns an zwei oder drei Türen vorbei, die alle von der oberen Galerie abgingen, hinein in ein Schlafzimmer, bei dessen Anblick mir die Kinnlade runterklappte. Ich blickte mich offenen Mundes um, bis Hannah mich anstieß und ich hastig die Lippen zusammenpreßte.

Ich war echt verstört, denn was ich da sah, war nicht nur geschmacklos, es erinnerte an eine luxuriöse, mittelalterliche Folterkammer.

Die Wände waren mit dunkelroter Seide bespannt, goldfarbene Zierleisten rahmten die Wände zur Decke und zum Boden hin, während die Zimmerdecke mit schwarzgolden getigerten Stoffbahnen abgehängt war. Nahe der rechten Wand stand ein schwarzer Gynäkologenstuhl, eine Art Streckbank aus altersdunklen Holzbalken war in der Nähe des gegenüberliegenden Fensters aufgestellt worden, das mit goldenen Brokatvorhängen verdunkelt war. Zwischen den Bahnen an der Decke hindurch lugten mehrere riesige Fleischerhaken, an denen Peitschen in allen Größen und wohl auch Ausführungen aufgereiht hingen, während mir zur Rechten ein Regal stand, angefüllt mit schwarzen Ledermasken und schwarzen Lackstiefeln, deren Zahl ich auf ein gutes Dutzend schätzte. Davor stand ein Käfig aus mattiertem, goldfarbenem Stahlrohr, der voller Fuß- und Handfesseln hing. In der Mitte des Zimmers befand sich ein überdimensionales Laufgitter, gleichfalls mit Blattgold veredelt, und vollgehängt mit allen möglichen Fesselungswerkzeugen wie Seidenbändern, Hanfseilen, Handschellen und außerdem einem hellblauen Porzellantöpfchen, wie sie früher bei Kleinkindern zu finden waren, nur daß dieses etwas größer war. Das Hellblau paßte nicht zu dem Rest des bizarren Interieurs.

Ich nahm die Aufmachung des Zimmers mit einem schnellen Blick auf und war geplättet.

Ira hatte dadurch Gelegenheit, die Situation als erste zu kommentieren.

»Entschuldigen Sie bitte, aber was sollen wir eigentlich tun?«

»Aber meine Damen, hat Ihnen denn Miss Gleiber nicht gesagt, daß mir heute der Sinn nach etwas ganz Besonderem steht? Wie Sie sehen, benötige ich einen Babysitter, oder drei, denn wir wollen ja niemanden unbeschäftigt lassen, oder?« Wir nickten unisono. »Und Sie werden mich erziehen. Ist das klar?«

Während die ersten Sätze dem Mund eher schmeichelnd entglitten, machte der Ton des letzten deutlich, daß Rupert Schiller gewohnt war, Anweisungen zu geben, die umgehend und widerspruchslos befolgt werden. Daran änderte auch sein bizarrer Aufzug nichts.

Wir nickten. Uns war gar nichts klar, jedenfalls nichts, was mit der praktischen Ausführung solcher Sexvorlieben zu tun hatte. Von derartigen Praktiken wußten wir lediglich aus Zeitungen, täglichen TV-Boulevardsendungen oder den wöchentlichen Sexmagazinen der privaten Sender, bei denen man das eine oder andere Mal eher zufällig hängenblieb, wenn man sich durch das spätabendliche Programm-Chaos zappte.

Wir kannten uns also höchstens theoretisch und auch in der Theorie nur fragmentarisch aus. Was es für Sadomaso-Spielarten gab und welcher Hilfsmittel man sich wozu bediente, das waren für uns böhmische Dörfer.

»Dürfte ich Sie um eine Gefälligkeit bitten?« fragte ich.

Schiller sah mich an, nickte und erwiderte: »Wenn es denn schnell geht.«

»Dürften wir uns vielleicht für einen Moment zurückziehen? Ich denke, und Sie sehen es ja auch an unserem Aufzug, daß wir auf eine andere Spielart eingestellt waren. Es muß da ein Versehen in den Orderbüchern gegeben haben. Geben Sie uns nur einen Moment. Wir klären das ganz schnell.«

»Sicher. Aber beeilen Sie sich. Ach ja, Sie finden im Nebenzimmer Gouvernantenkostüme in diversen Größen. Greifen Sie einfach zu, und erledigen Sie dann Ihren Job, okay? Ich werde nämlich langsam ungeduldig.«

Mir lag ein »ich auch« auf der Zunge, das ich mir jedoch verkniff.

Der Mann hatte nicht mehr lange zu leben, weshalb ihn in der letzten halben Stunde noch mehr als unbedingt nötig ärgern?

Wir verschwanden schnellstens aus dem Zimmer ins Nebenzimmer, um zu beratschlagen, wie wir die Situation in den Griff bekämen, als es klingelte. Das mußte die bestellte Domina sein.

Bevor ich irgend etwas sagen konnte, rannte Hannah auch schon aus dem Zimmer, und ich hörte, wie sie Schiller im Nebenzimmer erklärte, das sei unsere vierte Kollegin, von der wir nur nicht genau gewußt hätten, ob sie noch zu uns stieße, denn sie hätte zwei Stunden zuvor in einer dringenden Angelegenheit nach Hause gemußt.

Währenddessen rannte Ira, so schnell es ihre Körperfülle und die Herrenschuhe zuließen, nach unten Richtung Haustür, um das Tor und die Tür zu öffnen.

Die Reaktionen der beiden waren auf jeden Fall deutlich besser als meine. Ich reagierte gar nicht. Ich stand da und zerbrach mir den Kopf, ob wir es irgendwie hinbekommen konnten, die Lady aus dem Haus zu expedieren, ohne daß sie Verdacht schöpfte.

Mir fiel nichts ein. Sie würde uns sehen und könnte uns auf jeden Fall noch Tage später beschreiben. So bekloppt, wie wir aussahen, blieben wir wahrscheinlich sogar Alzheimer-Patienten als eine besonders idiotische Ausgabe der Gattung Homo sapiens im löchrigen Gehirnbrei hängen.

Wir hatten nur eine einzige Möglichkeit: Sie mußte mit Schiller gemeinsam ihr Leben beschließen.

Ich hörte Ira unten die Tür öffnen und die Dame hereinbitten, die erstaunt fragte, weshalb Schiller denn noch Besuch habe oder ob er gar den Termin absagen wolle.

Während Hannah wieder zu mir kam, mir eine der Ledermasken aus dem Regal und Handschellen zusteckte und flüsterte, sie habe den willigen Schiller zu seiner großen Freude schon mal im Laufgitter auf den Topf gesetzt und seine Hände mit Handschellen am Gitter fixiert, hörte ich Ira beschwichtigend auf die Neuangekommene einreden. Sie solle sich keine Sorgen machen, es sei alles in Ordnung. Wir seien oben zu dritt, seine Nichten, auch wenn wir uns nicht ähnelten – kurzes gespreiztes Auflachen von Ira –, wir wüßten über die Vorlieben unseres Onkels Bescheid, sie seien auch gar nicht so kurios in unserer Familie – erneutes Lachen –, und wir würden auch sofort verschwinden. Es mußte auch in den Ohren der Domina kapriziös klingen. Aber vielleicht war sie an dem Abend nicht in Hochform oder zu sehr auf ihren Job fixiert, um das Alberne in Iras Erklärungen zu erkennen.

Die beiden betraten das Ankleidezimmer, in dem Hannah und ich gewartet hatten.

Während Hannah der Dame die rechte Hand zum gegenseitigen Vorstellen entgegenstreckte und diese die ihrige gleichfalls hob, trat ich entschlossen hinter sie, zog ihr die Maske über den Kopf, schloß sie hinten mit einem Reißverschluß, während Ira den vorderen über dem Mund mit einer energischen Bewegung zuzog. Ich staunte. Wir hantierten mit den Fetischen, als wären wir seit Jahr und Tag nichts anderes gewohnt.

Währenddessen hatte Ira die wild fuchtelnden Hände der Dame ergriffen und sie ihr auf den Rücken gedreht. Ich legte ihr eiligst die Handschellen an, die mit einem metallischen Plopp zuschnappten.

Das alles geschah schnell und bevor die Lady begriff, was eigentlich los war. Nach einer Schrecksekunde aber begann sie um sich zu treten. Wir ergriffen sie zu dritt und warfen sie auf den Boden. Es hallte dumpf nach, als ihr Körper auf den mit dicken Teppichen ausgelegten Fußboden fiel. Mir war unwohl. Doch verletzt hatten wir sie bei der Aktion nicht, denn sie zappelte. Ira ließ sich mit ihrem ganzen Gewicht auf die Oberschenkel der Dame fallen, langte hinter sich und versuchte, die um sich strampelnden Beine in den Griff zu bekommen.

Die Lady ächzte unter der Maske kurz auf, als Iras Hintern auf ihr landete, und hörte schließlich überraschend auf zu strampeln. Wir drei sahen uns verdutzt an, bis uns der Grund dämmerte: Sie hielt das ganze Theater nach dem ersten Schreck offenbar für eine besonders aparte Inszenierung, bei der sie eben nicht zur Dominanten, sondern zum Opfer bestimmt war.

Ich schaute mich in dem Zimmer um und entdeckte Dutzende von Krankenschwestern-, Dienstmädchen-, Sklavinnen- und Gouvernantenkostümen, die alle säuberlich aufgereiht an fahrbaren Kleiderständern hingen. Ich trat an den mit den Schwesterntrachten heran, in der Hoffnung, ein Stethoskop zu finden, um damit die Füße der Lady zu fesseln. Ich fand keines, nahm eine Zimmermädchenschürze und verschnürte ihr damit die Füße. Sie hatte sich nicht mehr gerührt und ließ es widerstandslos geschehen.

»Ich glaube, wir sind pervers«, stellte Ira fest und stand etwas ächzend auf. »Meine Knie spielen verrückt.«

»Das kenne ich. Ging mir neulich genauso. Nur daß ich etwas jünger bin als du.«

»Und was soll das heißen?«

»Eigentlich gar nichts. Oder vielmehr, du mußt dir deshalb keine Gedanken machen. Es ist normal, daß es hin und wieder in den Gelenken ziept.«

»Das tut es in letzter Zeit aber öfter. Vielleicht muß ich mehr fahrradfahren.«

»Dann tu es doch«, erwiderte ich, während wir das zusammengeschnürte Bündel vor uns genauer betrachteten. Die Frau war schlank, klasse proportioniert und durchtrainiert. Ein Jammer, daß sie den Abend nicht überleben würde.

»Wollen wir uns über Altersprobleme unterhalten oder drüber nachdenken, was wir jetzt machen?« Hannah sah zu mir, ich rollte mit den Augen, legte den Finger auf den Mund, zeigte mit der anderen Hand auf die Frau und winkte die beiden schließlich aus dem Zimmer.

Wir schlossen die Tür, und ich erklärte den beiden, daß ich jetzt dringend ein Kissen benötigte, das den Schuß dämpfen sollte. Auf keinen Fall sollte Schiller früher als notwendig ahnen, was ihm demnächst bevorstand.

Wir hörten ihn in seinem Zimmer greinen, er sei fertig und habe brav sein Geschäft erledigt.

Hannah grinste mich an und schrie, er solle gefälligst die Klappe halten und warten, bis wir uns um ihn kümmerten. Auf vorlaute Babys stünden wir gar nicht. Das bringe ihm höchstens eine Tracht Prügel mit der fünfschwänzigen Peitsche ein. Das Greinen schwoll zu einem Weinen an.

»Wieso kannst du das denn so perfekt?« flüsterte Ira, und Hannah hielt sich den Mund zu, um nicht loszulachen.

»Mädels, wir müssen uns beeilen. Los, Hannah, geh ein Kissen suchen, Ira und ich ziehen uns derweil schon mal die Kleider an«, sagte ich, schnappte Iras Arm und verschwand mit ihr wieder im Ankleidezimmer, während Hannah deutlich hörbar begann, in den umliegenden Räumen nach einem Kissen zu suchen. Sie öffnete eine Tür nach der anderen und ließ sie jedesmal zurück ins Schloß fallen.

Wir hatten uns gerade der Holzfällerhemden entledigt, als Hannah zurückkam, unter dem Arm ein gold-weinrotes Samtkissen, das ich nahm und der Dame zu meinen Füßen auf den Kopf legte. Ich griff mir die Pistole, die ich unter meinem Jeansgürtel in der Hose deponiert hatte, und schoß. Zur Sicherheit dreimal. Man weiß ja nie. Ich vermute, aus ihrem unter dem Kissen verborgenen Gesicht war damit jeder Hauch von Attraktivität gewichen. Welch Jammer.

Ira beugte sich nach unten und wollte gerade das Kissen anheben und nachschauen, aber ich riß sie zurück.

»Ira, das bringt nichts. Du wirst höchstens wieder hysterisch von dem Anblick. Sie ist tot. Glaub mir. Und zügel um Gottes willen deine verdammte Neugierde. Eines Tages bricht die dir noch das Genick.«

Ich sah mich nach Hannah um, die bereits dabei war, sich eines der Gouvernantenkostüme überzustreifen.

»Hilf mir mal mit dem Reißverschluß. Ich krieg' den nicht zu.« Sie kam zu mir, drehte sich um, und ich zog ihn hoch.

Ira und ich entledigten uns unserer Jeans und schlüpften gleichfalls in zwei Kostüme, die von ordnungsliebenden Händen aufgereiht an den Stangen hingen. Die Haushälterin verrichtete ihren Kostüm-Job mit absoluter Perfektion. Die Kleider waren nach Größen geordnet, und nicht ein Staubfussel war auf den grauen, weißen und schwarzen Uniformen zu finden. Hut ab.

Wir drei sahen uns an. Da standen wir in hellgrauen Wollkleidern mit halbhohem Stehkragen, gestärkten Manschetten und schmalen Gürteln in der Taille. Glockenröcke schwangen kurz über dem Hintern und endeten am Beinansatz. Hannah sah süß aus, Ira mit ihren langherabhängenden Haaren und der untersetzten Statur völlig daneben. Ich betete, daß sie nicht so schnell an einem Spiegel vorbeikam, zumal die viel zu großen Herrenschnürschuhe mit den dicken Socken uns vom Rocksaum abwärts alle drei wie Geschmacksneurotiker daherkommen ließen. Ira mit ihren strammen Beinen war die Krönung.

Inzwischen war es kurz vor elf, Schiller heulte immer noch, und so gingen wir zurück in sein Zimmer. Ich nahm meine kleine 9 Millimeter mit.

Die Zeit drängte uns nicht, da die Haushälterin erst am nächsten Morgen kam. Aber man konnte den Mann auch nicht unendlich heulen lassen. Es mußte was passieren.

Ohne daß wir ein Wort darüber verloren, machte uns die Geschichte echt Spaß. Wir hätten uns sonst auch nicht darauf eingelassen, uns für Schiller umzuziehen.

Wir betraten das Zimmer, in dem Schiller im Laufgitter angekettet saß. Kaum erblickte er uns, schwoll das Weinen weiter an. Seine Augen waren rot und verquollen, während sich der Nasenschleim bis zu seiner Oberlippe vorgearbeitet hatte. Zwischen den Schluchzern saugte er ihn in den Mund.

Ich wandte den Kopf ab. Hannah hingegen schien aufzublühen, schnappte sich den Mann am Oberarm und zog ihn vom Topf, um nachzusehen, wie erfolgreich sein Geschäft gewesen war. Da Schiller mit Handschellen an dem Gitter gefesselt war, konnte er sich nicht zur vollen Größe aufrichten, hing also mehr als er stand in dem hüfthohen Stahlverhau, schaute neugierig zu dem Topf und quietschte zwischen seinen Heulern vor Vergnügen.

Der Typ sah grotesk aus. Sein Strampelanzug hing in den Knien, ein Leibchen in XXL-Format über seinem schlanken Oberkörper, der Nuckel baumelte noch immer auf der Brust.

Hannah knallte ihm eine und fauchte ihn an, daß er nicht ohne ihre Anweisung zu quietschen hätte und diese Eigenmächtigkeit ja wohl das letzte sei. Sein Kopf flog nach links und zuckte wieder zurück. Sein Heulen ging in ein schluchzendes Winseln über, während mir vom strengen Geruch der Exkremente langsam übel wurde. Er flehte Hannah an, ihn nicht zu hart zu bestrafen. Sie stopfte ihm erst einmal den Nuckel in den Mund.

Mir wurde es langsam doch zuviel. Ich steckte die Pistole, die ich in der Hand hielt und zwischen den weichen Falten des Glockenrockes verborgen hatte, in die seitlich eingelassene Kleidertasche, schnappte mir den Topf und machte mich auf die Suche nach einer Toilette, während Ira eine der Peitschen von der Decke nahm, sie Hannah reichte, die daraufhin begann, den Mann zu schlagen. Ich verließ das Zimmer und hörte nur noch gedämpft das Aufklatschen der Peitschenbänder auf der nackten Haut seines Hintern. Die Toilette war schnell gefunden, und während ich den Mist hinunterspülte, staunte ich über Hannahs verborgene Talente und Iras Phlegma, sich den ganzen Scheiß ungerührt mitanzusehen.

Ich fand, es reichte langsam und wir sollten uns besser unserer Aufgabe zuwenden. Spaß hin, Spaß her. Mir war er bereits nach diesen wenigen Minuten vergangen.

Ich ließ den Topf in der Gästetoilette stehen und kehrte ins Zimmer zurück, wo Hannah den Mann immer noch schlug. Schiller lag inzwischen über das Gitter gebeugt, den Kopf außen, die Beine innen. Zum Schlagen keine ideale Position. Hannah stand draußen, genau vor seinem Kopf, und mühte sich, den Po zu treffen, während er ihr hingerissen zwischen die gespreizten Beine starrte. Der Nuckel hing in seinem Mund, und seine eingezogenen Wangen deuteten darauf hin, daß er mit Macht daran saugte.

Schweißperlen glänzten auf Hannahs Stirn, doch sie lächelte vor sich hin. Ira stand daneben und beobachtete die Prozedur.

Ich nahm Hannah die Peitsche aus der Hand und schubste sie zur Seite. Ich holte die Pistole aus der Tasche und entsicherte sie, als Hannah eine Bewegung auf mich zumachte. Doch Ira hielt sie zurück. Ich griff nach dem Kopf des fassungslos dreinblickenden Schillers, der keine Zeit mehr hatte, eins und eins zusammenzuzählen, und schoß dem Mann in den Hinterkopf kurz oberhalb des Wirbelsäulenansatzes. Das Gesicht prallte an die Stäbe. Ich griff mir den Kopf erneut, hob ihn an, setzte die Pistole an die Schläfe und drückte ein zweites Mal ab. Ich beeilte mich und bekam nicht mit, ob der erste Schuß wirklich tödlich gewesen war. Der zweite war es auf jeden Fall. Die Kugel war auf der linken Stirnseite wieder ausgetreten, doch ich wollte mich mit dem, was da noch ausgetreten war, nicht weiter befassen.

Ich ließ die Pistole fallen. Von mir aus konnten die Bullen das Ding hier ruhig finden, denn den Besitzer konnten sie nicht ermitteln. Wir aber waren sie schon mal los, und zwar gänzlich unproblematisch. Ich drehte mich zu Ira und Hannah. Ira starrte teilnahmslos auf den Mann. Auf Hannahs Gesicht war das Lächeln gefroren, die Peitsche hielt sie noch immer in der Hand. Ich entwand sie ihren handschuhbewehrten Fingern, hängte sie an den nächstbesten Haken und forderte die beiden auf, mir zu folgen.

Schweigend gingen wir zurück ins Ankleidezimmer, entledigten uns der Kleider und zogen uns unsere eigenen Sachen über.

»Ira, hol mal irgendwoher eine Tüte. Wir müssen die Klamotten mitnehmen. Die können wir hier unmöglich liegenlassen.

Nicht daß die Polizei dann zufällig doch noch über irgendwelche verlorengegangenen Haare stolpert und herausbekommt, daß wir hier waren.«

»Ja, aber dann wäre es doch sinnvoll, gleich die beiden Zimmer staubzusaugen. Ich meine, da können auch Haare liegen, vor allem meine. Ich verliere doch ständig welche«, sagte Ira, wobei sie sich auch schon auf den Weg machte, um im Erdgeschoß nach einem Staubsauger zu suchen, dessen Beutel wir nach der Säuberungsaktion keinesfalls vergessen durften.

Ich hörte sie schlurfend die Treppe runtertapsen. Ihre zu großen Schuhe machten ihr trotz der dicken Wollsocken nach wie vor Probleme. Ihr Gang hörte sich an wie der einer Frau, die kurz zuvor beide Absätze ihrer High Heels verloren hatte. Er klang schwerfällig und unsicher.

Hannah war fertig umgezogen, setzte sich auf einen der beiden Stühle, die gleich links und rechts der Tür standen, und streckte ihre Beine weit von sich.

»Ich bin vielleicht erledigt. Das ist ja der reinste Knochenjob.«

»Du warst aber auch engagiert. Sag mal, so ganz unter uns, hat dir das etwa Spaß gemacht?«

Sie lächelte mich an. »Dir nicht?«

Ich druckste herum. »Na ja, erst schon, aber eigentlich nicht wirklich. Die Nummer mit dem Topf war mir echt zu heftig.«

»Aber dem Typen eine reinzuhauen, das ist echt klasse. Ich habe die ganze Zeit an all die verkorksten Kerle gedacht, bei denen ich das gerne mal tun würde.«

»Das hat man dir aber auch angesehen. Du hast ja gegrinst wie eine Vollidiotin. Aber du solltest dich trotzdem endlich mal von diesen albernen Klischees trennen. Nicht alle Männer sind Schweine.«

»Sag bloß. Hör' ich da Kowalski aus dir sprechen?«

»Hannah, werd nicht gemein. Aber komisch ist es schon, daß du so viel Spaß dran hast, jemandem den Hintern zu versohlen.«

»Na und? Tun Mütter doch auch. Und da regst du dich doch auch nicht auf. Oder? Und außerdem fand der Typ es doch echt klasse, gelle?«

»Na ja, jedenfalls hat er für seine Verhältnisse einen echt stilvollen Abgang gehabt.«

»Stilvoll?« Hannah kratzte sich am Handgelenk. »Hier gibt es doch tatsächlich noch Mücken. Wo kommen die denn her? Scheiße, das juckt vielleicht. Sei mal still. Die muß doch hier irgendwo noch sein.«

Wir horchten einen Moment mit angehaltenem Atem, ob sich die Mücke noch einmal zu einem Anflug entscheiden könnte, vernahmen aber nichts als die Schritte und ein leises Ächzen von Ira, die sich mit dem Staubsauger die Treppe hochplagte.

Ich verließ das Zimmer, um ihr entgegenzugehen und zu vermeiden, daß sie uns zusammenschiß, weil wir ihr nicht halfen.

Ich nahm ihr den Staubsauger aus der Hand und verschwand in der Folterkemenate, die ich möglichst korrekt zu säubern versuchte. Ich kam nicht an jede Stelle, aber das war nicht weiter schlimm. Im wesentlichen hatten wir uns nur in der Nähe des Laufstalls aufgehalten. Ich vermied jeden Blick auf Rupert Schiller. Die Stellen mit den Überresten des Gehirns umkreiste ich gekonnt, indem ich die Düse abnahm und nur noch mit der kleinen, runden Öffnung des Stabes saugte.

Staubsaugend verließ ich das Zimmer, reinigte flüchtig den Flur und schließlich das Ankleidezimmer, in dem Ira und Hannah die Kleider in zwei Tüten verpackt hatten und nun, auf Stühlen sitzend, darauf warteten, daß auch ich endlich zum Aufbruch bereit wäre.

Die beiden hatten sich inzwischen ihrer Gummihandschuhe entledigt, was ich mit einem unmutigen Stirnrunzeln zur Kenntnis nahm.

»Zieht die Dinger wieder an. Nicht, daß ihr irgendwas anfaßt und die uns dann wegen so einer blöden Geschichte drankriegen.«

Gehorsam zogen sie sie wieder an, obwohl ich wußte, daß ihre Hände mindestens ebenso verschwitzt und feucht waren wie meine.

»Schiebt mal die Lady hier ein bißchen weg. Ich will mal schnell noch unter ihr saugen«, forderte ich Hannah und Ira auf, was die beiden auch taten – und zwar ohne einen Blick unter das Kopfkissen zu werfen. Während Ira mit der einen Hand das Kopfkissen festhielt und mit der anderen die Hände der Lady ergriff, schnappte Hannah sich beide Füße. Sie seufzten beide, als sie sie ein Stück zur Seite schoben. Trotz Iras Bemühen rutschte das Kissen etwas zur Seite, jedoch nicht weit genug. Der Anblick des malträtierten Kopfes blieb uns erspart.

Und dann polterten die Füße auf den Fußboden, und Hannah sprang mit einem Satz zum Oberkörper der Frau, holte aus und knallte ihr eine auf den Busen.

»Ich hab’ sie!«

Ira stand gebückt und hielt immer noch krampfhaft das Kissen auf den Kopf gedrückt. Sie guckte blöd aus der Wäsche, und ich hörte vor Schreck auf zu saugen.

»Bist du bekloppt?« Ira legte den Arm behutsam ab, drückte das Kissen noch einmal fest und sah Hannah an, als hätte sie es mit einer durchgeknallten Idiotin zu tun.

»Ich hab’ doch nur die Mücke erledigt, die mich vorhin gestochen hat«, erklärte Hannah, während Ira sie immer noch mißmutig musterte.

Ich wandte mich wieder meiner hausfraulichen Tätigkeit zu und saugte weiter um die Dame herum. Dort, wo sie gelegen hatte und dann schließlich zur Seite geschoben worden war, war es in Kopfhöhe unmöglich. Angewidert versuchte ich das, was da vor meiner Staubsaugerdüse versammelt war, zu ignorieren. Die Dame hatte einen diffusen Brei aus Blut, Knochenresten, Haaren, Gummi und etwas Gehirnmasse hinterlassen.

Als ich fertig geputzt hatte, nahm Ira, ganz die perfekte Hausfrau, erst den Beutel aus dem Staubsauger, stopfte ihn zu den

Klamotten in die Tüte und verschwand dann mit der Düse und der ausziehbaren Teleskopstange, um sie im Bad auszuspülen und von allen Überresten zu befreien. Hannah wollte ihr helfen, aber Ira schlurfte abwinkend davon.

Ich reinigte mit meinem Hemdzipfel das Anschlußloch im Staubsauger, schnappte mir die beiden Plastiktüten und ging mit Hannah die Treppe runter, Richtung Eingangstür, als Ira uns auch schon mit dem Staubsaugerzubehör folgte.

»Willst du das etwa mitnehmen?« fragte ich.

Achselzuckend erklärte sie, ihr sei im Bad eingefallen, daß es besser sei, den ganzen Scheiß einzupacken, da man die Rückstände nie komplett aus den Dingern entfernen könne. Ob jemandem eingefallen wäre, die Öffnung am Staubsauger zu säubern, die für die Teleskopstange gedacht war.

Ich nickte. Hannah war bereits an der Haustür und öffnete sie. Wir drei verließen die Villa unbemerkt. Es nieselte immer noch.

Eine halbe Stunde später hatte ich die beiden zu Hause abgesetzt und kam todmüde in meiner Wohnung an. Die Plastiktüten und das Staubsaugerzubehör hatte ich fürs erste im Kofferraum meines Autos gelassen. Ich würde sie am nächsten Tag in einem der Müllcontainer entsorgen.

Ich schenkte mir einen Whisky ein, hörte den Anrufbeantworter ab und nippte zwischendurch an dem Glas.

Charlie bat mich, sie vor ihrer Abreise unbedingt noch einmal zu treffen. Das war okay.

Und Kowalski bat mich mit hörbar erschöpfter Stimme, ich möge ihn noch am selben Abend anrufen, da seine Frau eine Freundin besuchte und sicherlich erst reichlich spät nach Hause käme.

Ich sah auf die Uhr. Es war kurz vor zwei, und vermutlich war es zu spät. Seine Frau war sicherlich schon längst wieder daheim.

Ich gönnte mir einen zweiten Whisky, da ich das Gefühl hatte, nicht einschlafen zu können. Dieser absurde Mann in seinem Strampelanzug ging mir einfach nicht aus dem Kopf. Und die Lady, die so gar nichts dafür konnte und nur zufällig zur falschen Zeit am falschen Ort gewesen war, schwirrte mir gleichfalls durch die Gehirnzellen. Sie war nicht älter als achtundzwanzig gewesen. Ich hoffte für sie, daß sie intensiv gelebt hatte. Viel Zeit war ihr nicht vergönnt gewesen. Schade. Eigentlich hatte sie echt nett ausgesehen.

Nun gut. Vorbei. Thema erledigt.

Kapitel 20

Ich hatte den Radiowecker auf neun Uhr dreißig gestellt, und er weckte mich mit einer sonoren Moderatoren-Stimme, die die Nachrichten verlas. In einer Hamburger Nobelgegend habe am frühen Morgen die Haushälterin eines bekannten Bankers diesen und seine vierzig Jahre jüngere Geliebte – Irrtum! – erschossen aufgefunden. In einer sehr bizarren Situation. Die Stimme wurde nicht müde, kleinste Details preiszugeben. Woher auch immer die Informationen stammten – sie waren korrekt.

Schillers Angehörige konnten eigentlich nur noch auswandern, dachte ich. Den Skandal übersteht das Bankhaus niemals. Aber was soll's. Einer von ihnen hatte gewollt, daß Schiller stirbt, und nun saß er mitsamt der Familie im Schlamassel. Mein Problem war das nicht.

Ich rief Charlie gegen zehn Uhr an, und eine Stunde später stand sie vor meiner Tür.

Sie war kaum wiederzuerkennen. Ihre Mutter mußte sie zum Friseur geschleppt und ihr einen Grundkurs in dekorativer Kosmetik verpaßt haben.

Ihren schmalen Kopf rahmte ein klassischer Bob, die Wimpern hatten ein wenig Tusche abbekommen, und auf den Lippen glänzte bräunliches Gloss. Ihre leichte Pubertäts-Akne verbarg ein geschicktes Make-up. Außerdem steckte sie in einem schwarzen Leinenrock, über dem sie ein langes, weißes Leinenhemd trug. »Kleider machen Leute«, hätte meine Mutter angemerkt. Und sie hätte den Nagel mal wieder auf den Kopf getroffen.

»Mann, siehst du super aus«, begrüßte ich sie. Charlie kicherte und drehte sich einmal um sich selbst.

»Ja, hat mir alles meine Mama geschenkt. Klasse, nicht?«

Ich nahm sie am Arm und zog sie in die Wohnung.

»Hast du dich endlich mit deiner Mutter vertragen?«

»Ja, sie ist eigentlich sehr nett. Sie hat mir alles erklärt, und ich glaube, ihr habt recht. Ich sollte vielleicht die Schule beenden, und dann kann ich ja immer noch sehen, was ich will. Meine Mama sagt jedenfalls, sie mischt sich nicht in mein Leben, wenn ich als erstes die Schule mache.«

»Und – fahrt ihr nun morgen gleich nach England und seht euch das Internat dort an?«

»Ja, schon. Aber die Typen da haben gesagt, sie könnten natürlich nichts versprechen. Aber meine Mama meint, das machen die immer so. Wir sollten uns mal keine Gedanken machen. Das wird alles schon.«

»Hm. Deine Mama ist ja eine ganz Schlaue.«

»Hör auf, dich lustig zu machen. So leicht hat sie es auch nicht.«

Ich staunte. Diese kleine pubertierende Zicke verteidigte doch mit aller Verve ihre Mutter, die sie gerade mal eine Woche zuvor noch in die Hölle gewünscht hatte. Sie hatte damals von verpissen gesprochen.

»Wie meinst du das, sie hat es nicht leicht?«

»Na, mit mir – und der ganzen Situation eben«, erklärte sie nach einer kleinen Pause.

»Ach so. Hm«, ich stockte. »Hast du ihr etwa was von uns erzählt, was du nicht erzählen solltest?«

Charlie sah mich empört an. »Nee, hab' ich nicht. Will ich auch nicht. Was soll sie sonst von mir denken?«

»Weiß ich nicht, aber manchmal redest du zuviel. Das weißt du doch selbst.«

»Ja, aber jetzt nicht mehr.«

»Ah, so. Na, dann ist ja alles okay. Sag mal, meinst du, du schaffst das? Ich meine, ich will dich nicht verletzen. Und ich habe auch nicht soviel Erfahrung mit Mädchen, wie du weißt. Aber, Charlie, wenn du jemals ein Problem in dem Internat haben solltest – dann hast du meine Telefonnummer und rufst mich an. Verstehst du? Es ist völlig egal, wie spät es ist oder welcher Wochentag. Du klingelst dann einfach durch. Oder noch besser: Du meldest ein R-Gespräch an. Ich nehme es auf jeden Fall entgegen.«

Charlie sah mich mit freudig aufgerissenen Augen quer über den Küchentisch an, an den wir uns kurz zuvor gesetzt hatten.

»Weißt du, ich mag es gar nicht laut sagen, aber irgendwie stimmt es doch. Seit mein Papa tot ist, sind alle nett zu mir. So besonders nett, irgendwie. Na, ich weiß auch nicht. Aber es stimmt wirklich.«

»Vielleicht liegt es an dir. Vielleicht bist du netter geworden?«

»Meinst du?«

»Könnte doch sein, oder?«

Sie lachte, sprang auf, lief um den Küchentisch, umarmte mich und drückte ihr Gesicht an meines. Sie roch nach Calvin Klein.

»Ich muß jetzt gehen. Meine Mama wartet schon. Sie will mit mir noch zwei Koffer kaufen, damit ich die Sachen alle wegkriege.«

»Hast du denn schon alles zusammen, was du mitnehmen mußt?«

»Klar. So viel ist es ja von dem alten Krempel auch nicht. Mama sagt, ich dürfe alles einpacken, was ich will. Aber ich will nicht viel mitnehmen.«

»Und was macht ihr mit der Wohnung?«

»Das hat Mama alles einem Makler übergeben. Der löst die auf, und dann wird sie verkauft.«

»Ich wußte gar nicht, daß das eine Eigentumswohnung ist.«

»Ich auch nicht, aber ist ja egal. Es ist mein Geld, ganz alleine meins, wenn sie verkauft ist. Und Mama legt es dann für später für mich an. Toll, nicht?«

Ich nickte. »Ja, deine Mutter ist 'ne Tolle.«

»Jetzt muß ich aber wirklich hinmachen. Ich bin schon viel zu spät.«

Sie nahm ihre Arme von meinem Hals, wo sie die ganze Zeit gelegen hatten, streckte sich und ging zur Wohnungstür.

»Hey, nun komm schon, Irmi.«

Mir standen Tränen in den Augen, und ich versuchte, es vor ihr zu verbergen. Aber sie hatte es doch bemerkt, kam auf mich zu und wischte sie mir weg.

Wir heulten schließlich beide, aber dann ging Charlie entschlossen aus der Wohnung. Ich sah ihr hinterher. Ihr Gang hatte sich verändert. Er war kokett, der kleine Hintern drehte sich unter dem schwingenden Rock leicht hin und her, in der Art, wie Models über einen Laufsteg defilieren. Ihre Unbeschwertheit machte mich ein klein wenig neidisch. Ich wünschte mir, sie drehe sich im Fahrstuhl, der offen wartete, noch einmal um.

Sie tat es auch und winkte. Sie war nicht unbeschwert. Es war nur der neue Gang, den ihre Mutter ihr beigebracht haben mußte. Ihre Mutter war auf ihrem Gebiet offensichtlich ein Profi. Ich hätte Charlie nie dahin bekommen.

Charlie weinte noch immer, aber dann grinste sie unter den Tränen hervor, holte aus der Rocktasche eine Tüte Konfetti, öffnete sie eilig mit ihren geschickten Fingern und bewarf mich mit den bunten Papierschnipseln. Die Fahrstuhltür schloß sich, während das Konfetti auf meinem Kopf landete, auf meinen Schultern, langsam den Körper hinabtaumelte und vor allem den Flur versaute.

Damit verschwand Charlie fürs erste aus meinem Leben.

Zu Beginn ihrer Internatszeit – denn natürlich hatte ihre Mutter recht behalten und das Internat Charlie aufgenommen – rief sie noch ein paarmal an. Sie erzählte, wie toll alles sei und wie klasse. Ich freute mich für sie, wenngleich mich die Telefonate auch immer etwas wehmütig machten. Irgendwann rief sie nicht mehr an. Damit war das Kapitel Charlie dann endgültig erledigt.

Ich vermute, sie bereitet sich inzwischen auf ihre Abschlußprüfungen vor, während ich hier auf meinen Prozeß warte. Oder darauf, daß es mir endlich bessergeht.

Über Charlie verlor während der gesamten Prozeßvorbereitung übrigens niemand auch nur ein Wort. Sie tauchte in keiner Vernehmung auf, und das war auch gut so.

Hannah und ich hatten verabredet, Charlie nicht in unsere Geschichte hineinzuziehen. Das hatte sie nicht verdient, jung wie sie war.

Ira wäre sicherlich einverstanden gewesen. Vielleicht aber auch nicht, wer weiß. Letztlich ist es egal, denn Ira ist tot.

Aber davon erzähle ich, wenn es soweit ist.

Zunächst befreite ich an dem Vormittag mich und den Flur von Charlies Hinterlassenschaft. Sie war eine kleine Ratte, und sie blieb eine.

Der Tod von Rupert Schiller bestimmte den ganzen Tag über die Nachrichten, und Hannah, Ira und ich lachten uns kaputt. Wir telefonierten immer wieder miteinander und freuten uns ob unserer Cleverness ein Loch in den Bauch.

Ich freute mich ganz besonders, waren die Zeiten der leidigen Diskussionen um die Aufträge doch endgültig vorbei. Endlich, denn das war ja auf keine Kuhhaut mehr gegangen.

Im übrigen hatte Mühlheimer recht gehabt. Es gab da Gerüchte, wie der Nachrichtensprecher der Hamburg-Welle am Spätnachmittag verkündete, denen zufolge die Schmidt und Fahrholz Bank in merkwürdige finanzielle Transaktionen verwickelt sei. Auf jeden Fall schlossen Polizei und Staatsanwaltschaft nicht aus, die Täter im Umfeld professioneller Geldwäscher zu suchen. Zumal man inzwischen wußte, daß die weibliche Tote eine professionelle Domina gewesen war, die mit dem Mord nicht in Verbindung stand und nur zufällig anwesend gewesen war. Niemand erwähnte in den Nachrichten drei Frauen.

Wir waren erstklassig, super, echt toll.

Kapitel 21

An diesem Samstag traf ich mich abends mit Jürgen Kowalski auf einer Bank an der Alster. Ich brauchte etwas frische Luft, nachdem ich den ganzen Tag zu Hause verbracht hatte, und schlug ihm den Treffpunkt vor, als er mich mittags anrief.

Natürlich erkundigte er sich während des Telefonats, weshalb ich mich am Abend zuvor nicht gemeldet hatte, doch ich erklärte ihm, ich sei bei Hannah gewesen, wir hätten uns verplaudert, und als ich dann endlich zu Hause gewesen sei, wäre ein Anruf nicht mehr in Frage gekommen.

Ich fuhr gegen sechs Uhr los und sah ihn am Bootsanleger Alte Rabenstraße schon von weitem auf der Bank sitzen. Er trug einen dunkelblauen Pullover zu ausgewaschenen Jeans, und seine makellosen Zähne grinsten mir zwischen den leicht geöffneten Lippen schon von weitem aus dem gebräunten Gesicht entgegen. Der Typ sah mal wieder umwerfend aus.

Mir schwoll das Herz an. So was in der Art. Auf jeden Fall pochte es zu schnell und schien dabei den gesamten Brustkorb auszufüllen. Dabei muß da ja auch noch die Lunge Platz haben. Aber die hatte sich irgendwie davongemacht.

Als ich mich ihm näherte, stand er auf, kam mir einen Schritt entgegen und nahm mich in die Arme.

»Laß das. Doch nicht hier.« Ich versuchte vergeblich, mich ihm zu entwinden.

»Irmi, jetzt stell dich nicht so an. Wer soll uns denn hier sehen?«

»Vielleicht deine Frau?« Ich wollte ironisch und cool sein, doch es klang nur verletzt.

»Ach, jetzt hör auf mit meiner Frau. Die ist heute bei ihrem Liebhaber, und der wohnt in Duvenstedt. Los, jetzt laß dich schon küssen.«

Also ließ ich mich küssen, und mein Herz schwoll noch mehr an. Wie auch immer das möglich war. Vielleicht sollte ich mal einen Internisten fragen, wohin sich die anderen Organe in diesen Momenten verziehen.

Kowalski war zwar Arzt, aber den konnte ich nicht fragen, denn der küßte mich. Und von dem Mann geküßt zu werden ist schon fast so außerirdisch wie der Sex mit ihm. Man vergaß alles um sich herum. Ich war erregt und wollte den Mann nicht loslassen. Aber er schob mich von sich weg und drückte mich Richtung Bank.

»Wir müssen dringend reden, Irmi.«

»Deshalb bin ich ja hier«, erwiderte ich angezickt, denn der Übergang zum Geschäftlichen katapultierte mich abrupt in die Wirklichkeit zurück. Auch so eine typische Männergeschichte, bei der sie uns Frauen um Lichtjahre voraus sind. Männern gelingt es mühelos und innerhalb von Sekundenbruchteilen, Gefühle und Geschäftliches voneinander zu trennen. Selbst dann, wenn sie vorgeben, scharf auf ihr Gegenüber zu sein.

»Bist du eigentlich verrückt nach mir?«

»Ja, Irmi, das weißt du doch.«

»Und weshalb merke ich es dann nicht?«

»Irmi, weil ich ein größeres Problem habe als das, darüber nachzudenken, ob und wann ich mit dir ins Bett gehen kann. Das mußt du doch verstehen.«

Ich nickte zweifelnd und nicht sonderlich beruhigt. Ich erwartete, daß Jürgen noch irgend etwas Nettes zu mir sagte. Tat er aber nicht, der Stiesel.

Jürgen ließ sich nicht weiter auf einen verbalen Schlagabtausch ein, sondern eröffnete mir, er habe in den letzten Tagen intensiv über sich, seine Frau und die Situation an sich nachgedacht. Mit »Situation an sich« meinte er wohl mich. Jedenfalls sei er nach endlosen Grübeleien zu dem Schluß gekommen, daß ich recht habe. Er könne den Plänen seiner Frau nur zuvorkommen. Alles andere sei mehr als idiotisch, nämlich geradezu selbstmörderisch. Ich nickte wieder. Diesmal etwas überzeugter, und so fuhr er fort, er habe sich deshalb entschlossen, auf die bereits von seiner Frau gezahlten 45 000 Mark noch einmal denselben Betrag draufzulegen. Damit würde unsere Beziehung auf ein geschäftliches Niveau gehoben. Wir erhielten von ihm einen Auftrag, für den er zahlte, und sollten dann unseren Job erledigen. Dieses Vorgehen hätte den Vorteil, daß wir einander niemals den Vorwurf machen könnten, der eine hätte es dem anderen zuliebe getan. Allerdings müßte ich verstehen, daß er in den nächsten Wochen nicht an den Betrag herankam, denn er könne ja wohl nicht kurz vor dem Ableben seiner Frau 45 000 Mark bei der Bank abheben. Das sei ja viel zu offensichtlich.

Ich nickte noch einmal, und er erklärte mir, er wisse auch schon, wie wir das angehen sollten.

»Und wie?« fragte ich.

»Ihr erschießt sie einfach zu Hause.«

»Na, das ist ja mal eine ganz besonders originelle Idee. Wie sollen wir denn in das Haus kommen? Gibst du uns einen Schlüssel, weiß jeder sofort, daß du damit was zu tun hast. Und wenn nicht, müßte sie uns reinlassen. Aber aus welchem Grund sollte sie das tun?«

»Und wie wollt ihr es dann machen?«

»Ich denke, du gibst uns tatsächlich den Schlüssel, und wir werden dann alles nach einem Selbstmord aussehen lassen.«

»Und das soll jetzt ein besserer Vorschlag sein?« Jürgen sah mich an, auf seiner Stirn pappte ein Zettel »Frauen sind die schlechteren Männer«, und fuhr grinsend fort: »Das glaubt doch kein Mensch. Und ein Polizist schon gar nicht. Meine Frau ist nicht depressiv, und sie hat einen Geliebten. Es gibt keinen plausiblen Grund für sie, sich umzubringen. Aber in den Augen der Polizei hätte ich einen, nämlich Eifersucht.«

Ich wurde zusehends unruhig. »Ja, aber dann weiß ich auch nicht, was man tun kann. Es sei denn ...«

»Was? Sag schon.«

»Na ja, ich überlege gerade, ob wir sie nicht zunächst einmal davon in Kenntnis setzen, daß wir deinen ›Termin‹ um ein bis zwei Wochen verschieben müssen. Dann hätten wir Luft, sie zu beobachten. Vielleicht finden wir was raus, das uns weiterhilft.«

»Das ist doch klasse. So machen wir es.«

Ich guckte Jürgen verdattert an.

»Sag mal, bist du immer so leicht von etwas zu überzeugen? Das ist ein Notplan – und gut ist er nicht.«

»Aber besser als alles andere. Vielleicht bekommt ihr ja wirklich was raus, was ich nicht weiß.«

»Und das macht dich optimistisch? Du solltest dich lieber fragen, was da noch alles so zum Vorschein kommen könnte.«

»Tue ich aber nicht. Erfahre ich früh genug. Und das Härteste mußte ich doch eh schon schlucken. Also, du mußt zugeben: Schlimmer geht's nimmer.«

Ich gab es zu.

Jürgen schaute auf die Uhr und erklärte mir, er müsse jetzt nach Hause fahren. »Leider, aber wir sind heute abend um neun bei meinen Schwiegereltern zum Essen eingeladen.« Ich starrte auf den Bootssteg vor mir, doch Jürgen sabotierte meine aufkommende Heulsusenstimmung: »Irmi, jetzt guck nicht so sauer. Wirklich. Es hat keine Bedeutung. Da sind wir einmal im Monat. Und wir fahren da brav hin, auch wenn wir es beide blöd finden.«

Ich erhob mich von der Bank und gab ihm die Hand. Er wollte mich natürlich küssen, aber nach Küssen war mir nicht. Ich war beleidigt, obwohl es keinen echten Grund gab. Ich hätte mir doch denken können, daß es in seiner Ehe immer noch ein ganz normales Familienleben gab. Trotzdem rebellierten meine

Gefühle dagegen. Das stressige Familienleben mit den Schwiegereltern hätte lieber ich an der Backe gehabt. Basta.

Ich fuhr nach Hause und war eher traurig denn wütend.

Um mich abzulenken, rief ich Hannah und Ira an und erzählte ihnen, daß wir den Termin mit Kowalskis Frau zunächst um ein paar Tage verschieben sollten. Wir müßten erst einmal in Erfahrung bringen, was die Dame eigentlich für ein Leben führte, wenn der Herr Gemahl arbeitete. Zur Not würden wir sie schließlich informieren, daß wir ihren Auftrag wegen ein paar unvorhergesehener Ereignisse erst später erledigen könnten.

Ira und Hannah begriffen nicht sofort, weshalb es so schwierig sein sollte, Frau Kowalski ins Reich der Ahnen zu katapultieren. Aber ich konnte sie schließlich überzeugen, daß mein Selbstmord-Plan ziemlich bescheuert war, da die Frau keineswegs als Suizid-Kandidatin durchgehen würde.

Das schluckten sie schließlich. Und so begannen wir schon am folgenden Tag damit, jeden ihrer Schritte zu beobachten. Wir wechselten uns ab, wobei Hannah und ich die Hauptarbeit erledigten, da Ira sich tagsüber entweder in der Schule als Milchmutter engagierte oder spätestens am frühen Mittag verschwinden mußte, um ihrem Max ein anständiges Mittagessen zu kochen und Marcy auszuführen. Der fraß den tiefgefrorenen Herb immer noch mit großer Leidenschaft.

Wir stellten bald fest, daß Renate Kowalski einem äußerst regelmäßigen Tagesablauf folgte. Sie fuhr jeden Morgen um zwanzig vor zehn ins Fitneßcenter, wo sie an einem Aerobic-Kurs teilnahm, sie verließ das Studio gegen zwölf, machte ein paar Einkäufe, die sie dienstags und freitags auf dem Isemarkt erledigte, an den übrigen Tagen im Supermarkt am Eppendorfer Baum. Gegen dreizehn Uhr traf sie sich täglich mit derselben Freundin und trank einen Kaffee im Pasalino. Deshalb kannten wir Renate Kowalski auch nicht. Wir trafen nie vor dem frühen Nachmittag ein.

Am frühen Nachmittag allerdings war die Dame schon wieder unterwegs. Jedoch nicht Richtung Duvenstedt, wie wir angenommen hatten. Dorthin fuhr sie erst am Spätnachmittag oder Abend.

Montag und Freitag mittag fuhr sie gegen vierzehn Uhr nach Schnelsen, verschwand für eine Stunde in einem Einfamilienhaus und kehrte anschließend ohne Umwege nach Hause zurück.

Jürgen kannte dort niemanden, wie er mir beteuerte, als ich ihn danach fragte.

Am Dienstag blieb sie eine geschlagene Stunde im Interconti, aber wir konnten nicht herausbekommen, was sie dort trieb, denn sie war in keiner der Lokalitäten oder Bars aufzutreiben. Mittwoch hielt sie sich für eine Stunde in einer Villa im Mittelweg auf, nur Donnerstag unternahm sie keinen ihrer nachmittäglichen Ausflüge. Da lag sie den ganzen Nachmittag über im Garten ihres Hauses und sonnte sich.

Mir schwante da was. Aber ich brauchte Beweise, bevor ich mit Jürgen sprach. Ich bat ihn deshalb, mir einen Nachschlüssel zu seinem Haus zu besorgen, was er widerspruchslos noch am gleichen Tag erledigte.

Ende der Woche rief ich bei Mühlheimers an und erkundigte mich nach einer Telefonüberwachung. Das sei alles kein Problem, wenn ich sogar im Besitz eines Wohnungsschlüssels sei, erklärte mir Dr. Dr. Mühlheimer. Am kommenden Montag würde mich vormittags ein Fahrzeug abholen, mit dem wir die Telefonate aufzeichnen und abhören könnten. Der Einbau der Wanzen würde am Wochenende erledigt. Ich solle mir keine Gedanken machen. Es käme jemand vorbei, um den Schlüssel abzuholen.

Ich war erleichtert, daß bei Mühlheimer wieder mal alles so unkompliziert war. Es ging doch nichts über eine sogenannte kriminelle Vereinigung. Die Mühlheimers und ihr Sohn Gordon Winslet hatten über die Jahre offenbar etwas äußerst Effizientes aufgebaut, das selbst dann funktionierte, wenn der Kopf des Ganzen nicht mehr vorhanden war. Das aber konnte ich mir nicht recht vorstellen.

Ich fragte Mühlheimer deshalb am Telefon rundheraus, ob er den Laden wieder selbst übernommen hätte. Aber er lachte nur und erwiderte, darüber solle ich mir besser keine Gedanken machen. Aber er hätte eine Überraschung für mich.

»Und welche?«

»Meine Liebe, eine Überraschung ist eine Überraschung. Montag früh werden Sie es von Ihrem Fahrer erfahren.«

»Herr Doktor, jetzt seien Sie mal nicht so gemein. Machen Sie zumindestens eine Andeutung. Nur eine winzige.«

Mühlheimer lachte wieder durchs Telefon. »Warten Sie ab bis Montag. So lange ist es nicht hin.«

»Und wann bekomme ich Kowalskis Wohnungsschlüssel zurück?«

»Auch am Montag. Von Ihrem Fahrer.«

Sprach es und legte auf.

Montag früh, pünktlich um neun Uhr, klingelte der Fahrer an meiner Tür. Er hieß John, war ein nichtssagender, zirka dreißigjähriger braungelockter Mann von der Sorte, wie man sie häufig sieht und nach einem kurzen Augenblick des Musterns als uninteressant abhakt. Mittelgroß, schlank, mit einer hellen, großporigen Haut, auf der sich zahlreiche Aknenarben eingegraben hatten.

Wir stiegen in einen Lieferwagen, dessen Laderaum von oben bis unten mit technischen Gerätschaften angefüllt war. Erwarten Sie nicht, daß ich wüßte, was das alles war. Ich weiß es nicht, denn ich kenne mich mit solchen Sachen nicht aus. Ich erinnere mich lediglich an drei Monitore, die aufeinandergestellt waren, an dunkle Türme, die wie gigantische Rechner aussahen und zahllose Knöpfe hatten, an etwas, das einem Mischpult ähnelte, und an drei oder vier Kopfhörer.

Wir parkten im oberen, vornehmen Teil der Isestraße, denn dort wohnte Kowalski mit seiner Frau, und warteten hinten im Auto, wo wir uns auf zwei im Boden verankerte Klavierhocker setzten. Gott sei Dank eine Luxusausführung, die gepolsterte und höhenverstellbare. Ich schraubte den Hocker ein wenig in die Höhe, bevor ich es mir bequem machte.

»Nehmen Sie den Kopfhörer hier, und setzen Sie ihn auf, wenn ich es Ihnen sage.«

Über einen verborgenen Lautsprecher ertönte kurz darauf ein leises Klingeln. Das klappte ja wie am Schnürchen. John riß sich den Kopfhörer über die Ohren und bedeutete mir, es ihm gleichzutun. Ich hörte zwei Frauenstimmen, die sich darüber unterhielten, ob sie sich an dem Tag nicht lieber mal woanders als im Pasalino treffen sollten.

Das war also die Freundin. Sie hieß Marita, und es klang, als sei das Leben ein einziges Fest und sie der Mittelpunkt. Sie war gut gelaunt und kicherte in einer Tour vor sich hin. Ich könnte die Frau keine drei Minuten ertragen. Renate Kowalski hingegen schien das nichts auszumachen. Sie ignorierte das ständige Kichern und tat so, als spräche sie mit einem völlig normalen Menschen und nicht mit einer durchgeknallten Kichererbse.

Ich hörte mir den Kram an und wunderte mich, wie belanglos das ganze Gespräch war und wie selbstverständlich Jürgens Frau in ihrem Alltag agierte. Dabei mußte sie gestreßt sein, plante sie doch, ihren Gatten abzuservieren. Da ist man doch angespannt und nervös, ob und wann das große Ereignis nun über die Bühne geht. Der Dame aber merkte man von einer eventuellen seelischen Belastung nicht das Geringste an.

Wir legten die Kopfhörer vor uns auf die lange Platte, die auf der rechten Seite die gesamte Länge einnahm, als die beiden Frauen schließlich auflegten.

John sah mich an und grinste aufmunternd.

»Dreißig von einunddreißig Gesprächen können Sie bei so was abhaken. Da passiert gar nichts.«

»Sie machen das also öfter?«

»Klar. Ich bin Experte für solche Einsätze.«

»Aber werden Sie denn so oft benötigt?«

Er lachte. »Wenn Sie wüßten. Das beginnt eher harmlos mit Ehefrauen, die ihren Männern hinterherspionieren. Sie glauben gar nicht, was die sich das kosten lassen, ihren Mann beim Seitensprung zu erwischen. Völlig bescheuert.«

»Ist das so teuer?«

»Na, für Sie natürlich nicht. Sie gehören ja dazu. Aber wenn ich früher für Pete unterwegs war, mußten die Damen schon mindestens einen Tausender am Tag springen lassen. Darunter lohnt sich ja nicht mal das Losfahren.«

Das Telefon klingelte erneut, und wir schlüpften wieder unter unsere Kopfhörer.

Dieses Telefonat war weitaus erhellender. Eine weibliche Stimme fragte, ob Renate Kowalski am Freitag mittag noch frei sei, um nach Lokstedt in ein Einfamilienhaus zu fahren. »Übliche Nummer, übliches Honorar.«

Frau Kowalski bestätigte den Termin.

Das war alles. Ich legte den Kopfhörer ab und rieb die Handinnenflächen gegeneinander. Sie waren feucht und juckten. Es war ein warmer Spätsommertag, aber für Schweißausbrüche war es nicht warm genug. Meine Hände transpirierten vor lauter Nervosität. Ich war gefühlsmäßig in die Sache involviert, und das bekam mir nicht. Ich hatte nämlich sonst nie verschwitzte Hände, na ja, fast nie.

»Ich glaube, wir können abbrechen. Ich weiß, was die unter Mittag macht«, sagte ich zu John.

»Ja, ich auch. Die gehört einem Callgirl-Ring an. Der Stimme nach müßte es der von Tina Gleiber sein. Ziemlich etabliert in Hamburg.«

»Gleiber?«

Hatte nicht auch Schiller von einer Miss Gleiber gesprochen? Ich erinnerte mich vage an den Namen.

»Ja ja, Gleiber. Betreibt das Geschäft seit etwa fünfzehn Jahren, arbeitet tagsüber bevorzugt mit Hausfrauen und setzt nur abends Professionelle ein.«

»Das gibt es wirklich? Ich dachte bis heute eigentlich, das gäbe es nur im Kino.«

»Daß Hausfrauen sich auf diese Art die Zeit vertreiben?«

»Ja.«

»Na ja, ich glaube, sie beschäftigt auch Studentinnen. Es ist ein sehr gepflegter Laden. Sie nimmt nur erstklassige Frauen mit guter Allgemeinbildung auf. Ich glaube, sie hat ungefähr hundertfünfzig Frauen in ihrer Kartei.«

»Das ist ja echt 'ne Menge.«

»Ja, kommt auch 'ne Menge Kohle bei rüber. Für die Gleiber und die Frauen auch.«

»Glauben Sie, die machen das für Geld?«

»Nö, eher aus Langeweile oder wegen des Kicks, etwas Verwerfliches zu tun.«

John hätte sicherlich noch eine ganze Weile über die Vorzüge des Geschäfts geplaudert, doch ich bat ihn, mich nach Hause zu fahren, da ich etwas Dringendes zu erledigen hatte.

Routiniert wendete er den Lieferwagen und brachte mich bis vor meine Haustür.

»Fast hätte ich es vergessen, aber ich hab' da noch was für Sie.«

Er übergab mir Jürgens Wohnungsschlüssel und einen Umschlag.

Ich wußte schon, was der beinhaltete. Einen neuen Auftrag. Wetten? Das war also Mühlheimers Überraschung. In der ganzen Aufregung um Renate Kowalski hatte ich seine Ankündigung komplett vergessen. Ich steckte den Umschlag in meine Tasche. Er hatte Zeit, bis die Geschichte mit der Kowalski vorbei war. Ihren Mann mußte ich ganz dringend anrufen.

Ich dankte John, stieg aus, hastete über die Straße, ohne mich noch einmal umzusehen, und stürzte die Treppe zu meiner Wohnung hoch. Der Fahrstuhl hing irgendwo im zweiten oder dritten Stock, und ich hatte keine Lust, auf ihn zu warten.

Ich rannte förmlich in meine Wohnung und auf das Handy zu, das ausnahmsweise in seinem Akku steckte.

Ich rief Jürgen im Krankenhaus an, erreichte ihn überraschend schnell und platzte ohne Begrüßung los:

»Sie hat einen Geliebten. Aber außerdem gehört sie einem Callgirl-Ring an, für den sie mittags arbeitet. Außer donnerstags, da hat sie offensichtlich ihren freien Tag. Wie findest du das?«

Schweigen.

»Hörst du, was ich sage?«

Und dann die typisch männliche Reaktion:

»Bist du verrückt geworden? Meine Frau ist doch keine Nutte.« Empörung dröhnte durch die Leitung. Männer. Scheißmänner.

»Meine Frau.« Mußten die sich immer an dieses »Meine Frau« klammern? Blödmann, bescheuerter.

»Jürgen!« Meine Stimme drohte ihm zurück.

»Und woher weißt du das überhaupt?«

»Weil wir euer Telefon angezapft und sie beobachtet haben. Das weißt du doch alles. Jetzt tu doch nicht so.«

»Das kann ich nicht glauben. Meine Frau hat damit nichts zu tun. Ihr müßt die Anschlüsse verwechselt haben.«

»Haben wir aber nicht.« Mir reichte es. Ich verbrachte die Tage damit, was über diese Tante rauszukriegen, und wenn ich dann soweit war, glaubte er mir nicht. Der tickte doch wohl nicht ganz richtig.

»Du bist dir ganz sicher?«

»Ja, wir sind uns ganz sicher«, höhnte ich zurück.

»Und was sollen wir jetzt machen? Ich meine, vorausgesetzt, das stimmt, was du da erzählst.«

»Selbstmord, wie ich es bereits vorgeschlagen hatte. Bei dem Doppelleben hat sie jetzt tatsächlich ein Motiv.«

»Und das wäre?« Ein Anflug von Aggressivität lag in seiner Stimme.

»Daß sie zum Beispiel dieses Doppelleben nicht mehr ertrug. Perfekt, das ist einfach perfekt.«

Ich war so aufgeregt, daß wir eine Möglichkeit gefunden hatten, sie ohne Komplikationen loszuwerden, daß ich – typisch Frau – ihm schnellstens verzieh, was ich da mitmachte: das Palaver um »seine Frau«.

»Du wirst heute abend ins Kino gehen, und wir werden das alles erledigen.«

»Heute? Das geht nicht. So schnell geht das nicht.«

»Doch«, unterbrach ich ihn. »Wir machen es heute. Und du hältst dich ab sofort da raus.«

»Irmi, vielleicht ist morgen doch besser, oder übermorgen. Wir haben doch Zeit.«

»Nein, haben wir nicht. Keiner hat hier mehr Zeit als unbedingt nötig. Wir machen es heute und aus.«

Jürgen schwieg.

»Ich muß jetzt auflegen«, sagte ich. »Findest du mich eigentlich toll?«

»Irmi, was soll das jetzt schon wieder?«

»Das wirst du ja wohl wissen, oder?«

»Irmi, es ist nicht der richtige Moment.«

»Ach, und wann ist der richtige Moment? Letzten Samstag auf der Bank war er es ja wohl auch nicht.«

»Irmi, kannst du nicht einmal normal sein? Mußt du immer alles so kompliziert machen? Es ist doch so schon kompliziert genug.«

Mir platzte langsam der Kragen, und ich fragte mich ein klitzekleines bißchen, auf was ich mich da eigentlich eingelassen hatte. Der Mann am anderen Ende der Leitung war nämlich mit »seiner Frau« noch lange nicht fertig. Egal, ob er mit mir im Bett gelandet war oder nicht.

»Vergiß es. Sei heute abend nur einfach nicht da. Und wehe, wir treffen dich an. Dann raste ich aus. Und laß uns morgen früh telefonieren, ja?« fügte ich hinzu, um meine Versöhnungsbereitschaft zu signalisieren. Das sollte man immer tun, sagte Ira jedenfalls. Und die mußte es wissen, hatte sie sich doch jahrelang sowohl mit einem Mann als auch mit einem Kind rumgeplagt. Auf dem Gebiet war sie die Expertin.

Bei klarem Verstand – aber welche Frau ist schon bei klarem Verstand, wenn sie verknallt ist? – hätte ich längst wissen müssen, daß Jürgen mit seiner Frau mehr und intensiver beschäftigt war als mit allem anderen in seinem Leben, einschließlich mir. Aber ich verdrängte damals alles, was mich hätte aufhorchen lassen müssen.

An diesem Montagabend dann konnte ich nichts mehr verdrängen.

Hannah, Ira und ich fuhren gegen neun Uhr rüber in die Isestraße, betraten das Grundstück mit dem adretten Haus, öffneten möglichst leise die Haustür mit Jürgens Schlüssel und lauschten auf etwaige Geräusche, um herauszufinden, wo sich Renate Kowalski aufhielt. Wir hörten leise Musik, die direkt vor uns aus dem Wohnzimmer zu kommen schien. Ich wußte, daß es das Wohnzimmer sein mußte, weil Jürgen mir das Haus am Telefon beschrieben hatte. Immerhin.

Wir durchquerten den kurzen Korridor, öffneten die Tür, und ich ging postwendend auf die Knie. Ich kauerte da und starrte auf die Szenerie. Auf der Couch rechts am Fenster lag Renate Kowalski. Erschossen. Ein dünner Faden Blut klebte an ihrer linken Schläfe. Im Sessel ihr gegenüber saß Jürgen Kowalski. Ebenfalls erschossen. Nur daß in seiner Hand, die über die Lehne hing, die Pistole lag. Sie war ihm nicht entglitten. Ich registrierte, daß es meine 9 Millimeter war. Die mit dem Silberknauf, mit der Gravur »Für meine Liebe« und dem Schalldämpfer. Es war jene Pistole, die ich am Abend von Rupert Schillers Tod im Kleiderschrank vermißt hatte. Wie auch immer Kowalski sie entdeckt und an sich gebracht hatte – ich würde es nicht mehr erfahren.

Ich kniete da und heulte, während mir durch den Kopf die Erkenntnis huschte, daß die Pistole nicht registriert war und nicht bis zu mir zurückverfolgt werden könnte und daß es Essig mit den versprochenen 45000 Mark war. Das Geld interessierte mich nicht die Bohne. Meinen Tränenstrom stoppten die sachlich wirkenden Gedanken allerdings auch nicht.

Ira und Hannah packten mich beidseitig an den Armen und schleiften mich zurück in den Korridor.

Ich konnte nicht aufstehen und hing zwischen ihnen wie ein Schluck Wasser. Ich schien auch wie Wasser zu zerfließen.

»Komm hier weg, Irmi. Los, mach, daß du auf die Beine kommst. Wir müssen hier raus. Schnell.« Ira und Hannah redeten durcheinander, aber ihr Tenor war derselbe. Wir sollten verschwinden. Sie zerrten wieder an mir rum, aber ich riß mich los und lief zurück ins Wohnzimmer, bevor mich eine von ihnen aufhalten konnte. Ich suchte da nach irgendeinem Zeichen, einer Erklärung, einem Abschiedsbrief.

Ich fand vor Jürgen auf dem Couchtisch einen verklebten Briefumschlag, der offensichtlich an ihre oder seine Eltern gerichtet war. Jedenfalls stand »Vati und Mutti« drauf.

»›Vati und Mutti‹, wie süß, du Scheißkerl«, murmelte ich vor mich hin, während meine Knie erneut weich wurden.

Hannah und Ira waren mir gefolgt und flehten mich erneut an, endlich das Haus zu verlassen. Wir hätten hier nichts mehr verloren.

Ich war wütend, enttäuscht, stinkig und ganz nah an einem Schreikrampf. So einem richtigen, bei dem man sich vorstellt, man schrie in einem Tunnel gegen das Geräusch eines sich nähernden Zuges an.

Der Mann hatte mich verarscht. Und ich hatte mich verarschen lassen. Ich gottverdammte, blöde Kuh. Ich war auf diesen Alec-Baldwin-Verschnitt abgefahren wie eine Vierzehnjährige auf die Backstreet Boys. Ich hatte ihn angebetet. Ich wäre für ihn sogar zu den Anonymen Alkoholikern gegangen!

Na ja, vielleicht auch nicht. Aber ich hätte zumindestens noch einmal drüber nachgedacht, wenn er mich darum gebeten hätte. Und nun?

Was auch immer ich für ihn gewesen sein mochte, seine Frau bedeutete ihm bis zum Schluß mehr.

Ich stampfte mit dem Fuß auf. Und es war mir scheißegal, ob es kindisch war oder nicht.

»Irmi, jetzt komm endlich. Das bringt doch hier alles nichts mehr«, flüsterte mir Hannah beruhigend ins Ohr, während sie mich umarmte und versuchte, mich aus dem Wohnzimmer wieder Richtung Hausausgang zu schieben.

Ich schob in die andere Richtung, Hannah stolperte über meine Füße und ließ mich los.

Er mußte doch irgend etwas für mich hinterlassen haben. Einen Zettel, eine Notiz. Irgendeine Erklärung. Der Mann konnte doch nicht so mir nichts, dir nichts in mein Leben treten und dann mit einem Knall wieder daraus verschwinden, ohne mir zu sagen, weshalb. Mein Blick durchgraste erneut das Zimmer. Vergeblich. Ich war ihm keine Nachricht wert gewesen.

Ich drehte mich zu Hannah und Ira. Ira stand inzwischen in der Wohnzimmertür und sah mich mitleidig an. Ein Blick zu Hannah sagte mir, daß sie genauso randvoll mit Verständnis war. Diese blöden Weiber mit ihrer ewigen Mitleidstour. Ich wollte kein Mitleid. Sollten sie sich doch gehackt legen mit ihrer Frauensolidarität. Die half mir auch nicht weiter.

Zunächst einmal aber hatten sie recht. Wir sollten gehen. Und zwar vor meinem nächsten Nervenzusammenbruch. Und daß der in mir lauerte, fühlte ich auf jedem Quadratzentimeter meines Körpers. Meine Haut schmerzte, die Nerven spielten verrückt.

»Okay, gehen wir.«

Wir verließen das Haus, und ich fühlte mich wie ein General, der gerade die Schlacht seines Lebens verloren hatte. Nicht ansprechbar und gelähmt, tief enttäuscht und fassungslos. Irgendwo in mir dräute Wut, auf Kowalski, auf Hannah, auf Ira, auf den Rest der Welt – und auf mich selbst.

Die beiden brachten mich nach Hause und füllten mich mit

Whisky ab. Ich weiß nicht mehr viel über den Abend, lediglich, daß niemand erwähnte, daß dieser gutaussehende Typ uns 45 000 Mark versprochen hatte. Und daß wir am nächsten Morgen alle drei völlig verkatert erwachten. Ira erzählte mir beim Frühstück, sie habe Max informiert, sie sei bei mir und komme nicht los, sie sei sehr krank.

Mein Frühstück bestand aus jeder Menge Kaffee, ein paar Zigaretten und Tränen.

Es war mir gleichgültig, wieviel Nikotin ich da in mich reinzog. Der Zustand meiner Haut, ob feinporig oder nicht, interessierte mich nicht die Bohne. Ich sah aus wie ein Stück Scheiße, und es ging mir am knackigen Hintern vorbei. Sollten die Kerle mich doch ignorieren, sich jüngeren Frauen oder solchen Tussis wie Hannah und Ira zuwenden. Mir war alles scheißegal.

Ich war nachts immer wieder wachgeworden, obwohl mich die Menge Whisky, mit der Ira und Hannah mich abgefüllt hatten, nah an den Rand einer Alkoholvergiftung gebracht haben mußte. Ich war schweißgebadet. Ich träumte irres, wildes Zeug, an das ich mich beim Aufwachen zwar nicht erinnerte, doch zuckten meine Arme und Beine jedesmal aufgeregt herum.

So saß ich an diesem Morgen erschöpft, ungeduscht und mit verschwitzt-strähnigem Haar in meiner Küche und ließ mich von meinen Freundinnen trösten. Vielleicht war die Nummer mit der weiblichen Solidarität doch nicht so übel und die beiden doch keine Tussen, ging es mir durch den chaosgeplagten Kopf. Aber zu einem Ergebnis kam ich nicht, denn irgendwo nervte ihre betuliche Art mich doch, und ich wünschte, sie würden meine Wohnung so schnell wie möglich verlassen.

Ira ging gegen zehn. Ihr Milchmutter-Dasein verlangte ihre Anwesenheit in der Schulpause. Hannah rauschte gegen zwölf ab. Sie mußte in die Detektei, denn sie erwartete dort einen Anruf. Sie sollte eine Ehefrau observieren. Der Mann glaubte, sie ginge fremd. Ging sie auch. Allerdings mit einer Frau. Das mußte ihm Hannah irgendwie verklickern. Normalerweise hätten wir uns über die treulose Ehefrau und den Gatten totgelacht. Aber Schadenfreude brachten wir an dem Tag nicht auf.

Hannah und ich hatten die Detektei zwar gemeinsam geerbt – Mühlheimer hatte die Überschreibung auf unsere Namen so clever abgewickelt, daß niemand auf dumme Gedanken kam oder gar darauf, daß Hannah und ich mehr mit Petes Tod zu tun hatten, als wir ausgesagt hatten. Aber bislang drückte sich Hannah dort immer alleine herum. Ich fand nie genügend Zeit für das Rumschnüffeln in fremden Angelegenheiten. Ich hatte selbst genug um die Ohren.

Als die beiden weg waren, zog ich, erleichtert, endlich allein zu sein, sämtliche Jalousien runter und legte mich ins Schlafzimmer. Dort blieb ich und pflegte meinen Schmerz. Und zwischendurch meine Wut.

Das Telefon klingelte, an der Haustür schellte es, aber ich ignorierte die Außenwelt. Ich wollte niemanden sehen oder hören. Sprechen schon gar nicht. Mein Anrufbeantworter füllte sich mit nicht abgehörten Nachrichten. Es ließ mich kalt.

Mich hatte eine satte Depression überrollt. Ich bekämpfte sie mit Whisky, Tränen, Grübeleien und unruhigem Schlaf.

Obwohl bekämpfen das falsche Wort ist, setzte es doch einen Willen zur Aktivität voraus, den ich nicht aufbrachte. Ich wartete einfach ab, ob ich nicht irgendwann aufwachte und mir mein Zustand selbst auf den Wecker ging. Ich duschte nicht, putzte mir nicht die Zähne, roch aus allen Poren wie ein alter Rettich und aus dem Mund wie ein Kneipenaschenbecher. Ich richtete mich in meinem Leiden häuslich ein.

Ich zog das ein paar Tage durch.

Am vierten Tag geschah das Wunder. Ich hörte das Telefon in einem meiner unruhigen Schlafanfälle läuten und stand auf, um es im Wohnzimmer aus dem Akku zu nehmen.

»Irmi«, klang mir die besorgte Stimme Milva Mühlheimers

entgegen, »endlich erreiche ich Sie. Wo sind Sie denn die ganze Zeit abgeblieben? Das ist ja furchtbar. Wir haben uns solche Sorgen um Sie gemacht.«

»Ach, Frau Mühlheimer, das brauchen Sie nicht. Ich war zu Hause. Aber ich mochte nicht ans Telefon gehen.«

Ich dankte Gott, daß bislang weder Bild- noch Geruchstelefone den Alltag bestimmten, denn mein Eigengeruch und der mehr als fiese Geschmack im Mund gingen mir auf die Nerven. Meine Zunge ertastete ein Pelz-Großlager auf den seit Tagen ungeputzten Zähnen. Ich konstatierte, daß ich auf dem Weg der Besserung war. Bloß gut.

»Irmi, wir haben es in der Zeitung gelesen. Das mit Kowalski. Es tut uns so leid für Sie.«

»Danke, aber das muß es nicht. Eigentlich war da ja gar nichts.«

»Irmi, wir wissen sehr wohl, daß da was war, wie Sie es nennen. Schließlich stand es sogar in der Zeitung. Also nicht das mit Ihnen, selbstverständlich. Aber in der Zeitung stand, Kowalskis Frau hätte ein Doppelleben geführt, er hätte es herausbekommen, und dann hätte er mit der Schande nicht mehr leben können und hätte erst sie und dann sich selbst erschossen. Jedenfalls stand das im Abschiedsbrief an seine Eltern. Oder ihre. Oder wie das war.« Sie stockte kurz, als wollte sie sich besinnen, und fuhr dann fort: »Ich wollte Ihnen auch nur sagen, daß es uns wirklich von Herzen erschüttert hat. Und wir wollten Ihnen sagen, daß Sie den Umschlag vergessen sollen. Die Geschichte haben bereits Ihre Freundinnen erledigt.«

Ich starrte vor mich hin und versuchte, mich an einen Umschlag zu erinnern. Er fiel mir auch wieder ein. John hatte ihn mir übergeben, und ich mußte ihn irgendwo hingeworfen haben, hatte aber natürlich weder an dem Tag des Desasters noch in den nachfolgenden auch nur einen Gedanken an den Brief verschwendet.

Während Frau Mühlheimer angeregt weiterplauderte, sah ich

mich suchend im Wohnzimmer um. Der Umschlag lag auf meinem Lieblingssessel am Fenster. Damit war sein Verbleib geklärt.

»Irmi, hören Sie mir zu? Ich sagte, ich hielte es für das einzig Richtige, wenn Sie zu einer Kur fahren würden.«

»Äh, ja, Frau Mühlheimer ... Nein, das heißt nein, Frau Mühlheimer.« Ich war durcheinander. »Verzeihen Sie, aber was sagten Sie? Ich soll zu einer Kur fahren? Jetzt?«

»Ja, sicher, Sie sind doch ganz runter mit den Nerven. Erst Pete, jetzt Kowalski. Wissen Sie, mein Mann und ich haben beschlossen, daß Sie sich erst einmal erholen, am besten wäre eine vierzehntägige Thalassotherapie. Die haben mein Mann und ich vor einem Jahr gemacht. Wir kamen zurück und fühlten uns um zehn Jahre verjüngt. Der reinste Jungbrunnen. Es gibt eine wunderbare Klinik im Schwarzwald. Wirklich hervorragend, sehr exklusiv das Ambiente und sehr entspannend, diese täglichen Algenbehandlungen und Salzwasserbäder und Massagen; und vor allem wird Ihnen auch das gute Essen bekommen. Was halten Sie davon?«

»Ich muß darüber nachdenken.«

»Neinneinneinnein, meine Liebe. Sie brauchen nicht darüber nachzudenken. Wir haben für Sie dort bereits gebucht. Sie fahren morgen früh mit dem Auto los und sind dann nachmittags da.«

Ich wollte widersprechen, aber Frau Mühlheimer ließ mich nicht zu Wort kommen. Resolut, wie sie war, hatte sie für mich entschieden.

Sie gab mir noch die Anschrift und die Telefonnummer des Hotels und hängte mit den Worten ein: »Wir erwarten, daß Sie die Kur antreten. Vergessen Sie es nicht.«

Kaum hatte ich aufgelegt, sah ich an mir runter. Na ja. Zwei Stunden Generalüberholung im Bad. Dann dürfte ich soweit sein, mich wieder unter Menschen zu wagen.

Ich griff mir auf dem Weg ins Bad den Brief und überflog kurz den Auftrag. Irgendein Typ, der mir nichts sagte, hätte vorgestern dran glauben sollen. Was soll's. Irmi und Hannah hatten es erledigt. Stand wahrscheinlich auch in der Zeitung. Ebenso wie drei Tage zuvor die Meldung vom Selbstmord in der Isestraße. Natürlich standen diese Ereignisse nicht auf der Titelseite, eher auf Seite acht oder elf unter den vermischten Nachrichten übers Hamburger Leben.

Ich stutzte im Gehen und drehte mich um.

Ich rief Ira an, die sich riesig freute, von mir zu hören. Ich ließ sie nicht lange zu Wort kommen und fragte, was sich da abgespielt habe. Sie erklärte es mir kurz. Mühlheimers hatten Hannah und sie angewiesen, bei genauer Angabe von Zeit und Ort, einen Typen zu erschießen. Das lief aber nicht ganz so glatt, wie sie sich das alle vorgestellt hatten. Der Mann wehrte sich, und sie mußten kämpfen – »stell dir vor, gegen einen Mann und nur zu zweit« –, ihn fesseln, und dann hatte ihn Hannah stranguliert. Mit dem Draht, den Ira noch zufällig von ihrer Gartenarbeit in der Hosentasche gehabt hatte. Sie wollte damit eigentlich ihre Tomatenpflanzen hochbinden, die über den Sommer derart in die Höhe geschossen waren, daß das Gewicht der prallen Früchte drohte, sie niederzuziehen. Allerdings vergaß sie den Draht und die Tomatenarie komplett, als sie hörte, Hannah und sie sollten ganz allein so einen Typen umbringen.

Also jedenfalls sei es im nachhinein ziemlich klasse gewesen, daß sie den Draht dabeigehabt hatte, auch wenn die Tomaten unter ihrer Vergeßlichkeit litten. Aber, eines sollte ich auch wissen, dieses Strangulieren, das sei sehr unappetitlich, vor allem riesig kräftezehrend und Erschießen bei weitem die effektivere Lösung.

Ich hatte offensichtlich irgendeine Entwicklungsstufe der beiden in den letzten Tagen verschlafen – und vertrunken. Obwohl, wenn ich es genau betrachtete, waren sie auch bei diesem Strampelmann-Heini schon ziemlich kaltblütig zu Werke gegangen.

Ira erkundigte sich, was meine Reisevorbereitungen machten.

398

Aha, das wußten sie also auch schon. Sie versprach, Hannah zu grüßen, die just an dem Tag einen Auftrag in Kiel zu erledigen hatte, wünschte mir alles Gute für die Kur und hängte mich ab. Sie müsse sich jetzt erst mal um Marcy kümmern, der laut winselnd vor ihr stehe, da er dringend raus müsse.

Ich verbrachte den Rest des Tages mit Packen, Duschen, Haare- und Wäschewaschen und einigem Nachdenken. Dabei dämmerte mir, daß Frau Mühlheimer von meinem Verhältnis mit Kowalski eigentlich gar nichts wissen konnte. Wir hatten uns nie darüber unterhalten.

Sie hatten mich beschatten lassen. Sie trauten mir nicht. Oder sie ließen mich beschützen. Ich beschloß, daß sie es gut mit mir meinten und vielleicht jemanden abgestellt hatten, der mich beobachtete. Ich verbat mir jeden weiteren Gedanken in diese Richtung. Hätte ja sein können, dabei käme heraus, daß wir irgendwie in Gefahr waren. Das wollte ich gar nicht wissen.

Den Abend verbrachte ich allein. Mir und meinem Freund Johnnie Walker ging es anfänglich noch ganz gut, gegen Mitternacht ging es ihm eher schlecht. Er hatte sich davongemacht. Die Flasche war leer.

Ich reiste am nächsten Tag ab. Der treulose Whisky meldete sich in meinem Kopf mit brüllendem Schmerz zurück, das eingeworfene Aspirin wirkte kaum, und so saß ich mit hämmerndem Kopfweh im Auto. Kopfschmerzen waren allerdings allemal besser als Herzschmerzen wegen eines Kerls. Ich betrachtete die Affäre Kowalski als erledigt. Blödmann. Wir hätten es zusammen so gut haben können. Idiot, Arschloch, Mistkerl.

Hatte sich einfach verpißt und mich in der Scheiße dieses angebrochenen Lebens sitzenlassen.

Aus und vorbei.

Ich wollte mich lieber nicht umdrehen und zurückdenken. »Schau heimwärts, Engel« war für Frauen wie mich definitiv der falsche Slogan. Und wie sagte meine Mutter immer: »Wennste und Hättste gibt es nicht.« Sie hatte ja mal wieder so recht.

Mein Kopf dröhnte während der Fahrt weiter, und ich versuchte krampfhaft, den Schmerz zu ignorieren und mich abzulenken.

Wie hieß doch gleich einer dieser Ratgeber-Bestseller – *Frauen brauchen Schokolade*? Irgendeine amerikanische Autorin – oder war es ein Autor? – hatte herausgefunden, daß über fünfzig Prozent der Frauen lieber Schokolade aßen als Sex hatten. Zum Sex benötigte man einen Mann. Damit schien der Ärger programmiert. Schokolade konnte man allein verzehren. Sollte man sogar. Sonst war man nur wieder irgendwelchen Gesprächen mit diversen Freundinnen und Bekannten ausgeliefert, die sich über die Folgen, unreine Haut und wuchernde Fettpölsterchen, ausließen.

Schokolade machte dick, aber versenkte einen nicht durch K.o. in Depressionen. Im Gegenteil, Schokolade initiierte die Ausschüttung von Glückshormonen.

Ich beschloß, daß der Verzehr von Schokolade weniger stressig sei als Männer anzubaggern. Außerdem hatte Schokolade weniger Nebenwirkungen. Ich sollte Männern endgültig entsagen.

Heute muß ich mir darüber keine Gedanken mehr machen. In dem verbleibenden Jahr, das noch bis zu unserer Entdeckung verging, blieb ich zwar stets gepflegt, nahm aber dank meiner wachsenden Vorliebe für Zartbitterschokolade zehn Pfund zu. Ira sah es mit Schrecken, Hannah ignorierte es, weil sie damit rechnete, ich würde nach einer gewissen Zeit zu einer Radikaldiät schreiten. Tat ich aber nicht.

Und heute nun ist es egal.

Ich sitze nämlich mit diesen knapp fünfundsechzig Kilo, allerdings habe ich immer noch Konfektionsgröße 38, auch wenn die blaugraue Gefängnishose entsetzlich über dem Hintern spannt, im Rollstuhl. Das ist die Nummer mit Ira. Aber die hat sie nicht überlebt, wie ich ja schon erzählt habe.

Wenn ich mich anstrenge, ist mein Rollstuhl-Dasein zeitlich begrenzt. Vielleicht sollte ich anschließend doch mal darüber nachdenken, meinen Schokoladenkonsum etwas einzuschränken. Es ist nämlich unangenehm, wenn die Hosen am Hintern kneifen.

Aber das werden wir ja sehen.

»Kommt Zeit, kommt Rat«, sagte meine Mama immer.

Kapitel 22

Ich kehrte vierzehn Tage später, inzwischen war es Ende September, nach Hamburg zurück. Erholt, mit samtweicher Haut dank der Algenpackungen, mit butterweicher Rückenmuskulatur dank der täglichen Massagen, na ja, und mit zwei Kilo mehr als zuvor. Schuld waren die köstlichen Desserts und kleinen Kuchen, die man abends servierte und denen ich eingedenk meiner selbstauferlegten Mannlosigkeit und den Freuden der Schokolade mit großem Vergnügen zusprach.

Ich hatte in diesen vierzehn Tagen nicht einen Tropfen Alkohol getrunken. Nicht, weil ich es so gewollt hätte, sondern weil die Mühlheimers mich in ein Hotel eingebucht hatten, in dem es keinen gab. Nicht einmal in der Küche. Glauben Sie mir, die bereiteten ihre Menüs einfach ohne Weiß- oder Rotwein zu. Ich muß es wissen, denn gleich am ersten Abend begab ich mich dorthin und fragte den Chefkoch. Der aber setzte nur ein wissendes Grinsen auf und schüttelte verneinend den Kopf. Daraufhin war mir zwei Tage lang übel, aber es war auszuhalten. Ich vermutete, die mischten mir irgendwelche Tabletten in meine Vitaminration. Denn nach den Maßgaben der Vernunft hätte mir morgens schlecht sein müssen. War mir aber nicht. Und auch das Zittern der Hände blieb aus.

Ich kam also erholt zurück, die Stadt begann nach Laub zu riechen. Grüngelbe Kastanien und rotgoldene Ahornbäume versprachen einen farbenprächtigen Herbst, wenn denn die Sonne mitspielte. Das tat sie, und wir genossen bis Ende Oktober bezaubernde Herbsttage mit viel Licht, wenig Regen und noch weniger Nebel. Sehr unhanseatisch, aber desto prachtvoller erschien mir die Stadt, und ich freute mich jeden Tag aufs neue, die Wohnung zu verlassen und das herbstlich-bunte Hamburg zu genießen. Ich ging viel spazieren, traf mich mit Hannah und Ira im Pasalino oder zum Shoppen, erhielt ab und an einen Anruf von Charlie, wie ich ja bereits erzählte – und verschwendete immer weniger Gedanken und nächtliche Träume an Jürgen Kowalski.

Natürlich gab es zwischendurch immer den einen oder anderen Abend, an dem ich meinen Freund Johnnie Walker einlud und ihm mehr zusprach, als mir guttat. Das waren die Abende, an denen mich Kowalski einholte. Vor allem die Tatsache, daß ich nur eine Episode in seinem Leben gewesen sein sollte und er seine Frau bis zum Schluß geliebt hatte, trotz ihres Liebhabers und ihres Callgirl-Daseins. Sonst hätte er sich ja wohl dafür entschieden, mit mir ein neues Leben zu beginnen, anstatt sein altes mit seiner Frau Renate zu beenden.

Und dann kam mir hoch, wie naiv ich triumphiert hatte, weil ich in den ganzen fünfzehn Jahren seiner Ehe die erste Geliebte gewesen war, und daß es weniger mit mir als vielmehr mit ihr zu tun gehabt hatte – oder seiner Liebe zu ihr. Und daß er sich mir zugewandt hatte, um den Schmerz in den Griff zu bekommen, den ihm das Verhältnis seiner Frau zufügte.

Ich konnte das Ganze nicht verifizieren, wie denn auch. Aber ich denke, ich kam der Wahrheit ziemlich nahe. Und diese Wahrheit zerstörte immer wieder mein Gleichgewicht – und so trank ich mich in einen traumlosen Schlaf und in den nächsten Kater. Machte doch nichts, Hauptsache, ich überstand diese vergrübelten Abende, die meinem Selbstverständnis nicht bekamen.

Hannah werkelte in der Detektei herum und spionierte mit wachsender Begeisterung treulosen Ehefrauen und -männern hinterher, Ira versorgte Max und Marcy, trank wie ich immer ein wenig zuviel, nur daß die liebe Ira mitunter die berühmte

Contenance verlor und durch das Pasalino kreischte, Männer seien Idioten und Frauen auch nicht besser. Wir hatten immer Mühe, sie zu beschwichtigen, machten uns aber keine wirklichen Sorgen um sie und ihr loses Mundwerk.

Ab und an, so alle sechs Wochen etwa, rief mich Herr Dr. Dr. Mühlheimer an, erteilte uns dreien einen Auftrag und schickte per Kurier eine Waffe. Irgendeine Schnepfe mit zuviel Geld oder der Aussicht auf noch mehr Geld wollte ihren Mann loswerden.

Ira zog ohne ihren Draht überhaupt nicht mehr los.

Sie war so begeistert von der Entdeckung dieses Hilfsmittels, daß weder Hannah noch ich sie von der schrulligen Idee abbringen konnten.

Im Gegenteil, in dieser Zeit lief gerade *Sieben* mit Brad Pitt und Morgan Freeman im Fernsehen an. Wir drei sahen in den düster-morbiden Thriller, und Ira fand sich geradezu genial und »hollywoodreif«, Zitat Ira, wurde doch darin ein übergewichtiger Freßsack gleichfalls mit Draht an den Fußgelenken ruhiggestellt und dann gezwungen, sich im wahrsten Sinne des Wortes totzufressen. Mit Tomatentortellini aus der Dose. Igitt.

Der Herbst ging in den Winter über, in Hamburg patschte dreckiger Schneematsch durch die Straßen, die Bäume standen grau und kahl an den Bürgersteigen, die Singvögel hatten sich in den Süden davongemacht, und wenn der Matsch gerade mal wieder getaut war, regnete es zum Gotterbarmen. Die Tage waren kurz und endeten am frühen Nachmittag. So mancher Tag begann erst gar nicht richtig. Düster war es morgens, düster war es mittags, und wenn es am frühen Nachmittag dunkel zu werden begann, machte es keinen Unterschied mehr. Eine nasse Kälte kroch beständig durch dicke Wattejacken und Stiefel den Körper entlang, und die Hanseaten ergriff ihre winterliche Depression. Sie verkrochen sich in ihren Häusern und Wohnungen und warteten ergeben auf die ersten Anzeichen eines noch nicht zu erkennenden Frühlings.

Waren wir im Auftrag der Mühlheimers mal wieder unterwegs, zierten am nächsten Tag dicke Schlagzeilen über irgendeinen Toten den Hamburger Blätterwald. Nicht auf Seite eins, dazu waren die Morde oder Selbstmorde denn doch nicht spektakulär genug und die Phantasie der Schreiber zu begrenzt. Sie unterstellten fast jedem Dahingeschiedenen irgendwelche Verwicklungen in irgendwelche illegalen Geschäfte, und so manches Familienunternehmen war danach komplett ruiniert.

Irgendein Schreiberling kam auf die Idee, vielleicht sogar die Kriminalpolizei, von Serienmord zu faseln, als wir etwa drei, vier Gatten entsorgt hatten. Hektische Berichte in den Tageszeitungen wollten die Annahme bestätigen, aber die Recherchen der Polizei verliefen im Nirgendwo. Die Männer verband in ihrer Vergangenheit und ihrem Lebensstil nicht das geringste.

Lediglich, daß sie verheiratet waren, hätte ein Bindeglied zwischen den Morden und inszenierten Selbstmorden sein können. Aber auf diese naheliegende Tatsache kam niemand.

Uns tangierte das nicht.

Die hinterbliebenen Gattinnen ebensowenig. Sie sahnten ab: Lebensversicherungen, Bankkonten, Häuser. Die meisten schienen ohnehin nicht am Fortbestand der Familiengeschäfte interessiert zu sein.

Keine der Damen geriet jemals in den Verdacht, mit dem Tod des Gatten etwas zu tun zu haben. Die Ehen waren vorbildlich und galten im jeweiligen Umfeld als harmonisch.

Das wunderte uns zwar, zeugte aber von Dr. Dr. Mühlheimers effizienter Auswahl unserer Klientel, seiner, nicht unserer, Vorbereitung des jeweiligen Auftrags und unserer wachsenden Professionalität. Wir hinterließen niemals mehr Spuren als nötig. Vor allem aber hinterließen wir immer nur die falschen.

Irgendwann begann ich, ab und an gänzlich ohne Waffen zu arbeiten. Wie Sie sich erinnern, habe ich einen schwarzen Gürtel als Judoka. Ich kenne mich mit Handkanten- und anderen Knockout-Schlägen ganz gut aus. Aber das will ich hier nicht vertiefen, denn schließlich ist dieser Bericht keine Anleitung zum Mord oder ein Lehrbuch über effiziente Tötungsmethoden.

Ich wandte meine Kenntnisse nur an, damit die Kriminalpolizei von vornherein nicht auf den Gedanken kam, Frauen könnten in die Taten involviert sein. Ich empfand es als einen genialen Schachzug, denn wer traute schon einer Frau einen Mord mit der bloßen Hand zu? Keiner, soviel ich weiß. Klingt auch völlig absurd. Es war also eine perfekte falsche Fährte.

Der Frühling kam und verging, der Sommer stellte sich ein und mit ihm die neuerliche Hitze. Und in der spielen ja wohl immer alle ein wenig verrückt. Denken Sie nur an Marilyn Monroe und Jack Lemmon in *Das verflixte siebte Jahr.*

Die Hitze ließ Ira endgültig durchknallen. Sicher, sie trank zuviel. Aber das tat ich auch, wie ich selbstkritisch zugebe. Manchmal stellte ich ein nervöses Zittern meiner Hände fest, wenn ich morgens aufwachte und versuchte, mir gegen meine Kopfschmerzen zwei Aspirin und eine gehörige Menge Wasser einzuverleiben. Mitunter verschüttete ich etwas aus dem Glas. Manchmal übergab ich mich. Eine steife Bloody Mary wirkte der morgendlichen Übelkeit mitunter segensreich entgegen. Noch Monate zuvor hatte mich der Gedanke gegraust! Ich verdrängte das alles und sprach auch mit niemandem darüber.

Ira aber stand an besagtem Abend, von dem ich bereits zu Beginn berichtete, im Pasalino und röhrte zwischen zwei Grappas und mehreren Champagnern von den Mühen, die ein vermeintlicher Mörder mit seinem Opfer habe, wenn letzteres sich wehrte und um sich schlug. Und beharrte darauf, daß Gartendraht das einzig Effiziente sei, um solche Typen ruhigzustellen.

Ja, und wie ich bereits ebenfalls berichtete, mußte jemand stutzig geworden sein, als zu Beginn der darauffolgenden Woche von dem toten Konsul Egerholm die Rede war, der auf eben jene Weise – die Ira so alkoholselig und detailliert beschrieben hatte – umgebracht worden war. Und da es sich in diesem Fall um einen Konsul handelte, schaffte es der Tote für jeden sichtbar auf die Titelseite.

Ira plauderte also drauflos, als die Leiche noch nicht einmal gefunden worden war, ja, als niemand auch nur ahnte, es gebe einen toten Konsul in Hamburg. Wir hatten den Auftrag gerade erledigt und waren von Egerholm direkt ins Pasalino auf einen Absacker gefahren.

Das hätten wir besser bleiben lassen sollen. Hätten wir doch nur geahnt, daß ausgerechnet unsere korpulente Freundin Ira uns in die Scheiße hineinreiten sollte, die nun folgte.

Wenige Tage später nämlich standen die Bullen Gitter und Burrmann bei Ira zu Hause vor der Tür und erkundigten sich, weshalb sie den Tathergang so genau rekonstruieren konnte. Und Ira war derart überrascht, daß sie furchtbar stotterte und ihnen die Tür vor der Nase zuschlug.

Die beiden Kommissare waren wohl ebenso erstaunt und überrascht, denn sie zogen ab, um sich einen Durchsuchungsbefehl zu besorgen, wie sie Ira erklärten. Bis zu diesem Zeitpunkt waren sie anscheinend eher ratlos gewesen und hatten sich lediglich gewundert, woher Ira die Informationen hatte. Iras Verhalten aber änderte ganz entschieden etwas an ihrer Einschätzung.

Ira war immerhin so clever, Sohn Max und Dackel Marcy sofort zu Omi Lisa zu fahren. Kurz darauf schlug sie völlig fertig bei mir auf.

Sie klammerte sich an den Türrahmen, als ich ihr öffnete, und sah mich unter schwarzverschmierter Wimperntusche und mit reichlich schiefem Haarknoten, aus dem sich Dutzende von Haaren bereits gelöst hatten, hilfesuchend an.

»O Gott, Ira, komm rein, los, komm. Was ist los?«

Ich ahnte sehr wohl, was los war. Ich hatte mich die halbe Nacht mit der Frage herumgeschlagen, ob irgend jemand stutzig werden und die Bullen informieren würde, wenn Egerholms Tod prominent plaziert in der Zeitung stünde. Denn das war voraussehbar. Dazu brauchte man nicht mal eine Kartenlegerin.

Und ich hatte auch überlegt, was in einem solchen Fall zu tun wäre. Vor allem hatte ich Dr. Dr. Mühlheimer angerufen, der mir besorgt zugehört hatte, mich kurz darauf abhängte, um mich eine halbe Stunde später zurückzurufen. Er erklärte mir, zunächst müßte ich jeden Brief, jeden Zettel vernichten, der mich mit ihm oder Pete in Zusammenhang bringen könnte. Das befolgte ich noch in der Nacht und verbrannte Petes Briefe und alle anderen Notizen.

Und dann machte mir Dr. Dr. Mühlheimer einen Vorschlag, der mir nicht gefiel.

Er erklärte mir, Iras Schaden sei nicht mehr zu begrenzen. Die Polizei würde bei ihr einfallen, sie würden die Wohnung auf den Kopf stellen, die Tiefkühltruhe mit Marcys Frischkost und Herbs Kopf finden, den Keller unter die Lupe nehmen und herausbekommen, was da abgelaufen war. Sie würde wegen Mordes an ihrem Ehemann Herb angeklagt werden und natürlich wegen des Mordes am Konsul. Das erklärte mir Mühlheimer. Und er sagte auch, er könne mir nur ansatzweise helfen, da die Zeit für eine effiziente Planung zu kurz sei. Ich müßte improvisieren.

Er umriß in groben Zügen, was ich tun sollte, seiner Meinung nach dringend tun mußte. Ich erfuhr, was ich in die Wege zu leiten hatte. Als erstes und wichtigstes sollte ich den Autoschlüssel im Auto deponieren. Sie wollten den Airbag manipulieren.

Ich wußte, worauf es hinauslief: Ira sollte der Sündenbock werden. Sie. Nicht Hannah, nicht ich. Und sie sollte sterben. Und zwar durch mich.

Die Sache hatte nur einen Haken: Ira war meine Freundin. Meine erst- oder zweitbeste. Auf jeden Fall eine meiner beiden engsten. Und dieser Mann erwartete, daß ich sie ins Jenseits beförderte. Ich war empört, mehr als das, ich schäumte.

Auf eine so saudämliche Idee konnte auch nur ein Mann verfallen. Wahrscheinlich hatte selbst mein kultiviert wirkender und liebreizender Dr. Dr. Mühlheimer im Verlauf seines Lebens zu viele Mobsterfilme gesehen, in denen Auftragskiller im Sinne des jeweiligen Mafia-Clans sogar allerbeste Freunde entsorgten, wenn denn das Wohl der Familie auf dem Spiel stand. Ich aber war kein Mafioso. Und ich war auch kein Mann.

Ich wehrte mich vehement gegen Mühlheimers Vorschlag, und wir bekamen einen furchtbaren Streit, den Dr. Dr. Mühlheimer mit aller Contenance, ich aber laut keifend führte. Meine Lautstärke obsiegte nicht, aber mein Dickschädel. Ich verweigerte Dr. Dr. Mühlheimer einfach die Gefolgschaft und knallte das Handy wütend auf den Küchentisch. So konnte es ja nun wirklich nicht laufen.

Als Ira wie ein Häufchen Elend vor mir stand, wußte ich, daß ich die richtige Entscheidung getroffen hatte. Sie war meine Freundin. Und Freundinnen ließ man nicht einfach im Stich, nur um die eigene Haut zu retten. Basta. Mir mußte nur etwas einfallen. Das aber schien ziemlich kompliziert zu werden.

Ich zog sie erst mal in die Wohnung, wo sie am Küchentisch heulend zusammenbrach.

»Ich hab' mich gerade wie der letzte Idiot benommen«, schluchzte sie und erzählte mir, was sich kurz zuvor ereignet hatte.

Mir war damit klar, daß ich höchstens eine Stunde hatte, bis die Bullen bei mir aufschlagen würden, um auch mich zu vernehmen oder gar zu verhaften. Hannah würde dasselbe widerfahren.

Ich erklärte Ira in ihr Schluchzen hinein, ich müsse jetzt mal kurz mit Hannah telefonieren, rief sie an und bat sie, sich in ein Hotel einzubuchen. Wir müßten Zeit schinden. Mehr wüßte ich auch nicht. Hannah war verstört, versprach aber, sofort loszufahren und sich in Kiel ein Zimmer zu nehmen und abzuwarten, bis ich sie übers Handy anrief.

Ira schluchzte weiter vor sich hin, während ich mit Hannah sprach. Als ich aufgelegt hatte, strich ich ihr die widerspenstigen Haare aus dem Gesicht und zog sie an mich. Sie trug wieder irgendein robustes Ohrgehänge, diesmal aus Altsilber mit kleinen Rubinen, und wieder schabte es an meiner Wange entlang. Ich ignorierte es. War auch gut so. Es war das letzte Mal, daß mich ihre Ohrringe berührten. Auch wenn ich das, was folgte, nicht wollte.

Dankbar ließ sich Ira in meine Arme fallen, und ich spürte ihre dicklichen Fettrollen auf ihrem Rücken unter meinen behutsam massierenden Händen und ihre prallen, mütterlichen Brüste, die sich gegen die meinen drückten.

»Ich habe alles falsch gemacht. Es tut mir so leid.«

»Ira, das ist jetzt nicht mehr zu ändern.«

»Ja, aber sie werden mich heute bestimmt noch abholen und in irgend so ein dämliches Gefängnis stecken. Und Max wird nicht nach Hause kommen können und bei Omi Lisa bleiben müssen. Und die hat dann auch noch Marcy am Hals, wo sie doch sowieso schon seit ewigen Zeiten Probleme mit dem Laufen hat. Du weißt doch, ihre ramponierte Hüfte macht ihr zu schaffen. Sie hätte sie längst operieren lassen müssen. Also, Ira, ich kann jetzt unmöglich in den Knast gehen. Das ist undenkbar.«

Erschöpft von dem Monolog, schwieg sie.

Ich zog sie noch ein wenig fester in meine Arme und streichelte ihr den Kopf, oder besser den Teil, der nicht von dem Haarknoten beherrscht wurde. Sie ließ es sich gefallen, dieses große voluminöse Muttertier, und ich flüsterte ihr ins Ohr, daß wir immer füreinander da seien, daß sie sich nicht soviel Gedanken machen müsse, denn niemand könne uns die Morde nachweisen.

»Aber wenn sie Herb finden und seine Überreste, das reicht doch schon, um mich lebenslang hinter Gitter zu bringen.« Schluchz.

Ich unterbrach sie.

»Ira, noch ist nicht aller Tage Abend. Uns wird schon noch was einfallen.«

»Aber was denn, bitte schön. Die kommen doch wieder. Heute, jetzt. Die sind wahrscheinlich schon da und haben das ganze Haus auf den Kopf gestellt. Wie willst du dir denn da noch was ausdenken?«

»Willst du was trinken?«

Ira nickte, und ich ging ins Wohnzimmer, um ihr den Whisky zu holen. Sie griff nach der Flasche, schnappte sich eines meiner Wassergläser und füllte es halbvoll.

»Weißt du, im Moment bin ich etwas ratlos.«

»Ja, sag’ ich doch«, unterbrach mich Ira, während sie den Whisky schlürfte. Ich verzichtete auf einen Drink, denn ich brauchte einen klaren Kopf und starke Nerven. Dabei waren die schon mal von Natur aus keine Drahtseile, an dem Tag aber besaßen sie eher die Konsistenz und Stärke von Nähseide. Das Qualitätsurteil dürfte reißempfindlich lauten. Zunächst mal riß ich mich zusammen.

»Ja, Ira. Hast ja recht. Aber im Moment fällt mir nur ein, daß wir ein bißchen Zeit schinden müssen. Wahrscheinlich dauert es keine zwanzig Minuten, bis die Bullen auch bei mir sind und ebenso nach Hannah schauen. Also, ich schlage vor, wir fahren jetzt erst mal an die Elbe. Da lassen wir uns die Köpfe freipusten und denken darüber nach, was wir machen können.«

»Meinst du, das ist gut?« Sie nippte immer noch am Whisky rum.

»Das weiß ich nicht, aber besser, als hier rumzusitzen und auf die Bullen zu warten, ist es allemal.«

»Hm.« Sie stand auf, kippte den Rest aus dem Glas in einem Hieb runter, schüttelte sich kaum merklich und stapfte durch den Korridor zur Wohnungstür.

»Hey, Ira, warte. Du mußt erst mal ins Bad. Du siehst ganz verheult und verschmiert aus.«

Sie drehte sich Richtung Bad und verschwand. Ich wartete an der Wohnungstür, bis sie zurückkam. Sie sah etwas besser aus, hatte sich die Haare gerichtet, die Wimperntusche entfernt und einen meiner Lippenstifte benutzt. Allein die rötliche Bindehaut und ihre leicht geschwollenen Lider verrieten, daß die Frau noch kurz zuvor geweint hatte. Nun gut. War nicht so dramatisch.

Ich folgte Ira die Treppenstufen hinunter, denn natürlich verweigerte sie die Benutzung des Fahrstuhls. Wir verließen das Haus.

Wir stiegen in das Auto und fuhren los. Wie immer war Ira nicht angeschnallt. Sie haßte es, und alles Reden über die möglichen Konsequenzen bei einem Unfall blieb vergebliche Liebesmüh. Ich hatte längst aufgegeben, mit ihr darüber zu diskutieren.

Dr. Dr. Mühlheimer hatte mich am Abend zuvor gebeten, den Schlüssel im Auto steckenzulassen, da er jemanden vorbeischicken wollte, der den Airbag auf der Beifahrerseite manipulierte. Ich sollte einen Unfall verursachen und mir keine Gedanken machen, denn einen Aufprall bei einer Geschwindigkeit von nur 80 km/h überlebte ohne Anschnallen und Airbag kaum jemand. Ich müsse nur dafür sorgen, daß Ira sich nicht anschnallte. Aber das tat sie ja eh nicht.

Zahlreiche Crashtests hätten das ergeben, fuhr Mühlheimer fort. Und Probleme mit Airbags gäbe es bei den Autoherstellern immer wieder. Niemand würde an der Geschichte zweifeln, wenn mal wieder einer versagte und nicht aufginge.

Sie können sich vorstellen, daß ich unter diesen Bedingungen in keiner Sekunde auch nur einen Gedanken an dieses Gespräch verschwendete. Ich hatte den Schlüssel nicht im Auto deponiert, und so glaubte ich selbstverständlich, daß ich ein komplett intaktes Auto fuhr.

Ira saß neben mir und starrte vor sich hin. Sie war ein Nervenbündel, ihre Finger glitten immer wieder über die Ablage, als entfernte sie dort Bahn für Bahn Staubspuren. Es tat mir in der Seele weh, sie so kaputt zu sehen.

»Was sollen wir nur tun, Irmi. Die Sache ist doch schon gelaufen.«

»Ira, jetzt reiß dich zusammen. Noch ist gar nichts gelaufen. Wir sitzen hier im Auto, und gleich gehen wir spazieren.«

»Ach, ich weiß nicht, Irmi. Ich hab' alles versaut. Und es wird mir echt angst und bange. Mensch, stell dir vor, ich verschwinde wegen Herb und Egerholm für Jahre hinter Gittern. Meine Güte. Ich darf gar nicht dran denken. Max' Leben wäre ruiniert, so ohne Mutter. Oder schlimmer noch, mit einer Mutter im Gefängnis.«

Ich musterte sie von der Seite. Trotz ihres aufgelösten Zustands wollte sie was von mir. Das war schon mal sicher.

»Und du weißt bereits, wie du dem entgehen kannst, oder?«

»Na ja, nicht richtig. Aber ich dachte schon auf der Fahrt zu dir, es müßte doch machbar sein, daß Hannah und du«, sie stockte.

»Was?« hakte ich nach.

»Na ja, ich meine, wenn Hannah und du, also wenn ihr beide die Schuld auf euch nehmt, also weißt du, ich meine«, sie richtete sich etwas auf. »Schuld an dem Schlamassel bist ja eigentlich sowieso eher du.« Ihre Stimme näherte sich hysterischen Höhen. »Hättest du Charlie damals nicht mit angeschleppt, dann hätte uns Pete niemals auf die Kerle gehetzt.« Sie musterte mich von der Seite. Kurzzeitig normalisierte sich die Stimmhöhe wieder. »Ist doch wahr, oder? Mußt doch selbst du zugeben?«

Ich sah starr geradeaus und schwieg. Ich war entsetzt.

Und so fuhr sie in mein Schweigen hinein fort: »Weißt du, ich habe mir gedacht, ihr beide könntet doch folgendes aussagen. Herb und ich hatten einen Streit, ihr seid dazugekommen. Und dann ist eine von euch ausgerastet und hat ihn erledigt. Und ich war so erschrocken, ich konnte mich gar nicht rühren. Und dann ging es um die Beseitigung der Leiche. Da habt ihr mir so lange die Birne weichgequatscht, bis ich einwilligte mitzuhelfen, ihn einzufrieren. Ich meine, ich hatte schließlich einen Schock. Und deshalb war ich nicht zurechnungsfähig. Das muß doch gehen, wenn man einen guten Anwalt hat. Ich meine, es klingt doch plausibel, daß zwei Freundinnen der dritten helfen, wenn ihr Mann sie schlägt.«

Ich schüttelte innerlich den Kopf über ihre grenzenlose Naivität. Mühlheimer hatte ihr Verhalten prophezeit, bevor ich das Gespräch abgebrochen hatte. Sie würde jede Schuld auf uns abwälzen wollen und nur noch größeres Unheil anrichten. Seiner Überzeugung nach würde sie sogar einen Deal mit den Bullen abschließen und jeden einzelnen Mord gestehen, nur, um mit einer Mindeststrafe davonzukommen. Oder als Kronzeugin aussagen, das gab es in Deutschland immerhin auch schon und nicht nur in den USA. Die Bullen würden sich die Hände reiben – und Hannah und ich wären geliefert.

»Und wie stellst du dir die Nummer mit dem Konsul vor? Wieso hast du das ausgeplaudert? Wieso es überhaupt gewußt?« insistierte ich.

»Na ja, ihr habt den umgebracht, weil eine von euch in den verknallt war. Und da er sich von seiner Frau nicht trennen wollte, habt ihr ihn abgemurkst, seid zu mir gekommen, und ich habe in meinem Schreck vorgeschlagen, ins Pasalino zu fahren, um erst mal abzuschalten. Aber das sei eben schiefgegangen, weil ich so aufgeregt war und außerdem zuviel getrunken hatte.«

Iras Version vom Hergang war gar nicht so naiv.

Ich betrachtete sie von der Seite und schob ihre Idee ihrem aufgewühlten Zustand zu. Etwas anderes blieb mir nicht übrig.

»Ira, das kann nicht dein Ernst sein, uns die Morde allein in die Schuhe zu schieben.«

Sie begann wieder hysterisch zu schluchzen. »Aber was soll ich denn machen?« Ihre Stimme hatte die helle, metallische Klanghöhe erreicht, die in den Ohren weh tut.

»Ich weiß es nicht. Laß uns zusammen eine Lösung finden, wie wir gemeinsam aus dem Dilemma herauskommen. Bitte.«

Sie schniefte kurz nach.

»Sag mal, Irmi, findest du nicht auch, daß uns der blaue Mercedes da verfolgt?«

»Welcher Mercedes?«

»Na, der hinter uns, der fährt schon die ganze Zeit da.« Sie fuchtelte mit den Armen rum, um mir das Auto zu zeigen.

»Ira, jetzt dreh nicht durch. Der hat wohl nur denselben Weg wie wir.«

»Nein, Irmi, ich finde, der hat schon zu lange denselben Weg.« Ira kratzte sich auf dem Kopf. Es knirschte unangenehm.

»Scheiße, jetzt ist mein Fingernagel abgebrochen. Hast du mal eine Schere?«

Ich nickte. »Hinter mir, in meiner Tasche.«

Sie angelte nach der Handtasche, die ich auf den Rücksitz geworfen hatte, zog sie zu sich nach vorne auf den Schoß und wühlte drin rum.

»Meine Güte, was ist das denn für ein Chaos?«

»Sieh mal in der Seitentasche nach. Ich glaube, ich hab' sie da neulich reingetan.«

Ich dankte insgeheim Hannah, die mir Monate zuvor geraten hatte, meine Schere immer im Seitenfach aufzubewahren.

Inzwischen fuhren wir die Bahrenfelder Chaussee entlang, eine der großen, achtspurigen Ausfallstraßen, die unter anderem aus der Stadt heraus zu den Elbevororten führen.

Ira fand die Schere und schnitt konzentriert an ihrem Nagel herum, sie warf immer mal einen Blick in den Rückspiegel und beobachtete den Mercedes.

»Fahr mal schneller, mal sehen, was der macht.«

Ich beschleunigte das Auto.

Sie sah auf. »Siehst du, der wird auch schneller! Wie ich gesagt habe.«

Ich beschleunigte weiter. Sie hatte unrecht. Er folgte uns nicht. Trotzdem gab ich weiter Gas, denn ich wollte sehen, ob er es sich nicht doch noch anders überlegte und uns aufholte. Ira hörte auf, sich den Nagel zu schneiden, und starrte nervös zu mir rüber.

»Irmi, jetzt reicht es. Fahr wieder langsamer.« Sie machte eine kurze Pause, um meine Reaktion abzuwarten. Ich dachte nicht daran, jetzt schon abzubremsen.

»Irmi, um Gottes willen, fahr nicht so dicht auf die anderen Autos auf. Brems ab.«

»Hör auf, so hysterisch zu werden.« Der Mercedes fiel weiter zurück. Mein Tacho näherte sich der Neunzig. Knapp fünfhundert Meter vor mir leuchtete ein rote Ampel, an der kaum Betrieb herrschte. Wir hatten massig Zeit abzubremsen.

Sie fuchtelte mit der Schere rum.

»Brems endlich, oder laß mich hier raus. Hörst du, halt an. Du bist ja völlig plemplem. Irmi«, inzwischen überschlug sich ihre Stimme wieder, »laß mich sofort raus. Du bist ja lebensmüde.«

»Ira, halt jetzt die Klappe.«

Aus den Augenwinkeln nahm ich wahr, daß ihr Schweißperlen von der Stirn liefen. Dieser Augenblick mangelnder Konzentration reichte.

Sie kreischte: »Du bist ja lebensmüde, brems endlich, und laß mich raus« und fiel mir ins Lenkrad. Just in dem Moment, in dem ich meinen Fuß auf die Bremse setzen wollte. Ihre linke Hand riß das Steuer rum; die rechte umklammerte die Schere.

Das ist meine letzte Erinnerung an sie.

Dann sah ich nur noch einen Laternenpfahl auf uns zurasen. Oder uns auf ihn.

Kapitel 23

Mich hatte eine Ohnmacht kurzzeitig außer Gefecht gesetzt. Als ich erwachte, umgab mich ein weißliches Niemandsland, und im ersten Moment glaubte ich mich orientierungslos im watteweichen Nirwana. Aber es roch irgendwie nach Gummi oder Plastik. Das machte keinen Sinn. Unmöglich roch das Jenseits nach einem aufgeblasenen Luftballon.

Im zweiten Moment durchzuckte mich der Gedanke, daß ich ja einen Unfall gehabt hatte. Einen, den Mühlheimer gewollt, ich verweigert und Ira schließlich mit ihrer Hysterie provoziert hatte.

Ich bewegte meine Arme, stellte erleichtert fest, daß ich tatsächlich noch lebte und sie meiner Intention folgten, den Airbag vor mir oder um mich herum zur Seite zu schieben. Es klappte nicht, das Ding ploppte mir regelmäßig aus den Fingern und drückte sich erneut in mein Gesicht. Schließlich gelang mir, ihn mit den weitgespreizten Fingern beider Hände ein wenig aus meinem Gesicht zu schieben. Ich schaute nach rechts.

Ira saß nicht mehr neben mir. Ich schaute ein zweites Mal um den Airbag herum.

Iras Hintern starrte mir aus der Frontscheibe entgegen, in dem er festgeklemmt steckte.

Normalgewichtige Menschen hätte der Zusammenprall mit dem Laternenpfahl durch die Frontscheibe nach draußen auf den Asphalt geschleudert. Ira nicht. Ihr gebärfreudiges Becken und das ausladende Hinterteil hatten sich in der zerborstenen Frontscheibe verfangen. Sie steckte fest, ihre Beine hingen seltsam schlapp und weich über dem Armaturenbrett. Ihr Rock war hochgerutscht und legte die massiven Oberschenkel frei, auf deren weißlicher Haut sich Hunderte bläulicher Äderchen abzeichneten. Und eine ausgewachsene Zellulitis.

Mein Blick folgte den Beinen, die in Höhe des Schaltknüppels kurz über dem Beifahrersitz endeten. An ihrem linken Fuß hing die Sandalette nur noch an einem Riemchen über der Ferse. Sie schwang hin und her und drohte, sich jeden Moment vom Fuß zu lösen.

Erst ihr Schwingen holte mich in die Wirklichkeit zurück. Ich lehnte den Kopf an die Nackenstütze und stellte fest, daß das Airbag-Problem damit gelöst war. Er hing vor mir wie ein aufgeblasener Ballon, drückte aber nicht mehr in meinem Gesicht herum.

Ich war in diesem Moment völlig emotionslos, ich beobachtete lediglich, ich fühlte nichts, gar nichts, keine Trauer, keine Wut, keine Verzweiflung. Ich hatte einen Schock. Natürlich war mir das damals nicht bewußt.

Ich hörte gleich neben mir ein schneidendes Geräusch, drehte den Kopf und sah um das Auto herum Sanitäter, Feuerwehrmänner und Streifenpolizisten wieseln, die sich irgendwelche Anweisungen zuriefen. Ich konnte sie nicht verstehen, da das Schneidegeräusch des Brenners alles übertönte. Ich sah nur die Bewegung ihrer Münder.

Ich wollte meine Beine nach rechts bewegen, es ging nicht. Ich tastete mit den Händen nach ihnen, sie waren noch da. Weshalb sie mir nicht gehorchten, wagte ich nicht zu erkunden.

Ich atmete langsam ein und aus. Die Wucht des Aufpralls mußte die gesamte vordere Karosserie zusammengeschoben, einen Teil in den Fahrerinnenraum gedrückt und mir die Beine gebrochen haben.

Erst als ich über meine Beine nachdachte, nahm ich auch den Schmerz wahr, der sich aus ihrer Richtung bis zu meinem Verstand hocharbeitete. Er raubte mir den Atem. Erneut glitt ich einer Ohnmacht entgegen.

Als ich das nächste Mal erwachte, hatte sich ein Arzt oder Sanitäter über mich gebeugt.

»Alles okay?« Ich lag auf einer Krankenwagen-Bahre. Der Mann über mir lächelte beruhigend, und ich versuchte zu nikken. Ging nicht recht. Eine Sauerstoffmaske spannte über Mund und Nase, ein Schlauch führte zu meinem Arm, in den jemand eine Kanüle einführte, wie ich nach einer leichten Drehung des Kopfes erkennen konnte. Neben mir stand ein Sanitäter und hielt den Infusionsbeutel, während der andere die schließlich injizierte Kanüle mit einem Pflaster in meiner Armbeuge befestigte.

Ich richtete mich ein klein wenig auf und bedeutete dem Arzt, mit dem anderen Arm zur Seite zu gehen.

Er folgte meinem Blick, der das Ende einer zweiten Krankenbahre gleich neben mir eingefangen hatte. Der Arzt trat kurz zur Seite, jedoch nicht ohne mir zu sagen, ich solle mir keine Gedanken um meine Beifahrerin machen.

»Das wird schon wieder. Sie ist nur ohnmächtig.«

Mein Herz begann in dem Moment winzige, unregelmäßige Sprünge zu machen. Ich erhaschte einen Blick auf Ira, um die gleichfalls mehrere Ärzte und Sanitäter herumwuselten. Aus der mir halb zugewandten Wange ragten die goldenen Griffe meiner Nagelschere wie ein glänzendes Mahnmal empor. Der Rest mußte sich in ihrer Mundhöhle befinden.

Ihr Gesicht schaute – von mir abgewandt – zur anderen Seite. Ich konnte nicht erkennen, ob sie noch mehr Verletzungen davongetragen hatte. Jemand hatte ihr liebevoll die langen, aufgelösten Haare mehrmals zu einer Rolle eingeschlagen und um ihren Kopf drapiert. Durch den Aufprall hatte sich wohl der Knoten gelöst. Es sah gar nicht gut aus.

Ich fragte mich, weshalb ich bei Ira keinen Airbag gesehen hatte.

Ich spürte Tränen aufsteigen. Ich war erschöpft.

»Sie werden gleich einschlafen«, flüsterte neben mir die Stimme des Arztes, der sich wieder zwischen mich und Ira gestellt hatte. »Wir haben Ihnen ein starkes Schmerz- und Beruhigungsmittel injiziert. Machen Sie sich keine Sorgen, Ihr Kreislauf ist stabil, Sie haben nichts zu befürchten.«

Meine Gedanken schweiften flüchtig zu Dr. Dr. Mühlheimer, und ich wunderte mich, wie er ohne meinen Autoschlüssel den Airbag doch noch manipuliert hatte. Das mußte er ja wohl. Ich ahnte Unlogisches in diesem Gedanken. Doch bevor ich es sortiert hatte, dämmerte ich weg, ohne daß die Tränen sich einen Weg in meine Augen gebahnt hatten.

Als ich das nächste Mal erwachte, lag ich in einem blütenweißen Krankenhauszimmer. Ein schneller Blick ließ mich aufatmen. Es war ein Einzelzimmer mit Telefon, Duschkabine und Fernseher. Super.

Meine Beine hingen eingegipst und dick bandagiert in einer Aufhängung, die an der Decke befestigt war. Scheiße. Ich kam mir vor wie ein Käfer, der hilflos auf dem gepanzerten Rücken lag. Jedem Idioten ausgeliefert. Mist. Ich fühlte keine Schmerzen, aber auch keine Beine. War das nun super oder auch Mist?

Durch meine Beine hindurch entdeckte ich eine erschreckend junge und hübsche Schwester mit meiner Krankenhausakte in der Hand, in der sie wohl gerade irgend etwas notiert hatte. Sie strahlte mich an, steckte die Akte in die Halterung am Bett, begrüßte mich und kam auf mich zu, damit sie mich besser sehen konnte. Und ich sie.

»Hallo, Frau Block. Wir haben schon darauf gewartet, daß Sie jeden Moment aufwachen. Wie geht es Ihnen?«

»Gut, was denken Sie denn«, flüsterte ich.

Sie lachte. »Ihre Stimme ist noch ein bißchen schwach. Das wird aber schon. Wir haben Sie gestern noch gleich operiert. Ihre Beine, wissen Sie. Sie hatten einen Splitterbruch in beiden Schienbeinen, und Ihre Kniescheiben hatten auch etwas abbekommen. Aber Dr. Funker hat das in Ordnung gebracht. Es ist alles okay. Jetzt muß alles nur noch zusammenwachsen und heilen. Aber das ist nur eine Frage der Zeit.«

»Wie geht es Ira?«

»Oh, warten Sie einen kleinen Moment, ich hol' Dr. Funker. Der kann es besser erklären als ich.«

Sie entschwand mit geschmeidigen Bewegungen aus dem Zimmer, in das kurz darauf ein zirka fünfzigjähriger, kleingewachsener Mann trat und sich als Dr. Funker vorstellte.

»Da haben Sie aber Glück gehabt, junge Frau. In ein paar Wochen haben Sie alles überstanden, ohne daß Sie auch nur das geringste nachbehalten. Auch wenn es im Moment noch ein klein wenig unwahrscheinlich klingt, so, wie wir Sie eingegipst haben. Und wenn die Schmerzmittel nachlassen, werden Ihnen Ihre Beine ein paar Unannehmlichkeiten bereiten. Aber ansonsten ist alles in bester Ordnung. Nur etwa nach einem Jahr müssen wir Ihnen die Nägel entfernen, die die Schienbeine zusammenhalten. Aber das ist alles kein Problem. Reine Routine.«

Er lächelte mich an.

»Wie geht es Ira?«

»Ja, Frau Block. Da kommen wir zu der schlechten Nachricht. Ihre Freundin fiel durch den Unfall in ein Koma. Sie hatte einen doppelten Schädelbasisbruch und eine gebrochene Halswirbelsäule. Wir konnten nichts mehr für sie tun. Sie ist heute morgen verstorben. Es tut mir sehr leid.«

Ich nickte und spürte, wie sich meine Augen mit Tränen füllten. Gut, ich hatte keine Schuld an dem Unfall, ich hatte damit nichts zu tun. Es war allein Iras Hysterie. Ich hatte nichts mit dem Airbag zu tun. Er war nicht aufgegangen. Ich erinnerte mich, daß ich schon kurz vor meiner Krankenhauseinlieferung den Verdacht gehegt hatte, daß Mühlheimer seine Leute trotz meiner Verweigerung geschickt hatte. Und für die war es allem Anschein nach kein Problem gewesen, ein Auto ohne Schlüssel zu öffnen. Wenn das stimmte, hatte Mühlheimer Ira mit auf dem Gewissen.

Meine Hände zitterten, doch ich ignorierte es. Ich war mir nicht sicher, ob wegen der Nachricht oder des fehlenden Alkohols.

Dr. Funker ignorierte das Flattern nicht. Er kam auf mich zu und tätschelte mir beruhigend die Hand. »Nehmen Sie es nicht zu schwer. Denken Sie an sich und Ihre Genesung. Denken Sie an die Zukunft.«

Ich dachte an gar nichts, mich umfing gerade eine bleierne Schwere, als sich die Tür öffnete und Gitter und Burrmann das Zimmer betraten. Die beiden kannte ich ja schon von Hannahs Vernehmung zu Petes Tod. Schlagartig erwachten alle meine

Überlebensfunktionen, vor allem der Verstand, zu neuem, regem Leben.

Dr. Funker drehte sich zu den beiden Kriminalkommissaren herum.

»Sie haben genau fünfzehn Minuten. Danach werde ich Sie bitten zu gehen«, sagte er, an die beiden gewandt, während er das Zimmer verließ.

»Hallo, Frau Block. Wie geht es denn so?« fragte Gitter, der schon das letzte Mal den Ton angegeben hatte. Wenn ich mich recht erinnerte.

»Geht so. Was glauben Sie denn?« Meine Stimme erschien mir immer noch schwach.

Die zwei nahmen mir gegenüber auf den Besucherstühlen an der Wand Platz, die gleich neben dem Fernseher standen. Sie trugen immer noch diese blöden, beigen Klamotten mit den braunen Schuhen. Unter anderen Umständen hätte ich Ihnen eine Lektion in gutem Geschmack erteilt. So aber ließ ich es.

»Wir müssen Sie darauf aufmerksam machen, daß Sie diese Unterhaltung verweigern können. Aber wir würden es sehr zu schätzen wissen, wenn Sie mit uns sprechen und uns bei der Klärung des Unfalls behilflich sind. Noch mehr interessiert uns natürlich, weshalb der angeblich verschwundene Gatte von Ira Holberg portioniert in einer Tiefkühltruhe ruht.«

Burrmann unterbrach ihn.

»Du meinst die Reste, die der Hund noch nicht gefressen hat.«

Beide sahen mich in Erwartung meiner Reaktion an.

Aber die hatte mir Mühlheimer am Telefon bei unserem Streit über Irmis Unfall immer wieder eingeschärft. Und in diesem Moment half mir seine Empfehlung: »Bleiben Sie dicht an der Wahrheit. Reden Sie mit der Kriminalpolizei ohne Anwalt. Es hinterläßt einen wesentlich besseren Eindruck.«

Und das wollte ich in dem Moment ganz dringend. Einen möglichst guten Eindruck hinterlassen.

Also reagierte ich nicht überrascht, gab mich nicht arrogant und fragte:

»Was interessiert Sie als erstes?«

Burrmann sah zu Gitter, der nickte.

»Erzählen Sie uns, wie es zu dem Unfall gekommen ist und weshalb sich Ihre Freundin nicht angeschnallt hat, obwohl der Gurt im Gegensatz zum Airbag doch funktionierte.«

»Wissen Sie, Ira schnallte sich ungern an«, begann ich. »Sie empfand es als besonders unangenehm, wenn der Gurt sich in ihr Fleisch bohrte, wie sie es nannte.« Ich richtete meinen Blick auf Burrmann, der ermunternd nickte. »Ja, und dann haben wir uns gestritten.«

»Und weshalb?« Das war Gitter.

»Schauen Sie, Sie wissen doch längst, daß Frau Holberg, also Ira, zu mir kam, nachdem Sie sie aufgesucht hatten. Und ich wußte einfach nicht, was ich tun sollte. Ich empfand es als das beste, mit Ira an die Elbe zu fahren und spazierenzugehen, da sie völlig hysterisch war. Ich dachte zunächst nur darüber nach, wie ich sie wieder von ihrem Trip runterholen konnte. Denn schauen Sie, natürlich ist es so, wie Sie vermuten. Wir drei, also Ira, Hannah und ich, haben Herb zerteilt.«

»Und das erzählen Sie uns so ungerührt?«

»Bitte, meine Herren, hören Sie mir doch einfach zu. Das wollten Sie doch.«

Ich erzählte ihnen eine Version, derzufolge Ira Herb in einem Streit erst erschlagen und dann mit der Stichsäge zerfetzt habe. Daß sie mich und Hannah völlig aufgelöst angerufen habe, wir sofort zu ihr geeilt seien und von dem, was wir da in ihrem Keller vorfanden, so schockiert gewesen seien, daß wir keines Gedankens mehr fähig waren. Tja, und Ira habe uns dann gebeten, ja geradezu im Namen ihres Sohnes angefleht, ihr bei der Beseitigung des Gatten zu helfen. Und das hätten wir auch getan. Es sei Notwehr gewesen, Herb habe sie seit Jahren immer wieder geschlagen, und eines Tages sei sie eben ausgerastet. Sie neige zu

Hysterie und cholerischen Anfällen. Das hätten ihre Recherchen doch inzwischen sicherlich ergeben. Gitter und Burrmann nickten unisono. Sie waren anscheinend froh, daß ich so bereitwillig auspackte.

»Und was ist mit diesem Egerholm?«

»Ja, das war eben auch so eine Ira-Aktion. Sie hatte mit dem Konsul seit Monaten ein Verhältnis. Streng diskret, natürlich. Niemand wußte davon. Nur wir. Und sie hatte ihn schon wochenlang bekniet, sich scheiden zu lassen. Aber er wollte nicht. Wie Männer eben in gehobenen gesellschaftlichen Positionen oft reagieren«, fügte ich mit einem Blick auf Gitter hinzu, der nicht anders konnte, als mir bestätigend zuzunicken. Er hatte immer noch diese hinreißenden Sommersprossen im Gesicht. Süß.

Da die beiden es bei dem Nicken beließen, fuhr ich fort: »Ja, und an dem Abend ist sie eben mal wieder ausgerastet. Sie hat ihn umgebracht. Fragen Sie mich nicht, wie sie es genau gemacht hat. Und fragen Sie mich nicht, wie sie den an den Stuhl gefesselt bekam. Wahrscheinlich hatte sie in der Zeitung von ähnlichen Gewaltakten gelesen und den Draht eingesteckt, um Sie auf eine falsche Fährte zu setzen. Und ich vermute, es gelang ihr nur, Egerholm zu überwältigen, weil der erstens so überrascht von ihrem Angriff war und zweitens so schmächtig und ihr körperlich weit unterlegen. Ich habe keine Ahnung. Und dann rief sie uns an. Wir sollten sofort kommen, etwas Furchtbares sei passiert. Na ja, und da fuhren wir eben hin. Und als wir ankamen, hatte sie ihren Lover bereits erledigt. Wir baten sie, die Polizei anzurufen, aber sie wollte nicht. Und dann kam sie uns mit Herb. Daß sie uns alle reinreiten würde, wenn wir nicht bereit wären, ihr erneut zu helfen. Und so sorgten Hannah und ich eben notgedrungen dafür, daß die Fingerabdrücke und all der Scheiß wegkamen. Und danach haben wir sie geschnappt und sind mit ihr ins Pasalino gefahren, um sie abzulenken. Und da ist sie dann komplett ausgerastet.«

»Wissen Sie was? Wenn ich nicht ganz genau wüßte, daß Sie sich nicht mit Hannah Schneider abgesprochen haben können, weil sie gestern in Kiel war und Sie eben erst wach geworden sind, würde ich Ihnen das einfach unterstellen. Es klingt zu perfekt. Und Ihre Ira kann sich auch kaum wehren, tot, wie sie nun mal ist.« Gitter hatte den entscheidenden Punkt erkannt.

Aber er konnte ebensowenig wie ich in dem Moment wissen, daß Mühlheimer Hannah in Kiel auf ihrem Handy angerufen und ihr ihre Aussage Wort für Wort beigebracht hatte. Ich erfuhr es auch erst – nachdem die beiden weg waren –, als ich Mühlheimer anrief.

Mühlheimer zufolge hatte Hannah geweint und war fassungslos zusammengebrochen, als sie von Iras Unfall hörte. Er hatte ihr erklärt, daß es eigentlich das beste sei, was uns beiden passieren konnte. Wir wären nur wegen Vertuschung zweier Mordfälle dran. Und es sei sehr wahrscheinlich, daß wir in der Obhut eines cleveren Anwalts mit Bewährung davonkämen.

Ich hatte meine Rede längst beendet, doch die Kommissare schwiegen wieder mal. War wohl ihre Vernehmungstaktik, oder sie überlegten, was noch zu erfragen sei. Ich schwieg ebenfalls.

»Wir hätten es fast vergessen. Wie kam es denn nun zu dem Unfall?« fragte Burrmann in die Stille.

»Ira fing an, sich mit mir zu streiten. Wissen Sie, sie wollte, daß wir erklärten, wir hätten sie und Herb bei einem Streit überrascht und wären so sauer auf den hysterischen Herb geworden, daß wir ihn umgebracht hätten. Ira sei durch den Streit komplett handlungsunfähig gewesen. Und dann hätten wir sie erpreßt, bei der Beseitigung zu helfen. Und sie wollte auch, daß wir den Mord an Egerholm auf uns nahmen. Sie sei schließlich Mutter. Sie flehte und drohte, doch ich dachte überhaupt nicht daran, auf ihren Vorschlag einzugehen. Bei dem ganzen Hin und Her sollte ich fahren. Ich hab' mich furchtbar aufgeregt, weil ich von Ira so enttäuscht war. Und in der Aufregung bin ich wohl immer schneller gefahren. Zwischendurch hat sie sich einen Nagel abgebrochen, sich die Schere aus meiner Tasche gegriffen, und irgendwann war sie dann so wütend, daß sie mit der Schere herumfuchtelte und mir schließlich ins Steuer fiel. Wir kamen ins Schleudern, und den Rest kennen Sie ja.«

Burrmann und Gitter erhoben sich.

»Danke für die Hilfe, Frau Block. Sie haben Glück, daß Ihre Ira Holberg tot ist. Aber Sie unterschätzen uns. Wir kommen wieder. Und wir werden Sie wegen Mordes an Ira Hollberg drankriegen. Glauben Sie es mir. Jemand hat den Airbag manipuliert. Wir werden vermutlich Sie dafür verantwortlich machen. Wir brauchen eigentlich nur noch ein Motiv. Aber das finden wir schon noch. Trotzdem gute Besserung.«

Ich hatte mich in der Gewalt. Ich lächelte ihnen zu, als sie gingen. Sie lächelten zurück.

Als sie das Zimmer verlassen hatten, war mir gar nicht mehr zum Lächeln zumute. Sie hatten wegen all der Auftragsmorde nichts gegen uns in der Hand, ja, kamen nicht im entferntesten darauf, daß wir dahinterstecken könnten. Und nun sollte ich wegen eines Mordes verurteilt werden, den ich nicht begangen hatte. Das muß man sich mal reinziehen. Diese Mühlheimers. Diese verdammten Mühlheimers. Ich rief sie an.

Dr. Dr. Mühlheimer war mindestens ebenso erstaunt wie ich, als er von der Manipulation an dem Airbag hörte. Er beteuerte, er hätte damit nichts, aber rein gar nichts zu schaffen. Das hätte er bei dem Theater, das ich gemacht hatte, bei Gott nicht gewagt. Und er gab mir zu bedenken, ob nicht vielleicht die Russen damals, als ich sie auf der Straße so geärgert hätte, an dem Airbag herumgespielt haben könnten. Ich dachte kurz nach und erinnerte mich an den Tag, als ich das Gefühl hatte, mit meinem Auto sei irgend etwas nicht in Ordnung. Ich wußte damals nur nicht, was, und hatte mir weiter keine Gedanken gemacht.

»Und weshalb nur auf der Beifahrerseite?«

»Vielleicht wurden sie gestört und mußten verschwinden, bevor sie auch den Fahrerairbag manipulieren konnten.«

»Und weshalb sind sie nicht zurückgekommen?«

»Mein liebes Kind, wahrscheinlich weil es eine private Rache an Ihnen sein sollte und sie keinen Auftrag hatten, Sie umzubringen. Sie hätten es sonst getan, glauben Sie mir. Ich vermute, sie wollten Ihnen eins auswischen. Sie wären sonst auf jeden Fall zurückgekommen. So aber war ihre Wut aller Wahrscheinlichkeit nach schon verraucht, als sie unterbrochen wurden.«

»Und wozu sollte das gut sein?«

»Das sagte ich doch schon: Um Sie zu verunsichern, Sie zu ärgern, Sie zu erschrecken.«

»Aber dabei haben sie doch in Kauf genommen, daß ich bei einem Unfall ums Leben komme.«

»Kind, das sind Gangster. Das interessiert die doch gar nicht, ob Ihnen bei der nächsten Inspektion mitgeteilt wird, Ihr Airbag sei defekt, Sie sich bei einem Unfall eventuell die Nase brechen oder umkommen. Ich persönlich vermute, sie glaubten, es würde Sie erschrecken, bei einer Inspektion zu erfahren, daß Sie die ganze Zeit in Lebensgefahr geschwebt hatten, weil das Ding mechanisch manipuliert worden war.«

Das erschien mir einleuchtend, zumal ich Dr. Dr. Mühlheimer vertraute. Er hatte recht. Gegen meinen ausdrücklichen Wunsch und Willen würde er niemals etwas unternehmen.

Schließlich erzählte ich ihm von der Mordanklage, die mir Gitter und Burrmann an den Hals hängen wollten. Er lachte nur und erklärte mir, daß ich verzeihen müsse, aber der Anklage wohne eine gewisse Komik inne, so drückte er sich wahrhaftig aus. Ich solle mich um Gottes willen nicht beunruhigen.

Er hätte längst einen Notplan für mich entwickelt.

Dafür dankte ich ihm auf Knien. Nach reiflicher Überlegung vermutete ich, daß die beiden Mühlheimers sich deshalb so viele Gedanken um mich machten, weil sie mich einfach wie einst Gordon Winslet adoptiert hatten. Gefühlsmäßig, versteht sich. Das paßte irgendwie zu den altmodischen Ansichten des Paares.

Die folgenden Wochen schlichen dahin. Burrmann und Gitter kamen immer mal wieder vorbei, fragten immer dasselbe, konnten aber Hannahs und meine Version der Ereignisse nicht widerlegen. Aber sie blieben dabei, ich hätte den Airbag manipuliert, und sie würden mich wegen Mordes an Ira drankriegen. Das Ding wiese eindeutige Spuren auf. Auf meine Frage, wie eine so technisch unversierte Frau wie ich das Teil außer Gefecht gesetzt haben sollte, grinsten sie mich nur an und erklärten immer wieder dasselbe. Ausgangs des zwanzigsten Jahrhunderts sei es ja wohl eher normal, daß ein weiblicher Single Kenntnis von den technischen Details seines Autos habe. Ich sei da keine Ausnahme. Im übrigen könne man die Funktionsweise eines Airbags in jeder Autozeitschrift nachlesen. Und ich sei ja bekannt für meine Intelligenz, konnte sich Burrmann nicht verkneifen hinzuzufügen. Ich reagierte nicht darauf.

Immerhin trauten sie der Emanzipation einiges zu, dachte ich. Trotz Mühlheimers Plan machte ich mir Sorgen, das können Sie mir glauben. Wer ist schon gern eines Mordes verdächtig?

Auf die Idee, uns die anderen Morde und Selbstmorde unterzujubeln, kamen die Kommissare jedoch auch in der Folgezeit nicht. Emanzipation hin oder her. Sie trauten Frauen nun wiederum nicht zu, so perfekt wie Männer zu morden. Ich war mir nicht sicher, ob ich darüber erleichtert oder wütend sein sollte. Männer sind Ignoranten, basta.

Irgendwann bastelten sie das sogenannte Motiv zusammen. Es war völlig absurd, aber nun ja. Sie erklärten mir, ich hätte Ira beseitigt, weil sie mit der Entdeckung der Morde ein Risiko geworden sei und ich davon ausgegangen wäre, daß sie uns, also Hannah und mich, mehr als nötig belasten würde, um ihre eigene Haut zu retten. Und davor hätte ich mich schützen wollen.

Ich sag' ja, Männer sind debil. Ich versuchte gar nicht erst, ihnen den Schwachsinn auszureden.

Meistens unterstützte mich mein Anwalt bei diesen Besuchen. Das war sehr angenehm, denn er sah rhetorische Fallen schon weit vor mir. Dr. Dr. Mühlheimer hatte für mich einen Spitzenanwalt engagiert. Der Typ war echt großartig. Er sah auch großartig aus. Aber ich hatte ja Männer gegen Schokolade eingetauscht, und so war der Fall für mich erledigt. Meine Beine heilten langsam, und man fuhr mich jeden Tag in einem Rollstuhl zu den Rehabilitationsübungen und Massagen.

Vor einer Woche wurde ich aus dem Krankenhaus entlassen und ins Untersuchungsgefängnis überführt. Dr. Funker bedauerte das sehr, konnte aber eine Verlegung nicht mehr hinauszögern.

Ich sitze noch immer im Rollstuhl, doch ich werde jeden Tag ins Reha-Zentrum des Eppendorfer Krankenhauses gefahren. Natürlich unter strenger polizeilicher Bewachung. Für die Beamten ist es Routine und ein ruhiger Job, mich im Krankenwagen zu begleiten.

Dr. Mühlheimer spekuliert genau darauf. Er hat einen Joker im Ärmel. Meinen Joker. Ich mache schnell Fortschritte. Dr. Funker staunt immer wieder, obwohl er von den eigentlichen Fortschritten keine Ahnung hat.

Ich bin hochmotiviert. Ich will es schaffen. Ich will noch vor Prozeßbeginn wieder laufen können. Mein hinreißender Dr. Dr. Mühlheimer wird dann meinen Joker schicken. Der wird mich zusammen mit seinen Kollegen aus dem Krankenwagen holen.

Deshalb muß ich laufen können. Denn die Aktion gelingt nur, wenn sie schnell geht und die Überraschung der mich begleitenden Beamten ausnutzt. Ansonsten könnte es zu einem Gemetzel kommen, in das vielleicht sogar unschuldige Passanten verwickelt würden. Das ist weder in meinem noch in Mühlheimers Interesse.

Sie werden mich nach meiner Befreiung sofort nach Rio de Janeiro fliegen. Ich werde dort eine Klinik für plastische Chirurgie aufsuchen, man wird mir eine neue Identität verpassen, einschließlich einer neuen Stimme und neuer Fingerabdrücke. Das ist bei dem heutigen Stand der chirurgischen Technik kein Problem mehr. Und wenn Gras über die Sache gewachsen ist, werde ich sogar wieder nach Deutschland reisen können.

Ich trainiere hart. Jeden Tag. Auch noch in meiner Zelle.

Vorhin bin ich bereits bis zu meinem Zellenfenster und zurück zum Rollstuhl gelaufen.

Na ja, mehr gewankt, aber immerhin. Hier drin weiß niemand von meinen wirklichen Fortschritten. Dr. Funker natürlich auch nicht.

Ich bin ein wenig geschwächt von der Anstrengung.

Aber das wird schon.

Ich habe noch sieben Wochen bis zum Prozeßbeginn.

Hannah ist weitgehend aus dem Schneider. Sie wird im Zeugenstand sitzen, wenn man mich in Abwesenheit wegen Mordes an Ira anklagen wird. Mühlheimers Anwalt hat sie instruiert, als Kronzeugin auszusagen. Sie wird unsere Version von Iras Morden bestätigen und dafür eine Bewährungsstrafe wegen Vertuschung zweier Morde einheimsen. Mehr nicht. Mit Iras Tod hatte sie nachweislich nichts zu tun. Den wollten sie allein mir anhängen.

Glückliche Hannah.

Ich versuche erneut, bis zum Fenster zu laufen. Geht schon viel besser als vorhin.

Wie sagte meine Mutter immer?

»Wo ein Wille ist, da ist auch ein Weg.«

Recht hat sie mal wieder.

Hilfe. Wieso läuft hier eigentlich nichts nach Plan? Scully war doch früher immer der King! Klar, daß er wie sein Vater zu den Guards gehen würde. Aber jetzt ist er neunzehn und hat nur einen öden Wächterjob in Dublin. Alle anderen studieren. Sein bester Kumpel Balls ist viel angesagter als er. Selbst Scullys Freundin Francesca himmelt Balls geradezu an ... Die Sache mit Francesca. Daran will Scully überhaupt nicht denken. Er flieht vor all dem nach Hause, nach Castlecock. Doch der Saufabend mit den alten Kumpels dort entgleist und endet mit Scullys Entjungferung, einer gigantischen Prügelei und schließlich im Krankenhaus. Da fällt Scully dann auch Francesca wieder ein. Und als die Polizei bei ihm zu Hause anruft, hat er einen verdammt guten Grund, nervös zu werden ...

»Talk of the Town« ist der irische »Fänger im Roggen«. Wie zuvor nur Salinger schildert Ardal O'Hanlon, garniert mit wunderbaren Beobachtungen über das Leben in einer Kleinstadt, die Enttäuschungen und Träume eines Teenagers, daß man nicht weiß, ob man weinen oder lachen soll.

»Witzig und erfrischend wild.«
The Guardian

»Er ist Ire, er ist hip und in London zur Zeit Thema Nummer eins.«
The Sunday Times

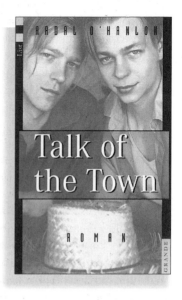

Harald O'Hanlon
Talk of the Town
Roman
Deutsche Erstausgabe

List GRANDE

Econ Ullstein List

Eigentlich liebt Polly ihren Job als Englischlehrerin in London, und sie liebt ihren Freund Max. Ein wenig bang ist ihr daher schon, als sie ihre Koffer packt, um für ein Jahr in Vermont, USA, an einer Privatschule zu unterrichten. Doch kaum hat Polly amerikanischen Boden unter den Füßen, läßt sie sich nur allzugern von der schönen neuen Welt verführen – vor allem dann, wenn sie ihr in Gestalt des umwerfend gutaussehenden Sportlehrers Chip Jonson begegnet...
Ein quirliger Roman, der vor Temperament Funken sprüht, zwischen Neuer und Alter Welt, zwischen Techtelmechtel und Treue hin- und herpendelt... und schließlich zu einem überraschenden Happy-End findet.

»*Ein frischer Wirbelwind – geistreich und witzig.*«
Daily Express

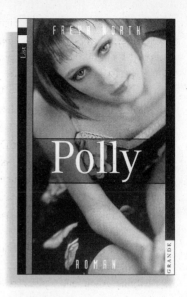

Freya North

Polly
Roman
Deutsche Erstausgabe

List GRANDE

Econ | ULLSTEIN | List